한국 중세의 읍치와 성

한국 중세의 읍치와 성

최 종 석 지음

신구문화사

머리말

이 책에서는 고려와 조선시대가 지방 중심지인 읍치(邑治)의 공간 구조의 측면에서 현저히 달랐음을 규명해 보았다. 즉 지방통치기구인 치소(治所)가 평지에 위치하면서 산을 등지고 물을 바라보는 조선시대의 풍수적 읍치 경관과 달리, 고려시대에는 조선으로 치자면 등지고 있는 산에 치소가 위치하고 있었다. 또한 조선시대의 '치소가 위치한 성'인 읍성은 군사적 긴장도가 높은 충청·전라·경상·강원도의 연해 군현 및 북쪽 국경 지대에 한정되어 분포한 데 비해, 고려시대의 '치소가 위치한 성'인 고려 치소성은 지방관이 파견된 주현과 그렇지 못한 속현의 구분 없이 군현마다 설치된 경향을 노정하였다.

읍치 공간의 측면에서 고려와 조선시대 사이의 이질적인 양상을 규명하는데 그치지 않고, 상호 이질적인 읍치 공간의 양상이 각 시대의 지방지배질서·지역방어체계와 맞물려 성립되어간 과정을 탐색하였다. 곧 기왕의 여러 연구성과들을 통해 밝혀진 여타 시대와 뚜렷이 구분되는 고려시대의 지방지배질서—호족층의 후신인 향리층의 해당 지역에 대한 지배를 공적으로 인정·포섭하면서 동시에 통제하는 체계— 및 필자가 새로이 규명한 지역방어체계—지역사회의 공동체적 자위력을 제도 내외적으로 활용하였으며 주현과 속현의 구분 없이 각각의 고려 치소성을 군사 거점으로 한 방어 방식—를 염두에 두면서 고려시대 읍치 공간 구조의 성립 과정을 해명하였다. 아울러 고려말기 이래로 국가·지방관 주도의 지방지배질서와 국가 주도로 외적의 진입 지역을 집중 방어하는 체계가 기존의 것을 대체하는 속에서 조선시대적인 읍치 경관이 대두·확산되어 간 과정을 추적하였다.

그 동안의 연구에서는 풍수적 공간 배치를 특징으로 하는 조선시대의 읍치 경관을 전통적인 것으로 간주하여, 조선시대 이전에도 기본적으로 다르지 않았을 것으로 보아 왔다. 이와 맞물려 이러한 공간 배치의 성립 원인은 산이 많은 자연지형과 북서계절풍이 부는 기후 조건에 순응하여 산에서 땔감이나 산나물을 얻고

하천을 이용해 농사를 지으려는 한 데서 찾았다. 시대에 국한되지 않는 자연 지형과 기후 요인을 강조하는 데서 보듯, 읍치의 공간구조에 대한 기왕의 이해는 초(超)역사적인 접근이 위주가 되어 왔다. 이러한 통념적 인식에다가 고려시대의 읍치 공간 구조를 파악할 수 있는 자료들이 조선시대에 비해 현저히 부족한 탓에 고려시대 읍치에 대한 본격적인 연구는 현재까지 전무한 실정이다.

필자가 아는 한 고려시대의 읍치 공간 구조를 본격적으로 다루고 고려와 조선시대의 그것을 비교 검토하는 작업은 본서가 처음일 것이다. 그러하기에 논란이 될 수 있는 부분이 적지 않을 것이다. 특히 조선시대와 달리 주현과 속현, 양계와 남도 지역의 구분 없는 '치소가 위치한 성'의 군현마다의 분포 경향 및 '치소가 위치한 성'의 산성 입지 등이 그러할 것이다. 박사과정에 진학한 이후로 고려시대적인 특질을 부각·규명하는데 몰두하였고, 이러한 문제의식에서 고려시대적인 읍치 공간 구조를 파악하고자 노력했다. 자료 부족의 현실 앞에서 고심하면서, 그동안 이를 전론으로 다룬 연구가 전무하다시피 한 사정을 이해할 수 있었다. 상대적으로 관련 자료가 풍부한 일부 시기와 지역을 대상으로 한 사례 연구를 위주로 이 문제를 접근해 볼까도 생각해 보았지만, 결과적으로는 다소 과감하게 전 시기와 전국을 시야에 넣고 고려시대 읍치 공간 구조의 특징적 양상을 밝혀보고자 한 선택을 하게 되었다.

이러한 선택을 하게 된 데에는 과욕도 일정정도 작용했지만, 이 주제에 대한 연구와 논의를 촉발하는 계기가 필요하다는 판단이 큰 몫을 했다. 특정 시기와 지역을 대상으로 한 연구는 간간이 있어 왔지만, 고려시대 읍치 공간 구조에 대한 관심은 부재하다시피 하였고, 별 다른 검증이 없었음에도 그것은 조선시대와 상이하지 않았을 것이라는 생각이 폭넓게 공유되어 왔다. 설령 그러한 견해가 역사상에 부합한다고 할지라도, 이는 구체적인 연구를 통해 입증해야 할 일이기에, 현재의 상황은 바람직하다고 할 수 없다. 이러한 연구 분위기에서 통설에 이견을 갖고 있는 필자로서는 다소 거칠 수는 있어도 고려시대 읍치 공간 구조에 대한 전반적이고 체계적인 상을 제시하고 최대한 일관된 논지로 필자의 입론을 증명하는 것이 소기의 목적을 달성하고 학계에 조금이나마 기여하는 길이라 판단했다. 이것 외에도 분포 양상과 입지적 특징을 부각하는 정도에서 그치지 않고 그것들이 어떠한 맥락에서 고려의 사회 체제에서 발생할 수 있었는지를 면밀하게 고찰한다면, 해당 작업 자체만으로도 그 나름의 의미가 있다고 기대해서였다.

현재는 대학에 재직하면서 한국사 연구자로 활동하고 있지만, 이렇게 되기까지 좌충우돌의 연속이었다. 중학교 2학년부터 역사를 전공하리라 결심했지만 김정빈 씨의 장편소설 『단』이 계기가 될 정도로 국수주의 역사관에 푹 빠져 있었다. 다행히 대학에 입학한 이후 국수주의 역사관의 미몽에서 깨어났지만, 역사에 대한 관심과 열정도 함께 식어버렸다. 그 공허함은 사회과학과 철학 공부가 꽤 오랫동안 메웠다. 사회학과로 대학원 진학을 생각하고 구체적인 준비를 할 정도로 그 당시에는 다시 역사로 돌아올 줄은 꿈에도 생각하지 못했다. 역사로 돌아오게 된 계기는 우연적이었다. 1년여 넘게 프랑스 철학자 루이 알뛰세르의 논저를 읽으면서 점차 포스트모더니즘과 미셸 푸코에까지 관심사를 넓혀갈 즈음, 역사사회학 저작인 베링턴 무어의 『독재와 민주주의의 사회적 기원』을 읽는 것을 계기로 하여 역사학에 대한 기존 인식이 돌변하게 되었다. 순수히 주관적이겠지만, 이 책을 읽으면서 루이 알뛰세르 등의 난해하고 복잡한 이론이 역사 과정에서는 구체적으로 해명되는 점을 깨닫게 되었다. 이후로 두서없이 닥치는 대로 각종 한국사 논저들을 공부하고 결국에는 국사학과 대학원에까지 진학하게 되었다.

역사 공부를 일찍부터 하지도, 체계적으로 하지도 못한 점은 아쉽지만, 사회과학과 철학 공부는 역사 연구에 적지 않게 도움이 되어 왔다. 특히 민족주의 성향이 짙은 역사관과 거리를 두는데서 그러하였다. 역사를 '다시' 공부하게 되면서 가장 인상적이었던 대목은 기존의 한국사 연구 성과들 가운데 알뛰세르, 꼴레띠, 푸코 등이 비판한 목적론적 역사관을 토대로 하는 작업들이 적지 않다는 사실이었다. 이러한 개인적인 경험으로 인해, 지금까지 줄곧 새로운 한국사 인식 체계를 고민해 오고 있다. 현재는 어설픈 수준에서나마 장기지속적인 시간대를 발견하고 근대인의 인식을 초월하여 그 시대의 맥락에서 관심 주제를 접근하고자 하며, 연속과 발전이 아니라 장기지속적인 시간대의 단절적 집적의 시각에서 역사의 전개 과정을 파악하고자 하고 있다. 고려시대적인 읍치 공간 구조에서 조선시대적인 것으로의 변화를 발전이 아닌 전환의 맥락에서 독해하고자 한 것도 이러한 문제의식에서였다.

석사과정에 진학할 당시 기초도 제대로 갖추지 못했고 다듬어지지도 못했음에도 현재 부족하나마 한국사학계의 일원으로 활동할 수 있게 된 데에는 주변 선생님들의 도움이 컸다. 무엇보다 지도교수이신 노명호 선생님의 역할이 절대적이었다. 선생님은 숲을 보지 못하고 나무만 더듬는데 자족하던 필자를 학문의 숲으로 인도해 주셨다. 본서의 기초가 된 박사학위논문을 심사해 주신 최병헌, 노태돈, 김인걸, 채웅석 선생님은 논문의 완성도를 제고할 수 있도록 여러 좋은 지적과 가르침을 주셨다. 서울대 역사교육과의 이경식, 김태웅 선생님은 연구실을 방문할 때마다 학문적 조언을 아끼지 않으셨다. 이태진 선생님은 필자가 '한국 군사사' 편찬 작업에 참여할 수 있는 기회를 주셨다. 그 덕택에 고려시대 군사사에 대한 나름의 식견을 가질 수 있게 되었고, 학위논문의 한계를 일정정도 보완할 수 있었다. 유봉학 선생님의 애정과 충고 덕택에 빛을 볼 수 없었을지 모를 이 책을 완성할 수 있었다. 끝으로 좋은 연구 환경에서 공부할 수 있도록 기회를 주고 새로운 곳에 잘 적응할 수 있도록 도와주신 동덕여대 국사학과의 신동하, 김항수, 김명숙, 이용우 선생님께도 깊은 감사를 드린다.

지적인 자극을 주는 훌륭한 여러 동기, 선후배님들과의 만남도 우둔한 필자가 더디게나마 학문적으로 성장할 수 있도록 하였다. 특히 울산대 역사문화학과의 이종서 선생님은 스승과도 같은 선배님이시다. 이종서 선배님과의 학문적 대화 덕택에 고려사는 물론이요 전근대 한국사를 나름의 시각에서 바라볼 수 있게 되었다. 한편 난삽한 원고를 근사한 책으로 만드느라 애쓴 신구문화사의 최승복 편집부장님에게도 감사를 드리는 바이다.

가족·친지들의 애정과 도움이 없었다면, 쉽지 않은 학문의 여정에서 중도포기를 하였을 것이다. 넉넉하지 않은 살림살이에도 불구하고 공부하겠다는 아들을 지지하고 지원해주신 부모님의 사랑과 희생에 항상 감사함을 느끼고 있다. 공부하는 사위를 항상 따뜻하게 대해주시는 장인·장모님에게 고마움을 전하고 싶다. 공부하는 남편 때문에 늘 희생해 온 아내에게 미안하면서도 고마움을 느낀다. 아내 또한 공부하는 처지이지만 가정보다는 공부를 우선시하는 남편을 이해해 주면서 살림과 육아를 도맡아 했다. 오랜 친구이기도 하고 같이 학문을 하는 동지이기도 한 현명한 아내 덕택에 안정적인 환경에서 공부에 전념할 수 있었다. 이 책이 그녀의 희생과 노고에 조금이나마 위안이 되었으면 한다. 마지막으로 무심한 아빠 밑에서 밝게 자라준 아들 준혁과 딸 윤의에게 사랑의 말을 전하고 싶다.

2014년 늦가을 월곡에서

최 종 석

차례

그림 목차

표 목차

부표 목차

서론

부여 성흥산성

고려시대의 역사적 성격은 다양한 방면의 연구를 통해 점차 뚜렷해지고 있다. 특히 향촌사회사·지방제도사 연구는 타 시대와 구분되는 고려시대 역사상을 구축하는 데 큰 기여를 해 왔다.[1)] 필자의 이해에 따르면, 고려의 지방지배질서는 나말려초 시기 각처에 등장한 호족층 주도의 자위(自衛)·자치(自治)의 지역사회를 국가체제 내로 편제·통제하면서 동시에 호족층의 후신인 향리층의 해당 지역사회에 대한 지배를 공인·활용하는 방식으로 성립되어 장기간 존속되었다.[2)] 그러다 고려후기 들어 지역공동체의 약화·소멸과도 맞물려 국가·지방관 주도의 지방지배질서가 이를 대체해 갔다.[3)]

---

1) 고려시대 향촌사회사 및 지방제도사에 대한 연구사 정리로는 채웅석, 「군현제와 향촌사회」, 『한국역사입문②』, 풀빛, 1999 참조.

2) 고려시대 지방지배질서에 관한 논저는 다음과 같다. 이태진, 「社會史的으로 본 韓國中世의 시작」, 『韓國史의 時代區分-古代와 中世-』, 신서원, 1995; 채웅석, 『高麗時代의 國家와 地方社會-'本貫制'의 施行과 地方支配秩序-』, 서울대학교출판부, 2000; 윤경진, 『高麗 郡縣制의 構造와 運營』, 서울대 박사학위논문, 2000b; 박종기, 『고려의 지방사회-지배와 자율의 공간-』, 푸른역사, 2002; 강은경, 『高麗時代 戶長層 연구』, 혜안, 2002; 구산우, 『高麗前期 鄕村支配體制研究』, 혜안, 2003; 노명호, 「고려시대 지역자위공동체」, 『韓國古代中世地方制度의 諸問題』, 집문당, 2004.

3) 여말선초 시기 지방지배질서 변동에 관해서는 다음의 연구들이 참조된다. 이태진, 『韓國社

본서는 기존의 연구 성과를 활용하면서 동시에 '치소가 위치한 성(城)'에 초점을 맞추어 고려시대의 역사적 성격 및 여말선초 시기 사회변동 양상과 그 의미를 보다 체계적이고 심층적으로 파악해 보는 것을 목표로 한다.

통상적으로 치소는 국가가 해당 지역을 지배·통제하는 기관 내지 그것이 위치한 곳이었다. 그런데 지방지배질서의 작동 방식에 따라 치소의 구체적 성격과 위상은 상이하곤 하였다. 따라서 치소에 대한 검토는 그 자체뿐만 아니라 당시의 지방지배질서를 한층 구체적이고 밀도 있게 이해하는데 도움을 줄 수 있다.

군현 내 치소는 대체로 재지세력의 거주가 집중된 곳 내지 전래의 중심 촌락이 위치한 곳 등에 정해지지만, 구체적인 입지 선정은 국가의 지방지배 방식, 군사적·사회경제적 요인 및 재지세력의 위상과 국가와의 관계 등을 고려하여 이루어지기에, 치소를 매개로 하여 지방지배질서를 위시한 고려 사회 여러 측면들의 연관관계를 효과적으로 살펴볼 수 있다. 아울러 '치소가 위치한 성'을 통해서 고려 사회에서 지방지배질서와 지역방어체계의 결합 방식을 파악할 수 있으리라 기대한다. 왜냐하면 고려시대의 지방지배질서는 삼국·통일신라시대, 조선시대와 구별되는 역사상을 갖추고 있으면서 타 시대와 구분되는 방식으로 지역방어체계와 결합되었을 것이고,[4] 양자 간의 결합은 '치소가 위치한 성'의 분포 양상, 입지적 특징, 위상·역할 등에 반영되었을 것이기 때문이다. 마지막으로, 치소와 '치소가 위치한 성'의 변화와 그 배경 등에 대한 탐색은, 여말선초 시기 향촌사회질서와 지역방어체계 각각의 변화 및 양자 간의 새로운 방식의 결합태 등에 대한 보다 심도 깊은 접근과 이해를 가능하게 할 것이다.

會史硏究』, 지식산업사, 1987; 채웅석, 「고려말 조선초기 향촌사회의 변화와 지배질서의 재편」, 『중세사회의 변화와 조선건국』, 혜안, 2005; 김인걸, 「조선 건국과 지방지배구조의 개편」, 『조선은 지방을 어떻게 지배했는가』, 아카넷, 2000.

4) 고려시대 지방지배질서와 방어체계의 관련성은 노명호, 앞의 논문, 2004; 최종석, 「고려전기 지역방어체계의 특징」, 『사림』 40, 2011b에서 검토된 바 있다.

고려·조선초기의 '치소가 위치한 성'은 그동안 군사사·관방사의 관점에서 연구되어져 왔을 뿐, 향촌사회사에서는 관심 대상이 아니었다. 따라서 지방지배질서와 지역방어체계 각각과 그 결합을 염두에 둔 채, 고려·조선시대 '치소가 위치한 성'을 검토하고자 하는 시도는 본서가 처음이라 할 수 있다.

또한 본서는 고려·조선초기의 '치소가 위치한 성'을 통시적 시각에서 접근한 본격적 시도가 될 수 있다. 조선(초기)의 '치소가 위치한 성', 곧 읍성(邑城)에 대한 연구는 비교적 활발히 이루어져 와 읍성을 둘러싼 제 문제는 비교적 충분히 다루어진 반면, 고려시대 '치소가 위치한 성'[=고려 치소성][5]에 대한 검토는 부재하다시피 하였기 때문이다.

다음으로는 고려 치소성과 읍성 각각에 관한 기존의 연구 성과를 비판적으로 검토하고자 한다.

앞서도 언급하였듯이, 고려 치소성에 대한 본격적인 연구는 전무한 실정이다. 고려 치소성을 파악할 수 있는 자료들이 극히 부족한데다가, 고려시대의 읍치(邑治)가 조선시대의 그것과 별반 다르지 않았을 것이라는 선입견이 있어서인지,[6] 고려 치소성에 대한 연구는 그동안 소홀하였다.

고려 치소성을 본격적으로 검토한 적은 없지만, 이를 부분적으로 다룬 연구들은 드물게나마 있어 왔다. 가장 이른 시기의 것으로 이노우에 히데오(井上秀雄)의 연구 성과를 들 수 있다. 그는 14·15세기를 중심으로 치소 이동 및 읍성의 축조 양상을 검토하는 와중에, 왜구 침입 이전에는 고려시대 초기

---

5) 본서에서는 고려말 이전 시기의 '치소가 위치한 성'을 고려 치소성으로, 고려말 이후의 '치소가 위치한 성'을 읍성으로 부르고자 한다. 기왕의 연구에서는 '읍성'이란 용어를 통시기적으로 사용하였으나, '읍성' 용어는 조선에 들어서야 출현하였다. '읍성' 용어는 고려말 이후로 신축된 '치소가 위치한 성'을 이전 시기의 그것과 구분하고자 한데서 사용되었을 것이라는 점에서(최종석, 「조선초기 '邑城' 용어 출현의 배경과 읍성의 유형」, 『동방학지』 138, 2007), 고려말 이전의 '치소가 위치한 성'을 읍성과 구분하여 지칭할 수 있는 새로운 용어로 '고려 치소성'을 고안하였다.

6) 가령 대몽전쟁의 거점으로 기능한 성들의 위치를 비정한 연구에서 고려의 치소를 조선과 동일하였을 것으로 전제한 바 있다. 윤용혁, 『高麗對蒙抗爭史硏究』, 일지사, 1991 참조.

(10~11세기) 각지에 축조되어 존속해 온 토루(土壘)로 된 평지 읍성이 존재하였다고 주장하였다.[7)]

이러한 이해는 차용걸과 백종오의 견해로 이어졌다. 차용걸은 한국의 읍성을 정의하면서 고려시대 읍성은 주요 지방도시에 축조되었고 고려말기까지는 규모가 작은 토축의 읍성들이 상당수 존재하였다고 하여,[8)] 이노우에 히데오의 견해와 마찬가지로 고려말기까지는 토축의 평지 읍성[9)]들이 광범위하게 분포하였다고 언급하였다. 백종오는 경기 지역의 고려성곽을 다룬 연구에서 그것을 입지와 지형에 따라 산성, 평산성, 평지성, 장성(長城) 등으로 분류한 후, 평지성을 거주 주체 및 목적에 따라 분류하면 읍성에 해당한다고 보았고, 평산성은 군사적인 방어 시설물로서의 산성 기능과 읍치로서의 행정적 성격을 지닌 평지성 기능을 일부씩 포함한 성이라고 하였다.[10)]이 연구는 고려시대에는 주요 지방도시에 읍성이 축조되어 있었고, 고려말기까지는 규모가 작은 토축 [평지]읍성이 상당수 존재하였다는 전제에 입각해 이루어졌다.

이처럼 이들 견해는 고려말 이전에는 토축의 평지 읍성이 광범위하게 존재하였음을 주장한다. 하지만 구체적인 논증 없이 통념에 근거한 가설적 주장에 그친 감이 없지 않다. 고려말기 이전에는 평지성이 드물게 존재한 데다가 군현 중심지에는 평지성이 거의 확인되지 않고 있어, 이러한 견해는 그리 설득력이 있어 보이지 않는다.

필자는 고려시대 '치소가 위치한 성'이 산성 형태일 가능성을 제기한 연구들을 주목하고 있다.

---

7) 井上秀雄, 「『慶尙道續撰地理誌』の城郭觀」, 『朝鮮學報』 99·100, 1981; 井上秀雄, 『古代東アシアの文化交流』, 溪水社, 1993.

8) 『한국민족문화대백과사전』 17, 정신문화연구원, 1990, 493쪽.

9) 토축의 읍성이 조선시대에 와서 석성으로 개축된다고 이해한 데서, 그는 고려시대의 읍성을 조선과 마찬가지로 평지성으로 보고 있었을 것이다.

10) 백종오, 「京畿地域 高麗城郭 硏究」, 『史學志』 35, 2002.

심봉근은 남해 연안에 위치한 성지(城址)들을 읍성, 관방성(關防城), 왜성(倭城)으로 분류하고는, 읍성은 위치에 따라 산성과 평지성으로 구분된다고 하였다. 특히 산성 식의 읍성은 고려시대까지 '치소가 위치한 성'으로 기능한 반면 평지성 식의 읍성은 주로 조선시대에 석축되었다고 한다.[11] 고려와 조선시대의 '치소가 위치한 성' 간에 입지 조건이 상이하였을 가능성을 제기한 점은 흥미로우나, 고려시대까지 치소가 산성 내에 있었을 것이라는 견해를 입증하는 데에는 한계가 있다.

심정보는 충남지방의 11개 고읍성(古邑城)을 분석하면서, 고읍성 대부분은 삼국시대 이래의 산성을 읍치지(邑治址)로 이용한 것이었고, 읍성이 대체로 연해에 집중 분포한 것과 달리, 고읍성은 연해와 내륙지방에 걸쳐 고루 분포하였음을 지적하였다.[12] 그런데 이 연구는 조선초기를 기준으로 하여 그 이전에 읍성으로 기능한 성을 고읍성으로 범주화하고 이에 해당하는 몇몇 사례만을 검토하고 있어, 이것에 의지하여 고려 치소성을 체계적으로 이해하기에는 한계가 있다.

유재춘은 여말선초 시기 동계 지역의 변화와 치소 이동을 검토하면서, 강릉, 양양, 삼척, 간성 지역에서는 고려말 읍성 축조 이전에 산성 형태의 치소성이 존재하였음을 언급하였으며, 동계 지역의 치소는 대외 긴장이 고조된 시기에는 치소성에, 그렇지 않은 때에는 평지에 위치하였다고 했다. 아울러 치소가 산성 내에 존재한 현상은 전국적인 것이 아니라 양계 지역에 국한된 것으로 보았다.[13] 그런데 네 지역들 가운데 강릉의 치소성을 제외하고는 비정 근거에 대한 설명이 분명하지 않다. 또한 치소 이동의 양상을 실증하지 않은 채 대외 관계를 감안할 때 그러했을 것이라고 막연히 추측하였고, 치소성

11) 심봉근, 『韓國南海沿岸城址의 考古學的 硏究』, 학연문화사, 1995.
12) 심정보, 『韓國 邑城의 硏究』, 학연문화사, 1995.
13) 유재춘, 「麗末鮮初 東界地域의 變化와 治所城의 移轉 改築에 대하여–강원도 영동지방을 중심으로–」, 『조선시대사학보』 15, 2001.

의 분포 양상에 대한 구체적인 접근에서 부족한 면이 없지 않다.

김동수는 여말선초 시기 32개 지역의 치소 이설 사례를 추출한 후 치소가 주로 산성에서 평지로 이동하였음을 주장하였다. 이 현상은 고려말에 왜구 침입으로 산지(성)로 이동한 치소가 조선초에 원래 지점으로 돌아온 것이라고 보았다.[14)]

그런데 그의 연구에서는 몇몇 한계가 발견된다.

첫째는 검출된 사례들이 지니는 대표성의 문제이다. 문헌 기록들에서 치소 이동이 비교적 분명히 확인되는 사례들을 토대로 논증했지만, 검출 사례는 당시 치소 이설의 실제와 괴리되었다고 판단된다. 가령 고려시대 양계 주진의 치소는 적어도 1232년(고종 19)에 단행된 강화천도 시점까지 주성(州城)·진성(鎭城)에 위치하였지만, 조선초기에는 이 일대의 치소가 대개 주성·진성이었던 성 안에 위치하지 않고 다른 곳에 자리하고 있어, 이 일대에서 치소 이설이 일반적으로 이루어졌음은 분명하다. 하지만『신증동국여지승람』등의 문헌에는 양계 주진이었던 곳에서의 치소 이동이 거의 기록되어 있지 않다. 이들 치소 이동의 사례들이 앞서 언급한 32개에 집계되어 있지 않았음은 물론이다. 이러한 누락은 양계 지역에 국한되지 않는다. 일례로『세종실록』지리지에는 읍성으로 기록되었으나『신증동국여지승람』에는 산성으로 바뀐 성 사례들이 드물지 않게 존재한다.[15)] 이러한 변화가 있은 군현에서는 그 사이에 치소 이동이 있었을 것이지만, 이들 역시 검토 사례에서 누락되었다. 요컨대, 치소 이동을 직접적으로 알려주는 문헌 기록만으로는 여말선초 시기 치소 이동의 양상을 파악하기에는 한계가 있는 것이다.

다음으로는 조선초기에 산성에서 평지부로 치소가 이동한 사례를 이해하는 방식에서의 문제점이다. 치소는 본래부터 평지에 위치하였고 고려말 왜

---

14) 김동수,「조선초기 郡縣治所의 移設」,『전남사학』6, 1992.

15) 최종석,「조선 초기 城隍祠의 立地와 治所」,『동방학지』131, 2005a, 68~70쪽. 이 경우 치소는 인근 평지로 이동하였다.

구 침입이라는 특별한 상황에서 산성으로 이동했다고 보고 있으나, 이는 통념에 의존하는 측면이 강해 논증되지 않고 있다. 더욱이 고려말기에 평지에서 산지(성)로의 치소 이동 사례는 일반적이라기보다는 특수하였다. 본서에서 다루어지겠지만, 고려말 왜구의 침탈로 인해 치소가 산성으로 이동한 현상은 연해 일부 지역들에 국한되었다. 연해 군현들에서조차 이 경우보다는 (평지)읍성을 축조하여 왜구 침탈을 제어하고자 하는 것이 우세하였다.

이처럼 고려시대 '치소가 위치한 성'이 산성 형태였을 것임을 제기한 견해는 간헐적으로 있어 왔다. 하지만 논증상의 한계가 있곤 하였고, 선입견에 입각하여 치소가 산성 내에 자리한 현상을 특별한 시기와 지역에 국한하여 보기도 하였다.

'치소가 위치한 성'에 관한 것은 아니지만 고려시대 치소를 비정하고 그 지리적 특성을 검토한 연구도 있다. 즉 현 고양시, 파주시, 양주군, 연천군, 포천군, 가평군 지역을 대상으로 고려·조선초기 각 군현의 치소 위치를 비정하고 지리적 특성을 규명한 연구 작업이 그것이다. 이 연구에서는 고려시대의 치소가 넓은 평야지대나 개활지를 조망할 수 있는 곳에 위치하였음을 지적하였다.[16] 고려시대 치소의 위치를 비정하고 현장 답사를 통해 지리적 특성을 밝히고자 한 점은 연구사적 의미가 크지만, 치소 위치를 비정하는 방법론에 여러 한계들이 있었다. 특히 고려시대의 치소 위치를 비정하면서 '치소가 위치한 성'을 전혀 고려하지 않았다.[17]

---

16) 박종기, 「京畿 北部地域 中世 郡縣 治所와 特殊村落 變化硏究」, 『북악사론』 8, 2001.

17) 고려시대의 치소 위치 비정과 관련한 또 다른 방법적 문제는 문헌에서 고려시대 치소 관련한 기록을 선별하는 과정에서 조선시대의 각종 지리지 등에 치소 변화에 대한 명시적 기록이 없으면 고려와 조선시대의 치소 위치가 같았다고 본 점이다. 치소 변화에 대한 명시적 기록이 없다고 하여 고려와 조선시대의 치소 위치가 동일하다고 단정할 수 없다. 앞서 언급한 바와 같이, 치소 이동이 있었음에도 그 사실이 적시되지 않은 경우들은 적지 않았기 때문이다. 이외에 『신증동국여지승람』 등의 조선시대 지리서에 기록된 '廢縣', '古縣'을 고려시대에 치소가 위치한 곳으로 비정한 방법 또한 문제가 있다. 후술하듯이 '폐현' 내지 '고현'이 된 시점은 고려말기 이전으로 거슬러 올라가지 않은 경우가 일반적이기 때문이다.

이하는 읍성 연구사에 관한 검토이다.

고려 치소성과 달리 읍성에 대해서는 적지 않은 연구 성과가 축적되었다. 역사학 방면뿐만 아니라 지리학, 건축·도시학에서도 읍성에 관한 연구는 비교적 활발히 진행되어 왔다.

우선 지리학 분야에서는 읍성의 입지적 조건으로 군사적 측면, 행정·경제적 측면, 축성의 편리성, 성곽의 안정성, 풍수지리적 조건 등을 검토하였고, 읍성 내외의 공간 구성과 그 원리를 탐색하였다.[18] 이외에도 조선시대의 읍성 내지 그것이 위치한 읍치 경관을 복원하고자 하였고,[19] 근대에 들어서 읍성 경관의 변화상을 추적하였다.[20] 다음으로 건축·도시학 방면에서는 도시 형성의 시각에서 읍성 내외부의 공간 구조를 고찰하였고,[21] 읍성 분석을 통해 도시공간구성의 원리를 규명하고자 했으며,[22] 읍성 공간의 구조를 분석하였다.[23] 이처럼 지리학과 건축·도시학 분야에서는 읍성의 입지적 조건 및 공

---

18) 양보경·민경이, 「경상북도 永川邑城의 空間構造와 그 變化」, 『문화역사지리』 16-3, 2004; 김경추, 「강릉읍성의 입지와 공간구성에 관한 연구」, 『한국도시지리학회지』 7-2, 2004; 김경추, 「삼척읍성에 관한 연구 –입지와 공간구성을 중심으로–」, 『地理學研究』 40-3, 2006.

19) 최원석, 「경상도 邑治 경관의 역사지리학적 복원에 관한 연구: 南海邑을 사례로」, 『문화역사지리』 16-3, 2004; 최원석, 「地籍原圖를 활용한 邑城空間의 역사지리적 복원: 경상도 읍성을 사례로」, 『문화역사지리』 17-2, 2005.

20) 김기혁·김성희, 「조선–일제강점기 동래읍성 경관변화 연구」, 『대한지리학회지』 7-4, 2002; 전종한, 「내포지역 읍성 원형과 읍치경관의 근대적 변형 –읍성취락의 사회공간적 재편과 근대화–」, 『대한지리학회지』 39-3, 2004.

21) 김선범, 「城郭의 都市原形的 解釋: 조선시대 邑城을 중심으로」, 『한국도시지리학회지』 2-2, 1999.

22) 신상화, 「朝鮮時代 地方都市의 空間構成原理에 關한 研究(1)–大丘府城의 風水, 敎育 및 祭祀空間을 중심으로–」, 『國土計劃』 33-6, 1998; 신상화·예명해, 「慶州의 都市空間構成原理에 관한 研究–高麗時代 이후 慶州邑城의 築城과 都市展開를 중심으로–」, 『國土計劃』 35-6, 2000.

23) 김선범, 「地方都市의 傳統空間保全을 위한 基礎研究–蔚山邑城과 彦陽邑城을 중심으로–」, 『國土計劃』 24-2, 1989; 예명해, 「朝鮮時代 大丘邑城에 關한 基礎研究(2)」, 『國土計劃』 26-4, 1991; 강현, 「邑城의 空間構造 및 建築物 變遷에 關한 研究: 朝鮮中期 社會變動에 따른 都市化 過程을 中心으로」, 서울대 석사학위논문, 1995; 유응교·박창선, 「南原邑城의 空間構造特性에 관한 기초적 연구(1)–公共施設物과 空間構造를 中心으로–」,

간 구성과 그 원리 등을 중심으로 연구가 축적되어 왔다.

역사학 방면에서도 읍성에 관한 연구 관심은 꾸준히 있어 왔다. 『조선왕조실록』, 지리서류(類), 고지도(古地圖)를 비롯한 각종 문헌 자료를 통해 읍성을 연구하였고, 읍성터에 대한 지표·발굴 성과들의 축적에 따라 문헌자료와 지표·발굴 보고서 등을 결합한 읍성 연구 또한 적지 않게 시도되었다.

구체적으로 소개하자면, 우선적으로 문헌자료와 지표·발굴 조사를 바탕으로 하여 개별 읍성을 분석한 연구들을 언급할 수 있다.[24] 이들 연구에서는 축조 시기, 성의 규모와 형태, 축성법, 입지 조건, 성곽 내부 시설, 출토 유물 등을 중심으로 개별 읍성을 분석하였다.

관방사·축성사의 시각에서 고려말기~조선전기에 축조된 읍성을 검토하기도 하였다. 차용걸은 고려말기~조선전기 왜구에 대비한 관방 축설의 배경과 과정 및 현존한 성보(城堡)들을 검토하는 속에서 읍성 축조를 다루었다. 즉 고려말기부터 조선 성종대까지의 기간 동안 읍성 축조의 추이와 시기별 성격을 규명하였고, 읍성의 입지 조건 및 성 내외 시설, 내구 연한 등을 분석하였다. 아울러 대외 정세의 변화 등에 따른 읍성 위상의 변모 양상을 밝히고자 했다.[25]

『國土計劃』 32-5, 1997; 예명해·이재환, 「조선시대 읍치(邑治)의 공간구성에 관한 연구」, 『國土計劃』 37-2, 2002; 예명해·이재환·신상화·이용대, 「조선시대 읍치(邑治)의 공간구성에 관한 연구–조선시대 칠곡도호부를 중심으로–」, 『國土計劃』 37-3, 2002; 이강국·김찬영, 「星州邑城의 空間構成에 關한 硏究」, 『한국주거학회논문집』 15-3, 2004.

24) 김태중, 「慶州邑城」, 『경주사학』 11, 1992; 심봉근, 「울산 언양읍성지」, 『韓國南海沿岸城址의 考古學的 硏究』, 학연문화사, 1995; 허인욱, 「忠州邑城의 變貌考」, 『蘂城文化』 16·17, 1996; 황정덕, 「熊川縣邑城에 關한 硏究」, 『慶南鄕土史論叢』 5, 1996; 임승우, 「朝鮮時代安東邑城 硏究」, 『안동사학』 5, 2000; 한기문, 「朝鮮時期 尙州邑城의 沿革과 規模」, 『역사교육논집』 28, 2002; 최인선, 「興陽邑城과 高興의 4개 鎭城에 대한 고찰」, 『南道文化硏究』 8, 2002; 김성진, 「부산 동래읍성」, 『한국성곽학보』 7, 2005; 최인선, 「寶城邑城에 대한 硏究」, 『문화사학』 24, 2005.

25) 차용걸, 「高麗末·朝鮮前期 對倭 關防史 硏究」, 충남대 박사학위논문, 1988. 이 논문에 앞서 예비적 검토로 아래의 글들이 작성된 바 있다. 차용걸, 「世宗朝 下三道 沿海邑城 築造에 對하여」, 『사학연구』 27, 1977; 차용걸, 「朝鮮成宗代朝 海防築造 論議와 그 樣相」,

읍성 및 그 축조에 대한 그의 포괄적 연구는 심정보와 유재춘의 연구로 계승·진전되어 왔다. 심정보는 문헌 기록을 통해서 여말선초 시기의 읍성 축조의 과정을 검토하였으며, 충남 지역의 읍성들을 대상으로 하여 읍성의 분포 양상, 입지조건, 구조, 축조 공법 등을 규명하였다.[26] 유재춘은 도성, 읍성, 산성, 영진보성(營鎭堡城), 행성(行城)으로 구분하여 조선전기 성곽의 축조와 변천을 고찰하는 속에서 읍성 축조의 추이를 검토하였으며, 특히 강원도 지역의 읍성을 중심으로 하여 읍성 축조의 시대적 성격, 입지 조건, 축조법 등을 살폈다.[27]

읍성을 도시사적 관점에서 접근해 본 시도들도 있었다.[28] 이들 가운데 고석규의 연구는 읍성의 도시화 요소와 도시로서 역할의 제약 요소를 함께 주목하여 흥미롭다. 이외에도 이노우에 히데오는 15세기 후반에 간행된 『경상도속찬지리지(慶尙道續撰地理誌)』의 성곽관(城郭觀)을 검토하면서 14~15세기 동안의 읍성 추이를 탐색하였다.[29]

이상에서 볼 수 있듯이, 읍성을 대상으로 해서는 여러 방면에서 연구가 이루어져 왔고, 그 결과 적지 않은 연구 성과가 축적되었다. 풍부한 관련 기록들 및 각종 읍성들에 대한 지표·발굴 보고서들로 인해, 연구 결과는 구체적인 근거들을 토대로 작성되는 경향이 강하였다.

그런데 기왕의 읍성 연구들은 여말선초 시기의 읍성을 검토하는 과정에서 전대의 '치소가 위치한 성'을 시야에 넣지 못한 한계가 있었다. 고려 치소성이 고려말에 이미 폐기·방기된 후 이와 이질적인 '치소가 위치한 성'(읍성)이

『백산학보』 23, 1977; 차용걸, 「高麗末 倭寇防守策으로서의 鎭戍와 築城」, 『사학연구』 38, 1984; 차용걸, 「朝鮮前期 關防施設의 成立過程」, 『한국사론』 7, 국사편찬위원회, 1980.

26) 심정보, 앞의 책, 1995.

27) 유재춘, 『韓國 中世築城史 硏究』, 경인문화사, 2003.

28) 심정보, 「朝鮮時代 湖西地域 沿海邑城의 機能에 대한 考察」, 『湖西文化硏究』 14, 1996; 김흥술, 「江陵邑城의 都市史的 檢討」, 『도시역사문화』 3, 2005; 고석규, 「조선 초기 서남해안 지방 읍성의 축조와 도시화 요소」, 『전남사학』 25, 2005.

29) 井上秀雄, 앞의 논문, 1981.

출현하여 확산되었고, 여말선초 시기를 경과하면서 성립된 읍성 분포의 양상은 이전 시기와 현저히 달랐을 가능성을[30] 고려하지 못한 것이다. 이로 인해 기존의 읍성 연구는 여말선초 시기 읍성 관련한 현상들을 수동적·정태적으로 이해하는 경향이 강하였다.

가령 기존의 연구에서는 조선시대 읍성이 하삼도와 강원도의 연해 군현에 편중 분포한 현상을 왜구 침입에 대비하여 해당 지역들에 읍성을 축조한 데 따른 산물로 설명했다. 이는 현상에만 치우쳐 본 이해이다. 고려말 이전 시기에 '치소가 위치한 성'은 양계와 남도 지역, 주현과 속현의 구분 없이 대부분의 군현에 설치되었을 사실을[31] 감안하면, 여말선초 시기에 외침이 잦은 곳에 한해 읍성을 축조한 현상은 시기적 특성을 지닌 것이 될 것이다. 이렇다고 한다면, 해당 현상을 이해하는데 중요한 사항은 왜 당시에는 외침이 잦은 지역을 중심으로 '치소가 위치한 성'을 한정적으로 설치하였느냐 하는 의문이 될 것이다. 기왕의 설명은 전대의 '치소가 위치한 성'을 고려하지 못하다 보니 의문의 출발점을 해답으로 내놓고 말았다.

결국 현상적이고 정태적 이해에 그친 감이 없지 않은 그간의 읍성 연구를 통시기적 관점에서 접근하여 역사적 의미를 부각하는 식으로 재해석할 필요가 있는 것이다. 이러한 성격의 작업이 바로 본서에서 시도하고자 하는 바이다.

다음으로는 개별 연구 성과에 대한 비평을 넘어서 고려·조선초기 '치소가 위치한 성'에 관한 기존 연구들의 일반적 한계라고 판단되는 사항들을 지적해보고자 한다.

첫째, 고려시대 '치소가 위치한 성'에 대한 관심이 지극히 부족한 실정이다. 그리고 이를 다루는 연구들은 별다른 논증 없이 선험적으로 그러한 성

30) 최종석, 「고려시기 治所城의 분포와 공간적 특징」, 『역사교육』 95, 2005b; 최종석, 앞의 논문, 2007.

31) 최종석, 위의 논문, 2005b.

이 평지 혹은 산지에 위치하였을 것으로 보았으며, 일부의 지역과 사례에 한정하여 검토한 탓에 고려시대 '치소가 위치한 성'의 전국적 현황을 보여주지 못하였다.

둘째, 고려·조선초기 '치소가 위치한 성'은 주로 축성사·관방사 분야에서 다루어진 반면 향촌사회사의 시각에서는 파악되지 못해, 검토 결과가 일면적이었다. '치소가 위치한 성'은 행정과 군사·방어의 역할을 복합적으로 수행한 것인 데서, 대외적인 정세 변화, 외침 등 군사·방어적 측면에 초점을 맞추어 '치소가 위치한 성'을 접근하는 작업은[32] 마치 하나의 날개에 의지한 비행과도 같다고 할 수 있다.

셋째, 기왕의 연구는 고려·조선초기 '치소가 위치한 성'의 각 시기별 역사성을 규명하는데 미흡하였다. 즉 고려 치소성과 읍성 각각의 역사적 성격을 부각하는 방식으로 연구가 진행되어 오지 못한 것이다. 이러한 작업을 위해서는 특정 시기에 한정하여 '치소가 위치한 성'을 분석하는 데 그쳐서는 안되고, 삼국·통일신라시대부터 조선시대까지 '치소가 위치한 성'의 제(諸) 추이를 파악한 속에서, 더 나아가 여타 국가의 '치소가 위치한 성'을 염두에 두면서, 고려 치소성과 읍성 각각의 시대성을 도출했어야 하나, 아쉽게도 이러한 식의 작업은 시도된 바가 없는 듯하다.

본서에서는 그동안에 축적된 연구 성과들을 활용하면서 동시에 한계라고 판단된 사항들을 염두에 두면서 고려·조선초기의 '치소가 위치한 성'을 살펴보도록 하겠다.

첫째, 고려·조선초기의 '치소가 위치한 성'을 통시적으로 파악하기 위한 기초 작업으로, 고려 치소성의 제 측면, 즉 분포 양상, 특징, 기능 등을 규명하고자 한다. 읍성에 비해 고려 치소성에 대한 이해가 현저히 부족한 현실을 감안할 때, 읍성 연구 성과에 어느 정도 상응할 수 있을 정도로 고려 치소성

32) 이러한 접근에서도 지역방어체제에 대한 관심은 부족하였다.

에 관한 기본적인 측면들을 파악해야 고려·조선초기의 '치소가 위치한 성'을 통시적으로 접근해 볼 수 있을 것이다.

이러한 연구 작업은 설치되었을 고려 치소성 전체를 대상으로 해서 시도되어야 하지만, 읍성과 달리 고려 치소성 전체를 적시한 기록이 없어 전체 사례를 대상으로 한 분석은 사실상 불가능하다. 이에 여러 방법을 동원하여 고려 치소성 사례들을 최대한 검출한 후, 이것들에서 모집단인 고려 치소성 전체를 파악해 보도록 하겠다.

둘째, 여말선초 시기 읍성의 분포 양상과 입지적 특성 등이 의미하는 바를 검토할 것이다. 당시 읍성은 전국적으로 고루 분포하지 않고 일부 군현과 특정 지대에 집중 분포하였으며, 대개 평지에 축조되어 있었다. 기존 연구에서는 이러한 분포 양상과 입지적 특징이 갖는 시대적 성격을 충분히 규명하지는 못하였다. 본서에서는 고려 치소성과의 비교 검토를 통해 기왕의 읍성 연구를 보완하여 여말선초 시기 읍성이 지닌 역사적 의미를 새롭게 조망해 보고자 한다.

셋째, 통시적인 관점에서 고려·조선초기 동안 '치소가 위치한 성'의 변동 과정을 검토하려 한다. 다시 말해, 고려 치소성의 형성·존속·소멸의 전(全) 과정 및 고려 치소성을 대신한 읍성의 등장과 확산의 과정을 체계적이고 일관된 논리로 추적하고자 한다. 그리고 이러한 작업의 연장선상에서 삼국·통일신라시대 '치소가 위치한 성'과 고려 치소성 간의 관계를 살펴보도록 하겠다.

마지막으로, 특정 시기 '치소가 위치한 성'의 역할과 위상, 입지적 특성 등은 그 시기의 지방지배질서·지역방어체계와 상호 깊숙이 맞물려 있었을 것이라는 문제의식을 검증해 보고자 한다. 구체적으로는 고려 치소성과 여말선초 시기 읍성의 제(諸)측면에 노정된 시대적 특질을 해당 시기의 지방지배질서와 지역방어체계와 연관지어 규명할 것이며, 고려 치소성에서 읍성으로의 대체는 지방지배질서와 지역방어체계에서의 구조적 전환

과 어떠한 관련이 있었는지를 검토하고자 한다.[33]

33) 본서에서는 고려 치소성의 경우 군현제 지역에 국한하여 이를 검토할 것이다. 고려 치소성은 후술하듯이 '邑司가 위치한 성'이었다. 읍사는 주현, 속현 등의 일반 군현제 지역에서만이 아니라 이른바 '부곡제' 지역에까지 설치되어 있었다(이수건, 「高麗時代 「邑司」 硏究」, 『국사관논총』 3, 1989). 所에 읍사가 설치되었는지 여부는 논란이 있지만(윤경진, 「고려시기 所의 존재양태에 대한 試論-군현제와 생산방식의 측면을 중심으로-」, 『한국중세사연구』 13, 2002, 44~47쪽), 향과 부곡에 읍사가 설치된 점은 분명하다. 게다가 처인부곡의 처인성과 같이 향·부곡 지역의 '읍사가 위치한 성'으로 볼 수 있는 사례들은 적지 않다(처인성에 대해서는 차용걸, 「처인성터의 구조와 성격」, 『고려시대의 용인』, 학연문화사, 1998 참조). 따라서 고려 치소성의 전모를 밝히기 위해서는 군현제 지역과 부곡제 지역을 아우른 접근이 필요하다. 하지만 군현제 지역과 부곡제 지역 사이에 고려 치소성의 분포 양상, 입지, 기능, 변동 추이 등이 상이하였을 가능성이 있는데다가, 부곡제 지역의 고려 치소성에 관한 자료는 군현제 지역의 그것에 비해서도 희소하여, 현재의 실정과 연구 수준에서 군현제 지역과 부곡제 지역의 고려 치소성을 일괄적으로 다루기란 사실상 불가능하다. 부곡제 지역의 고려 치소성에 대한 검토는 후일을 기약하는 바이다.

제1부
고려 치소성의 개념과 분포

보은 삼년산성

1장
고려 치소성의 개념

본서에서 다루는 고려 치소성(治所城)은 사료상의 용어가 아니다. 연구사적 어휘이다. 필자는 이를 고려시대, 정확히는 고려말 이전의 '치소가 위치한 성(城)'으로 한정해서 지칭하고자 한다. 고려시대의 '치소가 위치한 성'은 타 시대의 그것과 구분되는 역사적 성격을 보유하고 있어, 이를 부각하고자 하는 의도에서 해당 연구사적 용어를 사용하고자 한다.

고려 치소성은 연구사적 어휘이기에 개념 정의가 요구된다. 본서에서 그것은 고려시대 향리 관청인 '읍사(邑司)가 위치한 성'을 의미한다. 부연하자면, 당시에 지방 관아와도 같은 역할을 한 '읍사'가 위치한 성으로 보고자 한다.

일반적으로 '치소가 위치한 성'은 지방관의 관서가 설치된 성이었다. 고대와 조선시대의 '치소가 위치한 성'은 지방관의 관청이 자리한 성이었으며,[1)]

1) 조선시대의 읍성은 지방관을 파견한 군현인 주현에 설치되어 있었다. 삼국·통일신라시대의 경우 군현마다 지방관이 보내지고 있어 속현은 존재하지 않았고 지방관이 군현 운영의 공적 주체로 기능하였다. 따라서 삼국·통일신라시대의 '치소가 위치한 성' 또한 지방관의 관청을 둔 城을 의미하였을 것이다.

중국에서도 마찬가지였다. 이러한 점에서 보자면, 고려 치소성의 개념 정의는 다소 유별나다고 할 수 있다. 본 연구에서 고려시대 '치소가 위치한 성'[고려 치소성]을 타 시대·사회의 그것과 달리 향리 관청인 '읍사'가 위치한 성으로 개념 정의하고자 한 것은 다음과 같은 이유에서이다.

치소의 사전적 정의는 "지방관(地方官)의 관서(官署)"[2]이다. 중국과 조선시대의 치소는 이 정의에 정확히 부합한다.[3] 이 때문에 중국과 조선시대에 치소는 외관이 파견되는 지방행정구획에 한해 확인된다.[4]

그런데 고려시대에는 외관이 파견되지 않은 군현, 곧 속현에도 치소가 존재하였다. 치소를 '지방관의 관서(혹은 그것이 위치한 곳)'로만 본다면, 속현에 치소가 존재할 수는 없다. 속현에 치소가 존재한 사례들이 오류가 아닌 이상, 고려시대 치소의 의미는 중국·조선시대와 상이하였을 것임이 예상된다. 이에 고려시대 지방지배질서의 특질을 염두에 두면서 당시 치소의 의미를 규명하고, 이를 매개로 하여 고려 치소성의 개념 또한 명확히 하고자 한다.

먼저 속현에 치소가 있었음을 적시하는 기록들 중 일부를 소개해 보겠다.

(1) 덕수현(德水縣)은 본래 고구려의 덕물현(德勿縣)이다. 인물현(仁物縣)이라고도 한다. 신라 경덕왕(景德王)이 지금 이름으로 고쳤다. [고려]현종 9년에 개성현(開城縣)의 속현이 되었고, 문종 10년에 현(縣)에 흥왕사(興王寺)를 세우게 되어서 현치(縣治)를 양천(楊川)으로 옮겼다. [문종]16년에 내속(來屬)하였으며 공양왕 원년에 감무(監務)를 두었다.[5]

---

2) 羅竹風 編, 『漢語大詞典』 5, 漢語大詞典出版社, 1992, 1125쪽.

3) 치소는 지방관의 관서가 위치한 곳을 뜻하기도 한다.

4) 무수한 용례들을 통해 이 점을 확인할 수 있다. 삼국·통일신라시대에도 그러하였을 것으로 판단되지만 관련 기록이 없어 막연히 추정할 수밖에 없다.

5) 『고려사』 56, 지10 지리1 王京開城府. "德水縣 本高勾麗 德勿縣 一云 仁物縣 新羅景德王 改今名 顯宗九年 爲開城縣屬縣 文宗十年 創興王寺于縣 移縣治 於楊川 十六年 來屬 恭讓王元年 置監務"

(2) 송림현(松林縣)은 본래 고구려의 약지두치현(若只豆恥縣)이다. 지섬(之蟾) 또는 삭두(朔頭)라고도 한다. 신라 경덕왕이 이름을 여비(如羆)로 고쳐 송악군(松嶽郡)의 영현으로 삼았다. 고려초(高麗初)에 지금 이름으로 고쳤다. 광종이 그 땅에 불일사(佛日寺)를 세우게 되어서 현치(縣治)를 동북으로 옮겼다. 현종 9년에 장단현(長湍縣)의 속현이 되었다가 문종 16년에 내속(來屬)하였고 후에 감무를 두었다.[6]

(3) 환가현(豢猳縣)은 본래 고구려의 저수혈현(猪迏穴縣)이다. 오사압(烏斯押)이라고도 한다. 신라 경덕왕이 지금 이름으로 고쳐 고성군(高城郡)의 영현(領縣)으로 삼았다. 고려에 이르러 그대로 소속시켰으며 문종대에 현치(縣治)를 양촌(陽村)으로 옮겨 해적 방어의 요충지로 삼았다.[7]

위의 사례들은 모두 '현치(縣治)' 즉 현의 치소를 옮긴 사실을 전하는 기록이다. 그런데 덕수현, 송림현, 환가현은 치소를 이동할 당시에 지방관이 파견되지 않은 군현이었다. 덕수현에는 1389년(공양왕 1)에 가서야 감무가 파견되었고, 송림현에도 '현치'가 이동한 한참 이후에야 감무 파견이 있었으며, 환가현은 내내 속현이었다.[8]

그렇다면 위의 인용문에서 속현의 치소는 무엇을 지칭한 것일까? 현의 치소를 옮긴다고 할 때 그것의 구체적 실체는 무엇일까? 이들 현에는 지방관이 파견되지 않았기에, 치소는 분명 외관청(外官廳)이 아닐 것이다.

고려시대 지방사회의 지배 구조를 고려할 때, 속현의 치소는 향리층의 지배조직이자 관청인 읍사였을 것임이 분명하다. 고려시대 군현제의 구조와

---

6) 『고려사』 56, 지10 지리1 王京開城府. "松林縣 本高勾麗 若只豆恥縣 一云 之蟾 一云 朔頭 新羅景德王 改名如羆 爲松嶽郡領縣 高麗初 改今名 光宗 創置佛日寺于其地 移縣治 於東北 顯宗九年 爲長湍縣屬縣 文宗十六年 來屬 後置監務"

7) 고려사』 58, 지12 지리3 東界 高城縣. "豢猳縣 本高勾麗 猪迏穴縣 一云 烏斯押 新羅景德王 改今名 爲高城郡領縣 至高麗 仍屬 文宗朝 移縣治于陽村 以扼海賊之衝"

8) 엄밀하게 말하면, 송림현치가 이동한 광종대는 본격적인 지방관제가 실시되기 이전이었다.

운영에 관해 최근 규명된 바에[9] 따를 때, 속현의 치소가 읍사였음은 어렵지 않게 도출된다. 고려의 군현제 운영에서는 주현과 속현을 막론하고 읍사가 설치되고 있었다. 읍사는 각급 군현의 운영을 담당한 공식관부로서, 재정기반으로 공해전(公廨田) 및 문서행정에 사용되는 인신(印信)을 지급받았고, 문서행정의 기초자료인 호적(戶籍)이나 양안(量案) 등의 기본적인 장적(帳籍)을 보관하고 있었다. 이를 바탕으로 해서 읍사는 독자적인 대민행정을 수행하였다. 읍사의 인신은 호장이 관리하였는데, 호장은 중앙의 상서성에서 직첩(職牒)이 발급되고 직전(職田)이 지급되는 등, 관인(官人)으로서의 면모를 지니고 있었다. 그 결과 호장을 위시한 향리들은 군현 운영의 공적 주체로, 중국과 조선의 지방 군현에서 수령을 의미한 장리(長吏)로 지칭될 수 있었다. 이처럼 속현에 설치된 읍사는 해당 군현의 운영을 담당한 공식 관부였다. 이러한 사회 환경 하에서 속현의 읍사는 해당 군현의 치소로 받아들여졌을 것이다.

속현의 치소가 읍사를 의미하였음은 분명하지만, 주현 치소[10]의 의미는 다소 모호하다. 왜냐하면 주현에는 읍사 외에도 외관청이 존재하였기 때문이다.

주현의 치소가 무엇을 지칭하는지를 적시한 기록은 없지만, 주현의 외관청은 치소로도 불렸을 것이다. 이와 관련하여 1224년(고종 11) 백분화(白賁華)가 경산부(京山府)의 지방관으로 복무하던 중 '이소(理所)'에서 사망하였다는 기록이[11] 주목된다. 여기서 '이소'는 경산부의 외관청이 분명한데, 이소는 치

---

9) 이상의 고려 군현제의 구조와 운영에 대해서는 윤경진, 「고려전기 戶長의 기능과 外官의 성격-지방행정체계상의 상관성을 중심으로-」, 『국사관논총』 89, 1999, 70~76쪽; 윤경진, 「古文書 자료를 통해 본 高麗의 地方行政體系」, 『한국문화』 25, 2000a, 109~118쪽; 윤경진, 「高麗 郡縣制의 構造와 運營」, 서울대 박사학위논문, 2000b를 참조하였다.

10) 다음 기록에서 보듯 주현인 高州에 치소가 존재하였다. 『고려사』 58, 지12 지리3 東界 高州. "高州 古德寧鎭 一云 洪源郡 成宗十四年 爲高州防禦使 顯宗十九年 城鳳化山南 以徙州治 恭愍王五年 改知州事"

11) 『東國李相國集』 36, 墓誌 京山府副使禮部員外郎白公墓誌銘. "歲甲申月孟秋 京山府守

소와 동의어였다.[12)]

주현의 외관청이 치소로 지칭된다고 할지라도, 주현의 읍사 또한 치소였을 것으로 판단된다. 고려 군현제의 구조와 운영을 고려할 때 그러하다.[13)] 앞서 언급한 바와 같이, 읍사가 해당 군현의 운영을 담당한 사실은 속현에 한정되지 않았다. 주현에서도 마찬가지였다. 이로 인해 주현에 파견된 외관은 위상 내지 역할의 측면에서 타 시대·사회와 상이하였다. 곧 고려시대의 외관은 부임지의 통치자가 아니었다. 주현에 파견된 외관은 주현과 예하 속현들로 구성된 권역 즉 임내(任內)의 운영을 담당하는 상급체계로 기능하였으며, 주현 단위의 운영은 해당 주현의 읍사가 담당하였다(〈그림 1-1〉 참조).[14)] 외관청이 주현과 예하 속현들로 구성된 권역을 통치 대상으로 하는 치소였다고 한다면, 주현의 읍사는 주현 영역을 통치 대상으로 하는 치소였을 것이다. 이렇다고 한다면, 주현의 치소는 읍사를, 혹은 외관청을, 혹은 양자 모두를 지칭할 수 있었을 것이다.[15)]

白公 卒于理所 夫人至京師 旣襄事而將葬也"

12) '다스리다'는 뜻에서 '治'와 '理'는 동일하였다. 가령 당 고종의 諱인 '治'를 피하는[피휘] 차원에서 '治'는 '理'로 고쳐진 바 있다.

13) 이하는 각주 9)의 논문들을 참조하여 서술하였다.

14) 기우에서 첨언하자면, 주현 단위의 운영을 속현과 마찬가지로 읍사가 담당하였다고 하여, 주현과 속현의 읍사가 외관 밑에서 수평적으로 존재하였다고는 생각되지 않는다. 양자 사이에는 계서적 관계가 존재하였고, 국가는 대개 군현 간에 맺어진 기왕의 계서적 관계를 고려하면서 외관청을 설치하였을 것이다. 주현과 속현 사이의 계서적 관계에 대해서는 채웅석, 『高麗時代의 國家와 地方社會-'本貫制'의 施行과 地方支配秩序-』, 서울대학교출판부, 2000, 90~92쪽 참조.

15) 주현의 치소는 읍사를, 혹은 외관청을, 혹은 양자 모두를 지칭할 수 있는 중의적 면모를 지니고 있었을 것이지만, 후술하듯 주현에는 읍사와 외관청이 城 내에 함께 위치하고 있어, 본서에서 치소가 읍사와 외관청 가운데 어느 것을 지칭하였는지를 구분하려는 일은 그다지 의미가 있지 않았다.

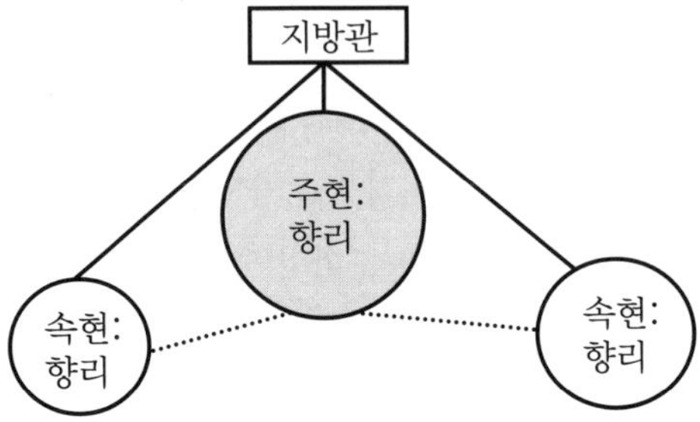

〈그림 1-1〉 고려시대 주현-속현 체제

이 문제와 관련하여 지방관제 성립 이전에 이미 치소가 설치되어 있었음을 주목해야 한다. 위의 (2) 자료에 따르면, 광종대에 이미 치소가 설치되어 있었다. 송림현의 현치가 그것인데, 이것은 향리의 전신(前身)인 호족의 통치기구를 지칭하였을 것임이 분명하다. 호족의 통치기구가 국가에 의해 치소로 공인되고 있던 것이다. 이러한 현상은 사찰 건립으로 인한 현치 이동이라는 매우 우발적 요인에 의해 확인되는 데서, 지방관제 성립 이전에 호족의 통치기구가 치소로 공인된 현상은 일반적이며 전국적이었을 것이다.[16] 이렇다고 한다면, 지방관제 성립 이전에 호족의 통치기구가 치소로 간주되고 있었고, 일부 군현에 한해 지방관이 파견된 성종대 이후로는, 지방관 파견의 유무와 관계없이, 호족의 통치기구를 이은 읍사를 개별 군현 단위의 치소로 인정하면서 동시에 외관청 또한 치소로 간주하였을 것이다.

한편 고려시대의 읍사와 외관청은 각각 중국 주현제에서 현의 관아와 주

16) 이 현상은 고려초기에 이루어진, 지방행정구획의 신설과 무관한 '置邑' 조치와 관련이 있었을 것이다. 그것은 자치·자위의 지역사회가 고려 국가의 지배질서 속에 정식으로 편입되는 조치였을 것으로, 籍의 작성을 토대로 하여 이루어진 '치읍' 당시에, 고려 국가는 나말려초 동안 재편된 지역사회 내의 질서를 파악·편제하면서도 용인하였다고 이해되고 있다. 기왕의 호족 통치기구의 치소로의 인정은 이러한 성격의 '치읍' 시에 이루어졌을 것으로 판단된다. 치읍에 관해서는 浜中昇, 「高麗前期の量田制について」, 『朝鮮學報』 109, 1983; 채웅석, 앞의 책, 2000 참조.

의 관서에 대응할 수 있다(〈그림 1-2〉 참조). 달리 말해, 고려시대 외관과 각급 군현의 향리는 각각 중국 주현제에서 주의 자사(刺史)와 현의 현령(縣令)에 대응할 수 있다. 수대(隋代) 이래로 시행된 중국의 주현제는 현과 그것의 상급 행정구획으로서의 주의 이급(二級)행정구획에 의한 지방통치체제였다. 그 체제에서 주는 현과 달리 직할의 영역을 보유하지 못하고 그 권역은 관할 현들[영현(領縣)이라 함]의 합이 된다. 따라서 주의 관서는 일반적으로 영현들 가운데 하나에 위치하게 된다.[17] 현과 주의 관서, 곧 현치(縣治)와 주치(州治)는 예외 없이 성 내에 자리하였는데[그러한 성을 현성(縣城), 주성(州城)이라고 함], 현성과 달리 주성에는 주치 외에도 주 관서가 위치한 영현[이러한 현을 부곽현(附郭縣)이라고 함]의 치소가 함께 설치되었다.[18] 이들 가운데 주의 치소[주치(州治)]는 부곽현을 비롯한 영현들로 구성된 행정 권역을 대상으로 하는 상급통치기구로 기능하였고, 부곽현의 치소[현치(縣治)]는 해당 영역을 다스리는 관서였다.[19] 중국 주현제에서의 주치는 고려의 외관청에, 부곽현의 치소는 고려의 주현 읍사에 해당한다고 할 수 있다. 부곽현 이외 현들의 지방관아는 고려 속현들의 읍사에 해당할 것이다. 중국과 다른 점이라면, 읍사는 중앙에서 파견된 관인의 관서가 아니라 재지세력의 통치기구가 국가에 의해 공인된 것이라는 사실 및 중국과는 달리 외관청의 통치 권역을 별도의 지방행정구획으로 설정하지 않은 점 등이다. 특히 후자의 요인으로 인해 고려 주현의 치소가 무엇을 지칭하는지는 분명치 않게 되었다.

---

17) 가령 唐代 하남도 소속의 登州의 경우 707년(중종 복위 3) 州治가 牟平縣에서 蓬萊縣으로 옮겨가고 있다(『舊唐書』 38, 志18 地理1 河南道 登州). 이들 현은 등주 영현들 가운데 일부이다

18) 주성은 달리 보자면, 부곽현의 현성인 셈이다.

19) 중국의 주현제와 주성·현성 등에 관해서는 愛宕元, 『中國の城郭都市』, 中公新書, 1991을 참조하였다.

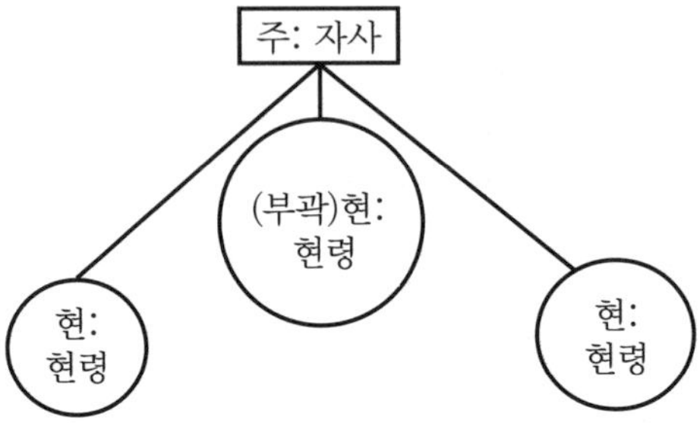

〈그림 1-2〉 중국 주현제 체제

고려시대에 속현의 치소는 읍사를, 주현의 치소는 읍사 내지 외관청, 혹은 양자 모두를 지칭한다고 할 때, 주현과 속현을 아우를 수 있는 치소의 정의는 읍사가 될 수 있을 것이다.[20] 따라서 당시의 '치소가 위치한 성', 곧 고려 치소성은 주현과 속현의 구분 없이 '읍사가 위치한 성'이었다고 할 수 있다.[21] '치소가 위치한 성'을 지칭하는 용어 사례들이 속현을 대상으로 해서도 적지 않게 확인되는 사실은 이 점을 분명히 말해주고 있다. 가령 '치소가 위치한 성'을 의미하는 현성(縣城)·군성(郡城)·주성(州城) 등의 '읍호+성(城)' 용례는 중국과 조선의 경우 지방관이 파견된 군현에서만 확인되나,[22] 후술할 〈표 1-1〉에서 볼 수 있듯이, 고려의 속현에서도 어렵지 않게 발견된다.[23] 재지세

20) 이러한 개념 정의에 따르면, 고려시대 향·부곡·館·驛에도 治所가 설정될 수 있을 것이다. 왜냐하면 이러한 행정단위에도 읍사와 장리를 두고 있었기 때문이다. 아래의 기록에서 보듯, 983년(성종 2) 공해전 분급시 향·부곡·관·역까지 그 대상으로 하고 있었다. 『고려사』 78, 지32 식화1 田制 公廨田柴 성종 2년 6월. "定州府郡縣館驛田 千丁以上州縣公須田三百結……鄕部曲千丁以上公須田二十結……大路驛公須田六十結紙田五結長田二結……大路館田五結". 이곳의 공해는 다름 아닌 읍사였을 것이다. 향·부곡·관·역 등에 장리가 있었음은 다음 기록을 참고할 수 있다. 『고려사』 75, 지29 選擧3 銓注 鄕職 현종 13년 4월. "崔士威奏 鄕吏稱號混雜 自今 諸州府郡縣吏 仍稱戶長 鄕部曲津驛吏 只稱長從之". 이와 관련하여 이수건, 「高麗時代「邑司」研究」, 『국사관논총』 3, 1989 참조.

21) 물론 주현 치소성은 읍사 외에도 외관청이 자리한 성이었을 것이다.

22) 이 점은 뒤에서 상술할 것이다.

23) 이러한 사실은 고려 치소성의 분포 양상을 검토하는 부분에서 상세히 다룰 것이다.

력인 향리가 타 시대의 외관과도 같은 위상을 보유한 고려의 지방지배 질서로 인해, 고려시대 치소의 의미는 남달랐고, 이와 맞물려 '치소가 위치한 성' 또한 '읍사가 자리한 성'으로서 지방관 파견의 유무와 관계없이 존재하였다.

고려 치소성을 '읍사가 위치한 성'으로 정의한다고 할 때, 용례 차원을 넘어 그것이 실제로 속현에도 설치되었음을 구체적으로 보여주는 사례를 확인해 볼 필요가 있다.

> 동북면병마사(東北面兵馬使)가 아뢰기를 "환가현(豢猳縣)은 일찍이 무자년(戊子年)에 동번(東蕃) 해적(海賊)에게 공격을 받아 남녀 100여 인이 살상되었고, 금년 봄 또 산불이 나서 성보(城堡)와 창고 그리고 민거(民居)에까지 번져 불탔습니다. 거듭 화란(禍亂)을 당하여 민인들이 편히 살 수 없사오니, 청컨대 성을 옮겨 쌓아[사성(徙城)] 해적의 요충을 막게 하옵소서"라고 하니 조(詔)하여 [성을] 양촌(陽村)에 옮기도록 하였으니, 구성(舊城) 남쪽 2,000여 보(步) 지점이다.[24]

위의 기록은 앞서 소개한 문종대 '현치'를 옮긴 사실[(3)의 자료]의 사정을 보다 상세히 전해준다. 기록에 따르면, 1048년(문종 2) 동여진 해적의 침입과 1064년(문종 18)의 산불이라는 잇따른 참화로 인해 환가현 민인들이 불안해하자, 이를 해소하기 위해 국가는 동년에 보다 남쪽 지점으로 성을 옮겨 쌓도록 하고 있다. 주목되는 바는 (3)의 양촌으로의 현치 이동이 여기서는 성을 옮겨 쌓은 것으로 기록된 점이다. 성 내에 현의 치소가 위치하였고 치소 이동 후에도 그러하였기에, 치소를 옮기는 것이 성의 이축(移築)으로 기록되었을 것이다. 위의 기록에서 화재를 당한 '성보' 곧 '구성(舊城)'은 치소를 이설하기

---

24) 『고려사』 8, 세가8 문종 18년 7월 정묘. "東北面兵馬使奏 豢猳縣 曾於戊子年 被東蕃海賊攻劫 殺傷男女百餘人 今春又有山火 延燒城堡倉庫及民居 再經禍亂 民不安居 請徙城之 以扼海賊之衝 詔移于陽村 在舊城南二千餘步"

이전의 환가현의 '치소가 위치한 성'이었고, 양촌에 새로 쌓은 성은 이설된 치소가 자리한 성일 것이다. 환가현은 당시 속현이었기에, '구성' 및 양촌에 새로 쌓은 성 내에 위치한 치소는 다름 아닌 읍사였을 것이다. 결국 환가현에는 치소 이동의 전후 시기 모두에 '치소가 위치한 성'이 존재하였고, 그 성 내에는 읍사가 자리하고 있었을 것이다.[25)]

주현 지역의 고려 치소성은 '읍사가 위치한 성'이면서 동시에 외관청이 자리한 성이기도 하였을 것이다. 곧 주현 치소성은 '읍사가 위치한 성'이라고도, 외관청이 위치한 성이라고도 할 수 있다. 이것은 중국의 경우 성 내에 [부곽]현과 주의 치소가 병설되어, 해당 성은 주성으로도 현성으로도 불릴 수 있던 것과 맥락을 같이한다고 하겠다.

이 점은 구체적인 사례를 통해 살펴 볼 수 있다.

> 예문관제학(藝文館提學) 이선제(李先齊)가 상서하였다. 그 첫째는 이러하였다. "신이 일찍이 서북 지방의 익군(翼軍)의 제도를 보고 그윽이 마음에 유감이 있었습니다. 그러나 경략(經略)한 것이 오래인데, 지금 고려의 식목형지안(式目形止案)을 가지고 그 여러 성(城)의 방비하는 제도를 상고하니, 중국의 제위(諸衛)의 법과 약간 합치하므로, 우선 몇 고을의 군사제도를 들어서 헌의(獻議)합니다. 귀주성(龜州城)은……귀주(龜州)는 바로 지금의 정주(定州)입니다. 영주성(寧州城)은……영주(寧州)는 바로 지금의 안주(安州)입니다. 맹주성(猛州城)은……맹주(猛州)는 바로 지금의 맹산(孟山)입니다. 인주성(麟州城)은……인주(麟州)는 바로 지금의 인산(麟山)입니다. 여러 성이 아울러 41개이었는데……이것이 전조(前朝)가 성할 때에 서북 지방의 군사 액수의 대략입니다. 하나의 성 안에 사(使)·부사(副使)·판관(判官)·법조(法曹)가 있었으니, 이것은 민사(民事)를 다스리던 관리였으며, 방수장군(防戍

25) 속현에서 보이는 현성·군성·주성 등의 '읍호+성'은 환가현에서와 같이 그 내부에 읍사가 자리하고 있었을 것이다.

將軍)과 중랑장(中郎將)·낭장(郎將)·교위(校尉)·대정(隊正)이 있었으니, 이것은 군무(軍務)를 다스리던 임무였습니다. 그러므로 각각 통속(統屬)이 있어서 부오(部伍)가 엄정하여, 일이 있으면 장수를 임명하여 군사를 내보내어 적이 오는 것을 감당하고, 각각 읍성(邑城)을 지켜 패몰하는 일이 드물었습니다. 원나라 군사가 여러 차례 침벌하기에 이른 후에야 능히 지탱하지 못하고 사졸이 살육되거나 약탈되어 거의 없어졌습니다. 말년에 이르러 홍군(紅軍)이 난입하니, 승여(乘輿)가 파천(播遷)하고 중외가 잔멸하였습니다.……" (하략)[26]

위의 기록은 1450년(문종 즉위) 10월에 예문관제학 이선제가 올린 상서 가운데 일부이다. 이선제는 북방 방어체계의 정비를 건의하면서 '고려식목형지안북계군액(高麗式目形止案北界軍額)'의 일부를 인용하고 있다. 여기서 주목되는 바는 귀주성·영주성·맹주성·인주성을 포함한 북계 41성 내에 사·부사·판관·법조 등의 민사를 다스리는 외관을 둔 점이다. 외관이 성 내에 파견되었음에서 외관청 또한 그곳에 존재하였을 것임은 분명하다. 여기서의 북계 41성은 '읍호+성'으로 '치소가 위치한 성'을 의미하는데, 이곳에 외관청이 자리한 것이다.

그런데 위 인용문에서 이들 북계 41성 내에 읍사가 존재하였음은 적시되어 있지 않다. 북계 41성을 포함한 양계 신개척 지역의 '치소가 위치한 성'은 속칭 주진성이라고 하는데, 이들 주진성 내에 읍사 또한 존재하고 있었을 것임은 운림진성(雲林鎭城) 내에 읍사가 설치된 점에서 뒷받침된다. 운림진성은 동계 지역의 주진성들 가운데 하나였는데, 아래 기록에서 보이는 바와 같이, 조선초기이기는 하나 운림진성에는 읍사가 존재하고 있었다.

26) 『문종실록』 4, 즉위년 10월 경진

> ⑷ [문천군의] 속진(屬鎭)은 하나이니 운림(雲林)이다. 을묘년인 고려 현종 6년, 송 대중상부(大中祥符) 8년에 성을 쌓고 수어(守禦)하는 곳으로 삼았다. 지금도 그대로 진사(鎭司)라고 칭해진다.[27]
>
> ⑸ 운림진고성(雲林鎭古城)은 [문천]군 서쪽 30리에 위치해 있다. 석축으로 둘레는 1,213척이고 높이는 12척이다. 고려 현종 때 축조되어 방어처로 삼아졌다. 지금도 그대로 진사라고 칭해진다.[28]

⑷와 ⑸는 각각 『세종실록』 지리지와 『신증동국여지승람』에 기재된 것이다. ⑷는 진사(鎭司)가 문천군(文川郡)의 속현인 운림진에 있었음을, ⑸는 진사가 위치한 곳이 고려시대의 운림진성에 해당하는 운림진고성(雲林鎭古城)이었음을 시사하고 있다. 『세종실록』 지리지 단계에 운림진은 속현이었고 해당 읍사는 성 내에 위치하였는데, 성 내에 읍사를 둔 시점은 조선초기로 볼 수 없다. 왜냐하면 속현 자체는 물론이요, 속현의 치소성 안에 읍사가 위치한 현상은 조선시대에 사라지고 또한 소멸되어야만 하는 유제(遺制)였기 때문이다. 추정컨대, 운림진성 내에는 외관청과 읍사가 병설되어 오다가 운림진이 속현으로 바뀌면서 외관청은 폐기되고 그 결과 성 내에는 읍사만이 남게 되었을 것이다. 선덕진에서도 이와 동일한 사례가 발견된다.[29]

주현 치소성 내에 외관청과 읍사가 병설되었을 것임은 다음 기록을 통해서도 엿볼 수 있다.

> 금주(金州)의 잡족인(雜族人)이 무리를 모아 난을 꾀하고 호족인(豪族人)을

---

27) 『세종실록』 155, 지리지 함길도 永興都護府 文川郡. "屬鎭一 雲林 高麗顯宗六年乙卯 宋大中祥符八年 築城 以爲守禦之所 今仍稱鎭司"

28) 『신증동국여지승람』 49, 함경도 文川郡 古跡 雲林鎭古城. "西三十里 石築 周一千二百十三尺 高十二尺 高麗顯宗時築 以爲守禦之所 今仍稱鎭司"

29) 예원군의 속현인 선덕진의 진사 또한 고려 때 축조된 고려 치소성 내에 위치하고 있었다. 이와 관련하여 다음 기록이 참고된다. 『세종실록』 155, 지리지 함길도 永興都護府 預原郡. "屬鎭一 宣德 高麗文宗九年乙未 宋徽宗至和二年 新築宣德城爲鎭 今仍稱鎭司"

죽이니 호족(豪族)은 성 밖으로 달아나 피하였다. 이에 군사로써 부사아(副使衙)를 포위하니, 부사(副使) 이적유(李迪儒)는 옥상에 올라가 수모자(首謀者)를 활로 쏘니 그가 화살에 맞아 쓰러졌다. 그러자 그 무리들이 사방으로 흩어졌다가 이윽고 다시 돌아와서 고하기를 "우리들은 강포하고 탐오한 자를 제거하여 우리 고을을 맑게 하고자 하는데 어찌하여 우리를 쏘나이까"라고 하니, 이적유는 짐짓 놀라며 말하기를 "내가 미처 이를 생각하지 못하고 외적으로 잘못 알았구나"라고 하고, 이에 성 밖의 호족에게 은밀히 타일러 협공하여 [잡족인을] 모조리 죽였다.[30)]

이 기록은 신종대(神宗代) 금주에서 호족인과 잡족인의 갈등을 보여주고 있다. 여기서 주목되는 바는 갈등의 공간이 성 내였고 성 안에 부사아(副使衙)가 위치한 점이다. 부사아가 자리한 성 내에는 읍사 또한 설치되었을 것으로 판단되는데, 이러한 점은 성 안에서 호족인과 잡족인이 갈등하였던 사실에서 도출할 수 있다. 호족인과 잡족인이 구체적으로 어떤 계층에 해당하는지는 분명치 않지만, 일반적으로 향리층 내의 서로 구분되는 계층으로 이해되고 있다.[31)] 잡족인이 부사아가 위치한 성 내에서 반란을 일으키면서 그곳에 있던 호족인을 살해한 점에서, 향리층의 통치 거점 역시 부사아가 위치한 성 내에 자리 잡고 있었을 것이다.[32)]

지금까지 검토한 바를 정리하자면, 타 시대·사회와 구분되는 고려의 지방

---

30) 『고려사절요』 14, 신종 3년 8월. "金州雜族人 群聚謀亂 殺豪族人 豪族奔避城外 乃以兵圍副使衙 副使李迪儒 登屋射首謀者 應絃而倒 其黨四散已而 還告曰 我等欲除强暴貪汚者 以淸我邑 何故射我 迪儒 陽驚曰 吾未嘗料此 誤謂外賊耳 乃密諭城外豪族 夾擊盡殺之"

31) 노명호, 「가족제도」, 『한국사』 15(고려 전기의 사회와 대외관계), 국사편찬위원회, 1995, 150~151쪽.

32) 豪族人만을 향리층으로 보아도 그 결론은 바뀌지 않는다. 즉 잡족인이 향리층인 호족인을 시해하기 위해 副使衙가 위치한 城 안으로 들어온 점은 그 성 내에 읍사가 존재하였음을 시사한다. 채웅석(앞의 책, 2000)은 豪族人을 土姓吏族 즉 향리층으로, 雜族人을 庶人으로 이해한 바 있다.

지배질서와 맞물려 고려시대의 치소와 '치소가 위치한 성'의 개념은 뚜렷한 시대적 특질을 노정하였다. 지방관제 성립 이전에 이미 호족의 통치기구는 국가에 의해 치소로 공인되고 있었다. 지방관제 성립 이후로도 호족의 통치기구를 이은 향리 관청인 읍사는 여전히 치소로 간주되었다. 곧 속현의 치소는 향리 관청인 읍사를 의미하였고, 주현의 치소도 해당 군현의 읍사를 뜻하기도 하였다. 다만 주현에 설치된 외관청 또한 치소였기에, 주현의 치소가 무엇을 가리키는지는 분명치 않다. 그것은 읍사를, 혹은 외관청을, 혹은 양자 모두를 지칭할 수 있었다. 주현과 속현을 포괄하여 적용할 수 있는 치소는 읍사에 해당하기에, 당시의 '치소가 위치한 성', 곧 고려 치소성은 주현과 속현의 구분 없이 '읍사가 자리한 성'이었다고 할 수 있다. 다만 주현의 고려 치소성에는 읍사 외에도 외관청이 설치되어 있어, 그것은 외관청이 자리한 성이기도 하였을 것이다.

2장
고려 치소성의 사례와 분포 양상

1. 고려 치소성 사례의 유형

고려 치소성은 어떠한 분포 양상을 보였을까? 아쉽게도 이를 직접적으로 알려주는 기록은 없다. 조선시대의 경우 『세종실록』 지리지, 『신증동국여지승람』, 『동국여지지(東國輿地志)』, 『여지도서(輿地圖書)』 등을 통해, 해당 지리서가 편찬될 당시 '치소가 위치한 성'의 분포를 파악할 수 있다. 하지만 고려시대 '치소가 위치한 성'의 분포 양상을 알려주는 이러한 유형의 자료는 현재까지 확인되지 않는다. 이 때문에 고려 치소성의 분포 양상을 파악하기 위해서는 해당 사례들을 찾아낸 후 이를 분석·종합하는 작업이 필요하다. 우선은 『고려사』와 『고려사절요』를 비롯하여 문집(文集)과 금석문(金石文) 자료 등에서 고려 치소성 사례들을 검출하고자 한다. 이들 사례를 분석·종합하여 고려 치소성의 분포 양상을 재구성하는 작업은 다음 항에서 하도록 하겠다.

1) 읍호(邑號)로 명명된 성 사례

고려 치소성 사례는 그것을 지칭한 용어를 통해 찾을 수 있다. '치소가 위치한 성'은 당시 일정한 명칭으로 불렸을 것이고 그러한 용어로 사서(史書) 등에 기록되었을 것이기 때문이다. 따라서 고려시대 '치소가 위치한 성'을 지칭하는 명칭을 이해하고 활용하면, 고려 치소성 사례들을 검출할 수 있을 것이다.

고려시대에 '치소가 위치한 성'을 지칭하는 명칭은 일반적으로 읍호에 성을 덧붙이는 방식의 용어, 즉 '읍호+성'이 사용되고 있었다. 가령 '명주성(溟州城)'과 같이 읍호인 '명주'에 '성'이 결합된 용어가 그러한 것이다. 이러한 용법은 중국에서 기원한 것이다.

중국 전근대에, 특히 주현제(州縣制) 성립 이후로 '치소가 위치한 성'을 지칭하는 대표적 용어는 주와 현에서 각각 '○주성(州城)'과 '○○현성(縣城)'이었다. 그리하여 '치소가 위치한 성'은 주현성(州縣城)으로 통칭되기도 하였다. 경우에 따라서는 현성으로도 포괄되었다. 주는 상급 지방행정구획으로 영역적으로는 복수의 현들로 구성되었고 주 자사(刺史)의 관서는 소속 현성들 가운데 하나에 자리하기에,[33] 주성은 현성이기도 하였기 때문이다. 한편 '○○현성'은 읍격이 생략된 채 '○○성'으로 기록되기도 하였다.

'○주성'과 '○○현성'이라 할 때, 현재의 감각에서 보자면 그것은 특정한 성을 지칭하는 용어로 생각되지 않는다. 곧 그것들은 '○주(州)'와 '○○현(縣)' 내의 불특정한 성으로 인식된다. 가령 주와 현 내에 복수의 성들이 설치되었다고 한다면, 현재의 관념에서는 '○주성'과 '○○현성'이 주와 현 내 복수의 성들 가운데 어느 것에 해당하는지는 분명치 않다. 하지만 전근대 중국에서는 그러한 어휘가 특정한 성을 지칭하는 것으로 사용되었다. 이러한 방식은 우리나라에도 여과 없이 수용되었다.

이와 관련하여 해당 사례들이 매우 풍부한 조선시대를 먼저 언급해 보겠다. 당시에도 '○주성', '○○현성' 등의 '읍호+성'은 해당 군현의 '치소가

---

33) 愛宕元, 앞의 책, 1991.

위치한 성'을 의미하였다. 이는 수많은 사례들을 통해 뒷받침된다.[34] 당시 '치소가 위치한 성'을 지칭하는 공식적인 용어는 읍성(邑城)이었는데,[35] 읍성은 '주성', '현성' 등의 용어와 동의어였고 이 때문에 상호간에 치환이 가능하였다.[36] 또한 'ㅇㅇ현(縣)'의 'ㅇㅇ성(城)'과 같이 '읍호+성'으로 '현(縣)'·'군(郡)' 등의 읍격이 생략된 것 역시도 '치소가 위치한 성'을 의미하였다.[37]

'읍호+성'이 '치소가 위치한 성'이었음은 고려시대에서도 예외가 아니었다. 무엇보다 '고려식목형지안북계군액(高麗式目形止案北界軍額)'에 기재된 '읍호+성'인 귀주성·영주성·맹주성·인주성을 포함한 북계 41성[38]은 앞서 본 바와 같이 '치소가 위치한 성'이었다.[39] 이외에 읍사가 자리했다고 앞서 살핀 바 있는 환가현의 성이 환가현성(豢猳縣城)으로도 기록된 점[40] 및 충주성(忠州城) 내에 관노비(官奴婢)의 부적(簿籍)이 보관되었던 사실[41] 또한 고려시대 '읍호+성'이 '치소가 위치한 성'을 뜻하였음을 명확히 보여준다. 이러하였던 까닭에 '치소가 위치한 성'에 몰래 들어오는 행위를 금지하는 조항을 "현성(縣城)을 뛰어넘은 자를 대상으로 해서는 곤장 90대를 치고 주진(州鎭)의 경우는[주성·진성을 뛰어넘은 자를 대상으로 해서는] 도형(徒刑) 1년에 처한다. 넘으려다가 성벽 위에 있는 자를 대상으로 해서는 한 등급을

34) 최종석, 「고려시기 治所城의 분포와 공간적 특징」, 『역사교육』 95, 2005b, 179~182쪽 참조.

35) 최종석, 「조선초기 '邑城' 용어 출현의 배경과 읍성의 유형」, 『동방학지』 138, 2007.

36) 유형원이 편찬한 것으로 알려진 『東國輿地志』는 다른 지리지와 달리 읍성을 기재할 곳에 해당 군현의 읍격에 따라 縣城·郡城·州城·府城 등을 기록하고 있어, 현성이 읍성과 동일한 것이었음을 뚜렷이 보여주고 있다.

37) 최종석, 앞의 논문, 2005b, 179~182쪽 참조.

38) 41성 중에는 龜州城과 같은 ㅇ州城뿐만 아니라 ㅇㅇ鎭城, ㅇㅇ縣城 또한 포함되어 있었을 것이다.

39) 龜州城·寧州城·猛州城·麟州城이 '치소가 위치한 성'이었던 까닭에, 이선제는 '高麗 式目形止案 北界軍額'을 인용하면서 현재적 관점에서 이들 성을 邑城으로 바꿔 부르고 있었다. '읍성' 용어는 고려시대까지 사용된 바 없다가 조선시대 들어 출현하여 '치소가 위치한 성'을 지칭하였다. 이와 관련하여 최종석, 앞의 논문, 2007 참조.

40) 『대동지지』 16, 강원도 高城 城池. "豢猳縣城……高麗靖宗七年 城豢猳縣 一百六十八間"

41) 『고려사』 103, 열전16 金允侯

감하며 도랑을 통해 출입하는 행위는 성을 넘은 것과 같다"[42] 라고 명문화한 것이다.[43]

'읍호+성'으로 읍격이 기재되지 않은 것 또한 해당 군현의 '치소가 위치한 성'을 의미하였다. 가령 강동현(江東縣)의 강동성(江東城)은 조충(趙冲) 묘지명에는 대주성(岱州城)으로 기록되었다.[44] 또한 그것은『신증동국여지승람』에 '고읍성(古邑城)'으로 기록되고 있었다.[45] 이는 강동성이 조선초기 이전에 '치소가 위치한 성'으로 기능하였음을 시사한다. 이외 동일한 성을 읍격이 기재된 '읍호+성'으로도, 읍격이 생략된 '읍호+성'으로도 기록한 사례가『고려사』등에 드물지 않은 사실[46] 또한, 당시에 읍격이 기재되지 않은 '읍호+성'의 의미를 잘 말해준다고 하겠다.

고려시대에 '읍호+성'이 '치소가 위치한 성'을 의미하였음은 고대 이래로의 현상이었다. 달리 말해, 그러한 방식의 중국의 용법은 고대에 수용되어 그 이후로 변화 없이 '치소가 위치한 성'을 의미한 것이다.『삼국사기』의 '대야성

---

42)『고려사』85, 지39 刑法2 禁令. "越縣城 杖九十 州鎭徒一年 未越者 減一等 從溝瀆出入與越同"

43) 위의 조항은 다음의 것을 참작하였다. 皆謂有門禁者"; "越官府官廨垣及坊市垣籬者 杖七十 侵壞者 亦如之 從溝瀆內出入者 與越罪同 越而未過 減一等 餘條未過 準此"

44)「趙冲 墓誌銘」(김용선 편,『改訂版 高麗墓誌銘集成』, 한림대학교 아시아문화연구소, 1997)

45)『신증동국여지승람』55, 평안도 江東縣 古跡 古邑城

46) 가령 고종대 보이는 鎭溟城은 문종대 화재와 관련하여 언급된 鎭溟縣城과 동일한 城이었을 것이다. '읍호+성'에서 읍격 기재 여부가 차이를 낳고 있지 않은 점은 다음 두 기록에서 잘 보여진다.

(1) 命金令器王寵之 城長州定州及元興鎭 長州城……定州城……元興鎭城(하략) (『고려사』82, 지36 兵2 城堡 靖宗 10년)

(2) 崔冲 城寧遠平虜二鎭 寧遠城……平虜城(하략) (『고려사』82, 지36 兵2 城堡 靖宗 7년)

(1)과 (2)의 '城長州定州及元興鎭', '城寧遠平虜二鎭'의 결과는 각각 장주성·정주성·원흥진성 및 영원성·평로성의 축조였는데, (1)의 기록을 참고하면 영원성과 평로성은 각각 영원진성과 평로진성에서 읍격을 생략한 것이었다. 역으로 (2)의 기록을 참고하면, 원흥진성은 원흥성으로 기재될 수 있었다.

도독(大耶城都督)'[47]과 '칠중성하현령(七重城下縣令)'[48] 사례에서, 대야주(大耶州)의 대야성과 칠중현(七重縣)의 칠중성 등의 '읍호+성'은 도독과 현령과 같은 지방관이 파견되는 성이었다.

이외에 다음 기록들 또한 같은 맥락에서 이해된다.

(1) 아찬(阿飡) 정절(貞節) 등을 보내 북변을 검찰하게 하고 처음으로 대곡성(大谷城) 등 14개 군현[大谷城等十四郡縣]을 두었다.[49]

(2) 오곡(五谷)·휴암(鵂巖)·한성(漢城)·장새(獐塞)·지성(池城)·덕곡(德谷)의 여섯 성[五谷鵂巖漢城獐塞池城德谷六城]을 쌓고 각각에 태수를 두었다.[50]

(3)-1 궁예(弓裔)가 저족군(猪足郡)과 성천군(狌川郡)을 쳐서 빼앗았다. 또 한주(漢州) 관내의 부약(夫若)과 철원(鐵圓) 등 10여 군현을 격파하였다.[51]

(3)-2 이에 저족(猪足)·성천(狌川)·부약(夫若)·금성(金城)·철원(鐵圓) 등의 성[猪足狌川夫若金城鐵圓等城]을 격파하니 군세(軍勢)가 매우 성하였다. 패서(浿西)의 적들 중 와서 항복한 자가 매우 많았다.[52]

(1)은 14개 군현을 처음으로 둔 사실을 '읍호+성'인 대곡성 등의 14개 군현을 설치한 것으로 표현하였고, (2)는 '읍호+성'인 6개 성을 축조한 후 그곳에

---

47) 『삼국사기』 47, 열전7 竹竹. "竹竹 大耶州人也 父郝熱爲撰干 善德王時爲舍知 佐大耶城都督金品釋幢下"

48) 『삼국사기』 47, 열전7 匹夫. "匹夫 沙梁人也 父尊臺阿飡 太宗大王 以百濟高句麗靺鞨 轉相親比 爲脣齒 同謀侵奪 求忠勇材堪綏禦者 以匹夫爲七重城下縣令"

49) 『삼국사기』 9, 신라본기9 경덕왕 7년 8월. "遣阿飡貞節等 檢察北邊 始置大谷城等十四郡縣"

50) 『삼국사기』 9, 신라본기9 경덕왕 21년 5월. "築五谷鵂巖漢城獐塞池城德谷六城 各置太守"

51) 『삼국사기』 11, 신라본기11 진성왕 9년 8월. "弓裔擊取猪足狌川二郡 又破漢州管內夫若鐵圓等十餘郡縣"

52) 『삼국사기』 50, 열전10 弓裔. "於是 擊破猪足狌川夫若金城鐵圓等城 軍聲甚盛 浿西賊寇來降者衆多"

태수를 둔 사실을 전하고 있으며,[53] (3)은 군현의 함락을 '읍호+성'의 격파로 달리 기재하고 있다. 이들 가운데 (2)는 당시에 '읍호+성'이 지방관이 파견되는 성이었음을 적시하고 있다. (1)과 (3)은 군현을 '읍호+성'으로 대칭(代稱)하는 기록에 해당하는데, 이러한 기록 방식은 '읍호+성'이 해당 군현 내의 일개 성이 아니라 '치소가 위치한 성'인 데서 비롯된 현상이었다. 왜냐하면 군현이 '치소가 위치한 성'으로 대칭되는 용법은 중국 및 타 시대에서 일반적으로 사용되는 방식이기 때문이다.

이상의 검토를 통해 볼 때, 고려시대에서 또한 '읍호+성'이 해당 군현의 '치소가 위치한 성'이었음은 분명하다고 할 수 있다. 따라서 고려 치소성은 '읍호+성' 사례를 통해 검출이 가능할 것이다.

고려시대 당시의 고려 치소성 사례를 기재하고 있다고 판단되는 『고려사』, 『고려사절요』, 고려시대 문집, 묘지명 등에서, 읍격이 기재된 '읍호+성' 사례들을 찾아 정리한 것이 아래의 〈표 1-1〉과 〈표 1-2〉이다.[54]

〈표 1-1〉 고려시대 남도 지역의 읍격이 기재된 '읍호+성' 사례

고려 치소성	시기	기재 이유	전거
黃州城	광종대	포상 차원의 이주	『균여전(均如傳)』 6, 감통신이분자(感通神異分者)
東萊郡城	1021년(현종 12)	성의 수축	『고려사』 82, 병지 성보(城堡)
白翎鎭城[廓]	1051년(문종 5) 2월	화재	『고려사』 7, 세가
忠州城	1217년(고종 4)	물로 인한 성 붕괴	『익재난고(益齋亂稿)』 6, 기(記)
永州城	1233년(고종 20)	성을 사이에 둔 전투	『고려사』 103, 열전 이자성(李子晟)
洞州城	1235년(고종 22) 10월	성을 사이에 둔 전투	『고려사』 23, 세가
竹州城	1236년(고종 23)	성을 사이에 둔 전투	『고려사』 103, 열전 송문주(宋文冑)
[羅]州城	1237년(고종 24)	성을 사이에 둔 전투	『고려사절요』 16
昇天府城[廓]	1252년(고종 39) 5월	축성	『고려사』 24, 세가

53) 德谷城은 十谷城의 이칭으로 추정된다. 한국정신문화연구원 편, 『譯註 三國史記』 4, 한국정신문화연구원, 1997, 264쪽 참조.

54) 중복되는 경우 한 사례만을 선택하였고, 여러 시기에 걸쳐 확인되는 경우 시기적으로 가장 빠른 것을 기재하였다.

全州城	1253년(고종 40) 8월	군사 행동과 관련한 위치 표시	『고려사』 24, 세가
春州城	1253년 9월	성을 사이에 둔 전투	『고려사』 24, 세가
平州城	1253년 11월	군사 행동과 관련한 위치 표시	『고려사』 24, 세가
槐州城	1254년(고종 41) 8월	군사 행동과 관련한 위치 표시	『고려사』 24, 세가
谷州城	1278년(충렬왕 4)	원에의 투속(投屬)	『고려사』 28, 세가
梁州城[樓]	1388년(우왕 14)	시제(詩題)	『양촌집(陽村集)』 7, 남행록(南行錄)
京山府城	고려말	피난처	『고려사』 121, 열전 조희참(曹希參)
西州城	고려말	시제(詩題)	『목은시고(牧隱詩稿)』 34

〈표 1-2〉 고려시대 양계 지역의 읍격이 기재된 '읍호+성' 사례

고려 치소성	시기	기재 이유	전거
連州城	930년(태조 13)	축성	『고려사』 82, 병지 성보
殷州城	940년(태조 23)	축성	『고려사』 82, 병지 성보
德州城	1003년(목종 6)	성의 수축	『고려사』 82, 병지 성보
嘉州城	1003년	성의 수축	『고려사』 82, 병지 성보
通州城	1010년(현종 1) 11월	군사 행동과 관련한 위치 표시	『고려사절요』 3
高州城	1012년(현종 3) 6월	위치 표시	『고려사』 54, 오행지 금(金)
磁州城*	1014년(현종 5) 10월	화재	『고려사』 53, 오행지 화(火)
寧州城	1015년(현종 6) 9월	성을 사이에 둔 전투	『고려사』 4, 세가
鐵州城	1016년(현종 7)	축성	『고려사』 82, 병지 성보
龍津鎭城	1028년(현종 19)	성의 수축	『고려사』 82, 병지 성보
溟州城	1034년(정종 3)	성의 수축	『고려사』 82, 병지 성보
金壤縣城[廊]	1039년(정종 5) 3월	화재	『고려사』 53, 오행지 화(火)
元興鎭城	1044년(정종 10)	축성	『고려사』 82, 병지 성보
定州城	1044년	축성	『고려사』 82, 병지 성보
長州城	1044년	축성	『고려사』 82, 병지 성보
龜州城	1041(정종 7)~1050년(문종 4)		「고려식목형지안북계군액」
麟州城	1041~1050년		「고려식목형지안북계군액」
孟州城	1041~1050년		「고려식목형지안북계군액」
渭州城	1050년(문종 4)	성의 수축	『고려사』 82, 병지 성보
鎭溟縣城[廡]	1074년(문종 28) 3월	화재	『고려사』 53, 오행지 화(火)
靜邊鎭城[廡]	1074년 3월	화재	『고려사』 53, 오행지 화(火)
龍州城	1074년	성의 수축	『고려사』 82, 병지 성보

英州城	1108년(예종 3) 3월	군사 행동과 관련한 위치 표시	『고려사』 12, 세가
宜州城	1108년 3월	축성	『고려사절요』 7
雄州城	1108년 4월	성을 사이에 둔 전투	『고려사』 12, 세가
吉州城	1109년(예종 4) 5월	성을 사이에 둔 전투	『고려사절요』 7
崇寧鎭城	1109년 7월	성의 철거(撤去)	『고려사』 13, 세가
通泰鎭城	1109년 7월	성의 철거	『고려사』 13, 세가
眞陽鎭城	1109년 7월	성의 철거	『고려사』 13, 세가
宣化鎭城	1109년 7월	성의 철거	『고려사』 13, 세가
福州城	예종대	축성	『고려사』 97, 열전 문관(文冠)
義州城	예종대	축성	『고려사』 125, 열전 최홍재(崔弘宰)
延州城	1152년(의종 6)	성의 가축(加築)	「이공승(李公升) 묘지명」
岱州城	1218년(고종 5)	입보처(入保處)	「조충(趙冲) 묘지명」
[安北]都護府城	1221년(고종 8)	몽골 사신의 당도	『고려사』 129, 열전 최충헌(崔忠獻)
和州城	1227년(고종 14) 11월	성을 사이에 둔 전투	『고려사』 22, 세가
登州城	1234년(고종 21) 3월	화재	『고려사』 53, 오행지 화(火)
靜州城	1360년(공민왕 9) 2월	적의 거점	『고려사절요』 27
三陟郡城	우왕대	성을 사이에 둔 전투	『고려사』 116, 열전 남은(南誾)
文州城	고려말	시의 내용	『삼봉집(三峰集)』 2, 칠언절구 과문천(過文川)

*磁州城은 慈州城의 오기였을 것이다.

위 표들에서 볼 수 있듯이, 읍격을 기재한 '읍호+성' 사례들은 적지 않다. 이들 사례는 수와 분포 면에서 남도와 양계 지역 사이에 큰 차이가 존재하였다. 곧 남도에 비해 양계 지역의 사례가 훨씬 많았으며, 양계의 고려 치소성 사례들 중에서는 신개척 지역의 것들이 압도적 다수를 차지하였다. 그리고 양계의 고려 치소성 사례들은 시기적으로 비교적 고루 분포한 반면, 남도의 것은 고종대에 집중되었다.

그런데 위 표들의 '기재 이유' 항목에 기술된 내용에 따르면, 고려 치소성 사례들은 대개 축성과 철성(撤城), 공(攻)·수성(守城), 군사 행동과 관련한 위치 표시 등의 군사라는 특수한 요인을 계기로 하여 노출되고 있다. 따라서 고려 치소성 사례들의 이러한 지역별·시기별 양상은 고려 치소성의 실제 분포

를 반영하기보다는 기록화의 계기 면에서의 차이에서 비롯되었을 가능성이 높다고 판단된다.[55)]

다음은 읍격이 생략된 '읍호+성' 사례에 관해서다. 해당 사례들을 검출하여 정리한 것이 〈표 1-3〉이다.

〈표 1-3〉 고려시대 읍격이 생략된 '읍호+성' 사례

고려 치소성	시기	지역	기재 이유	전거
咸從城	920년(태조 3) 9월	북계	축성	『고려사절요』 1
安北城	920년 9월	북계	축성	『고려사절요』 1
三陟城	947년(정종 2)	동계	축성	『고려사』 82, 병지 성보
通德城	947년	북계	성의 수축	『고려사』 82, 병지 성보
威化城	1003년(목종 6)	북계	축성	『고려사』 82, 병지 성보
永平城	1029년(현종 20)	북계	사민(徙民)	『고려사』 58, 지리지
寧遠城	1041년(정종 7)	북계	축성	『고려사』 82, 병지 성보
平虜城	1041년	북계	축성	『고려사』 82, 병지 성보
宣德城	1055년(문종 9)	동계	축성	『고려사』 58, 지리지
定戎城	1088년(선종 5) 9월	북계	위치 표시	『고려사』 10, 세가
公嶮城	1108년(예종 3) 1월	동계	군사 행동과 관련한 위치 표시	『고려사절요』 7
通泰城	1108년 3월	동계	축성	『고려사절요』 7
平戎城	1108년 3월	동계	축성	『고려사절요』 7
寧德城	1117년(예종 12) 3월	북계	요나라와의 문서 교류	『고려사』 14, 세가
靜邊城	1142년(인종 20) 4월	동계	화재	『고려사』 53, 오행지 화
江東城	1219년(고종 6)	북계	거란군의 성 내로의 진입	『동국이상국집』 36, 묘지(墓誌)·뇌서(誄書)
鎭溟城	1219년 8월	동계	군사 행동과 관련한 위치 표시	『고려사』 22, 세가
龍岡城	1235년(고종 22) 8월	북계	외적의 공격으로 인한 성 함락	『고려사』 23, 세가

55) 군사적 요인과 관련하여 고려 치소성 사례들이 드러날 계기가 많았던 양계, 그중에서도 신개척 지역에서 해당 사례들이 대거 확인되었고, 같은 이유에서 이 지역의 고려 치소성 사례들은 여러 시기에 걸쳐 드러나고 있었다. 이와 달리 남도 지역에서는 몽골의 침입으로 인해 남도의 고려 치소성에서도 전투가 벌어진 고종대에 고려 치소성 사례들이 집중적으로 드러나고 있었다.

三登城	1235년 8월	북계	외적의 공격으로 인한 성 함락	『고려사』 23, 세가
大興城	1236년(고종 23) 12월	남도	성을 사이에 둔 전투	『고려사절요』 16
金壤城	1253년(고종 40) 10월	동계	성을 사이에 둔 전투	『고려사』 24, 세가
楊根城	1253년 10월	남도	성을 사이에 둔 전투	『고려사』 24, 세가
昇天城	1255년(고종 42) 1월	남도	군사 행동과 관련한 위치 표시	『고려사』 24, 세가
遂安城	1278년(충렬왕 4)	남도	원에의 투속(投屬)	『고려사』 28, 세가

안북성(安北城), 삼척성(三陟城), 통태성(通泰城), 정변성(靜邊城), 진명성(鎭溟城), 금양성(金壤城), 승천성(昇天城)은, 읍격이 기재된 '읍호+성'으로 이미 확인된 바 있는 안북도호부성(安北都護府城), 삼척군성(三陟郡城), 통태진성(通泰鎭城), 정변진성(靜邊鎭城), 진명현성(鎭溟縣城), 금양현성(金壤縣城), 승천부성(昇天府城)과 동일한 것이기에, 이들 7개 성을 제외한 17개의 고려 치소성 사례들이 〈표 1-3〉에서 추가로 확인된다고 할 수 있다. 읍격이 생략된 '읍호+성' 사례들은 읍격이 기재된 것과 마찬가지로 양계, 그중에서도 신개척 지역에서 집중적으로 확인되며, 남도의 고려 치소성 사례들은 거의 고종대에 발견되고 있다. 이들 사례들 역시 군사적인 요인을 계기로 하여 노출되었다.

한편 읍격이 생략된 '읍호+성' 사례들 중에는 읍호가 경덕왕대 이전의 읍명인 것들이 있어, 이들을 〈표 1-4〉를 통해 별도로 정리해 보았다.

〈표 1-4〉 경덕왕대 이전 군현명이면서 읍격이 생략된 '읍호+성' 사례

고려 치소성	시기	지역	기재 이유	전거
烏山城	919년(태조 2) 8월	남도	읍호 개정	『고려사절요』 1
大良城	927년(태조 10) 7월	남도	성을 사이에 둔 전투	『고려사』 1, 세가
草八城	928년(태조 11) 1월	남도	군사 이동	『고려사』 1, 세가
馬利城	928년 1월	남도	군사 행동과 관련한 위치 표시	『고려사』 1, 세가
三年山城	928년 7월	남도	성을 사이에 둔 전투	『고려사』 1, 세가
一牟山城	932년(태조 15) 7월	남도	성을 사이에 둔 전투	『고려사』 2, 세가

오산성(烏山城), 대량성(大良城), 초팔성(草八城), 마리성(馬利城), 삼년산성(三年山城), 일모산성(一牟山城)은 각각 오산현성(烏山縣城), 대량주성(大良州城), 초팔[혜]현성(草八[兮]縣城), 마리현성(馬利縣城), 삼년산군성(三年山郡城), 일모산군성(一牟山郡城)일 것인데, 군현명은 한결같이 신라 경덕왕대 이전의 것이다. 군현명이 경덕왕대 이전의 것이었다고 해서, 이들 성은 개명 이전에 한해 '치소가 위치한 성'으로 기능하였다고 보아서는 곤란하다. 왜냐하면 경덕왕대 군현명 개정을 비롯하여 이후의 군현명 개칭 작업은 '치소가 위치한 성'의 치폐(置廢) 내지 이설(移設)과 무관하였기에, '읍호+성' 사례에서 개칭 이전의 군현명이 사용되곤 하였기 때문이다. 이러하였기에 이들 성은 태조대 당시의 '치소가 위치한 성'이었을 것이고, 이후로도 그러한 역할은 존속되었을 것이다.[56] 오산성 관련 기록인 "오산성을 예산현(禮山縣)으로 고쳤다"[57]고 한 데서 보듯, 오산성은 예산현으로 바뀐 후에도 해당 현의 고려 치소성, 곧 예산현성으로 작용하였을 것이다.[58] 나머지 성들 또한 다르지 않았을 것이다.

'치소가 위치한 성'은 '읍호+성' 이외의 다른 방식으로 불리기도 하였다. 즉 별명으로 칭해지기도 하였다. 가령 숙주(肅州)의 '치소가 위치한 성'은 숙주성(肅州城)으로 칭해지면서 진국성(鎭國城)으로도 불리곤 하였다. "숙주는……태조 11년에 진국성을 옮겨 쌓고는 통덕진(通德鎭)으로 개명하였다"[59]라는 기록에서 보듯, 진국성의 이축(移築) 후 통덕진으로의 개칭이 이루어

56) 이들 성의 다수는 당시 성주·장군의 거점이거나 후백제의 전략 거점인 데서, 엄밀히 보아 고려의 '치소가 위치한 성'이라 하기 어렵다. 그렇기는 하나 이들 성은 이후, 정확히는 '置邑' 이후에 고려의 '치소가 위치한 성'으로 공인·활용되었을 것이다.

57) 『고려사절요』 1, 태조 2년 8월. "改烏山城 爲禮山縣 遣大相哀宣洪儒 安集流民五百餘戶"

58) 이 점은 오산성이 '古邑址'였다고 한 다음의 기록에서도 뒷받침된다. 『대동지지』 5, 충청도 禮山 城池. "烏山城 卽古邑址 在今治西六里 孤起平郊 故曰孤山 又云烏山城 周二千二尺有一井". 조선초기 지리서들에 따르면, 당시 예산현의 치소는 오산성에 있지 않아, 오산성이 邑[치소]으로 기능한 시기는 조선 이전이었다.

59) 『고려사』 58, 지12 지리3 北界 肅州. "肅州……太祖十一年 移築鎭國城 改名通德鎭"

졌다. 이것은 진국성이 곧 통덕진성(通德鎭城)임을 시사한다. 통덕진은 이후 숙주로 개칭되었기에, 그 후로 진국성은 통덕진성이 아닌 숙주성의 별칭으로 기능하였을 것이다. 진국성과도 같은 사례로는 함종현(咸從縣)의 아선성(牙善城),[60] 포주(抱州)의 명지성(命旨城),[61] 호계현(虎溪縣)의 배산성(拜山城)[62] 등이 해당할 수 있다.[63]

지금까지 '치소가 위치한 성'을 의미하는 용어를 통해 고려 치소성의 사례들을 검출해 보았다. 그 결과를 정리하자면, 대략 80개 군현에서 고려 치소성 사례가 확인되었고,[64] 이들 가운데 27개는 남도 지역에, 53개는 양계 지역에 위치한 것이었다. 양계 지역의 고려 치소성 가운데 기존 영역과 신개척 지역의 것은 각각 6개와 47개였다. 그리고 이들 고려 치소성 사례는 대부분 군사적인 요인을 계기로 하여 노출되고 있었다.

2) 고려 치소성의 축조 사례

고려시대 동안 치소성의 신축(新築) 내지 수개축(修改築) 등이 이루어졌을 것이므로, 축성 기록들 속에서 고려 치소성 사례의 발견은 가능하다. 고려시

---

60) 『고려사』 1, 세가1 태조 5년. "親定牙善城民居"; 『고려사』 58, 지12 지리3 北界 咸從縣. "咸從縣 本高麗牙善城 後改今名 爲縣令官"

61) 『고려사』 1, 세가1 태조 6년 3월 신축. "命旨城將軍城達 與其弟伊達端林 來附"; 『고려사』 1, 세가1 태조 11년 8월. "幸忠州 甄萱使將軍官昕 城陽山 王遣命旨城元甫王忠 率兵擊走之"; 『고려사』 56, 지10 지리1 抱州. "抱州 本高勾麗馬忽郡 一云 命旨 新羅景德王 改爲堅城郡 高麗初 更今名"

62) 『고려사』 82, 지36 兵2 鎭戍 태조 10년 8월. "修拜山城 命正朝悌宣 領兵二隊 戍之"; 『고려사』 57, 지11 지리2 尙州牧 虎溪縣. "虎溪縣 本新羅虎側縣 一云 拜山城 景德王改今名 爲古寧郡領縣 顯宗九年來屬"

63) 이에 대한 논증은 최종석, 앞의 논문, 2005b, 189~190쪽과 최종석, 「羅末麗初 城主·將軍의 정치적 위상과 城」, 『한국사론』 50, 서울대 국사학과, 2004, 117~118쪽 참고.

64) 읍격이 기재된 '읍호+성'과 읍격이 생략된 '읍호+성' 사례는 각각 56개와 30개이고, 이칭인 것은 4개이다. 그 결과 총 사례 수는 90개이다. 이 중 중복된 것 10개를 제외하면 80개 지역의 고려 치소성 사례를 도출할 수 있다. 한편, 고려말의 경산부성은 1380년(우왕 6)에 신축된 읍성으로 판단되어 고려 치소성 사례에서 제외하였다.

대 축성 사례들을 정리한 〈부표 1〉에 따르면, 고려시대 동안에 이루어진 총 축성 사례는 대략 196건이다.[65] 이들 가운데 고려 치소성 축조임을 명확히 알 수 있는 것은 "동래군성(東萊郡城)을 수축하였다"와[66] 같은 '읍호+성'의 축조 사례이다. 그런데 이들 고려 치소성은 '읍호+성' 사례에서 이미 확인된 것인 바,[67] 여기서는 이들을 제외한 추가적인 고려 치소성 축조 사례들을 검출하고자 한다. 먼저 그러한 사례로 다음의 축성 기록들을 주목하고자 한다.

(1) 대상(大相) 염상(廉相)을 보내 마산(馬山)에 성을 쌓고 정조(正朝) 흔행(昕幸)으로 진두(鎭頭)를 삼았다.[68]

(2) 습홀(濕忽)에 성을 쌓아 가주(嘉州)로 삼고 송성(松城)에 성을 축조하여 척주(拓州)를 설치하였다.[69]

(3) 재전(梓田)에 성을 쌓고 백성을 옮겨 채워 창주(昌州)라 칭했다.[70]

(4) 안의진(安義鎭) 진자농장(榛子農場)에 성을 쌓아 영삭진(寧朔鎭)을 설치하고 번적(蕃賊) 침입의 요충을 장악하고자 하였다.[71]

---

65) 다수 지역에서 행해졌을 축성을 포괄적으로 기록한 사례를 단지 1건으로 처리하였기에, 이 축성 건수는 실제에 비해 적을 수밖에 없다. 가령 1377년(우왕 3) 사신을 諸道에 파견하여 산성을 수축하도록 한 사례를 1건으로 계산한 것이 그러하다. 또한 축성 지역을 열거할 때 '等'이 기재되어 있어 보다 많은 지역에서 축성이 이루어졌을 가능성을 지닌 사례의 경우에도, 구체적으로 확인 가능한 축성만을 계산하였다. 예컨대 1032년(덕종 1) 삭주·영인진·파천현 등에서의 축성은 3건의 축성으로 보았다. 장성 축조의 경우도 1건으로 처리하였다.

66) 『고려사』 82, 지36 兵2 城堡 현종 12년. "修東萊郡城"

67) 이들 고려 치소성을 지역별로 구분하여 간략히 정리해 보면 다음과 같다.

양계		남도
북계	동계	
咸從城, 安北城, 連州城, 殷州城, 通德城, 德州城, 嘉州城, 威化城, 鐵州城, 渭州城, 龍州城(이상 11개)	三陟城, 龍津鎭城, 溟州城, 元興鎭城, 宜州城, 通泰城, 平戎城(이상 7개)	東萊郡城, 昇天府城(이상 2개)

68) 『고려사』 82, 지36 兵2 鎭戍 태조 13년 8월. "遣大相廉相 城馬山 以正朝昕幸 爲鎭頭"

69) 『고려사절요』 2, 광종 11년 3월. "城濕忽 爲嘉州 城松城 爲拓州"

70) 『고려사절요』 4, 정종 원년 9월. "城梓田 徙民實之 號昌州"

71) 『고려사』 82, 지36 兵2 城堡 문종 4년. "城安義鎭榛子農場 爲寧朔鎭 以扼蕃賊要衝"

(5) 평장사(平章事) 유소(柳韶) 등을 보내 옛 석성을 수축하여 위원진(威遠鎭)을 두었다.[72)]

(6) 봉화산(鳳化山) 남쪽에 성을 쌓고는 고주(高州)를 옮겼다.[73)]

(7) 윤관(尹瓘)은 몽라골령(蒙羅骨嶺) 아래에 성랑(城廊) 950간을 축조하고 영주(英州)라 칭하였고, 화관산(火串山) 아래에는 992간[성랑]을 쌓고는 웅주(雄州)라 칭하였으며, 오림금촌(吳林金村)에 774간[성랑]을 쌓고 복주(福州)라 칭하였고, 궁한이촌(弓漢伊村)에 670간[성랑]을 쌓고 길주(吉州)라 불렀다.[74)]

(8) 또 순주(順州)를 침략하니 장군(將軍) 원봉(元奉)이 달아났다. 이 날 고창군(古昌郡)에서 "견훤이 장수를 보내 순주를 함락하고 인호를 약탈해 갔다"고 아뢰니, 왕은 곧 순주로 행차하여 그 성[其城]을 수축하고 장군 원봉을 벌주었다.[75)]

(9) 이 해 왕은 북계(北界)를 순수하고 진국성(鎭國城)을 옮겨 쌓아 통덕진(通德鎭)이라 개명하고는 원윤(元尹) 충인(忠仁)으로 진두를 삼았다.[76)]

(10) 동북면병마사(東北面兵馬使)가 아뢰기를 "환가현(豢猳縣)은 일찍이 무자년(戊子年)에 동번(東蕃) 해적(海賊)에게 공격을 받아 남녀 100여 인이 살상되었고 금년 봄 또 산불이 나서 성보(城堡)와 창고 그리고 민거(民居)에까지 번져 불탔습니다. 거듭 화란(禍亂)을 당하여 민인들이 편히 살 수 없사오니 청컨대 성을 옮겨 쌓아[徙城] 해적의 요충을 막게 하옵소서"라고

---

72) 『고려사』 82, 지36 兵2 城堡 현종 20년. "遣平章事柳韶等 修古石城 置威遠鎭 築城八百二十五間 門七 水口一 城頭十二 遮城十二"

73) 『고려사』 82, 지36 兵2 城堡 현종 19년. "城鳳化山南 以徙高州"

74) 『고려사』 82, 지36 兵2 城堡 예종 2년. 尹瓘 於蒙羅骨嶺下 築城廊 九百五十間 號英州 火串山下 築九百九十二間 號雄州 吳林金村 築七百七十四間 號福州 弓漢伊村 築六百七十間 號吉州

75) 『고려사』 1, 세가1 태조 13년 정월 병술. "又侵順州 將軍元奉逋 是日 古昌郡奏 萱遣將 攻陷順州 掠人戶而去 王卽幸順州 修其城 罪將軍元奉"

76) 『고려사』 82, 지36 兵2 鎭戍 태조 11년. "是歲 王巡北界 移築鎭國城 改名通德鎭 以元尹忠仁 爲鎭頭"

하니 조(詔)하여 [성을] 양촌(陽村)에 옮기도록 하였으니, 구성(舊城) 남쪽 2,000여 보(步) 지점이다.[77)]

이들은 고려 치소성의 축조에 해당하는 사례이다. (1)부터 (4)까지의 축성 사례는 공통적으로 신개척 지역 내의 특정 지점에 고려 치소성을 쌓고 군현을 신설하는 것이었다. 마산에 성을 쌓고 흔행으로 진두를 삼은 (1)의 기록은, 동일 사실을 달리 전하는 기록에 따르면, 마산에 성을 쌓고 안수진(安水鎭)을 설치하는 것이었다.[78)] 안수진을 신설한 점으로 미루어 마산에 쌓은 성은 안수진성임이 분명하다. (2)는 습홀과 송성 지역에 각각 가주성(嘉州城)과 척주성(拓州城)을 쌓고 해당 주(州)를 설치한 사실을, (3)은 재전에 창주성(昌州城)을 쌓고 창주를 둔 점을 전하고 있다. (4)는 안의진의 진자농장에 성을 쌓아 영삭진성(寧朔鎭城)을 삼고는 해당 진을 신설한 바를 알려주고 있다. 또한 (5)는, 옛 석성을 수리하여 위원진을 설치한 데서 알 수 있듯이, 옛 석성을 고쳐 위원진성으로 삼고 해당 진을 설치한 것이라고 하겠다. (6)과 (7)은 '치소가 위치한 성'의 축조를 적시하고 있다. 즉 (6)은 고주성(高州城)의 이축을, (7)은 영주, 웅주, 복주, 길주의 설치와 해당 주성(州城)의 축조를 전하고 있다. (8)은 930년(태조 13) 태조가 순주에 행차하여 '기성(其城)'을 수축하고 장군 원봉을 치죄한 기록으로, 여기서 수축된 '기성'은 문맥상 순주성(順州城)을 지칭하고 있다. 『삼국사기』 기록을 보더라도, 그것은 순주성의 수축이었다.[79)] 마지막으로 이축되는 진국성이 통덕진성인 점 및 환가현에서 성의 이축이 고려 치소성을 옮겨 쌓는 일인 사실은 앞서 언급한 바 있다.

이외에도 고려 치소성의 축조로 보이는 기록들은 다음과 같다.

---

77) 『고려사』 8, 세가8 문종 18년 7월 정묘

78) 『고려사』 82, 지36 兵2 城堡 태조 13년. "城馬山 號安水鎭"

79) 『삼국사기』 50, 열전10 甄萱. "翌日 萱聚殘兵 襲破順州城 將軍元逢不能禦 棄城夜遁 萱虜百姓 移入全州 太祖以元逢 前有功 宥之 改順州 號下枝縣". 이 기록에는 수축 사실을 누락하고 있으나, 순주성이 파괴되고 있어, (9)에서 수축된 '其城'은 순주성이 분명하다.

(가) 이물(伊勿) 및 숙주(肅州)에 성을 쌓았다[城伊勿及肅州].[80)]

(나) 신도성(信都城)을 수축하였다.[81)]

(다) 덕주성(德州城)·가주성(嘉州城)·위화성(威化城)·광화성(光化城)을 수축하였다.[82)]

(라) 운주(運州) 옥산(玉山)에 성을 쌓고 수군(戍軍)을 두었다.[83)]

(마) 애수진(隘守鎭). 옛날에 이병(梨柄)이라 칭해졌고 성종 2년에 축성이 있었다.[84)]

(바) 요덕진(耀德鎭). 일명 현덕진(顯德鎭)이다. 현종 3년에 처음으로 성보를 축조하였다.[85)]

(가)의 '성이물(城伊勿)'은 이물성(伊勿城)의 축조였다. 이물성은, 교주(交州)의 연혁 기록을 참고할 때, 그곳의 '치소가 위치한 성'이었다. 즉 '고려초(高麗初)'의 이물성이 995년(성종 14)에 교주로 개칭된 사실은,[86)] 이물성이 교주의 고려 치소성이었음을 말해준다고 하겠다. (나)의 972년(광종 23)에 수축된 신도성은 가주(嘉州)의 연혁 기록에서 유추할 때 이곳의 고려 치소성이었을 것이다. "가주는 본래 고려의 신도군(信都郡)이다……광종 11년에 습홀(濕忽)에 성을 쌓고 승격하여 가주로 삼았다"[87)]라는 기록에서 보듯, 신도성은 가주의 옛 읍호인 신도군과 관련되고 있다. 이것은 신도성이 가주성의 이칭이

80) 『고려사』 82, 지36 兵2 城堡 태조 18년

81) 『고려사절요』 2, 광종 24년. "修信都城"

82) 『고려사』 82, 지36 兵2 城堡 목종 6년. "修德州嘉州威化光化四城"

83) 『고려사』 82, 지36 兵2 鎭戍 태조 11년 4월. "城運州玉山 置戍軍"

84) 『고려사』 58, 지12 지리3 隘守鎭. "隘守鎭 古稱梨柄 成宗二年 築城 初隷文州 恭愍王九年 屬高州"

85) 『고려사』 58, 지12 지리3 耀德鎭. "耀德鎭 一名 顯德鎭 顯宗三年 始築城堡"

86) 『고려사』 58, 지12 지리3. "交州 本高勾麗 各連城郡 各一作客 一云 加兮牙 新羅景德王 改爲連城郡 高麗初 稱伊勿城 成宗十四年 更今名 爲團練使 顯宗九年 改爲防禦使"

87) 『고려사』 58, 지12 지리3. "嘉州 本高麗信都郡 一云 古德縣 光宗十一年 城濕忽 陞爲嘉州"

었을 것임을 시사한다. 이렇다고 본다면, 972년의 신도성 수축은 960년(광종 11)에 축조된 가주성의 수리라고 할 수 있다. (다)의 광화성(光化城) 또한 함께 수축이 이루어진 덕주성(德州城), 가주성(嘉州城), 위화성(威化城)과 마찬가지로 고려 치소성이었을 것이다. 곧 광화현(光化縣)이 태주(泰州)의 옛 읍호인 데서,[88] 광화성은 이곳의 '치소가 위치한 성'으로 추정된다. (라)의 운주 옥산에 쌓은 성은 『대동지지』를 참고할 때 『신증동국여지승람』의 월산성(月山城)에 해당한다.[89] 월산성은 고려 치소성이라 판단되는데, 그러한 이유는 조선초기의 성황사(城隍祠)가 월산에 위치하였기 때문이다.[90] 부연 설명하자면 이러하다. 성황사는 치소가 있는 곳에 위치하는 입지적 특성이 있었다. 조선초기 성황사 가운데 산성 혹은 산성이 위치한 산에 자리한 성황사는 고려시대에 건립되어 조선초기까지 존속한 것이고, 그러한 성황사가 건립되었을 당시 해당 산성은 치소 역할을 하였을 것인 데서,[91] 월산성은 고려 치소성이라 판단된다. (마)는 애수진의 연혁 기록이다. 옛 명칭의 언급 후 983년(성종 2)의 축성 사실을 적시하고 있어, 당시 축성은 애수진성을 쌓고 해당 진을 설치한 것으로 볼 수 있다. (바)의 1012년(현종 3) 축성 또한 현덕진의 신설과 해당 진성(鎭城)의 설치였을 것이다.[92]

마지막으로 고려 치소성의 축조와 관련하여 '성진명현(城鎭溟縣)'[93] 식의

---

88) 『고려사』 58, 지12 지리3. "泰州 本高麗 光化縣 一云 寧朔 一云 連朔 光宗二十一年 稱泰州防禦使"

89) 『대동지지』 5, 충청도 洪州 城池 조는 "月山古城 高麗太祖十一年 城運州玉山 置戍軍"이라 하여 옥산에 쌓았던 城이 월산고성이었음을 알려준다. 월산고성은 『신증동국여지승람』의 月山城이 분명하다.

90) 『신증동국여지승람』 19, 충청도 洪州牧 祠廟 城隍祠

91) 이에 대해서는 후술할 것이다. 조선초기 성황사의 입지가 지닌 의미 및 치소와의 관련성 등에 대해서는 최종석, 「조선 초기 城隍祠의 立地와 治所」, 『동방학지』 131, 2005a 참고.

92) 1012년 당시에는 요덕진이 아니라 현덕진을 두었을 것으로 추정된다. 이와 관련해서는 최종석, 「고려전기 築城의 특징과 治所城의 형성」, 『진단학보』 102, 2006, 107쪽을 참조하기 바란다.

93) 『고려사』 82, 지36 兵2 城堡 목종 8년

'성+읍호' 사례들을 주목하고자 한다. 왜냐하면 이들 사례는 고려 치소성의 축조를 의미하기 때문이다. '성+읍호' 사례들 가운데 어떠한 성을 축조하였는지가 분명한 것들을 통해 이러한 점을 밝힐 수 있다. 아래는 그러한 기록들 가운데 일부이다.

ⓐ 최충(崔冲)이 영원진(寧遠鎭)과 평로진(平虜鎭)에 성을 쌓았다[城寧遠平虜二鎭]. 영원성(寧遠城)은 759간이고……평로성(平虜城)은 582간이고(하략)[94)]

ⓑ 김영기(金令器)와 왕총지(王寵之)에게 명하여 장주(長州), 정주(定州), 원흥진(元興鎭)에 성을 쌓게 하였다[城長州定州及元興鎭]. 장주성(長州城)은 575간이고……정주성(定州城)은 809간이고……원흥진성(元興鎭城)은 683간이고(하략)[95)]

ⓒ-1 함종현(咸從縣)에 성을 쌓았다[城咸從縣].[96)]

ⓒ-2 함종성(咸從城)과 안북성(安北城)을 쌓았다.[97)]

ⓓ-1 연주(連州)에 성을 쌓았다[城連州].[98)]

ⓓ-2 청주(靑州) 나성(羅城)과 연주성(連州城)을 쌓았다.[99)]

ⓔ-1 영삭진(寧朔鎭)에 성을 쌓아[城寧朔鎭] 번적 침입의 요충을 장악하고자 하였다.[100)]

---

94) 『고려사』 82, 지36 兵2 城堡 靖宗 7년. "崔冲 城寧遠平虜二鎭 寧遠城 七百五十九間 堡子八 區內金剛戍 四十二間 宣威戍 六十一間 宣德戍 五十間 長平戍 五十三間 鼎岑戍 三十八間 鎭河戍 四十二間 鐵墉戍 六十一間 定安戍 三十二間 關城 一萬一千七百間 平虜城 五百八十二間 堡子六 區內擣戎戍 三十六間 鎭兇戍 三十間 直岑戍 四十一間 降魔戍 五十間 折衝戍 三十間 靜戎戍 三十間 關城 一萬四千四百九十五間"

95) 『고려사』 82, 지36 兵2 城堡 靖宗 10년. "命金令器王寵之 城長州定州及元興鎭 長州城 五百七十五間 戍六所曰靜北高嶺掃兇掃蕃壓川定遠 定州城 八百九間 戍五所曰防戍押胡弘化大化安陸 元興鎭城 六百八十三間 戍四所曰來降壓虜海門道安"

96) 『고려사』 82, 지36 兵2 城堡 태조 3년

97) 『고려사절요』 1, 태조 3년 9월. "築咸從安北二城"

98) 『고려사절요』 1, 태조 13년

99) 『고려사』 82, 지36 兵2 城堡 태조 13년. "築靑州羅城連州城"

100) 『고려사절요』 4, 문종 4년 6월

ⓔ-2 안의진의 진자농장에 성을 쌓아 영삭진을 설치하고 번적 침입의 요충을 장악하고자 하였다.[101]

ⓕ-1 정융진(定戎鎭)에 성을 쌓았다[城定戎鎭].[102]

ⓕ-2 정융진. 현종 20년 유소(柳韶)를 보내 옛 석벽(石壁)을 수리하여 진을 설치하였다.[103]

ⓐ부터 ⓓ까지의 사례들을 보면, '성+읍호'는 '읍호+성'의 축조였다. 즉 그것들은 영원성(寧遠城), 평로성(平虜城), 장주성(長州城), 정주성(定州城), 원흥진성(元興鎭城), 함종성(咸從城), 연주성(連州城) 등의 '읍호+성'을 쌓는 것이었다. ⓔ와 ⓕ 또한 마찬가지였다. '성+읍호'의 구체를 보여주는 ⓔ-2와 ⓕ-2에 따르면, '성영삭진(城寧朔鎭)'은 영삭진을 새로이 설치하고 치소 역할을 하는 성을 쌓는 것을, "성정융진(城定戎鎭)"은 정융진성을 축조하고 해당 진을 신설하는 것을 의미하고 있었다. 이처럼 '성+읍호' 사례들 가운데 축조된 성의 실체를 파악할 수 있는 것은 한결같이 해당 군현의 '치소가 위치한 성'의 축조였다.

고려시대 '성+읍호'가 군현 내 불특정한 성이 아니라 '특정한' 성['치소가 위치한 성']의 축조를 의미하였음은, '부성영청현(復城永淸縣)', '부성안융진(復城安戎鎭)', '부성가주(復城嘉州)'와 같은 '부성(復城)+읍호'라는 용례들에서도 엿볼 수 있다. 곧 '성+읍호'가 특정한 성의 축조를 의미하였기에, '성+읍호' 앞에 '다시'를 의미하는 '부(復)'가 덧붙는 표현을 사용할 수 있었을 것이다. '성+읍호'가 불특정한 성의 축조를 의미하였다면, '다시' 성을 쌓는다는 표현은 매우 부자연스러웠을 것이다. '성+읍호'에 있어 '특정한' 성이란 해당 군현의 '치소가 위치한 성'이었을 것이다.

101) 『고려사』 82, 지36 兵2 城堡 문종 4년. "城安義鎭榛子農場 爲寧朔鎭 以扼蕃賊要衝"
102) 『고려사』 82, 지36 兵2 城堡 현종 20년
103) 『고려사』 58, 지12 지리3. "定戎鎭 顯宗二十年 遣柳韶 修古石壁 置鎭"

'성+읍호'의 이러한 용법은 고려시대에 한정되는 특수한 것이 아니었다. 조선시대에도 마찬가지였으니, 가령 『조선왕조실록』에는 '성+읍호' 사례들이 적지 않게 기재되어 있었는데, 이들 가운데 축조된 성의 실체를 분명히 알 수 있는 것을 검토해 보면, 그것들은 모두 '치소가 위치한 성'의 축조였다.

'성+읍호'가 '치소가 위치한 성'의 축조를 의미하는 용법은 '읍호+성'이 해당 군현 내의 특정한 성['치소가 위치한 성']을 지칭하는 용어로 작용하는 인식틀에서 통용되었다고 할 수 있다. 곧 '읍호+성'이 해당 읍 안의 특정한 성['치소가 위치한 성']을 지칭한 것과 동일한 맥락에서, '성+읍호' 또한 특정한 성, 즉 '읍호+성'의 축조를 의미였을 것이다.[104)]

'성+읍호'가 해당 군현의 고려 치소성을 축조하는 것이라고 할 때, 적지 않은 고려 치소성 사례들을 새로이 검출할 수 있다. '성+읍호' 기록을 통해 확인되는 고려 치소성의 설치 지역을 표로 정리한 것이 〈표 1-5〉이다.[105)]

지금까지 축성 기록에서 고려 치소성 사례들을 검출해 보았다. 이를 집계해

104) 당시의 기록 방식에서 '성+읍호'처럼 읍호가 치소 공간을 특정하여 의미하는 경우는 드물지 않았다. 가령 다음 기록에서 보듯, 읍호는 해당 지역의 치소 내지 고려 치소성을 지칭하고 있었다.

(ㄱ)-1 城鳳化山南以徙高州(『고려사』 82, 지36 兵2 城堡 현종 19년)

(ㄱ)-2 高州……顯宗十九年城鳳化山南以徙州治(『고려사』 58, 지12 지리3 高州)

(ㄴ) 北界馳報 蒙兵圍龍州 城中請降 副使魏玿被擄(『고려사』 23, 세가23 고종 18년 9월 계묘)

(ㄱ)의 두 기록을 상관하여 보면, '徙高州'는 곧 '徙州治'였다. 여기서 '고주'는 해당 지역의 치소를 의미하고 있었다. 그리고 (ㄴ)의 '龍州를 포위하였다'는 구절에서 몽골군에 포위된 '龍州'는 '城中 사람들이 항복을 청하였다'는 점으로 보아 龍州 내의 城이었음이 분명하고, 또한 그 城은 龍州城이었을 것이다. 이는 '圍雄州'가 '圍雄州城'으로도 기록된 점에서 뒷받침된다. 이렇듯 '군현을 옮겼다', '군현을 포위하였다'라는 기록 방식에서 '군현'은 해당 군현의 치소(공간)를 지칭하고 있었다. 이와 같은 방식으로 '성+읍호' 또한 해당 사례들에서 확인되는 바와 같이 군현의 치소 역할을 하는 성의 축조를 의미하였을 것이다.

105) 공양왕대의 '성+읍호' 사례들(『고려사』 82, 지36 兵2 城堡 공양왕 3年 3月)은 여기서 제외하였다. 왜냐하면 이때 축조된 성은 읍성이었을 것이기 때문이다.

〈표 1-5〉 '성+읍호'를 통해 확인되는 고려 치소성 설치 지역

양계		남도
북계	동계	
龍岡縣, 平壤, 雲南縣(=撫州), 成州, 安北府, 安定鎭, 永淸鎭, 安水鎭, 興德鎭, 通海鎭, 肅州, 順州, 陽嵒鎭, 大安州, 德昌鎭(=博州), 德成鎭(?), 長靑鎭, 威化鎭(=雲州), 安朔鎭(=延州), 樂陵郡(=渭州), 寧朔鎭, 安戎鎭, 淸塞鎭, 樹德鎭, 長興鎭, 歸化鎭, 郭州, 龜州, 安義鎭, 興化鎭, 猛州, 宣州(=通州), 德州, 平虜鎭, 龍州, 永平鎭, 定戎鎭, 麟州, 寧德, 朔州, 靜州, 寧遠鎭, 義州, 嘉州	長平鎭, 高州, 博平鎭(=和州), 文州, 永豊鎭, 鎭溟縣, 金壤縣, 龍津鎭, 蔚珍, 翼嶺縣, 登州, 長州, 雲林鎭, 宜州, 耀德鎭(=顯德鎭), 霜陰縣, 寧仁鎭, 派川縣, 杆城縣, 豢猳縣, 定州, 元興鎭, 宣德鎭, 永興鎭, 咸州, 公嶮鎭, 預州	湯井郡, 淸河, 興海, 迎日, 蔚州, 長鬐, 慶州, 金海府

보면, 그것은 총 102개 군현의 고려 치소성에 달하고 있다. 이들 가운데 14개의 고려 치소성은 남도 지역에, 88개는 양계 지역에 위치하였다. 양계에 자리한 고려 치소성들 가운데 북계와 동계의 것은 각각 52개와 36개였으며, 양계의 고려 치소성은 대략 10개를 제외하고 모두 신개척 지역에 위치하였다.

3) '성'으로만 표현된 고려 치소성 사례

단지 '성(城)'으로 기록되었으나 그것은 불특정한 것이 아니라 '치소가 위치한 성'을 특칭(特稱)하는 사례들이 있다. 이러한 용법은 '읍호+성'이 해당 군현 내의 '치소가 위치한 성'이라는 특정 성을 지칭하는 방식 및 '성+읍호'가 '치소가 위치한 성'의 축조를 한정하여 의미하는 용법과 궤를 같이한다고 할 수 있다. 우선 〈표 1-5〉에서 보듯, '제성(諸城)' 사례들은 이에 해당한다.

'제성(諸城)'은 단어를 풀이하자면, '여러 성'을 의미한다. 그런데 여기서의 그것은 '치소가 위치한 성'들로 복수의 군현을 대칭(代稱)한 것이라고 할 수 있다. 가령 1188년(명종 18)의 사례에서 보듯, 홍수 피해를 입은 '제성'은 등주, 문주, 의주, 진명현, 용진진, 영인진을 총칭하고 있었다. 그것은 '제성'들 가운데 '등주가 가장 피해가 컸다'는 구절에서 분명히 입증된다. 고종대 양주에 우거한 '정평이남제성(定平以南諸城)' 또한 해당 군현들을 의미하였음이

〈표 1-6〉 고려 치소성을 지칭하는 '제성(諸城)' 사례

<table>
<tr><th rowspan="2">시기</th><th colspan="2">사례</th></tr>
<tr><th>지칭하는 고려 치소성</th><th>전거</th></tr>
<tr><td rowspan="2">1145년(인종 23)</td><td colspan="2">判 西北面諸城州鎭官 馬齒老及物故者 (하략)</td></tr>
<tr><td>서북면 여러 주진의 고려 치소성</td><td>『고려사』 82, 병지 마정(馬政)</td></tr>
<tr><td rowspan="2">1178년(명종 8) 11월</td><td colspan="2">御便殿 引見東西兩界諸城上長都領</td></tr>
<tr><td>양계 여러 주진의 고려 치소성</td><td>『고려사』 19, 세가</td></tr>
<tr><td rowspan="2">1188년(명종 18) 8월</td><td colspan="2">登文宜三州鎭溟龍津寧仁等諸城 大水 損禾漂蕩 城郭民戶死者 甚衆 登州尤甚</td></tr>
<tr><td>등주, 문주, 의주, 진명현, 용진진, 영인진의 고려 치소성</td><td>『고려사』 53, 오행지 수(水)</td></tr>
<tr><td rowspan="2">1194년(명종 24) 10월</td><td colspan="2">南路兵馬使收賊妻孥三百五十餘人 黥配西海道 充諸城奴婢</td></tr>
<tr><td>서해도 여러 군현의 고려 치소성</td><td>『고려사』 20, 세가</td></tr>
<tr><td rowspan="2">1219년(고종 6) 10월</td><td colspan="2">以北界諸城 多爲義州賊所陷 唯安北都護府與龜州延州成州 堅壁固守 賜州吏叅職 有差</td></tr>
<tr><td>북계 여러 주진의 고려 치소성</td><td>『고려사』 22, 세가</td></tr>
<tr><td rowspan="2">1258년(고종 45) 6월</td><td colspan="2">賜北界諸城戶長郎將 各白銀一斤皀羅二匹</td></tr>
<tr><td>북계 여러 주진의 고려 치소성</td><td>『고려사』 24, 세가</td></tr>
<tr><td rowspan="2">고종대</td><td colspan="2">高宗時 定平以南諸城 被蒙兵侵擾 移寓江陵道襄州 再移杆城 幾四十年</td></tr>
<tr><td>정평 이남 여러 군현의 고려 치소성</td><td>『고려사』 58, 지리지</td></tr>
<tr><td rowspan="2">1290년(충렬왕 16) 7월</td><td colspan="2">復置西北諸城守令 以將軍鄭復均 爲西京留守</td></tr>
<tr><td>서북 지역 여러 주진의 고려 치소성</td><td>『고려사』 30, 세가</td></tr>
</table>

※ 고려 치소성을 지칭하는 것이 비교적 분명한 '제성' 사례들을 선택하여 정리한 것이다.

분명하다. 타 지역에 우거한 것은 성이 아니라 군현이었을 것이기 때문이다. 복수의 군현을 대칭하는 '제성(諸城)'이 불특정한 것이 아닌 '치소가 위치한 성'들이었음은, 위 표의 '제성(諸城)' 사례들 가운데 치소와 관련된 존재, 가령 주진관(州鎭官), 상호장이었을 상장(上長), [관]노비, 호장, 수령 등의 수식을 받은 것들이 있던 데서도 뒷받침된다. 이처럼 '성'이라고만 기록된 것이 군현을 대칭하는 현상은 전근대에 이례적이지 않았다. 이것은 '치소가 위치한 성'이 군현을 대칭하는 용법의 연장선상에 있었다.

북계의 주진들을 총괄하여 '북계사십여성(北界四十餘城)',[106] '절령이북사

106) 『고려사절요』 12, 명종 4년 10월

십여성(岊嶺以北四十餘城)',[107] '절령이서지압록강사십여성(岊嶺以西至鴨綠江四十餘城)',[108] '서북사십여성(西北四十餘城)',[109] '사십여성(四十餘城)'[110] 등으로 지칭한 사례들 또한 '제성'과 같은 유형의 것이었다. 이들 북계 40여 성은 앞서 본 '고려식목형지안북계군액(高麗式目形止案北界軍額)'의 귀주성·영주성·맹주성·인주성을 포함한 '치소가 위치한 성'인 북계 41성에 부합하는 것으로, 이 일대 주진들 전체를 대칭하였을 것임이 분명하다. 또한 최탄(崔坦) 등의 반란으로 인해 몽골에 귀속된 군현들을 '서경오십사성서해육성(西京五十四城西海六城)'으로 기록한 사례[111]도 마찬가지라고 할 수 있다. 몽골에 귀속된 이들 60성이 고려 치소성이었음은『원사(元史)』지리지 기록을 통해서도 뒷받침된다. 이들 성과 관련하여 '성치(城治)'라는 표현이 등장하기 때문이다.[112]

2. 고려 치소성의 분포

몇 가지 방법들을 구사하여 고려 치소성 사례들을 검출해 보았다. 추출된 사례들을 가지고 고려 치소성의 분포 양상을 구성해야 하는데, 이때 고려해야 할 점은 이들 사례가 고려 치소성의 실제 분포를 여과 없이 반영하지는 못한 사실이다. 고려 치소성 사례들은 노출되는 계기에 따라 지역과 시기의 측면에서 검출상의 불균등이 존재할 수 있기 때문이다. 실제로 대부분의 고려

---

107)『고려사절요』12, 명종 4년 9월

108)『고려사』100, 열전13 趙位寵

109)『고려사』102, 열전15 金之岱

110)『고려사절요』12, 명종 4년 10월;『고려사절요』12, 고종 20년 12월

111)『고려사』26, 세가26 원종 10년 12월 신묘. "靜州別將康元佐等三人 來傳蒙古帝詔曰 諭高麗國龜州都領崔坦等 洎西京五十四城西海六城軍民等"

112)『元史』59, 志11 地理二 遼陽等處行中書省 東寧路

치소성 사례들은 군사적인 요인을 계기로 하여 노출되고 있어, 그러한 요인이 두드러지게 작동되는 특정한 지역과 시기에 고려 치소성 사례들이 편중되었을 확률은 높다고 하겠다. 따라서 고려 치소성의 분포를 재구성하는 작업은 사례의 노출 계기를 고려하면서 이루어져야 할 것이다.

양계와 남도 지역으로 나누어 고려 치소성의 실제 분포양상을 본격적으로 탐색하기에 앞서 아래의 기록을 음미하고자 한다.

> 현성(縣城)을 뛰어넘은 자를 대상으로 해서는 곤장 90대를 치고 주진(州鎭)의 경우는[주성·진성을 뛰어넘은 자를 대상으로 해서는] 도형(徒刑) 1년에 처한다. 넘으려다가 성벽 위에 있는 자를 대상으로 해서는 한 등급을 감하며 도랑을 통해 출입하는 행위는 성을 넘은 것과 같다.[113]

이것은 『고려사』 형법지 금령(禁令) 조에 실린 무편년 기사이다. 이 금령은 현성(縣城), 주성(州城), 진성(鎭城)이라는 '치소가 위치한 성'을 잠입하는 행위를 처벌하는 규정이다. 현성에 비해 주성·진성 내로의 침입을 엄하게 처벌한 까닭은 그것이 국경 지대에 자리한 고려 치소성이었기 때문이다.[114]

이것은 당률(唐律)을 참작하여 제정된 것인데,[115] 여기서 주목하고자 하는 것은 이러한 금령의 제정 배경이다. 당대(唐代)에는 '치소가 위치한 성'이 주현마다 갖추어져 있었고[116] 이러한 사회 환경에서 '치소가 위치한 성' 내로

---

113) 『고려사』 85, 지39 刑法2 禁令. "越縣城 杖九十 州鎭徒一年 未越者 減一等 從溝瀆出入與越同"

114) 남도와 양계 지역의 고려 치소성을 구분하여 양형을 차별적으로 적용한 셈이다.

115) 『唐律疏議』 8, 衛禁 越州鎭戍等城垣. "諸越州鎭戍城及武垣 徒一年 縣城 杖九十"

116) 唐代의 道城·郡城·縣城과 지방지배 단위인 道·郡·縣의 수는 거의 일치하고 있다. 현성 등의 수가 조금 못 미치나 이것은 '치소가 위치한 성'이 없는 군현이 있는 데서 기인한 현상이 아니라, 일부 현의 치소가 상급 행정단위의 '치소가 위치한 성' 안에 자리한 데서 비롯된 것이었다. 이와 관련하여 寧越敏·張務棟·錢今昔, 『中國城市發展史』, 安徽科學技術出版社, 1994, 187~189쪽 참조.

의 불법적 침입 행위를 처벌하는 규정이 당률에 갖춰졌을 것이다. 이로 보아 『고려사』 형법지의 해당 금령은 고려사회에도 '치소가 위치한 성'이 당(唐)과 같이 지방행정구획마다 설치되었거나 적어도 광범위한 지역에 구비되어 있었을 것임을 시사한다. 이러한 상정은 후술할 고려 치소성 분포 양상의 재구성 결과와도 부합한다.

1) 양계 지역

먼저 북계 지역 고려 치소성의 분포 양상에 관해서다. 고려 치소성을 지칭하는 용어를 통해 검출한 고려 치소성 사례들 및 축성 기사에서 뽑아낸 해당 사례들에 의할 때, 강서현(江西縣), 중화현(中和縣), 순화현(順和縣), 삼화현(三和縣)을 제외하고는 북계의 주진마다 고려 치소성이 설치되었음이 구체적으로 확인된다. 그런데 이들 네 현에도 고려 치소성은 존재하였다. 이들 현은 강동현(江東縣), 삼등현(三登縣)과 더불어 1136년(인종 14)에 서경의 경기를 나누어 6현을 설치할 때 신치된 것으로,[117] 이곳들에도 고려 치소성이 설치되었음은 최탄 등의 반란으로 인해 몽골에 귀속된 '서경오십사성서해육성(西京五十四城西海六城)'이라는 '치소가 위치한 성'들 가운데 강서·중화·순화·삼화·강동현의 고려 치소성이 포함된 데서 단적으로 뒷받침된다.[118]

북계 지역에는 주진마다 고려 치소성을 설치한 셈인데, 다만 이러한 분포 양상은 상이한 시점에서 노출되는 고려 치소성 사례들을 통해 구성된 것이라는 한계를 노정하고 있다. 따라서 기록 사정이 허락되는 범위 내에서, 고려 치소성은 특정 시점에 각 주진마다 설치되었으며 그러한 분포 양상이 일정 기간 동안 지속된 점을 보완 검토할 필요가 있다.

이와 관련하여 '고려식목형지안북계군액' 기록을 다시금 상기해 보겠다. 왜냐하면 여기의 귀주성·영주성·맹주성·인주성을 포함한 북계 41성은 문

117) 『고려사』 58, 지12 지리3
118) 『元史』 59, 志11 地理二 遼陽等處行中書省 東寧路

서 작성 당시 북계 지역에 설치된 모든 군현의 고려 치소성들에 해당하기 때문이다. 그것은 다음과 같은 이유에서이다. 『고려사』 병지 주현군(州縣軍) 조에 나오는 신기(神騎), 보반(步班)이 해당 문서에 나타나지 않는 점에서, 문서의 작성 시기는 1063년(문종 17) 이전으로 올라가야 할 것이다.[119] 그런데 북계 지역 주진 설치의 추이상 1050년(문종 4) 영삭진(寧朔鎭)의 신설로 인해 북계 주진의 총수는 42개가 되고 있어, 해당 문서는 1050년 이전의 특정 시점에 작성되었고,[120] 41성은 북계 모든 주진의 고려 치소성이었다고 하겠다.

'고려식목형지안북계군액' 문서가 작성된 시점에 북계 지역의 주진마다 고려 치소성이 설치되어 있었다고 할 수 있는데, 이때를 전후로 해서도 분포 양상은 달라지지 않았을 것이다.

'고려식목형지안북계군액' 문서 등을 전거로 하여 고려 북계 지역의 군사·방어의 양상을 설명한 대목에서 알 수 있듯이, '41성'은 적어도 몽골 침략 이전까지 존속하고 있었다. 문서 작성 이후로도 주진의 증치가 있었기에, 북계 지역 고려 치소성의 실제 총수는 41개보다 다소 증가하였을 것이다. 그러면서도 전대와 다름없이 북계 지역의 주진마다 고려 치소성은 설치되어 있었을 것이다.[121] 이 점은 앞서 소개한 바 있는 몽골에 귀속된 '서경오십사성서해육성(西京五十四城西海六城)' 사례의 '서경 54성'에서 어느 정도 뒷받침된다. '서경 54성'은 당시 북계 주진성의 전체에 해당하였을 것인 바, 적어도 몽골 침략 이전까지는 주진이 증치되면서도 동시에 북계 주진마다 고려 치소성이

119) 조인성, 「高麗 兩界의 國防體制」, 『高麗軍制史』(陸軍本部 篇), 1993, 179~180쪽의 주 31) 참조.

120) 북계 지역의 주진은 태조대부터 증치되기 시작하여 1041년(정종 7)에 寧遠鎭을 두면서 41개가 되었고, 그 이후에 새로 설치한 주진은 드물어 1050년(문종 4)에 寧朔鎭이, 1117년(예종 12)에 義州가 신설되었고, 그 뒤 인종대에 6개 縣이 증치되었다. 따라서 해당 문서는 북계 주진이 41개였던 때인 정종 7년 이후부터 문종 4년 이전 사이의 기간 중에 작성되었을 것이다. 末松保和(「「高麗式目形止案」について」, 『朝鮮學報』 25, 1962, 131~132쪽)는 女眞征伐 이전 시기에 문서가 작성되었을 것으로 추정한 바 있다.

121) 시기가 갈수록 일부 주진을 신설하였기에, 고려 치소성의 총수 또한 늘어났을 것이다. 몽골 침략 무렵에는 대략 49개의 城에 이르렀을 것으로 추산된다.

설치되어 있었을 것이다.

‘고려식목형지안북계군액’ 문서 작성 이전의 상황도 마찬가지였을 것이다. 북계 지역의 거의 대부분을 차지하는 신개척 지역에서는 새로이 주진을 설치하면 해당 주진의 ‘치소가 위치한 성’, 곧 주진성의 축조를 동반하였던 데서(‘置邑築城’), 문서 작성 이전에도 고려 치소성이 주진마다 설치되었을 것임은 분명하다.[122)]

다음은 동계 지역의 고려 치소성 분포 양상에 관해서다. 동계는 북계와 함께 양계를 구성한 만큼, 고려 치소성의 분포 양상에서 이곳이 북계와 달랐을 가능성은 희박할 것이다. 기록 정도에서 북계만큼은 아니지만 이 일대 고려 치소성 사례들은 동계에서도 군현마다 고려 치소성을 설치하고 있었을 것임을 말해주고 있다.

동계 지역 고려 치소성의 분포 양상에 있어서 문제가 되는 권역은 동계 내의 기존 영역이다. 동계 신개척 지역의 경우 주진마다 고려 치소성이 설치되었음은 검출된 사례들만으로도 입증 가능하지만, 기존 영역을 대상으로 해서는 일부 군현의 고려 치소성 사례만이 확인되기 때문이다. 동계 기존 영역 고려 치소성 사례들의 분포 현황을 정리한 것이 〈표 1-7〉이다.

〈표 1-7〉에서 볼 수 있듯이, 동계 기존 영역의 군현들 가운데 고려 치소성 사례가 확인되지 않는 곳은 드물지 않다. 그렇지만 이 일대 고려 치소성 분포의 실제 양상은 고려 치소성이 군현마다 설치된 것이었다고 판단된다. 왜냐하면 사례들 대부분은 축성을 계기로 하여 노출되었는데, 고려 치소성 사례가 확인되지 않는 군현의 경우, 고려 치소성은 존재하였어도 그러한 계기가 없어 노출되지 않았다고 보이기 때문이다. 『고려사』와 『고려사절요』에 수록된 축성 사례는 거의가 지역사회 차원에서 이루어진 상사(常事)가 아니라 특

---

122) 홍원기, 『高麗前期軍制硏究』, 혜안, 2001, 134~137쪽; 송용덕, 「高麗前期 國境地域의 州鎭城編制」, 『한국사론』 51, 2005; 최종석, 앞의 논문, 2006, 97~106쪽 참조.

〈표 1-7〉 동계 기존 영역 고려 치소성 사례의 분포 현황

고려 치소성이 확인되는 군현		고려 치소성이 확인되지 않는 군현	
주현	속현	주현	속현
등주(登州)	파천현(派川縣), 상음현(霜陰縣)		서곡현(瑞谷縣), 문산현(汶山縣), 위산현(衛山縣), 익곡현(翼谷縣), 학포현(鶴浦縣)
명주(溟州)			우계현(羽溪縣), 정선현(旌善縣), 연곡현(連谷縣)
금양현(金壤縣)			임도현(臨道縣), 운암현(雲岩縣), 벽산현(碧山縣)
		흡곡현(歙谷縣)	
	환가현(豢猳縣)	고성현(高城縣)	안창현(安昌縣)
간성현(杆城縣)			열산현(烈山縣)
익령현(翼嶺縣)			동산현(洞山縣)
삼척현(三陟縣)			
울진현(蔚珍縣)			

정 목적에서 이루어진 국가적 사업이었다.[123] 그러하기에 기록상으로 축성이 보이지 않는 지역에는 성이 부재한 것도 아니요, 지역사회 차원의 축성이 행해지지 않은 것도 아니었다.[124] 고려 치소성 사례가 확인되지 않는 군현은 국가적 차원의 축성이 단행되지 않아 그것이 드러나지 않은 곳이라고 볼 수 있는 셈인데,[125] 후술하듯 여타의 자료에서 고려 치소성 사례들은 추가로 확인될 뿐만 아니라, 해당 사례가 확인되지 않은 군현에서도 타 지역에서 노출된 고려 치소성들과 동일한 유(類)의 성의 존재가 지리서와 고고학적 보고서 등을 통해 확인된다.

이에 동계의 기존 영역을 대상으로 하여 고려 치소성의 실제 분포 양상을

123) 지역사회 차원의 축성은 이례적인 일이 아니다. 이러한 類의 축성은 일반적으로 축성 기사로 수록되지 않았다. 『고려사절요』 4, 문종 3년 3월; 『고려사절요』 4, 문종 3년 12월 참조.

124) 이와 관련해서는 최종석, 「고려전기 지역방어체계의 특징」, 『사림』 40, 2011b, 161~162쪽 참고.

125) 외침으로 인해 '치소가 위치한 성'을 사이에 두고 공방이 벌어질 경우에도 그것은 노출될 수 있으나, 이들 군현에는 이러한 계기도 없었던 듯하다.

재구성해 보도록 하겠다. 우선 주목하고자 하는 것은 확인된 고려 치소성 사례들의 분포 경향이다. 주현 치소성의 사례들이 주로 확인되고는 있으나, 사례들 자체에서 어떠한 공통점이 도출된다고 할 수 없다. 오히려 사례들은 주현과 속현의 구분 없이 군현마다 설치된 고려 치소성들 가운데 우발적으로 검출되는 것이라는 인상이 짙다. 예하 속현인 환가현에서는 고려 치소성이 확인되나 정작 주현인 고성현에서는 사례가 보이지 않는 점이라든지, 속현 치소성의 사례들이 드물지 않음에도 고성현을 비롯하여 주현인 흡곡현에서 고려 치소성이 확인되지 않는 점이라든지, 고려 치소성 사례들이 확인되지 않는 군현들에서 확인된 군현과 달리 고려 치소성이 불필요한 사정이 찾아지지 않는 점이라든지 하는 것 등이 그러하다.

고려 치소성이 확인되지 않은 군현에는 그것이 설치되지 않았다기보다는 기록으로 드러날 계기가 없었다고 볼 수 있는데, 실제로 이들 지역에서도 노출된 고려 치소성들과 동일한 유형의 성이 확인된다. 먼저 고성현과 흡곡현 각각의 전성산성(全城山城)과 흡곡현 읍성이 이에 해당한다. 후술하듯, 확인된 고려 치소성 사례들은 거의가 조선시대 치소 인근에 위치한 산성으로 비정되는데, 조선시대 치소 인근에 위치한(서 9리) 전성산성[126]은 이와 부합한데서 고려시대에는 고성현성으로 기능하였을 것으로 판단된다. 조선시대 흡곡현의 읍성은, 고려말 이후로 평지에 신축된 일반적인 읍성과 달리, 고려시대 '치소가 위치한 성'이 활용된 것이라고 판단된다. 조선시대 읍성들 가운데 드물기는 하나 산성 형태인 것이 있었는데, 이것은 대개 고려시대 '치소가 위치한 성'이 본래의 역할을 상실한 채 치소 인근의 폐성(廢城)으로 있다가 읍성으로 재활용된 것이었다.[127] 흡곡현에는 『세종실록』 지리지 단계까지 읍성이 없다가 그 이후 설치되었는데, 영조대 편찬된 『여지도서(輿地圖書)』는 흡곡현

---

126) 『신증동국여지승람』 45, 강원도 고성군의 산천과 고적 항목 참조.

127) 최종석, 앞의 논문, 2007. 동계 기존 영역에 위치한 울진현의 읍성 및 바로 뒤에 나올 羽溪邑城도 그러한 경우에 해당한다.

의 '현성기지(縣城基址)'가 박산(朴山) 위에 위치한다고 하여 이곳의 읍성이 산성 형태였음을 알려주고 있다. 추정컨대, 흡곡현의 고려 치소성이었던 성은 본래의 역할을 잃은 채 고려말 이후 한동안 치소 인근의 폐성으로 있다가 『세종실록』 지리지 단계 이후 읍성으로 활용되었을 것이다.

또한 고려 치소성 사례가 확인되지 않은 동계 기존 영역의 속현들 가운데 조선시대 지리서 등을 통해 고려 치소성이라 볼 수 있는 것이 추가로 발견된 지역들이 있어 주목된다. 가령 명주의 속현인 우계현에도 고려 치소성이 존재하였을 것임은 『세종실록』 지리지 기록을 통해 확인된다.

동서(同書)에 기재된 우계읍토성(羽溪邑土城)[128]은 고려시대에 '치소가 위치한 성'이었다고 판단된다. 당시 우계읍성은 강릉의 속현인 우계현의 읍성이었는데, 조선초기에는 속현이 정리 대상인데다가 고려시대와 달리 군현으로 인정되지 않고 있어,[129] 우계읍성은 여타의 일반적인 읍성처럼 고려말 이래로 우계현에 새로이 축조된 것으로 보기는 어렵다. 그보다는 고려말 이전부터 치소 역할을 해 오던 성이 당시까지 잔존한 것으로 보아야 할 것이다.[130] 실제로 우계읍성은 여타의 읍성들과 여러모로 상이하였다. 『동국여지승람』 단계[131]에 이미 읍성으로 존속하지 못하고 해당 현의 치소로부터 2리 떨어진 지점에 위치한 우계산성(羽溪山城)으로 바뀐 것이라든지,[132] 평지성이 아닌 산성 형태였다는 것이라든지,[133] 고려말 이전에 축조되었다는 것이라든

128) 『세종실록』 153, 지리지 강원도 江陵大都護府. "羽溪邑土城 周回一百九十七步"

129) 윤경진, 「高麗 郡縣制의 構造와 運營」, 서울대 박사학위논문, 2000b, 290~291쪽.

130) 정확히 말하자면, 고려말에는 폐기되었다가 이후 다시 활용되었을 가능성이 높을 것이다.

131) 『신증동국여지승람』은 1481년(성종 12)에 편찬된 『동국여지승람』을 중종대 증수하여 간행한 것이다. 현재 『동국여지승람』을 직접적으로 참조할 수 없는 바, 전거 제시 등은 『신증동국여지승람』에 의하고자 한다. 다만 조선초기 혹은 성종대의 사실임을 부각해야 할 경우, 『신증동국여지승람』 대신 『동국여지승람』을 사용하고자 한다.

132) 신증동국여지승람』 44, 강원도 江陵大都護府 古跡. "羽溪山城 在縣北二里 距府六十一里 土築周四百五十一尺 今廢"

133) 유재춘, 『韓國 中世築城史 研究』, 경인문화사, 2003, 346쪽.

지[134] 등의 사실이 그러하다. 후술하듯, 고려 치소성은 대개 조선시대 치소를 기준으로 할 때 그 인근이면서 평지에 연접한 높지 않은 산 내지 구릉에 자리하고 있었는데,[135] 우계읍성은 이러한 입지 조건을 정확히 구비하고 있다. 이러한 우계읍성의 특수성은 해당 읍성이 고려 치소성을 활용하여 설정된 데서 비롯되었을 것이다.

우계현 외에도『대동지지』를 통해서 동계 기존 영역 여러 속현들의 고려 치소성이라 할 수 있는 것들을 발견할 수 있다. 동서(同書)에는 우계고성(羽溪古城)으로 기록된 앞서의 우계읍성 외에도, 등주의 속현 치소성인 상음현성(霜陰縣城), 파천현성(派川縣城), 영풍현성(永豊縣城)을 비롯하여, 고성현의 속현 치소성인 환가현성(豢猳縣城)과 안창현성(安昌縣城), 간성현과 금양현 각각의 속현 치소성인 열산고현성(列山古縣城)과 벽산현성(碧山縣城) 등이 수록되어 있다. 상음현성, 파천현성, 환가현성은 이미 확인된 것이지만, 열산고현성, 안창현성, 벽산현성 등은『대동지지』를 통해서 새롭게 드러난 것들이다. 이들이 '현성(縣城)'으로 기능한 시기는 온전한 군현으로 기능한 조선 이전 시대였을 것이다.

동계의 기존 영역 중에는 소수이나마 여전히 고려 치소성이 확인되지 않는 군현들이 남아 있다. 하지만 이상의 검토에 따를 때, 그곳에는 고려 치소성이 없었다기보다는 존재하나 검출되지 못하였다고 보는 것이 사실에 가까울 것이다.[136] 따라서 동계의 기존 영역에서도 고려 치소성은 신개척 지역에서와 마찬가지로 군현마다 설치되고 있었을 것이다.

---

134) 수습된 유물로 보아 축성 연대는 고려초기까지 올라가고 있다. 관동대학교박물관,『溟州郡의 歷史와 文化遺蹟』, 1994, 240쪽; 김흥술,「江陵地域 城郭硏究」,『영동문화』8, 2001, 41~42쪽 참조.

135) 최종석, 앞의 논문, 2004; 최종석, 앞의 논문, 2005b 참조.

136) 또 다른 방법을 사용하게 될 때, 새로이 드러나는 사례가 있을 수 있다.

2) 남도 지역

남도 지역의 군현들 가운데 고려 치소성 사례들이 검출된 곳은 일부에 불과하다. 동계의 기존 영역에서와 마찬가지로 남도 지역의 고려 치소성 사례들은 실제의 일부만을 반영하였을 것이다. 그렇다 하더라도 동계의 기존 영역에서와 같이 남도 지역에서도 군현마다 고려 치소성이 설치되었는지 하는 점은 명확하지 않다. 본격적으로 검토되어야 보다 확실한 사실이 드러나겠지만, 남도 지역에서도 군현마다 고려 치소성을 설치하였을 가능성은 적지 않은 듯하다.

남도 지역의 고려 치소성 사례들은 절대적인 수효 면에서 동계 기존 영역의 그것들보다 많기는 하나, 남도의 전체 군현 수를 감안할 때 상대적으로는 동계 기존 영역의 것에 비해 현저히 적다고 할 수 있다. 하지만 그것은 사례가 노출되는 계기 면에서 상대적으로 부족했던 데서 기인한다고 볼 수 있다. 가령 축성이라는 요인에서 보더라도, 양계의 신개척 지역과 달리, 기존의 '치소가 위치한 성'을 증·수축한 데서 동계의 기존 영역과 남도 지역은 다른 바가 없지만,[137] 변경 지대에 속한 동계 기존 영역에서 그러한 방식의 축성이 상대적으로 빈번히 이루어질 수밖에 없었을 것이다. 여기서는 사례들이 노출되는 계기 면에서 부족할 따름이었지, 고려 치소성의 실제 분포 양상은 동계의 기존 영역과 그리 다르지 않았을 가능성에 무게를 두고 남도 지역의 고려 치소성 분포 양상을 검토해 보도록 하겠다.

검출된 사례들을 가지고 고려 치소성의 실제 분포양상을 추론해 볼 것인데, 우선적으로 주목되는 사실은 1269년(원종 10) 최탄의 반란으로 인해 몽골에 귀속된 '서경오십사성서해육성(西京五十四城西海六城)'[138]이 자비령 이북

137) 최종석, 앞의 논문, 2006 참조.

138) 『고려사』 26, 세가26 원종 10년 12월 신묘. "靜州別將康元佐等三人 來傳蒙古帝詔曰 諭高麗國龜州都領崔坦等 洎西京五十四城西海六城軍民等"

모든 군현의 고려 치소성에 해당하였을 것이라는 점이다.[139] '서경 54성'이 북계 전체 주진의 고려 치소성이었듯이, '서해 6성' 또한 고려 치소성들로 자비령 이북 서해도 군현 전체를 대칭하였을 것이다.[140]

자비령 이북의 서해도 지역에서는 고려 치소성이 군현마다 설치되었다고 하는 사실이 우발적으로 드러난 셈인데, 기록화의 계기에서 엿볼 수 있듯이, 이러한 현상은 서해도 지역 가운데 이 일대에 한정되지는 않았을 것이다. 명종대 남적 반란 가담자의 처자들을 처결하는 과정에서 서해도의 '제성(諸城)'을 활용하여 서해도 군현들을 대칭한 것 또한 이 일대에서 고려 치소성이 군현마다 갖추어진 현실을 배경으로 해서였을 것이다. 앞서 본 바와 같이, 고려 치소성이 반드시 구비되어 있는 북계의 주진들은 드물지 않게 북계의 '제성'으로 기록되곤 하였다.

이렇게 본다면, 자비령 이북의 서해도 군현은 물론이요 그 이남 지역에서도 고려 치소성은 군현마다 설치되어 있었다고 할 수 있다.[141] 아쉬운 사실은 서해도를 대상으로 한 이러한 유형의 기록이 남도의 여타 지역에서는 발견되지 않는 점이다. 다만 서해도의 고려 치소성 관련 기록들이 우발적 계기에 의해서 드러난 만큼, 고려 치소성이 군현마다 설치된 현상은 남도 내에서 유독 서해도에 한정된 것이라고 볼 수 없을 것이다. 이러한 현상이 남도 가운데 서해도 지역에 한정되어 발생한 특별한 요인을 찾을 수 없는 점에서, 오히려 남도의 여타 지역에서도 서해도에서와 같은 고려 치소성의 분포 양상이 전개되었을 가능성은 높다고 하겠다.

남도 지역 고려 치소성 사례들의 지역적 분포로 볼 때, 그것들이 특정 지역에 한정된 양상은 보이지 않는다. 곧 고려 치소성이 검출된 남도 지역의 군현

---

139) 『元史』 47, 本紀7 世祖4 至元 7년 正月 甲寅. "詔高麗西京內屬 改東寧府 畫慈悲嶺 爲界"

140) 서해도 군현 대부분은 자비령 이남에 위치하고 있어, 그 이북에는 소수의 군현만이 존재하고 있었다.

141) 고려시대 기록들에서 볼 수 있는 곡주성, 수안성, 황주성, 동주성, 평주성 사례 등은 서해도 고려 치소성들 가운데 일부가 드러난 것이라 할 수 있다.

은 동래군, 승천부, 백령진, 황주, 충주, 영주(永州), 동주(洞州), 죽주, 나주, 전주, 춘주, 평주, 괴주, 서주, 양주(梁州), 대흥군, 양근현, 예산현, 합주, 초계현, 이안현, 보령군, 연산군, 포주, 호계현, 순주, 교주, 운주, 탕정군, 청하현, 흥해군, 영일현, 울주, 장기현, 경주, 김해부, 곡주·수안현 등을 포함한 자비령 이북의 서해도 6개 군현 등인데, 고려 치소성 사례가 확인된 이들 군현에서 특별한 경향은 발견되지 않고 있다. 조선시대 '치소가 위치한 성'인 읍성의 분포 양상을 보면, 그것은 평안·함경도의 국경지대와 하삼도·강원도의 연해 지역에 편중 설치되었고 주현들에 한해 구비되어 있었다.[142] 만약에 고려시대 남도 지역의 고려 치소성 분포가 이러한 식으로 특정 지역에 한정·집중되는 양상이었다면, 검출된 고려 치소성 사례들은 전체 양상을 다소간 왜곡할 수는 있어도 실제에서 비롯되는 특정한 양상을 반영할 것이다. 그런데 남도 지역의 고려 치소성 사례들은 연해와 내륙 지역의 구분 없이 확인되고 있으며, 이들 중에는 속현 지역의 고려 치소성 또한 드물지 않았다.[143]

한편 고려 치소성 사례가 확인되는 군현들을 대상으로 해서 그곳에 읍성이 설치되었는지 여부를 『신증동국여지승람』을 통해서 파악해 본 결과, 흥미롭게도 이들 군현들 가운데 대부분에 읍성은 설치되어 있지 않았다.[144] 우발적으로 고려 치소성이 노출된 군현들 대부분에 조선시대에는 읍성이 설치되지 않았다는 사실은, 적어도 고려시대 남도 지역의 고려 치소성이 조선시대 읍성에 비해 압도적으로 촘촘하게 분포하였음을 시사한다.

이들 검토 결과는 남도 지역의 고려 치소성 사례들은 고려 치소성이 군현마다 설치된 분포 양상을 모집단으로 하여 무작위적으로 검출된 것일 가능성을 말하여 준다고 할 수 있다. 다시 말해, 고려 치소성의 군현마다의 설치는 서

---

142) 조선시대 읍성 분포 양상은 6부에서 상술할 것이다.

143) 이와 관련한 논증은 최종석, 앞의 논문, 2005b, 197~199쪽을 참고하기 바란다.

144) 이에 해당하는 군현을 소개하면, 禮山縣, 草溪縣, 報令郡, 燕山郡, 抱州, 湯井郡, 順州, 虎溪縣, 利安縣, 黃州, 永州, 洞州, 竹州, 昇天府, 楊根縣, 春州, 平州, 槐州, 陜州, 運州, 交州, 白翎鎭, 遂安縣, 谷州 등이다.

해도에 한정되는 것이 아니라 남도의 여타 지역에도 해당하였다고 볼 수 있다.

동계의 기존 영역에서 본 바와 같이, 고려 치소성 사례가 확인되지 않는 남도의 군현들 중에는 조선시대 지리서 등을 통해 고려 치소성이라 볼 수 있는 것이 추가로 발견되는 곳들이 있다. 그중에서도 경상도와 충청도에서 추가로 확인되는 속현 치소성의 사례들을 주목해 보고자 한다. 『세종실록』 지리지에 기록된 동평현석성(東平縣石城)[145]을 시작으로 이들 사례를 살펴보도록 하겠다.

동평현성은 '읍호+성'으로 기재 당시 동래현 속현인 동평현의 '치소가 위치한 성'이었다. 이 성은 앞서 본 우계읍[토]성과 같은 성질의 것으로, 고려 치소성이 조선초기까지 존속한 성이었다. 이 때문에 동평현성은 동(同) 시대의 읍성과는 달리 고려말 이전에 축조되었고, 얕은 구릉 위에 위치하였으며,[146] 『동국여지승람』 단계에는 이미 '치소가 위치한 성'이 아니었다.

『대동지지』를 통해서 동평현성 이외의 경상도 속현 치소성들의 사례를 볼 수 있다. 신광현성(神光縣城), 풍산고현성(豊山古縣城)[=하지산고성(下枝山古城)], 의인고현성(宜仁古縣城), 화원고성(花園古城), 계성고현성(桂城古縣城), 화령고현성(化寧古縣城), 가은고현성(加恩古縣城), 해평고현성(海平古縣城), 영선고현성(永善古縣城), 굴촌고현성(屈村古縣城), 가조고현성(加祚古縣城)[금귀산성(=金貴山城)], 삼기고현성(三岐古縣城), 완포고현성(莞浦古縣城) 등은 이에 해당할 수 있다. 이 성들은 신광현성을 제외하고 한결같이 '읍호+고[현]성(古[縣]城)'인 데서 알 수 있듯이, 이전 시기에 '치소가 위치한 성'으로 기능했던 것이다. 이들 '읍호+고[현]성'이 치소 역할을 한, 즉 현성으로 기능했던 시기는 조선시대 이전이었을 것이다. 왜냐하면 이들 속현은 조선초기에 이미 폐읍(廢邑)이 되었거나, 그러하지 않았어도 '치소가 위치한 성'이 존재하지 않

145) 『세종실록』 150, 지리지 경상도 東萊縣

146) 동평현성은 고려초기 무렵에 축조되어 조선초기까지 계속 사용되었다고 이해되고 있다. 나동욱·최정혜, 『堂甘洞城址 I』, 부산광역시립박물관, 1996.

았기 때문이다.[147] 따라서 이들 성은 속현이 주현과 다름없이 온전한 군현이었으며 속현 치소성 사례들이 드물지 않게 확인되는 고려시대에 현성으로 기능하였을 것임이 분명하다.[148]

충청도 지역의 경우에도 조선시대의 지리서를 통해서 속현 치소성의 사례들을 추가로 발견할 수 있다. 가령『대동지지』에서 검출할 수 있는 충청도 속현 치소성의 사례로는 유성고성(儒城古城), 덕진고성(德津古城), 신풍고성(新豊古城), 여양고성(驪陽古城), 고구고성(高邱古城), 흥양고성(興陽古城), 지곡고성(地谷古城), 여미고성(餘美古城), 청천고성(靑川古城), 도안고성(道安古城) 등이 해당한다. 이러한 '읍호+고성(古城)' 사례들 외에 마니산고성(摩尼山古城) 또한 양산현(陽山縣)의 고려 치소성이었을 것으로 추정된다.[149]

조선시대 지리지 자료를 활용하여 경상도와 충청도 지역의 속현 치소성 사례들을 적지 않게 새로이 찾을 수 있었다. 물론 이들 사례가『고려사』와『고려사절요』에서 검출한 것 이외의 전부에 해당하는 것은 아닐 것이다.[150] 조선

---

147) 이에 대한 자세한 검토는 최종석, 앞의 논문, 2005a를 참조하기 바란다. 신광현성 또한 '치소가 위치한 성'으로 기능한 시기는 조선 이전이었을 것이다. 조선초에 신광현은 경주의 속현이었고 당시 치소는 성 내에 위치하고 있지 않았다. 신광현성은 고려 태조대에 축성되고 있어(『대동지지』 7, 경상도 慶州 城池. "神光縣城 高麗太祖十三年築") 고려시대에 '치소가 위치한 성'으로 기능하다가 조선시대에는 그 위상을 상실하였을 것이다.

148) 縣城으로 기능하였던 시기는 古代였고 고려시대에 이미 古縣城이 되었을 가능성을 생각해 볼 수 있으나, 고려시대 기록들에서 속현에 고려 치소성을 두었음을 볼 수 있고, 또한 縣名들 대부분이 고려시대 와서 그와 같이 불렸고 일부는 고대에 이어 고려시대에 그와 같이 칭해진 점으로 보아, 이들 城이 고려시대에 '치소가 위치한 성'이었음은 비교적 분명하다고 하겠다.

149)『대동지지』 6, 충청도 沃川 城池. "摩尼山古城 陽山古縣北 周四千六百三十一尺 井一." 마니산고성은 양산고현 북쪽 인근에 위치하고 있는 점으로 미루어 陽山古縣城이었을 것으로 추정된다.

150) 이 점은『대동지지』에 기록되지 않은 속현 치소성 사례를 다른 자료에서 확인할 수 있는 점 등에서 손쉽게 유추할 수 있다. 가령 吉安縣(安東의 屬縣)의 고려 치소성 사례가 그러하다.『永嘉誌』 6(奎章閣, 15562) 古跡 항목에는 "吉安石城 在縣東二里許 周回七百步 今頹圮 城上有城隍堂 村氓每歲立春設齋 供呈百戲 以祈有年 仍名曰御溝香徒"라 하여, 吉安石城이 기재되어 있다. 길안[석]성은 명칭으로 보나, 성황사가 위치한 점으로 보나, 위치(치소로부터 2리)로 보나, 고려 치소성 사례가 분명하다. 하지만『대동지지』에 길

시대 지리서 역시도 전대의 고려 치소성을 온전히 반영하기에는 자료적인 한계를 내재하고 있기 때문이다. 가령 고려시대 북계의 주진마다 설치된 주성(州城)·진성(鎭城)들 가운데 거의 대부분은 조선시대 지리서에 전대의 '치소가 위치한 성'으로 기록되지 않았다.[151)]

경상도와 충청도 지역에서 새로이 확인된 속현 치소성 사례들이 여전히 실제의 일부만을 반영할 뿐이라는 사실도 간과하지 말아야겠지만, 이들이 특정 지역에 한정·집중되는 경향을 노정하지 않은 점은 특히 주목되어야 하는 사항이다. 또한 충청도 지역의 경우 『대동지지』 고읍(古邑) 항목에 기재된 속현들 가운데 대다수에서 해당 고려 치소성을 확인할 수 있기까지 한다. 이들 사실은 속현마다 설치된 고려 치소성들 가운데 일부가 우발적으로 노출되었을 가능성, 달리 말해 고려 치소성이 속현마다 설치된 경향을 시사한다고 하겠다. 그리고 이러한 현상이 충청도와 경상도의 속현에만 한정되지 않았을 것임은 물론이다.

남도 지역의 속현 치소성이 이러한 경향의 분포 양상을 노정한다고 할 때, 주현의 고려 치소성이 이와 상이하였을 것이라고 생각하기는 어렵다. 경상도 지역의 주현 치소성은 『고려사』 등에서 다섯 사례 정도만을 확인할 수 있을 뿐이지만, 후술하듯 조선시대 지리서류에서 비교적 많은 사례들을 추가로 찾을 수 있다. 추가로 사례들이 발견되는 사실 자체뿐만 아니라 이들 사례가 상대적으로 고려 치소성이 설치되지 않았을 것으로 생각되는 내륙 지역에서도 드물지 않게 확인되는 점은, 남도의 주현 지역에서도 고려 치소성이 군현마다 설치되는 경향을 반영해 준다고 하겠다.

추가 가능한 사례들로 우선적으로 꼽을 수 있는 것은 『세종실록』 지리지에 기재된 '치소로부터의 거리가 기록된 읍성'이다. 아래의 읍성들은 이에 해당한다.

안[석]성 관한 기록은 보이지 않는다.

151) 최종석, 「대전 상대동 고려 유적지의 성격에 대한 시론적 탐색—院村에서 邑治로—」, 『한국중세사연구』 31, 2011c, 18~19쪽 참조.

청도군(淸道郡): 邑石城 在郡東七里

대구군(大丘郡): 邑石城 在郡西二里

예천군(醴泉郡): 邑石城 在郡西一里

영천군(榮川郡): 邑石城 在郡西南一里

이들 읍성은 공통적으로 치소로부터의 거리가 기재되어 있다. 읍성은 '치소가 위치한 성'인 까닭에, 원칙적으로 읍성에 거리가 기재될 수 없다. 『신증동국여지승람』에 기록된 많은 읍성들 가운데 그러한 사례는 전혀 없으며, 『세종실록』 지리지의 거의 대부분의 읍성에도 거리는 기재되지 않고 있다. '치소로부터의 거리가 기록된 읍성'은 속현의 읍성과 마찬가지로 여타의 대다수 읍성과 다음과 같은 점에서 이질적이었다.

이들 읍성은 『신증동국여지승람』에는 더 이상 읍성으로 기록되지 않은 공통점을 지니고 있다.[152] 곧 당시 이들 성은 이미 '치소가 위치한 성'으로 기능하지 못하였다. 다음으로 이들은 읍성이 대개 연해 지역에 설치되어 있던 것과 달리 모두 내륙 지역에 위치하고 있었다. 마지막으로 이들 읍성은 산성 형태였고 고려말 이전에 축조된 것이었다. 각각 덕봉산성(德峯山城)과 귀산성(龜山城)으로 바뀌는 예천군과 영천군의 읍성은 물론이요, 청도군과 대구군의 읍성 또한 산성 형태였다.[153] 그리고 지표·발굴 조사가 이루어져 축조시기를 대략이라도 알 수 있는 것들은 고대에 축조되어 그 이후까지 활용되었음이 확인된다.[154] 일반적인 읍성과 상이한 이들 '치소로부터의 거리가 기록

152) 네 읍성은 각각 吠城, 達城, 德峯山城, 龜山城으로 바뀌어 있었다.

153) 吠城은 청도읍과 화양읍의 경계 지점에 위치한 주구산 절벽 위에 축조된 산성이었고, 達城은 대구분지 서쪽의 범람원과 접하는 낮은 구릉에 축조된 성이었다. 이와 관련하여 다음 글이 참고된다. 청도군·경상북도문화재연구원, 『文化遺蹟分布地圖-淸道郡-』, 2003, 186쪽; 윤용진, 「韓國初期鐵器文化에 관한 硏究—大邱 地方에서의 初期鐵器文化」, 『한국사학』 11, 1990. 이들 성은 조선시대 읍치가 위치한 평야와 연접한 구릉에 자리 잡고 있어, 전형적인 고려 치소성의 입지를 갖추고 있다.

154) 박상일, 「小白山脈地域의 交通路와 遺蹟」, 『국사관논총』 16, 1990; 윤용진, 위의 논문,

된 읍성'의 유별난 특성은, 내륙에도 군현마다 설치되는 경향이 있으며 산성 형태인 고려 치소성이 여타 지역과 달리 읍성으로 활용된 데서 비롯되었다고 생각된다. 곧 이러한 특이점들은 전대의 유제(遺制)인 것이다.

『세종실록』 지리지에는 '치소로부터의 거리가 기록된 읍성' 외에도 고려 치소성을 활용한 읍성 사례가 좀 더 있다. 그 당시에는 읍성으로 기능하였으나 『신증동국여지승람』에는 산성으로 기재된 성이 바로 그것으로, 예안현, 진주목, 현풍현의 읍성이 이에 해당한다. 이들 읍성은 『신증동국여지승람』에 각각 북산성(北山城), 촉석성(矗石城), 서산성(西山城)으로 기재되었는데,[155] '치소로부터의 거리가 기록된 읍성'과 마찬가지로 산성 형태였으며 고려말 이전에 축조된 것이었다.

다음으로 『신증동국여지승람』의 경상도 성곽(城郭) 및 고적(古跡) 항목에 기재된 성들 가운데 동서(同書) 군명(郡名) 항목에 기재된 읍호와 관련 있는 성 또한 고려 치소성이었던 것으로 판단된다. 울산군(蔚山郡)의 신학성(神鶴城)[=계변성(戒邊城)], 영천군(永川郡)의 영주성(永州城), 흥해군(興海郡)의 남미질부성(南彌秩夫城)[=망창산성(=望昌山城)], 영천군(榮川郡)의 귀산성(龜山城), 대구도호부(大丘都護府)의 달성(達城), 밀양도호부(密陽都護府)의 추화산고성(推火山古城), 창녕현(昌寧縣)의 화왕산고성(火王山古城), 지례현(知禮縣)의 귀산성(龜山城), 김해도호부(金海都護府)의 분산성(盆山城) 등은 이에 해당할 수 있는 성들이다. 이들 성 가운데 영주성 및 영천군의 귀산성, 달성은 이미 다른 경로를 통해서 고려 치소성 사례로 파악된 것들이다. 읍호와 관련 있는 이들 성은 『동국여지승람』에 읍성으로 기재되고 있지 않기에 분명 그 단계에 '치소가 위치한 성'으로 기능하지 못했다. 이들 성은 읍호와 관련되어 있

1990. 吠城은 고려 태조와 관련되고 있어 이 이전에 축조되었음이 분명하고,(『신증동국여지승람』 26, 경상도 淸道郡 古跡 吠城) 덕봉산성은 삼국시대에 축조되었다. 이와 관련하여 강종훈, 「대구·경북 지역 삼국시대 신라 城址의 조사 및 연구」, 『대구사학』 77, 2004, 33쪽의 〈표 19〉 참조.

155) 촉석성은 『대동지지』에는 矗石山城으로 기재되어 있다.

어 치소와 연관이 있는 성으로 짐작되는데, 흥미롭게도 공통적으로 조선시대 치소 인근에 위치하면서 구릉 혹은 높지 않은 산에 위치하는 등,[156] 후술할 고려 치소성의 전형적인 입지조건을 갖추고 있다.

마지막으로 성황사(城隍祠) 입지의 특징에 대한 파악을 통해서 고려 치소성 사례들을 추가로 검출해 보도록 하겠다. 성황은 본래 외적의 침략을 막기 위한 방어적 구축물인 성(城)과 그것을 보호할 목적으로 성 주위에 파 놓은 도랑인 황(隍)의 합성어였다. 방어 시설인 성황을 신격화하면서 신에 대한 칭호라는 의미가 파생되었다. 성황신앙은 위진남북조 시대 강남 지역에서 태동하여 이후 전(全)중국으로 확산되어 갔고, 우리나라에서는 고려 성종대에 성황사의 존재가 기록상으로 확인되고 있어, 성황신앙은 나말려초 시기 무렵에 수용되었을 것으로 이해되고 있다. 성황신앙의 수용 당시에 성황사는 국가에 의해 일률적으로 설치되지 않고 대개 향리층에 의해 자발적으로 건립되어 그 수가 많지 않았을 것이나, 시기가 경과하면서 확산되어 그것은『동국여지승람』편찬 단계에는 거의 대부분 군현에 설치되어 있었다.[157]

중국에서 방어시설인 성황이 신격화되었다고 하였는데, 성황사 입지와 관련하여 주목해야 할 사실은, 성황 일반이 신격화된 것이 아니라 '치소가 위치한 성[황]'이 신앙의 대상이 된 점이다. 이 때문에 중국의 성황사는 일반적으로 '치소가 위치한 성', 곧 주현성(州縣城) 내에 위치하였고, 성 내에서도 치소인 관아 인근에 자리한 경우가 많았다. 또한 이 때문에 성황사는 한 군현 내에 하나씩 존재하였고, 중국의 주현성은 그 안에 많은 인구들이 거주하는 등 도시적 성격을 지니고 있어 성황(신)은 'City-God'으로 번역되곤 한다.[158]

---

156) 최종석, 앞의 논문, 2004, 90~102쪽 참조.

157) 이상의 성황사에 대한 설명은 김갑동,「高麗時代의 城隍信仰과 地方統治」,『한국사연구』 74, 1991; 서영대,「韓國과 中國의 城隍神仰 比較」,『中國史硏究』 12, 2001를 참고하였다.

158) David Johnson, "The City-God Cults of T'ang and Sung China", *Harvard Journal of Asiatic Studies* Vol. 45. No. 2, 1985; 小島毅,「城隍廟制度の確立」,『思想』6月號, 1990.

성황사의 이러한 입지적 특징에 대한 이해를 토대로 하여 『신증동국여지승람』에서 고려 치소성 사례들을 검출해낼 수 있다. 우리나라 자료들 가운데 『신증동국여지승람』은 성황사의 분포 양상과 입지 정보를 온전히 제공하는 가장 이른 시기의 문헌이라고 할 수 있다. 여기에는 당시의 '치소가 위치한 성'과 무관한 산성의 안 혹은 그러한 성이 위치한 산에 성황사가 자리한 사례들이 적지 않게 수록되어져 있다. 필자는 『신증동국여지승람』에 수록된 산성들 가운데 성황사와 공간적으로 밀접한 것을 고려 치소성이었을 것으로 보고 있다. 다시 말해, 동서에서 이러한 유(類)의 성황사는 해당 산성이 '치소가 위치한 성'으로 기능하였을 당시 그곳에, 경우에 따라서는 성내 공간이 협소하여 성 밖의 적당한 지점에 건립되었을 것이다. 이들 성황사는 '치소가 위치한 성' 이었던 것이 치소 역할을 상실한 이후에도 이설(移設)되지 않은 채 존속하여 『신증동국여지승람』 단계에는 치소와 무관한 산성에 위치하게 되었을 것이다.[159]

이 점을 풍덕군(豊德郡)의 성황사를 사례로 하여 설명해 보겠다. 『신증동국여지승람』에 따르면, 이곳의 성황사는 당시의 치소로부터 약 15리 떨어진 승천포성(昇天浦城)에 위치하고 있었다.[160] 일반적으로 읍치 인근에 자리하고 있었던 당시의 성황사와 달리,[161] 풍덕군의 성황사는 비교적 먼 곳에 위치한 셈이다. 그 이유를 찾아보면 승천포성이 『고려사』에 나오는 '읍호+성'인 승천[부]성(昇天[府]城)이었기 때문이었다. 승천포성이 1252년(고종 39)에 축조되었다는 점[162]으로 보아, 그것은 다름 아닌 『고려사』의 승천부성(昇天府城)이

---

159) 이와 관련한 상세한 논증은 최종석, 앞의 논문, 2005a를 참조하기 바란다.

160) 『신증동국여지승람』 13, 경기도 豊德郡 祠廟. "城隍祠 在昇天浦城"; 『신증동국여지승람』 13, 경기도 豊德郡 山川. "昇天浦 在郡南十五里"

161) 서영대, 「城隍信仰史에서 본 순창 「城隍大神事跡」」, 『성황당과 성황제』(한국종교사연구회 편), 민속원, 1998.

162) 『대동지지』 2, 경기도 開城 城池. "昇天古城 一云 白馬山城 南四十里 昇天浦邊 高麗高宗三十九年築"

었다.[163] 조선초기 풍덕군의 성황사는 승천포성이 승천부성으로 기능하였을 당시 부성 안에 건립되었고, 치소가 15리 정도 이동한 이후에도 성 내에 존속하면서 조선초기 치소로부터 비교적 먼 곳에 위치한 산성에[164] 자리하게 되었던 것이다.[165]

이상과 같이『신증동국여지승람』에 기록된 성황사의 입지 정보를 역사적 맥락을 고려하면서 독해하면, 적지 않은 고려 치소성 사례들을 추가로 찾을 수 있다. 앞서 여러 방법들을 통해서 이미 검출된 고려 치소성 사례들[166]을 제외하더라도, 남해, 영산, 상주, 영일, 양산, 사천, 안동, 경산, 영산, 개녕, 함안, 단성 지역의 사례들[167] 및 고성, 비안, 고령, 초계, 안의, 의흥 지역의 고려 치소성 사례들을 새로이 발견할 수 있다.[168]

---

163)『고려사』82, 지36 兵2 城堡 고종 39년. "始營昇天府城廊". 승천부 이전의 읍호 당시 치소는 다른 곳에 위치하고 있어, 1252년(고종 39) 승천부성의 축조는 옮겨진 치소에 고려 치소성을 쌓은 것으로 판단된다. 이 지역 치소 이동과 관련해서는『신증동국여지승람』13, 경기도 豊德郡 古跡 古貞州條 참조.

164)『대동지지』에 따르면, 이 성은 白馬山城으로도 불렸다고 한다.

165) 등주 지역 성황사 사례 또한 같은 맥락에서 이해 가능하다. 이 성황사는 조선초기 치소 인근의 鶴城山(동 5리)에 위치하고 있는데, 이것이 고려시대에 건립된 것임은 비교적 분명하다. 왜냐하면 고려시대 등주에 성황사가 존재하였고(『고려사』99, 열전12 咸有一), 조선초기 성황사가 위치한 鶴城山에 자리한 城 곧 학성산성은,『신증동국여지승람』郡名 항목에 鶴城이 기재되어 있는데서 알 수 있듯이, 등주성이었음이 비교적 확실하기 때문이다. 따라서 성황사는 학성산성이 등주성일 당시에 건립되었고 이로 인해 학성산에 위치하였을 것이다

166) 梁州, 청하, 영일, 흥해, 김해, 예천, 예안, 밀양, 지례 지역의 고려 치소성 사례가 이에 해당한다.

167) 최종석, 앞의 논문, 2005a, 74~78쪽.

168) 고성 이하 여섯 군현의 고려 치소성은 최종석, 앞의 논문, 2005a에서 누락된 것들이다. 관련 기록을 표로 정리하면 다음과 같다.

지역	성 및 그 위치	성황사 위치
고성	佛岩山古城(서 2리)	서 2리
비안	古城 北一里 稱城隍山	북 1리
고령	古城 在耳山(서 2리) 有遺址	서 2리
초계	古城 清溪山(서 5리)上 有古築遺址	서 7리
안의	古城 西三里 稱城山 有遺址	서 2리
의흥	古城 東二里 稱城山(城山城)	동 5리

※성은『대동지지』에서 검출하였고, 성황사의 위치는『신증동국여지승람』에서 확인하였다.

조선시대 지리지류를 활용하여 경상도 주현 지역의 고려 치소성 사례들을 추가로 검출하여 보았다. 그 결과 적지 않은 사례들이 새로이 발견되는 성과가 있었다. 이들과 『고려사』 등에서 추출한 사례들을 합한 수치는 36개에 달하고 있어, 조선초기의 주현을 기준으로 하자면, 경상도의 총 66개 군현 가운데 36개 군현에서 고려 치소성 사례들을 찾은 셈이다. 전체의 절반을 상회할 정도로 많은 사례들을 확인하기는 하나, 조선시대 지리지류가 전대의 고려 치소성을 온전히 반영하기 어려웠을 사실을 고려할 때, 이것들조차 경상도 전체 주현의 고려 치소성들 가운데 일부였을 것이다.

이와 관련하여 이들 고려 치소성이 발견된 군현들 중 다수에는 조선시대 '치소가 위치한 성'인 읍성이 설치되지 않았고 고려 치소성 사례들은 연해와 내륙 지역의 구분 없이 비교적 고르게 확인된 사실을 주목해야 한다. 경상도 주현 지역의 사례들에서 보이는 이러한 면모는, 고려 치소성이 경상도 주현마다 설치되어 있었고 이들 가운데 일부가 사례로서 노출되었을 가능성을 시사한다.

이러한 양상이 경상도 주현 지역에만 해당하는 것은 아니었을 것이다. 가령 충청도 지역을 대상으로 해서도 이러한 방식으로 많은 사례들을 추가로 확인할 수 있다. 이것들을 간략히 정리한 것이 〈표 1-8〉이다.

조선시대 지리지 자료들을 검토한 결과에 따르면, 조선초기의 주현을 기준으로 충청도의 총 54개 군현 가운데 36개 군현에서 고려 치소성으로 판단되는 사례들이 검출되었다. 여기에 『고려사』 등에서 추출한 사례들인 서주성[서천], 탕정군성[온양], 오산성[예산], 삼년산성[보은], 일모산성[문의], 운주성[홍주], 대흥성[대흥], 충주성[충주], 괴주성[괴산] 등을 보태야 한다. 단 충주성과 괴주성을 제외한 서주성부터 대흥성까지의 6개 성은 중복된다.[169]

169) 충주성과 괴주성의 존재는 지리지 자료들에서 확인되는 고려 치소성 사례들이 실제 분포한 고려 치소성들 중 일부에 불과하였음을 시사한다.

〈표 1-8〉 조선시대 지리지 자료에서 확인되는 충청 지역의 고려 치소성 사례

지역	고려 치소성(조선초기 치소로부터의 위치)	성황사 위치	비고
공주	公山城(북 2리)	공산	
한산	乾止山城(서 1리)	서쪽	
석성	古城(북 5리)[대동]	북 7리	山上에 성의 遺址
이산	魯山城(북 5리)	노산(=城山)	군명 항목에 노산 기재
연기	城山城(동 1리)	동 1리	
홍주	月山城	월산(서 3리)	
서산	北山城(북 3리)	북산성내	
서천	古邑城	고읍성내	고읍성은 영취산(남 6리) 정상에 위치[170)]
대흥	任存城(서 2리)[대동]	봉수산(서 2리)	성은 봉수산에 위치
임천	聖興山城	성흥산성내(북 2리)	성흥산성은 옛 加林城[171)]
부여	半月城	扶蘇山(북 3리) 정상	성은 부소산에 걸쳐 있음
은진	市津古城[대동]		시진고성은 皇華山에 위치[대동]. 이 성은『승람』의 황화산성(서 10리)에 해당. 은진현은 1397년(태조 6)에 德恩郡과 市津縣이 통합하여 성립
연산	北山城(북 3리)	북쪽	
정산	鷄鳳山城(동 9리)	계봉산성내	계봉산성은 古邑城이기도 함[대동]
면천	蒙山城	몽산(북 4리)	『여지도서』에 따르면, 고려 沔州 시의 치소는 몽산성 내에 위치
태안	古泰安城(동 13리경)		
온양	湯井古城[대동]		탕정고성은 排方山에 위치[대동]. 이 성은『승람』의 배방산성(동 8리)에 해당
청양	牛山城	우산(북 1리)	
비인	古邑城		고읍성은 각각 동쪽 26리와 서쪽 2리 지점에 위치하였는데, 이들 중 전자가 고려 치소성이었을 것임[172)]

170) 서천의 古邑城은『세종실록』지리지에는 邑城으로 기록되었으나 1440년(세종 22) 이후에 새로운 읍성이 축조되면서『동국여지승람』단계에는 읍성으로 기능하지 못하였다. 이 성은 고려말 이후 축조된 일반적인 읍성과 달리 산성 형태였고 또한 초축 시기가 삼국시대까지 올라가고 있어, 고려 치소성이 조선초기까지 활용된 것으로 판단된다. 이 고읍성에 대해서는 심정보,『韓國 邑城의 硏究』, 학연문화사, 1995, 108~116쪽 참조.

171)『대동지지』5, 충청도 林川 城池. "聖興山古城 古加林城 周二千七百五尺 井三 舊有倉".『신증동국여지승람』17, 충청도 임천군의 郡名 항목에 '加林'이 기재되어 있다.

172) 서쪽 2리 지점에 위치한 고읍성은 평지성인 데서(『세종실록』49, 12년 9월 임술) 고려말 이래 축조된 것으로 판단되는 반면, 동쪽 26리 지점에 있는 고읍성은『大東輿地圖』에 의할

신창	城山城(서 1리)	서 2리	
평택	古城[대동]	城山(북 1리)	고성은 堂山(=城山)에 위치[대동]
음성	古山城	동 2리	성은 水精山(동 3리) 위에 위치
제천	古城 縣北[대동]	龍頭山(북 12리)	
옥천	西山城(서 5리)	서산성내	
문의	壤城山城	양성산(서 4리)	
목천	鵲城[대동]	동 1리	작성산은 동 5리에 위치
진천	古城[대동]	城山(서남 7리)	성은 성산에 위치[대동]
예산	烏山城(서 9리)		오산성은 곧 古邑址로 치소로부터 서쪽 6리에 위치[대동]
아산	薪城(서 5리)[대동]		성은 寧仁山 위에 위치하고, 두 古城이 연결되어 축조되어 있음[대동]. 승람 군명 항목에 寧仁이 있음
청풍	古城[대동]	성황산(동 3리)	성은 城隍山에 위치[대동]
영춘	城山古城	성산(남 3리)	
청주	古城[대동]	唐羨山(동 1리)	성은 동쪽 2리의 당선산에 위치[대동]
보은	烏頂山城(동 5리)	동 2리	오정산성은 삼년산성임
직산	蛇山城(서 3리)	서쪽	사산은 『승람』 군명 항목에 기재
회인	昧谷山城	매곡산(동 1리)	매곡은 『승람』 군명 항목에 기재
영동	古城[대동]	성내	이 성은 城隍山(북 1리)에 위치[대동]

1. 『신증동국여지승람』을 바탕으로 작성하였고, 『대동지지』의 기록은 [대동]으로 구분 표시하였다.
2. 『승람』은 『신증동국여지승람』의 약칭이다.

적지 않은 이들 사례들에 더해 고려 치소성으로 볼 수 있는 것들은 지리지 자료에서 추가로 발견된다. 즉 해미와 단양 지역의 성산성(城山城)은 조선시대에 치소 인근에 위치한데다가[173] 여타 지역에서 성산성이 대개 고려 치소성인 점에서,[174] 고려시대에 '치소가 위치한 성'이었을 가능성이 크다고 하

때 산성 형태인 점으로 보아 고려 치소성일 것으로 추정된다.

173) 단양 지역의 성산성은 치소로부터 북쪽 3리 지점에 위치하였으며, 해미 지역의 성산성 또한 다른 지역 사례들로 미루어 치소 인근에 자리하였을 것이다. 현 해미읍성 북쪽 인근에 위치한 堂山 산정에 석성이 있는데(심정보, 앞의 책, 1995, 129~132쪽), 이 산성이 성산성이었다고 판단된다. 참고적으로 해미현의 성황사는 북쪽 1리 지점에 위치하고 있어 현 당산에 위치한 산성과 매우 밀접한 관련을 맺고 있다.

174) 城山은 풀이하자면 '성이 있는 산'이 되겠지만, 전근대에는 보통명사로 사용되기보다는 '치소가 위치한 성'이 자리한 산의 의미로 사용된 듯하다. 이러한 식의 용법은 '읍호+성', '성+읍호'와 궤를 같이한다.

겠다. 보령의 고읍성 및 결성·당진·황간 지역의 읍성 또한, 고려말 이래 평지에 신축된 일반적인 읍성과 달리, 구래의 산성, 보다 구체적으로는 고려 치소성이었던 것이 활용되고 있어,[175] 이들 지역에서도 고려 치소성 사례가 확인된다고 할 수 있다. 이들 사례를 전부 모아 보면, 조선초기 충청도의 주현을 기준으로 할 때, 전체 54개 군현 대부분에서 고려 치소성 사례를 검출할 수 있다.

이렇듯 충청도 주현 지역에서는 경상도에 비해서도 고려 치소성 사례들이 보다 많이 검출되어 사례들만 가지고도 대부분 지역에 고려 치소성의 설치 사실이 확인될 정도이다. 따라서 해당 사례들은 충청도 주현마다 설치되었을 고려 치소성들을 모집단으로 해서 검출된 표본이었음이 비교적 확실하다.

경상도와 충청도 지역을 표본으로 해서 속현과 주현 별(別) 고려 치소성 사례들을 추출·분석하여 고려 치소성의 실제 분포 양상을 재구성해 보았다. 고려 치소성 사례를 검출해 볼 수 있는 관련 기록들의 사정이 상이하다 보니, 도(道)별, 그리고 도 안에서도 주현과 속현에 따라, 고려 치소성 사례들의 노출 정도는 다를 수밖에 없다. 그렇기는 하나 사례들은 경상·충청도 군현마다 설치된 고려 치소성들을 모집단으로 하여 그중 일부가 노출되었을 특징을 말해주고 있다.

지금까지 고려 치소성의 군현마다의 설치가 기록상으로 비교적 분명한 서해도 외에도, 경상도와 충청도 지역을 표본으로 하여 고려 치소성이 주현과 속현의 구분 없이 군현마다 두어졌을 것임을 살펴보았다. 검출 사례들이 제한적인데다가 모집단을 왜곡하여 반영할 수 있음에도 불구하고 이들을 매개로 하여 실제 분포 양상을 재구성할 수밖에 없기에, 재구성 결과는 일정 정도 한계를 노정할 수밖에 없다. 또한 상세한 검토를 하지 못한 지역도 있다.

---

175) 이와 대한 자세한 검토는 최종석, 앞의 논문, 2007, 23~26쪽을 참고하기 바란다.

따라서 남도 지역의 고려 치소성의 분포 양상에 관해서는 양계 지역에서와 같이 고려 치소성이 군현마다 설치되어 있었다고 단정할 수 없다. 다만 확인된 사례들을 통해 볼 때, 고려 치소성은 연해와 내륙 지역의 구분 없이, 주현과 속현의 구별 없이 설치된 경향을 노정하였다고 하는 정도까지는 말할 수 있을 것이다.[176] 한편 양계와 남도 지역을 포함한 전국에 걸친 고려 치소성의 이러한 분포 양상은, '치소가 위치한 성'의 분포라는 측면에서 특징 지역에 한정·집중된 조선시대와 판이하게 달랐다고 할 수 있는데, 이 점은 6부에서 상세히 검토할 예정이다.

176) 고려 치소성 사례들의 제약으로 말미암아 군현마다 고려 치소성을 두었는지 여부를 정확히 파악할 수는 없다. 하지만 지금까지 검토한 바에 의할 때, 고려 치소성이 주현과 속현의 구분 없이 대다수 군현에 분포한 점만은 어느 정도 드러났다고 할 수 있다.

제2부
고려 치소성의 입지와 기능

서천 건지산성

1장
고려 치소성의 입지적 특징

1. 산성으로서의 고려 치소성

1) 양계 지역

앞에서 검토하였듯이, 고려 치소성은 '읍사가 자리한 성'으로, 양계와 남도 지역 구분 없이, 주현과 속현 지역의 구별 없이 군현마다 설치된 경향을 노정하였다. 여기서는 그것의 공간적 특징을 살펴보도록 하겠다. 서술의 편의상 양계와 남도 지역을 구분하여 순서대로 검토할 것이다.

우선 양계 신개척 지역에 관해서는 다음 기록이 주목된다.

> 동로병마사(東路兵馬使)가 아뢰기를, "장주(長州)는 지대가 높고 험하며 성 안에 우물이 없으니 바라건대 남문 밖 평지에 목책을 설치하고 민인을 옮겨 살도록 하되 위급할 시에는 성안으로 들어가게 하소서"라고 하니 이를 따랐다.[1)]

---

1) 『고려사절요』 4, 문종 8년 8월. "東路兵馬使奏 長州 地高且險 城中無井 乞令設柵南門外平地 徙民居之 有急 入城 從之"

여기서 장주는 권역 전체가 아니라 '치소가 위치한 성'인 장주성(長州城)을 한정하여 지칭하였다. 장주성의 입지와 관련하여 주목되는 것은 지대가 높고 험한 점 및 우물이 없는 특수한 상황에 한해 어쩔 수 없이 성 밖 '평지'에 목책을 설치하고 그곳에 민인들을 거주케 한 사실이다. 장주성은 산성이었던 것이다.

우물이 부재한 예외적인 조건에 한해서 민인들을 평지에 거주하게 한 점에서, 장주성과 같이 신개척 지역에 위치한 고려 치소성은 일반적으로 산성이었으리라 짐작된다. 실제로도 그러하였음은 여러 경로를 통해 확인된다. 우선 1028년(현종 19)에 이축(移築)된 고주성(高州城)은 『대동지지』에 따르면 봉화산고성(鳳化山古城)이어서[2] 산성 형태의 성이 분명하다. 성주성(成州城)과 조양진성(朝陽鎭城)은 각각 조선초기의 흘골산성(紇骨山城)과 조양토성(朝陽土城)[=조양성(朝陽城)[3]]으로 비정되는데,[4] 흘골산성은 성명(城名)에서 알 수 있듯이 산성이었고, 조양토성 또한 '성터가 높고 험준한데다가 여러 개의 산봉우리가 높고 크다',[5] '성터가 험조(險阻)하고 좁다'[6] 등으로 그 특징이 설명된 데서 산성이었음이 확실하다.

문헌기록 이외에 고고학적 연구 성과 또한 이 일대 고려 치소성들이 산성 형태였음을 말해준다. 가령 용주성, 운림진성, 박주성, 영덕진성, 곽주성, 흥

---

2) 『고려사』 82, 지36 兵2 城堡 현종 19년. "城鳳化山南 以徙高州"; 『대동지지』 19, 함경도 高原 城池 鳳化山古城. "顯宗十九年築 徙州治"

3) 『문종실록』 5, 1년 1월 계해; 『문종실록』 7, 1년 4월 신미

4) 고려의 성주성은 『신증동국여지승람』에는 보이지 않는다. 그 까닭은 성주성이 조선초기에 '치소가 위치한 성'으로 기능하지 않고 군사 목적의 흘골산성으로 변하였기 때문으로 판단된다. 紇骨山(서북 2리)에 성황사가 위치한 점에서 이 성은 成州城이었을 것이다. 윤용혁(『高麗對蒙抗爭史硏究』, 일지사, 1991, 332쪽) 또한 흘골산성이 성주성이었을 것으로 추정한 바 있다. 한편 조선 문종대에 김종서는 조양성의 위치를 언급한 바 있는데(『문종실록』 7, 1년 4월 신미), 이때 그것의 위치는 『신증동국여지승람』 54, 평안도 개천군의 고적 항목에 기재된 조양진성과 거의 일치한다.

5) 『세종실록』 42, 10년 11월 정묘

6) 『문종실록』 7, 1년 4월 신미

화진성은 〈그림 2-1〉~〈그림 2-6〉에서 보듯 산성이었다.[7] 이들 성의 입지적 특징을 간략히 정리한 것이 아래의 표이다.

〈표 2-1〉 양계 신개척 지역 고려 치소성의 공간적 특징

성	특징
용주성	평안북도 피현군 성동리에 위치. 성은 높이 솟은 아후산과 남산에서 시작되어 동쪽으로 점차 낮아진 두 줄기의 능선을 따라 축조. 성 내에는 원형의 분지가 존재. 성의 둘레는 3,950m[8]
운림진성	강원도 천내군 승전리에 위치. 승전리 동쪽에 솟은 굴봉이 강변 가까이에 이르러 높아지면서 두 개의 봉우리를 이루는데, 운림진성은 이 두 봉우리를 둘러막아 쌓은 성임. 성의 평면 모양은 장방형이며 둘레는 약 500m[9]
박주성	평안북도 박천군 박천읍의 북쪽 약 2km 거리에 있는 성. 대령강을 옆에 끼고 구릉지대의 능선과 야산을 둘러막아 쌓은 토성. 성의 둘레는 약 3.5km
영덕진성	평안북도 피현군 하단리에 위치. 백마산 줄기에서 남쪽으로 뻗어 내린 두 산줄기의 능선과 높고 낮은 6개의 봉우리를 둘러막아 축조. 둘레는 약 2.3km[10]
곽주성	평안북도 곽산군 곽산읍에서 동북쪽으로 약 7리 떨어진 해발 412m의 능한산에 위치. 성벽은 능한상의 주봉으로부터 시작하여 능한골, 해룡천 등의 골짜기를 안에 넣고 에워쌈. 북쪽과 동쪽의 성벽은 주로 험준한 자연 절벽을 이용하였고, 서·남쪽의 성벽은 경사진 능선을 따라 축조. 둘레는 2.8km
홍화진성	평안북도 피현군 당후리의 쑥새산에 위치. 쑥새산은 백마산의 한 줄기가 남으로 뻗어 형성된 독립된 산인데, 성은 쑥새산의 남쪽 골짜기를 안에 넣고 주변의 봉우리들을 연결시켜 축조. 평면구조는 남북이 긴 네모뿔형. 둘레는 2,840m[11]

이들 성벽은 산지에 둘러져 있었고, 성 내 공간 역시도 산지에 자리하고 있었다. 그런데 양계 신개척 지역에 위치한 고려 치소성들 가운데 일부는 〈그림 2-7〉의 통주성과 같이 평산성인 것도 있다. 성벽의 일부가 평지에 축조된 것이다. 그러한 경우에도 성 내 공간의 거의 대부분은 산지에 자리하고

7) 〈그림 2-1〉~〈그림 2-5〉는 모두 『조선유적유물도감』(조선유적유물도감편)에서 전재한 것이고, 〈그림 2-6〉의 홍화진성은 서일범, 「徐熙가 築城한 城郭과 淸川江 以北 防禦體系」, 『徐熙와 高麗의 高句麗 繼承意識』, 학연문화사, 1999, 159쪽에서 가져온 것이다.

8) 사회과학원 고고학연구소, 『고려의 성곽』(조선고고학전서45), 진인진, 2009, 63쪽.

9) 사회과학원 고고학연구소, 『고려의 성곽』(조선고고학전서45), 진인진, 2009, 95쪽.

10) 박주성과 영덕진성에 대해서는 『조선유적유물도감』(조선유적유물도감편) 참조.

11) 곽주성과 홍화진성에 대해서는 서일범, 앞의 논문, 1999, 158~160쪽을 참고하였다.

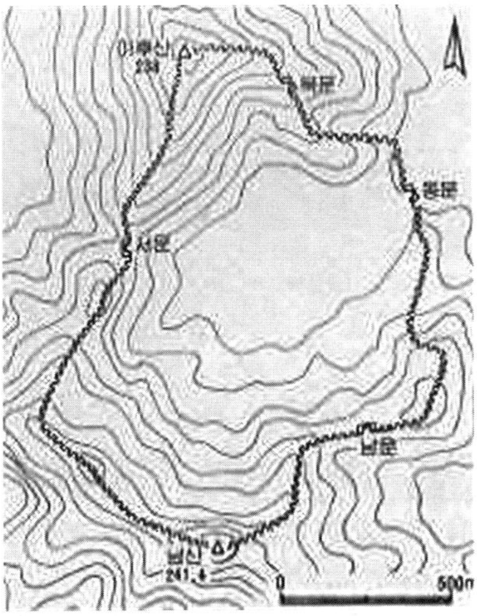

〈그림 2-1〉 용주성 평면도

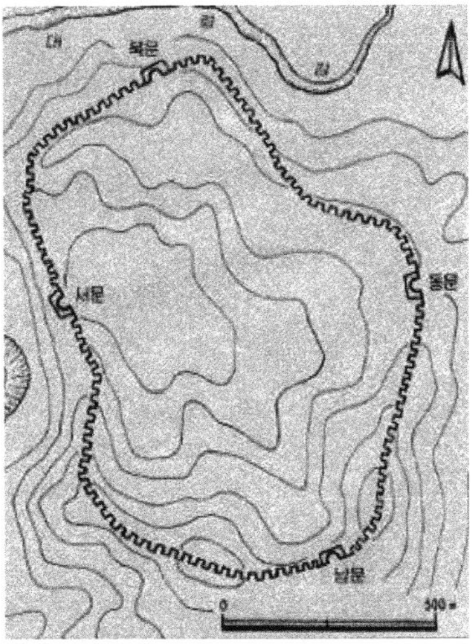

〈그림 2-3〉 박주성 평면도

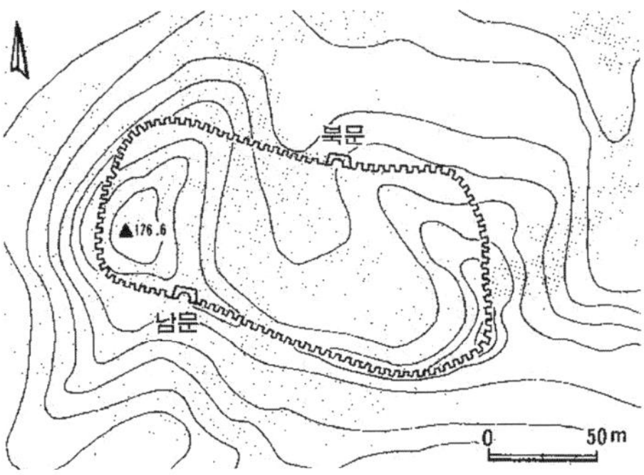

〈그림 2-2〉 운림진성 평면도

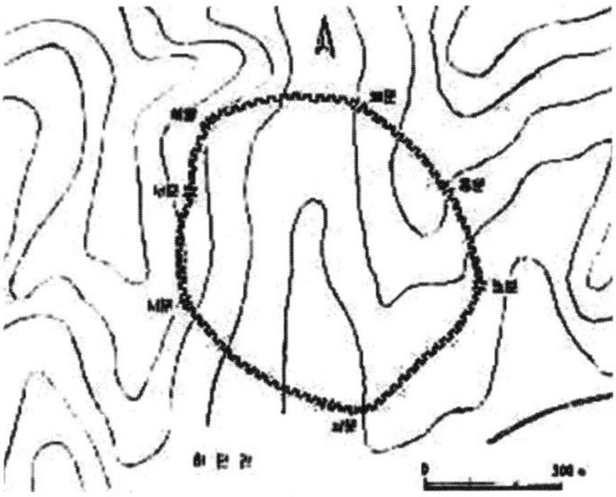

〈그림 2-4〉 영덕진성 평면도

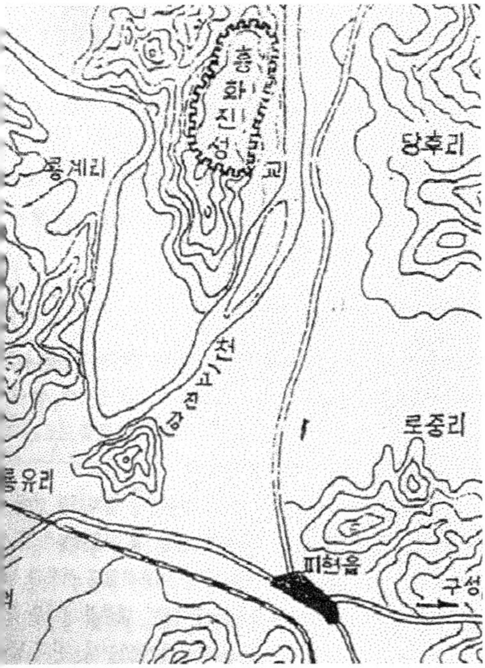

〈그림 2-6〉 흥화진성 평면도

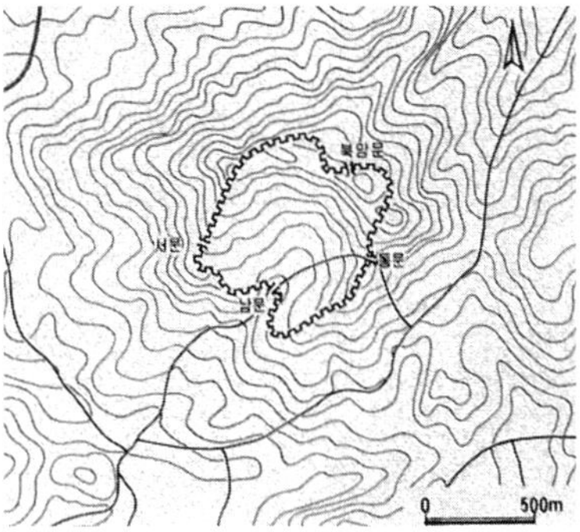

〈그림 2-5〉 곽주성 평면도

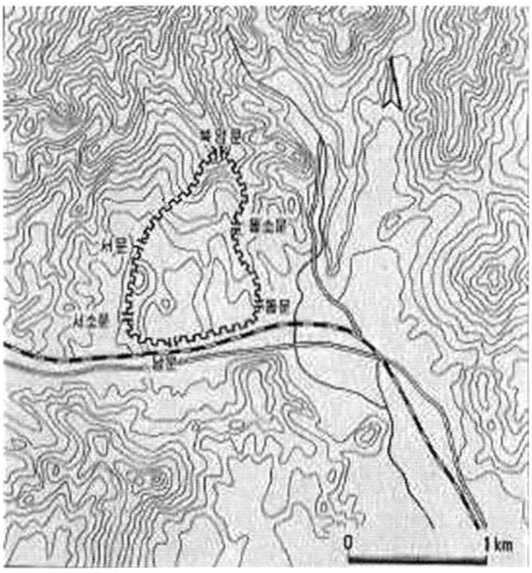

〈그림 2-7〉 통주성 평면도

있기에, 그것은 산성, 그중에서도 포곡식 산성과 사실상 다름없는 평산성이라고 할 수 있다.[12] 대표적인 것은 통주성과 귀주성으로 모두 성의 남쪽 부분이 평지에 위치하고 있다.[13]

양계 신개척 지역에 축조된 고려 치소성들의 공간적 특징을 하나하나 확인해 볼 수는 없지만, 문헌과 고고학 자료를 통해 그 특성을 파악할 수 있는

---

12) 포곡식 평산성은 여말선초 시기에 축조된 평산성 형태의 읍성과 이질적이었다. 그러한 읍성은 성벽 일부가 구릉에 걸쳐 있기는 하나 기본적으로 평지에 토대를 두고 있었다.

13) 서일범, 앞의 논문, 1999.

사례들을 가지고 판단컨대, 양계 신개척 지역에 축조된 고려 치소성은 지형을 기준으로 할 때 공히 산성이었다.

다음은 양계 기존 영역에 위치한 고려 치소성에 관해서다.

함종현의 고려 치소성은 북계 기존 영역에 위치한 사례가 된다. 함종현의 고려 치소성인 함종성(咸從城)은 별칭이 아선성(牙善城)이다. 그것은 『대동지지』에 따르면 아선산성(牙善山城)이었다.[14] 고고학적 조사 결과에 따르면, 그것은 평안남도 증산군 함종리에 위치한 것으로 매암산 정상에 자리하고 있다. 그 성은 둘레의 길이가 약 650m인 마안봉식(馬鞍峯式) 산성이다.[15] 함종현성 인근에 자리한 용강현성 역시도 산성이었다고 판단된다.[16]

동계의 기존 영역에 위치한 고려 치소성 역시 다를 바가 없었다. 명주(溟州), 익령현(翼令縣), 삼척현(三陟縣), 간성현(杆城縣) 지역의 고려 치소성이 모두 산성이었음은 기왕의 연구에서 지적된 바 있다.[17] 명주의 경우 산성으로 성산면 금산리에 위치한 명주성터[=장안성(長安城)]가 고려 치소성으로 비정되었다. 그 근거로 이곳에서 발견된 와당(瓦當) 가운데 '명주성(溟州城)'이라 새겨진 것이 있는 점 및 이곳에 상당히 많은 건물지가 남아 있는 사실, 그리고 입지가 주민 집단 거주지에 근접하고 영(嶺)을 넘어가는 길목으로 주진군이 주둔하면서 거점으로 삼기에 알맞으며 지역민에 대한 근접성도 좋아 통치하는 데 유리한 점이 제시되었다. 삼척 지역의 고려 치소성은 읍성 인근에 위치한 갈야산성으로 추정하였고, 양양[익령현] 지역의 경우 현 양양읍 임천리

---

14) 『대동지지』 21, 평안도 咸從 城池

15) 사회과학원 고고학연구소, 『고려의 성곽』(조선고고학전서45), 진인진, 2009, 83쪽.

16) 용강현성은 『신증동국여지승람』의 安市城(북 5리)으로 비정된다. 용강현은 黃龍城으로도 불리는데, 황룡성이 곧 안시성이었다고 판단되기 때문이다. 이 점은 『대동지지』에서 안시성이 황룡산성으로 기록되고 있던 점에서 뒷받침된다. 즉 "黃龍山城 在烏石山上"(『대동지지』 21, 평안도 龍岡 城池)이라 하여 이 성은 오석산에 위치하고 있는데, 안시성 또한 오석산에 자리하고 있었다(『신증동국여지승람』 52, 평안도 龍岡縣 城郭. "安市城 在烏石山"). 결론적으로 안시성[황룡산성]으로 비정되는 용강현성은 오석산에 위치한 산성이었다.

17) 유재춘, 「麗末鮮初 東界地域의 變化와 治所城의 移轉 改築에 대하여-강원도 영동지방을 중심으로-」, 『조선시대사학보』 15, 2001, 8~12쪽.

에 소재하는 석성산성을 고려 치소성으로 비정하였으며, 간성 지역의 고려 치소성은 현 금수리 고성산성으로 추정하였다.[18]

그런데 명주의 고려 치소성을 제외하고는 비정 근거가 명확하지 않다. 그렇지만 비정 자체에는 문제가 없다고 판단된다. 이들 네 지역에 고려 치소성이 존재하였음은 앞서 확인한 바 있는데, 상대적으로 분명한 명주성을 제외한 나머지 고려 치소성들의 비정 근거를 부연하자면 다음과 같다.

현재 삼척 지역의 성지(城址)는 고려말에 축조된 삼척읍성, 1520년(중종 15)에 쌓여진 삼척포진성지(三陟浦鎭城址), 갈야산석성(葛夜山石城), 요전산성(寥田山城), 자성산(子城山)에 위치한 맹방고성(孟芳古城) 등이다. 이들 성 가운데 고려말 이전에 축조된 것은 모두 산성이다.[19] 이것들 중에서 삼척 지역의 고려 치소성으로 비정할 수 있는 것으로는, 이 지역의 중심지로 기능해 온 곳에 위치한 갈야산석성이 가장 타당할 것이다. 이러한 방법으로 해서 양양 지역의 성지들인[20] 양양읍성, 석성산성(石城山城), 오봉산고성(五峯山古城), 후포매리산성(後浦梅里山城) 가운데 석성산성을, 간성 지역의 성지들인[21] 간성읍성, 금수리산성(金水里山城), 봉포리토성(鳳浦里土城), 백촌리토성(栢村里土城), 섬에 위치한 죽도성(竹島城)과 속현인 열산현에 위치한 금귀도성(金龜島城)과 고성산성 가운데 간성읍에 위치한 금수리산성을 고려 치소성으로 비정할 수 있다.[22]

---

18) 유재춘은 양양 지역의 고려 치소성이 한계령으로 넘어가는 길목에 위치하고 남대천을 끼고 있어, 주변에 대한 조망이 매우 양호하고 방어에도 매우 유리하다고 설명하였고, 간성 지역의 고성산성은 읍의 지근거리에 위치해 있으면서 간성 읍내를 비롯한 주변에 대한 조망이 매우 양호한 곳에 자리하고 있음을 언급하였다.

19) 관동대학교 박물관·강원도 삼척시, 『三陟의 歷史와 文化遺蹟』, 1995, 426~432쪽.

20) 강릉대학교 박물관·강원도 양양군, 『襄陽郡의 歷史와 文化遺蹟』, 1994, 206~219쪽.

21) 한림대학교 박물관·강원도 고성군, 『高城郡의 歷史와 文化遺蹟』, 1995, 110~123쪽.

22) 금수리산성은 『신증동국여지승람』 45, 강원도 간성군 古跡 조에 기록된 南山城(남 5리)일 것이다. 한편 백촌리토성과 봉포리토성은 모두 간성읍에서 비교적 먼 곳인, 현재 속초시와 경계를 이루는 지역 근방에 위치하고 있다.

기왕의 연구 성과 및 성지들 가운데 고려 치소성을 비정하는 방법을 통해서, 명주, 익령현, 삼척현, 간성현 지역의 고려 치소성이 모두 산성이었음을 확인할 수 있었다. 여타의 동계 기존 영역의 고려 치소성 또한 다르지 않았을 것이다. 이와 관련하여 울진현(蔚珍縣), 금양현(金壤縣)의 고려 치소성이 산성인 점이 주목된다. 이들 지역의 고려 치소성 사례는 앞서 확인한 바 있는데, 먼저 울진현의 고려 치소성을 비정해 보도록 하겠다.

울진 지역에서는 고려말에 평지에 축조된 읍성이 왜구 침략으로 분탕질을 당하자 1396년(태조 5)에 기존 산성을 활용한 읍성이 이를 대신하는 일이 있었다.[23] 당시 읍성으로 활용된 산성은 과거에 고려 치소성으로 기능했던 것으로 판단된다. 현재 울진읍에는 고현성(古縣城), 고읍성(古邑城), 고산성(古山城)이 존재하는데, 이들 가운데 연지리에 위치한 고현성은 고려말에 축조되었다가 곧 폐기된 읍성에 해당하고, 읍내리에 자리한 고읍성이 읍성으로 활용된 산성이다.[24] 따라서 이 지역의 고려 치소성으로 비정될 수 있는 성은 고읍성과 고산성 가운데 하나일 것인데, 고읍성 내에 성황사가 자리한 점에서 이 성이 고려 치소성이었다고 판단된다.

다음은 금양현 고려 치소성의 비정에 관해서다. 이 지역의 성으로 조선초기에 그 존재가 확인되는 것으로는[25] 당시에 축조된 읍성을 비롯하여, 성곽조에 기재된 북산성(北山城)[북 2리] 및 고적 조의 벽산성(碧山城)[남 16리], 금란산성(金幱山城)[동 12리], 황고개산성(黃古介山城)[북 2리]이 있다.[26] 이들 가운데 고려 치소성으로 비정할 수 있는 것은 읍성 인근에 위치한 북산성과 황고개산성일 터인데, 북산(北山)[=등화산(登禾山)]에 성황사가 위치하고 있

---

23) 『신증동국여지승람』 45, 강원도 울진현 名宦 本朝 於世麟 및 人物 本朝 張巡烈

24) 이민수·허창일·이희돈, 『蔚珍郡 城址遺蹟 地表調査報告書』, 경상북도 울진군·대구대학교 박물관, 1998.

25) 참고할 자료가 없어 금양현 지역의 현재 성지들 가운데 고려 치소성을 비정하는 방법을 구사하기 어렵다. 이에 차선책으로 조선초기 성들 가운데 고려 치소성을 찾고자 한다.

26) 『신증동국여지승람』 45, 강원도 통천군의 성곽과 고적 항목 참조.

〈그림 2-8〉 우계읍성 위치도

어,[27] 북산성이 고려의 금양현성이었을 것으로 추정된다.

지금까지 동계 기존 영역에 위치한 6개의 고려 치소성들을 검토하여 그것들이 모두 산성이었음을 확인해 보았다.[28] 그런데 이들은 공통적으로 주현 지역의 고려 치소성이기에, 속현 치소성의 산성 여부를 검토할 필요가 있다. 이 점은 우계현(羽溪縣)[명주의 속현]의 고려 치소성을 통해 접근해 볼 수 있다. 앞서 보았듯이, 이 성은 『세종실록』 지리지의 우계읍토성(羽溪邑土城), 『동국여지승람』의 우계산성(羽溪山城), 『대동지지』의 우계고성(羽溪古城)에 해당한다. 우계산성으로 불린 데서 알 수 있듯이, 우계현의 고려 치소성은 산성이었다. 〈그림 2-8〉[29]의 별 모양 표시에 위치한 성이 우계현의 고려 치소성으로, 낙풍천과 주수천 하류의 충적지 쪽으로 돌출한 구릉의 말단부에 자리

27) 『신증동국여지승람』 45, 강원도 통천군 사묘

28) 앞서 등주성과 고성현의 고려 치소성이 각각 조선초기 鶴城山城과 全城山(石)城(서 2리)으로 비정된 점을 검토한 바 있고, 흡곡현에서는 고려 치소성이 읍성으로 활용되었음을 추정한 바 있다. 흡곡현의 읍성은 朴山 위에 자리하고 있어 형태상 산성이었다.

29) 이 그림은 네이버 지도에 별 모양 기호를 삽입한 것이다.

하고 있다.[30]

이 밖에 『대동지지』에서 확인되는 벽산현성(碧山縣城)[금양현의 속현]과 열산현성(烈山縣城)[간성현의 속현] 또한 산성이었다. 벽산현성은 『신증동국여지승람』의 벽산성(碧山城)에 해당한다.[31] 벽산성은 조선초기 통천군의 치소로부터 남쪽 16리 지점에 위치한 벽산(碧山)에 자리하고 있어[32] 산성임이 분명하다. 열산현성은 『신증동국여지승람』의 고성산성(古城山城)으로 비정된다. 열산현성은 열산현의 치소로부터 북쪽 1리 지점에 위치한 고성산성을 제외하고는 달리 비정할 만한 성이 없다. 현재 열산현 지역의 성지(城址)는 금귀도성(金龜島城)과 고성산성인데,[33] 이 가운데 고성산성이 열산현성에 해당하였을 것이다.[34]

지금까지 양계 지역에 위치한 고려 치소성의 산성 여부를 검토해 보았다. 그 결과 신개척 지역과 기존 영역의 구분 없이, 주현과 속현의 차이 없이 고려 치소성이 산성이었음을 확인할 수 있었다. 신개척 지역의 고려 치소성들 가운데 일부는 평산성이었으나, 이 또한 산성에 가까운 평산성이었다.

2) 남도 지역

고려시대 기록들에서 검출된 고려 치소성 사례들 가운데 문헌을 통해 비교적 확실하게 산성 여부를 확인할 수 있는 것은 죽주성이다. 고려의 죽주성이 『신증동국여지승람』의 죽주고성(竹州古城)에 해당함은 성명(城名)에서 쉽게 유추할 수 있다. 더욱이 동서(同書) 죽주고성 조에는 고려시대 죽주성에

30) 유재춘, 앞의 책, 2003, 346쪽.
31) 두 城은 둘레가 2,125척으로 같다.
32) 『신증동국여지승람』 45, 강원도 통천군 산천과 고적 항목
33) 한림대학교 박물관·강원도 고성군, 앞의 책, 1995.
34) 육군사관학교 육군박물관, 『江原道 高城郡 軍事遺蹟 地表調査 報告書』, 2003, 50~61쪽. 고성산성은 고성산 정상에 위치한 테뫼식 산성으로, 해당 현의 중심지와 연접해 있을 뿐만 아니라 주변 지역을 조망할 수 있는 등, 고려 치소성의 일반적 입지 조건을 갖추고 있다.

서의 전투 기록이 기재되어 있어, 죽주고성이 죽주성임은 분명하다.[35] 이 죽주고성은 현 경기도 안성시 죽산면 매산리 106번지 일대에 위치한 죽주산성이다.[36] 죽주성은 산성인 것이다.

또한 삼년산성(三年山城)은 조선초기의 오정산성(烏頂山城)이었다. 이 점은『신증동국여지승람』을 통해 직접적으로 확인 가능하다.[37] 이외에도『대동지지』에 의할 때, 오산성(烏山城)은 조선초기의 무한산성(無限山城)에, 순주성(順州城)과 승천부성(昇天府城)은 각각 동서에 기재된 하지산고성(下枝山古城)과 승천고성(昇天古城)에 해당한다. 무한산성과 하지산고성은 물론이요, 승천고성도 백마산성(白馬山城)으로 칭해지곤 하여[38] 산성이었음이 분명하다.

마지막으로, 울주성은 조선초기의 신학성(神鶴城)으로 비정된다. 계변성(戒邊城)으로도 불리는 신학성은[39]『신증동국여지승람』군명(郡名) 조에 학성(鶴城), 개지변(皆知邊)이 기재된 점으로 보아[40] 이 지역의 고려 치소성으로 판단된다. 신학성은 임진왜란시 왜성(倭城)으로 개축되기도 한 성으로, 현재 학성으로 불리며 해발고도 50m의 학성산 정상부 대지상에 위치

---

35)『신증동국여지승람』8, 경기도 竹山縣 古跡. 아울러 윤용혁(앞의 책, 1991, 269~270쪽)의 연구도 참고된다.

36) 단국대학교 매장문화재연구소·안성시,『안성 죽주산성 지표 및 발굴조사보고서』, 2002. 죽주산성에는 산정상부를 중심으로 테뫼식으로 축조된 내성이 있고 다시 내성의 주변을 감싸는 테뫼식 중성이 있고 중성에서 동북쪽으로 형성된 깊은 계곡을 막아 축조한 포곡식 외성이 있다.

37)『신증동국여지승람』16, 충청도 報恩縣 古跡 烏頂山城. "在縣東五里 卽三年山城也"

38)『대동지지』7, 경상도 安東 城池. "下枝山古城 卽豊山古縣城";『대동지지』2, 경기도 開城 城池. "昇天古城 一云 白馬山城 南四十里 昇天浦邊 高麗高宗三十九年築". 순주는 930년(태조 13)에 下枝縣으로 낮추어진 뒤 어느 시점엔가 풍산현으로 개칭되었다. 이러한 점을 감안할 때 순주성은 곧 풍산현성이었을 것이다. 한편 1252년(고종 39)에 축조된 승천고성은 같은 해 축조되고 있던『고려사』의 昇天府城이었을 것이다.

39)『신증동국여지승람』22, 경상도 蔚山郡 古跡

40) 戒邊은 皆知邊의 異稱이었을 것이다.

하고 있다.[41)]

이들 외에도 성황사 입지의 함의를 활용하여 고려 치소성 사례들이 후대 어느 성에 비정되는지를 파악해 볼 수 있다. 김해 지역의 금주성(金州城)[김해부성(金海府城)] 사례는 그 일례가 될 수 있다. 이 성은 조선초기의 분산성(盆山城)으로 비정된다. 『고려사절요』에 따르면, 신종대 금주(金州)[김해]에는 부사아(副使衙)가 위치한 성이 있었다.[42)] 이 성은 조선시대 읍성과는 별개의 성으로,[43)] 읍성 인근에 위치한 분산성이 이에 해당한다고 생각된다.[44)] 특히 분성(盆城)이 『신증동국여지승람』 32, 경상도 김해도호부의 군명 항목에 기재된 점 및 분산에 조선초기의 성황사가 입지한 사실[45)] 등에서 그러하였다고 볼 수 있다.

이와 같은 방식을 구사하면, 고려시대 기록들에서 검출한 고려 치소성 사례들 가운데 드물지 않은 것들을 후대의 특정 성에 비정할 수 있다. 이를 정리한 것이 〈표 2-2〉이다.

---

41) 이 성은 『대동지지』에 島山城으로 기록되어 있다.

42) 『고려사절요』 14, 신종 3년 8월. 이에 대한 자세한 분석은 최종석, 앞의 논문, 2005a, 66~67쪽을 참조하기 바란다.

43) 김해 지역의 邑城은 세종대 신축되었다. 이와 관련하여 다음 기록이 참고된다. 『세종실록』 65, 16년 8월 을사; 『세종실록』 84, 21년 1월 정미; 부산광역시립박물관, 『金海 東上洞 소방도로 개설 구간내 金海邑城址 試掘調査』, 1999.

44) 현 김해시의 城址로는 분산성과 김해읍성을 포함하여 內德山城(장유면 내덕리 산 49), 陵洞山城(장유면 삼문리 능동마을), 泉谷城(주촌면 천곡리), 內三里城址(주촌면 내삼리), 양동산성(주촌면 양동리 산 39-1·2), 新基山城(주촌면 망덕리 신기마을 87-1), 新畓倭城(주촌면 농소리 산25·26), 松亭里土城址(진례면 송정리 토성마을 일대), 新安里土城(진례면 신안리), 馬峴山城(생림면 봉림리), 馬沙倭城(생림면 마사리), 角城山城(대동면 덕산리 각성산정상부 일대) 등이 있다. 이 가운데 김해의 중심지에 위치한 성은 분산성과 김해읍성뿐이다. 이에 관하여 동아대학교 박물관·김해시, 『文化遺蹟分布地圖-金海市-』, 1998의 '김해시 문화유적 현황'이 참조된다.

45) 『신증동국여지승람』 32, 경상도 金海都護府 祠廟 城隍祠

〈표 2-2〉 남도 지역 고려 치소성의 비정과 그 근거

고려 치소성	비정되는 성	비정 근거
金州城	조선초기의 盆山城으로 비정	盆城이 郡名 항목에 기재되어 있고 盆山에 조선초기 성황사가 위치
春州城	조선초기의 鳳山古城, 현재의 鳳儀山城으로 비정	춘천 지역의 城址는 鳳儀山城을 포함하여 三岳山城, 우두산토성임.[46] 봉의산성은 군현의 중심지에 위치하였고, 조선초기 성황사가 鳳山에 위치[47]
洞州城	조선초기의 大峴山城으로 비정	『승람』에 기재된 동주 지역의 성은 대현산성이 유일. 이 성은 조선시대 읍치 인근(북 7리)에 위치한 데다 성황사가 그와 가까운 곳(북 5리)에 자리함[48]
黃州城	조선초기의 德月山城으로 비정	『승람』에 기재된 황주 지역의 성은 餘界山城(동 50리), 舍人巖東城(동 25리), 西城(남 25리), 德月山城(동 2리), 月羅山城(남 40리).[49] 이 중 덕월산성이 조선시대 읍치와 연접하고 성황사가 있는 곳(동 2리)에 자리함
平州城	조선초기의 城隍山城으로 비정	『승람』에 기재된 평주 지역의 성은 城隍山城(동 5리), 慈母山城(남 70리), 鐵峯山城(남30리).[50] 이 가운데 성황산성이 읍치와 연접하고 그곳에 성황사 위치
交州城 (伊勿城)	조선초기의 義館嶺山城으로 비정	『승람』에 기재된 교주 지역의 성은 南山城(文登縣의 남 10리), 嵐谷縣北山城, 和川縣古山城(화천현의 동 5리), 長楊縣古山城(장안현 동 4리), 義舘嶺古城(북 1리). 의관령에 성황사가 위치한 데다 의관령고성은 조선초기 치소 바로 인근에 위치[51]

46) 한림대학교 박물관·강원도 춘천시, 『春川의 歷史와 文化遺蹟』, 1997, 372~376쪽; 육군사관학교 육군박물관, 『江原道 華川郡·春川市 軍事遺蹟 地表調査 報告書』, 2001.

47) 『신증동국여지승람』 46, 강원도 春川都護府 祠廟. "城隍祠 在鳳山"

48) 『신증동국여지승람』 41, 황해도 瑞興都護府 城郭과 祠廟

49) 『신증동국여지승람』 41, 황해도 黃州牧 古跡

50) 『신증동국여지승람』 41, 황해도 平山都護府 古跡

51) 『신증동국여지승람』 47, 강원도 淮陽都護府 古跡과 祠廟. 의관령고성을 제외한 나머지 성들은 속현 치소성이었다고 판단된다. 嵐谷縣北山城, 和川縣古山城, 長楊縣古山城은 『대동지지』 15, 강원도 淮陽 城池 항목에 각각 嵐谷古縣城, 和川古縣城, 長楊古縣城으로 기록되어 있다. 또한 南山城은 문등현 인근에 위치한 것으로 보아 해당 현의 고려 치소성이었다고 판단된다.

一牟山城	조선초기의 壤城山城으로 비정	『승람』에 기재된 文義縣[일모산군] 지역의 성은 壤城山城(서 4리)이 유일. 성황사가 양성산에 위치[52]
興海城	조선초기의 望昌山城, 현재의 南彌秩夫城으로[53] 비정	『승람』에 기재된 흥해 지역의 성은 읍성, 彌秩夫城, 望昌山城이고,[54] 현 포항시 흥해읍에는 흥해읍성, 南彌秩夫城(=망창산성)과 北彌秩夫城(미질부성)이 존재. 고려말에 신축된 흥해읍성을 제외하면, 두 성은 모두 신라시기에 초축된 산성으로 흥해읍성이 위치한 望昌平野를 사이에 두고 서로 마주보고 있음.[55] 이 가운데 현종대 축조(아마도 수축)되는 흥해성은 성황사가 위치한 곳(남 2리)에 자리한 망창산성(남 2리) 곧 남미질부성으로 비정[56]
命旨城	조선초기의 城山古城, 현재의 半月山城으로 비정[57]	현재 포천 지역에는 半月山城을 비롯하여 城洞里山城, 姑蘇山城, 小姑山城, 雲岳山城, 古毛里山城, 느라떼기, 割眉山城, 寶盖山城[58] 등의 城址가 분포. 이 가운데 반월산성이 포천 지역의 오랜 중심지에 위치하고 있고, 성산(=반월산)에는 성황사가 위치[59]

※『승람』은 『신증동국여지승람』의 약칭임

52) 『신증동국여지승람』 15, 충청도 文義縣 古跡과 祠廟

53) 望昌山城이 南彌秩夫城이었음은 경주문화재연구소, 『南彌秩夫城地表調査報告書』, 1993, 120~121쪽을 참조하기 바란다.

54) 『신증동국여지승람』 22, 경상도 興海郡 城郭과 古跡

55) 경주문화재연구소, 앞의 책, 1993.

56) 조선초기 미질부성은 망창산성과 달리 위치가 기록되지 않는 등 단지 城名만이 기록되어 있다. 또한 성 내에서 고려시대 유물은 거의 확인되지 않고 있다. 따라서 조선초기 두 성은 모두 고적화되어 있었지만 미질부성이 망창산성보다 이른 시기에 폐기되었음은 분명하다. 이러한 점을 통해 보더라도 현종대에 보이는 흥해성은 망창산성으로 비정된다.

57) 성산이 반월산이었음은 『輿地圖書』, 경기도 抱川 山川 城山 조를 참고하기 바란다.

58) 육군사관학교 육군박물관, 『京畿道 抱川郡 軍事遺蹟 地表調査 報告書』, 1997, 18~109쪽.

59) 성의 입지, 군현명이 찍힌 '馬忽受蟹口草'銘 기와의 수습, 수차례의 발굴 조사 등을 통해, 이 성은 고대에 '치소가 위치한 성'으로 이해되고 있다. 이와 관련하여 박성현, 「6~8세기 新羅 漢州 「郡縣城」과 그 성격」, 『韓國史論』 47, 서울대 국사학과, 2002; 박경식·서영일·김호준·방유리·전복량, 『포천 반월산성-종합 보고서-(Ⅰ)』, 포천시·단국대학교 매장문화재 연구소, 2004 참조.

〈표 2-2〉에 정리된 내용에 따르면, 이들 고려 치소성은 한결같이 산성이었다.

다음은 고려시대의 기록들에서 검출한 고려 치소성 사례들 가운데 성황사 입지에 대한 정보 등을 활용할 수 없어 비정의 정확성이 상대적으로 떨어지는 것들에 관해서다. 그런데 이들 사례는 비정의 정확도가 떨어지기는 하나, 산성으로 비정되었을 점만은 비교적 분명하다. 가령 괴주성은 후대의 어느 성에 해당하는지를 정확히 비정할 수는 없어도 지역 내 산성들 가운데 어느 하나에 해당하였을 것이다. 현재 괴산군 지역의 성지는 금산성(錦山城)[괴산읍 서부리], 오봉산성(五峰山城)[괴산읍 동부리 산69], 백화산성(白和山城)[칠성면 외사리], 유성산성(杻城山城)[증평출장소 미암리 1구 243], 아성리산성(阿城里山城)[소수면 아성리 산40], 추산리산성(楸山里山城)[불정면 추산리], 방곡리산성(方谷里山城)[장연면 방곡리 산61], 석촌리산성(碩村里山城)[도안면 석촌리], 미륵산성(彌勒山城)[청천면 고성리 산85], 용문산성(龍門山城)[불정면 목도리], 야미산성(夜味山城)[문광면 흑석리], 소실령산성[청천면 송면리], 태성리산성(台城里山城)[장연면 태성리]으로 모두 산성이다.[60] 이들 가운데 괴주성으로 비정될 수 있는 성은 괴산읍에 위치한 금산성이나 오봉산성일 가능성이 매우 높다. 이들 중 어느 성이 괴주성이었을지는 분명치 않지만, 어느 성이건 간에 괴주성은 산성이었을 것이다.

같은 맥락에서 이안현(利安縣)[마리현(馬利縣)]의 고려 치소성인 마리성도 산성이었을 것이다. 현 거창군 경내에서 이안현이 있던 곳에 자리한 성은 마리면의 두 성인 월계산성(月溪山城)과 말흘고성(末屹古城)이다. 월계산성은 이안현의 중심 지역으로부터 비교적 먼 곳에 위치한 반면, 말흘고성은 중심지에 연접해 있고 마리성이라고도 불리고 있어, 마리성이 말흘고성이었을 것임은 비교적 분명하다. 말흘고성은 마리면 말흘리 산 33-2번지 일대의 야

60) 청주대학교 박물관, 『槐山郡 文化遺蹟』, 1994, 18~25쪽.

산(해발 340m) 정상부를 감싸고 있는 산성이어서,[61] 마리성은 산성이었을 것으로 판단된다.

이들 사례 외에도 충주성은 현재 충주시 직동에 위치한 남산성(南山城)이었을 것으로 비정되고 있고,[62] 운주(運州) 옥산(玉山)에 쌓은 성이 월산성(月山城)에 비정되었을 것임은 앞서 살펴본 바 있으며, 호계현(虎溪縣)의 고려 치소성이었을 배산성(拜山城)은 그 명칭으로 보아 산성이었을 것이다.

지금까지 고려시대 자료들에서 검출한 남도 지역 고려 치소성 사례들을 여러 방법들을 활용하여 조선시대 성 내지 현재의 성지로 비정한 후 이들 성이 한결같이 산성이었음을 확인해 보았다.

이러한 사실은 조선시대 지리지 자료들에서 파악된 고려 치소성 사례들에서도 확인할 수 있다. 앞서 조선시대 지리지 자료들에서 검출한 고려 치소성 사례들 가운데 산성 여부를 확인할 수 있는 것들은 공통적으로 산성이었다.[63] 이 밖에 조선시대 지리지류에 '읍호+성'으로 기록된 고려 치소성들 또한 다음의 사례들을 참고할 때 산성이었다고 판단된다. 즉 충청도의 시진고성(市津古城), 고구고성(高邱古城), 탕정고성(湯井古城), 청천고성(青川古城), 도안고성(道安古城)은 모두 산성으로, 각각 황화산(皇華山), 성산(城山), 배방산(排方山), 미륵산(彌勒山), 유성산(杻城山)에 자리하고 있었다.[64] 면천 지역의 고려 치소성은 몽산(蒙山)에 위치하고 있었으며,[65] 『대동지지』 충청도의

61) 창원대학교박물관·창원문화재연구소, 『大伽耶文化圈遺蹟精密地表調査報告(居昌郡의 文化遺蹟)』, 1996, 148~150쪽. 성에서 渭川川과 馬利川이 만나는 넓은 평야지대가 관찰된다. 이 점은 고려 치소성의 전형적인 입지 조건에 부합한다.

62) 충주산업대학교박물관 편, 『忠州山城 2次 發掘調査 報告書』, 1995. 남산성은 충주시내에서 동남쪽 약 4km 지점에 위치한 해발 636m의 남산 정상에 위치하고 있다.

63) 조선초기 당시의 치소와 무관하나 성황사와 밀접한 관련을 맺은 城뿐만 아니라, 『세종실록』 지리지의 '치소로부터 거리가 기재된 읍성', 同書에는 읍성이었으나 『신증동국여지승람』에 산성으로 기재된 성, 『신증동국여지승람』의 성곽 및 고적 항목에 기재된 성으로 읍호와 관련 있는 城 등은 공통적으로 산성이었다.

64) 이상은 『대동지지』 충청도의 은진, 홍주, 온양, 청주, 청안 항목을 참조할 것.

65) 『輿地圖書』, 충청도 沔川 古蹟. "蒙山城 石築……今廢 沔州時 邑于此"

유성고성(儒城古城), 덕진고성(德津古城), 신풍고성(新豊古城), 여양고성(驪陽古城)은 각각 『신증동국여지승람』의 유성산성(儒城山城), 덕진산성(德津山城), 신풍산성(新豊山城), 여양산성(驪陽山城)에 해당한다. 그리고 경상도의 가조고현성(加祚古縣城)은 금귀산성(金貴山城)으로 칭해지곤 하였으며,[66] 굴촌고현성은 성산성(城山城)에 해당한다.

이렇듯 고려시대 기록들과 조선시대 지리서들에서 검출한 다수의 남도 지역 고려 치소성 사례들은 확인 가능한 범위 내에서 판단컨대 공히 산성이었다. 그리고 검토된 고려 치소성들 중에는 속현 지역의 고려 치소성이 드물지 않아, 남도 지역의 고려 치소성 역시 주현, 속현 여부와 상관없이 산성이었다고 판단된다.

2. 입지 조건과 유형

고려 치소성이 양계와 남도 지역의 구분 없이, 주현과 속현의 차이 없이, 산성 형태로 존재하였음을 규명해 보았다. 달리 말해, 고려 치소성들 가운데 고려말 이후로의 읍성과 같이 성내 공간이 주로 평지에 자리한 것은 보이지 않는다. 여기서는 고려 치소성의 입지 조건과 유형을 살펴보도록 하겠다.

앞서 고려 치소성을 검출하고 비정하는 과정에서 그러한 성이 평지와 연접한 산에 위치하였음을 드물지 않게 볼 수 있었다. 문제는 전체 사례를 대상으로 해서도 그 점이 적용될 수 있는지 하는 점이다. 우선적으로 고려 치소성은 조선초기의 어느 성에 비정되고 당시의 치소를 기준으로 어느 곳에 위치하였는지를 표로 간략히 정리해 보았다.[67]

---

66) 『대동지지』 9, 경상도 居昌 城池. “加祚古縣城 稱金貴山城 新羅婆娑王八年七月 築加召城”

67) 이 표는 고려시대 기록들에서 볼 수 있는 기존 영역에서의 고려 치소성 사례들을 대상으로 한 것이다.

〈표 2-3〉 기존 영역 고려 치소성의 비정과 위치

고려 치소성	조선초기 명칭	조선초기 치소로부터의 위치	비고
溟州城	**長安城**		성산면 금산리
翼令縣城	**石城山城**		양양읍 임천리
三陟城	**葛夜山石城**	북 1리	『신증동국여지승람』에 갈야산이 기재되어 있음
杆城縣城	南山城	남 5리	
蔚珍城	邑城	0리	고려 치소성이 읍성으로 활용
登州城	鶴城山城	동 5리	
金壤縣城	北山城	북 2리	
竹州城	竹州古城	大平院(동 5리) 북쪽에 있음	
三年山城	烏頂山城	동 5리	
烏山城	無限山城	서 9리	
順州城	**下枝山古城**	북쪽 인근	『대동지지』에 의거
蔚州城	神鶴城	동 5리	
金海府城	盆山城	북 3리	
春州城	鳳山古城	북 1리	
洞州城	大峴山城	동 7리	
黃州城	德月山城	동 2리	
平州城	城隍山城	동 5리	
交州城(=伊勿城)	義館嶺山城	북 1리	
一牟山城	壤城山城	서 4리	
興海城	望昌山城	남 2리	
命旨城	城山古城	북 1리	
大興城	任存城	서 13리	
槐州城	**錦山城 혹은 五峰山城**		괴산읍 서부리 혹은 동부리
馬利城	**末屹古城**		마리면 말흘리
忠州城	**南山城**		충주 시내에서 동남쪽 약 4km 지점에 위치
運州城	月山城	서 3리	
昇天府城	昇天浦城[68]	대략 남 15리	

1. 조선초기 명칭과 위치는 『신증동국여지승람』에 의거하였다.
2. 조선초기 명칭을 확인할 수 없는 경우, 조선후기 혹은 현재의 성명으로 이를 대신하였고, 진하게 표시하였다.
3. 조선초기 위치가 확인되지 않는 경우 비고 항목에 현재 위치를 기록하였다.

〈표 2-3〉을 통해 볼 수 있듯이, 기존 영역에 위치한 고려 치소성들 대부분은 조선시대 치소로부터 5리 내외에 입지하고 있었다. 이러한 사실은 고려 치소성이 조선시대의 치소 인근에 위치하였음을 의미한다. 엄밀히 말하자면, 조선시대의 치소가 고려시대의 '치소가 위치한 성' 인근에 자리하였다고 해야 할 것이다.

『고려사』 등에서 검출한 고려 치소성 사례뿐만 아니라 조선시대 지리지류에서 찾은 것들 또한 조선시대 치소 인근에 위치하는 경향이 뚜렷하였다. 지리지 자료를 활용하여 충청도 지역의 고려 치소성을 정리한 〈표 1-8〉에서 볼 수 있듯이, 그 대부분의 고려 치소성은 조선시대 치소로부터 5리 내에 위치하고 있었고, 극히 일부를 제외하고는 10리 내에 자리하고 있었다. 이 점은 경상도 지역의 고려 치소성 위치를 조선초기 치소를 기준으로 정리한 〈부표 3〉에서도 동일하게 확인되는 바이다.

조선시대의 치소가 평지에 자리하였고 고려 치소성이 조선시대 치소 인근에 위치하였다는 사실에서 유추할 수 있듯이, 고려 치소성은 평지 인근의 성이었을 것이다. 실제로도 그러하였으니, 고려 치소성으로 비정되는 성들은 각종 지표·발굴 조사 보고서와 현지답사에 의할 때 공통적으로 평지에 연접한 산 내지 구릉에 위치하고 있었다. 그리고 그러한 평지에는 대개 조선시대의 치소가 자리하고 있었다.[69]

죽주와 간성현 치소성의 위치도를 일례로 하여 이 점을 예시해 보도록 하겠다.

〈그림 2-9〉[70]는 죽주성과 조선시대 치소의 위치를 보여주는 것이다. 화살표로 표시된 곳에 위치한 죽주성은 별 모양으로 표시된, 조선시대 치소가 자

---

68) 『고려사』의 승천부성이 『대동지지』의 승천고성이었음은 앞서 본 바 있다. 승천고성은 승천포변에 위치하고 있어, 이것이 『신증동국여지승람』의 昇天浦城임은 분명하다.

69) 고려 치소성과 연접한 평지에는 고려시대 해당 군현의 중심촌이 자리하고 있었을 것이다.

70) 이 그림은 네이버 지도를 토대로 하여 약간의 편집을 가한 것이다.

〈그림 2-9〉 죽주성과 조선시대 죽산현 치소

리한 곳과 접한 높지 않은 산 정상을 두르고 있다. 다음으로 〈그림 2-10〉[71]은 고려 치소성인 금수리고성[화살표가 가리키는 부분]과 간성읍성[별 모양 부분]의 위치를[72] 표시한 것이다. 조선초기의 읍성으로부터 고려 치소성까지의 거리는 가까운 편이고, 고려 치소성은 읍성 한 편에 연접한 산에 테뫼식으로 축조된 성이었다.

이처럼 죽주와 간성 지역의 고려 치소성은 공통적으로 조선시대의 치소가 위치한 평지와 연접한 산에 위치하고 있었다. 지면의 제약으로 인해 일일이 제시할 수는 없지만, 죽주와 간성 지역의 고려 치소성에서 보이는 입지 조건은 극히 일부 지역을 제외하고는 고려 치소성 일반에서 확인되는 바이다.

고려 치소성은 평지에 연접한 산 내지 구릉에 위치한 까닭에, 산성치고는 접근이 용이한 편이었다. 성문이 평지 가까이 설치된 포곡식 산성의 경우는

---

71) 〈그림 2-10〉은 네이버 지도에 몇몇 기호를 삽입한 것이다.

72) 간성읍성은 현 고성군 간성읍 하리 12번지에 위치한 고성군청을 중심으로 그 일대를 포함하여 위치하고 있었다.

〈그림 2-10〉 간성지역 치소성과 읍성의 위치도

더더욱 그러하였다.

고려 치소성은 평지에 연접한 산에 위치하였을 뿐만 아니라, 대개 높지 않은 곳에 자리하고 있었다. 신라 한주(漢州)의 '군현성(郡縣城)'을 조사한 연구에 따르면, 이들 성은 생활면으로부터 100~200m 정도의 높이에 일정하게 위치한다고 한다.[73] 후술하듯 이들 성 대부분은 고려시대 치소성으로 활용되었기에, 해당 결과는 고려 치소성에도 그대로 적용될 수 있다. 다른 지역 고려 치소성의 고도를 살펴보더라도 대동소이하여, 그것은 생활면으로부터 100~200m 정도의 높이에 위치한 경우가 많았으며, 100m 높이에도 못 미치는 곳에 자리한 사례도 드물지 않았다. 일부 고려 치소성은 산으로 보기 어려

73) 박성현, 앞의 논문, 2002, 158쪽.

울 정도의 낮은 구릉에 위치하곤 하였으니, 대구, 울산, 진주 등의 고려 치소성이 그러하였다.

고려 치소성은 높지 않은 산 내지 구릉에 위치하였다고는 하지만, 평지와 접해 있는 산에 자리한 까닭에 주변 평지에 비해 상대적으로 꽤 높은 곳에 위치하는 시각적 효과를 주고 있었다. 이러한 입지 조건으로 인해 해당 군현의 중심촌이 위치하였을 고려 치소성 인근 지역을 포함한 주변 통치 지역이 성 안에서 한눈에 조망될 수 있었고, 경우에 따라서는 꽤나 먼 곳까지 관찰이 가능하곤 하였다.[74] 고려 치소성 주변 지역을 기준으로 하자면, 어느 곳에서나 고려 치소성은 보일 수 있었을 것이다.[75] 고려 치소성 입지가 지니는 중심 취락과의 인접성, 용이한 접근성, 뛰어난 조망성 등의 요소들은 고려 치소성이 행정적, 군사적 거점으로 기능하는데 유리한 조건으로 작용하였을 것이다.

다음으로는 민인들의 상주(常住) 여부에 따른 고려 치소성의 유형에 관해서다.

고려 치소성은 민인들의 거주 시설[민거(民居)]이 구비된 성과 그렇지 못한 성으로 양분될 수 있다. 일반적으로 민거가 구비된 고려 치소성은 신개척 지역에 설치된 데 반해, 기존 영역에 자리한 고려 치소성에는 대개 민인들이 상주하지 않았다.

양계 신개척 지역의 주진은 고려 국가가 여진 거주지였던 곳을 군사력을 동원하여 개척한 후 설치한 지방행정단위였기에, 이곳은 여진족의 침입으로부터 안전하지 못한 곳이었다. 따라서 이 지역 민인들의 거주 시설은 성 안에 자리하고 있어야 했을 것이다. 신개척 지역에 위치한 장주성(長州城)에 관한 기록에서 보듯, 특별한 사유가 있지 않은 한 민거(民居)를 성 밖 평지에 두려

74) 이러한 입지 조건은 외적의 침입과 동태를 파악하는데 매우 유리하였을 것이고, 주변 교통로를 통제하는 데에도 효과적이었을 것이다.

75) 이러한 조건은 고려 치소성이 군현 내에서 상징적 권위를 확보하는 데 기여하였을 것으로 추정된다.

하지 않았다. 민거 입지의 이러한 성향은 장주성에만 한정되지는 않았을 것이다. 신개척 지역의 일부 고려 치소성이 평산성이었던 까닭 또한 이 지역 민인들이 성 내에 거주해야 했던 현실과 밀접하게 관련되었을 것이다. 평산성은 성 내에 일부 평지를 포함하고 있어 수용 인원 면에서 온전한 산성보다는 장점을 지니고 있었을 것이기 때문이다.

이와 달리 기존 영역에 위치한 고려 치소성에는 일반적으로 민인들이 상주하지 않았다. 기존 영역의 고려 치소성은 후술하듯 통일신라시대 '치소가 위치한 성'을 활용한 경우가 대다수였는데, 이들 성에는 거주 시설이 갖추어지지 않았다고 이해되고 있다.[76] 그리고 산성인 데다가 성의 규모도 크지 않아,[77] 행정과 군사 용도의 시설을 설치할 공간조차 넉넉하지 못하였을 것이다. 게다가 이곳에 민거가 들어설 경우 농토와의 거리가 가깝지 않은 단점이 있었을 것이다. 신개척 지역에서와 같이 신변 보호를 위해 성 내에 거주해야 하는 뚜렷한 유인이 없었기에, 기존 영역에서는 민호들이 고려 치소성 내에 상주하지 않았을 것이다.

그런데 황주성(黃州城)과 같이 통일신라시대 북진으로 인해 새로이 개척한 권역에 위치한 고려 치소성은 그 내부에 거주 시설을 갖추었을 가능성이 있다. 이와 관련하여 광종대에 균여(均如)의 속권(俗眷), 곧 친속 10여 인을 황주성 안에 옮겨 살도록 한 조치가 주목된다.[78] 당시 황주성 내에 상주하는 민인이 존재한 것이다. 황주는 통일신라시대 북진을 통해 획득한 지역으로,[79]

76) 이수훈, 『新羅 中古期 村落支配 硏究』, 부산대 박사학위논문, 1988; 박성현, 앞의 논문, 2002.

77) 성의 규모에 대해서는 후술할 것이다.

78) 『均如傳』 6, 感通神異分者. "是時 萬乘珍敬 禮加九拜 因問師之誕所 黃州北鄙遁臺葉村是比丘桑梓也 上以爲 龍蛇之生非大澤 忠信寧無十室 尋封師爲大德 兼勅俗眷十有余人人賜田二十五頃 藏獲各五人 俾徙居于黃州城內"

79) 『삼국사기』 35, 雜志4 지리2 新羅 漢州 取城郡. 황주는 신라의 取城郡으로 헌덕왕대 新置되었을 것으로 이해되고 있다. 이와 관련하여 강봉룡, 「新羅下代 浿江鎭의 設置와 運營-州郡縣體制의 확대와 관련하여-」, 『韓國古代社會의 地方支配』, 신서원, 1997 참조.

개척 당시 고려의 신개척 지역에서와 같이 민인들을 성 내에 거주하게 할 필요가 있었을 것이다. 이러한 관행이 이후로도 지속되면서, 광종대 당시까지도 황주성 내에 상주 인호가 존재하게 되었을 것으로 추정된다. 다만 황주 이외 신라의 신개척 지역이었던 곳에서의 고려 치소성이 그 내부에 거주 시설을 구비하고 있었는지 여부는 아쉽게도 관련 기록이 없어 살피기 곤란하다.

거주 시설의 유무에 따른 고려 치소성의 유형 구분은 성의 규모에 대한 검토를 통해서 보다 구체적인 이해가 가능하다. 양계 신개척 지역 및 통일신라시대 신개척 지역이었던 곳의 고려 치소성은 민거를 구비한 까닭이어서인지 일반적으로 성의 규모가 컸다. 이들 성과 비교했을 때 여타 지역의 고려 치소성은 대체로 규모가 작았다.

고려 치소성의 둘레를 정리한 〈표 2-4〉를 통해 이 점을 확인할 수 있다.

〈표 2-4〉 고려 치소성의 둘레

신개척 지역		기존 영역 (통일신라시대 신개척 지역이었던 곳)	기존 영역	
宣州城: 17,562척(4.1km)	靜州城:12,610척	德月山城 [=黃州城]: 5,300척 (약 4km)	羽溪山城 [=羽溪縣城] :451척 (350~400m)	碧山城 [=碧山縣城]: 2,125척
麟州城: 11,100척	靈州城[=興化鎮城]: 2,580척	城隍山城 [=平州城]: 7,525척	竹州古城 [=竹州城]: 3,874척 (1,680m)	烏頂山城 [=三年山城]: 3,699척(1,680m)
威遠鎮城: 4,840척	寧德鎮城: 4,012척 (약 2.3km)		義館嶺古城 [=交州城]: 1,904척	盆山城 [=金海府城]: 1,560척(900m)
寧朔鎮城: 7,760척	定戎鎮城: 7,792척		望昌山城 [=興海城]: 6,000척 (약 2km)	古縣城 [=迎日城[80]]: 1,000척
延州城: 480척	古博陵城 [=博州城]: 7,355척 (약 3.5km)		鳳山古城 [=春州城]: 2,463척(1,284m)	城山古城 [=命旨城]: 1,900척(1,090m)

鳳頭山城[=嘉州城][81]: 9,067척	鐵州城: 10,500척		無限山城 [=烏山城]: 2,200척(650m)	壤城山城 [=一牟山城]: 3,754척(985m)
撫州城: 5,947척	渭州城: 4560척		東平縣城: 3,508척 (1,350m)	推火山古城 [=密城郡城]: 2,360척(715m)
古邑城 [=殷州城][82]: 5,168척	柔遠鎭城 [=平虜鎭城]: 2,924척		龜山城 [=知禮縣城]: 1,343척	月山城 [=運州城]: 9,700척
長州城: 2,203척	元興鎭城: 4,417척		金貴山古城 [=加祚縣城]: 1,587척	南山城 [=杆城縣城]: 1,528척(633m)
隘守鎭城: 1,568척	鎭溟縣城: 2,287척		古城山城 [=烈山縣城]: 403척(205m)	任存城 [=大興城]: 5,194척(2,450m)
雲林鎭城; 1,213척				

1. 성의 둘레는『신증동국여지승람』에 의거하였다. 고려의 치소성이 조선시대에 增築되었을 경우가 있어, 이를 배제하기 위해 同書 古跡 항목에 있는 것만을 선택하였다.
2. 괄호 안에는 城址에 대한 조사를 통해 확인된 성의 둘레를 기록하였다.

위 표에서 볼 수 있듯이, 신개척 지역의 고려 치소성은 기존 영역의 것에 비해 전반적으로 규모가 컸다.[83] 이 지역에는 다른 곳에서 거의 보이지 않는, 둘레가 7천 척 이상의 성이 8개나 확인된다. 특히 선주성, 정주성, 인주성, 철주성은 그 둘레가 1만 척이 넘었고, 가주성의 둘레 또한 1만 척에 가까웠다.

그렇기는 하나 성 규모 간의 편차가 작지 않은 사실은 간과되어서는 안 된다. 일반적으로 진성(鎭城)은 주성(州城)에 비해 성의 규모가 작았다. 일부 진성은 그 둘레가 1천 척 대여서, 규모가 큰 성의 1/10에 불과했다. 그리고 동계 지역의 고려 치소성은 북계의 그것에 비해 규모가 작은 경향을 노정하

80) 古跡 항목에 기록된 古縣城은 고려시대에 현성으로 기능하였을 것이다.

81) 『고려사』에서 확인되는 가주성은 『신증동국여지승람』의 鳳頭山城으로 비정된다. 이 성은 치소로부터 북쪽 1리 지점에 위치하였고, 이곳(북 1리)에 성황사가 위치하고 있었다.

82) 은주성은 『신증동국여지승람』 55, 평안도 殷山縣 古跡 항목의 古邑城으로 비정된다.

83) 연주성의 둘레는 4백80척에 불과하다. 아마도 이것은 기록상의 오류로 추정된다.

고 있었다.[84]

통일신라시대 신개척 지역이었던 곳에서는 성들 사이에 편차가 크지 않은 채, 성의 규모가 전반적으로 컸다. 황주성은 5,300척이었고, 평주성은 이보다도 규모가 컸다. 동주성으로 조선초기에 군사 용도로 활용된 대현산성은 그 둘레가 20,238척에 달하였다.[85] 이 일대 고려 치소성으로 추정되는 성들 또한 규모 면에서 황주성·평주성 등과 대동소이하였다.[86]

이와 달리 민인들이 상주하지 않았을 기존 영역의 고려 치소성의 경우, 1천 척 대 정도의 규모가 가장 많았고, 망창산성과 월산성을 제외하고는 4천 척 이상 규모의 성은 보이지 않는다. 주현 지역의 고려 치소성은 일반적으로 속현의 그것에 비해 규모가 크기는 하나, 양자 사이의 규모 차는 뚜렷하지 않은 정도였고, 그 반대인 경우도 드물지 않았다.

고려 치소성의 규모로 보아, 민인들이 거주하는 성은 대체로 규모가 큰 데 비해, 그렇지 않은 성은 소규모였다고 할 수 있다.

한편 거주성으로 기능한 성일지라도, 성 내에 많은 민호들이 상주하지는 못했을 것이다. 왜냐하면 성의 규모와 입지 등을 고려할 때, 다수의 인호들이 거주하기는 어려웠을 것이기 때문이다.

고려 치소성은 거주성인 중국의 주현성과 비교했을 때 그 규모가 꽤나 작았다. 당(唐) 주현성의 규모를 보면, 주성의 둘레는 대략 20리(8km) 전후였고, 현성의 둘레는 10리(4km) 이하 대개 2~4km 사이였다. 한대(漢代)의 군성(郡城)과 현성, 송의 부·주·군성과 현성의 규모 또한 이와 비슷하였다.[87]

---

84) 정비례하지는 않았겠지만, 성의 규모는 거주 인호의 수와 관련있을 것이다.

85) 이 성은 『신증동국여지승람』 성곽 항목에 기재되어 있어 위 표에는 기재하지 않았다. 이 성은 조선시대에 증축이 이루어져 황해도의 여타 성들에 비해 규모가 훨씬 컸을 수 있다.

86) 『신증동국여지승람』에 기재된 다음 성들은 고려 치소성으로 비정되고, 통일신라시대 북진으로 영역이 확장된 곳에 위치한다. 鳳州의 鵂鶹城(북 2리), 載寧縣의 長壽山城(북 5리), 鹽州의 鳳勢山城(북 3리)이 그러한 성들이다. 이들 성의 규모는 각각 8,657척, 8,915척, 5,400척이다.

87) 愛宕元, 『中國の城郭都市』, 中公新書, 1991, 70~80쪽, 128~144쪽, 160~165쪽 참조.

고려 치소성들 가운데 중국 현성의 규모라 할 수 있는 4km 둘레의 성조차 쉽게 찾아지지 않는다. 척수를 기준으로 할 때, 선주성(=통주성)은 〈표 2-4〉에 정리된 성들 가운데 가장 큰 규모의 성이고 신개척 지역의 고려 치소성들 중에서도 꽤 큰 편에 속한다. 하지만 선주성은 그 둘레가 4.1km(17,526척으로 기록됨)로 중국 현성 정도의 규모에 불과하다. 이를 통해 유추해 보건대, 민거가 자리하였을 고려 치소성 대부분은 중국의 현성 규모에도 못 미쳤을 것이다. 더욱이 평지성인 중국의 주현성과 달리 고려 치소성은 산성이었던 까닭에, 같은 규모라 할지라도 민인들이 거주할 수 있는 공간은 중국의 주현성에 비해 현저하게 협소하였을 것이다.

이러한 사실들을 종합적으로 감안할 때, 민거가 구비되었을 고려 치소성이라 할지라도 많은 민호들이 거주하기는 어려웠을 것이다. 더욱이 신개척 지역 고려 치소성들 가운데 2천 척(약 980m[88]) 이하 내지 이를 크게 상회하지 않은 고려 치소성도 적지 않아, 매우 적은 수의 민호가 상주한 고려 치소성 또한 드물지 않았을 것이다. 요컨대, 고려 치소성 내에 상주하였을 인원수를 정확히 산출하는 것은 불가능하지만, 검토 결과로 보아, 상주 인원은 일반적으로 적었을 것이고, 매우 적은 인원이 거주한 경우 또한 드물지 않았을 것이다.

88) 1척이 48.96cm인 포백척을 기준으로 하면, 2,000척은 979.2m에 해당한다.

2장
고려 치소성의 기능

1. 지방지배의 거점

고려 치소성은 '치소가 위치한 성'이기에, 그 역할들 가운데 일차적인 것은 지방지배의 거점이라고 할 수 있다. 그런데 고려 치소성의 기능을 이렇게 본다면, 역할의 측면에서 그것이 타 시대의 '치소가 위치한 성'과 구분되는 지점을 파악하기 곤란하다. 이러한 이유에서 지방지배의 거점으로서 고려 치소성의 역할을 시대적 성격이 두드러지는 지점에 초점을 맞춰 살펴보도록 하겠다.

이를 위해 앞서 검토한 바 있는 고려시대 치소와 고려 치소성의 개념을 상기할 필요가 있다. 고려시대의 치소는 속현에서는 향리 관청인 읍사를 의미하였고, 주현에서는 읍사를, 혹은 외관청을, 혹은 양자 모두를 지칭할 수 있어, 주현과 속현을 포괄하여 적용할 수 있는 고려시대의 치소는 읍사를 의미한다고 논급한 바 있다. 이러한 치소 개념과 맞물려 고려 치소성은 주현과 속현의 구분 없이 '읍사가 자리한 성'이 되면서도, 주현의 고려 치소성에는 읍사 외에도 외관청이 설치되어 있어 그것은 외관청이 자리한 성이기도 하다고 하였다.

고려시대에 치소로 지칭된 읍사는 각급 군현 운영의 공적 주체인 향리층의 집무소였다. 읍사는 공식 관부로서 국가로부터 공해전(公廨田)과 인신(印信)을 지급받고, 호적이나 양안 등의 기본적인 장적(帳籍)을 보관하고 있었다. 향리층은 읍사를 토대로 독자적인 대민행정을 수행하였고, 이러한 지방지배질서는 주현과 속현의 구분 없이 이루어졌다. 요컨대, 향리층은 주현과 속현의 구분 없이 읍사를 바탕으로 독자적으로 해당 지역을 지배하였고, 이러한 향리층의 지방지배는 공적인 형식을 통해 이루어지고 있었다.

주현에 파견된 외관은 각급 군현의 향리층과 차원을 달리하였다. 그는 주현과 예하 속현들을 망라한 영역을 담당하는 상급 체계로 기능하였다. 즉 외관은 정기적, 비정기적으로 관할 향리들에게 정령을 시달하였다. 봄에는 관할 속현을 춘행(春行)하면서 권농과 휼민을 수행하였고, 관내의 풍속 유지와 교화를 책임지고 있었다. 또한 외관은 군현 단위의 일차적인 수취책임에 대해 상급의 책임을 지고 있었고, 향리들이 담당하는 속현의 재정 운영을 감독하였으며, 관내에 금령(禁令)을 시행하고 주민의 소송을 처리하였다.[89)]

이와 같은 지방지배질서로 인해 고려 치소성은 지방지배의 거점 면에서도 타 시대의 '치소가 위치한 성'과 구분되었다. 즉 속현 지역의 고려 치소성은 '읍사가 위치한 성'으로 향리층이 해당 속현을 독자적으로 지배하는 거점으로 기능하였을 것이다. 이와 달리 읍사 외에도 외관청이 설치된 주현 지역의 고려 치소성은 주현 향리층이 해당 지역 단위를 지배하는 거점으로 작용하면서 동시에 외관이 주현 및 예하 속현들을 포괄한 지역 범위를 상급에서 통할하는 근거지로서 기능하였을 것이다. 주현 치소성은 향리층과 중앙정부 양측 모두에서 지방지배의 거점으로 작용한 것이다.

---

89) 윤경진, 「高麗 郡縣制의 構造와 運營」, 서울대 박사학위논문, 2000b, 249~259쪽.

이상의 검토에 따르면, 고려 치소성은 주현과 속현의 구분 없이 향리층이 해당 지역을 지배하는 거점으로 기능하였으며, 중앙정부는 주현 지역의 고려 치소성을 지배 거점으로 하여 주현과 예하 속현들을 망라한 영역을 통제하였다고 할 수 있다.

다음으로 고려 치소성이 신분·계층의 측면에서 군현 내 상위 공간이기도 하였을 가능성을 검토해 보도록 하겠다.

이에 관하여 다음 기록이 주목된다.

> 이때 왕은 [균여를: 필자] 극진히 존경하여 9배(拜)의 예(禮)를 행하였다. 그리고는 사(師)가 탄생한 곳을 물으니 황주 북쪽 외곽의 둔대엽촌(遁臺葉村)이 사의 고향이었다. 왕이 생각하기를 '용사(龍蛇)가 큰 못이 아닌 곳에서도 나는데 충신(忠信)이 어찌 작은 고을에 없겠는가' 하였다. 얼마 후 사를 대덕(大德)으로 봉하고, 아울러 칙령을 내려 속권(俗眷) 10여 인을 대상으로 각 사람마다 25경(頃)의 전(田)과 노비 5명을 사여하고 황주성(黃州城) 내에 옮겨 살도록 하였다.[90]

위의 기록에 따르면, 광종은 균여(均如)를 대덕으로 책봉하고 이 조치와 동반하여 그의 출생지에 거주한 친속 10여 인에게 토지와 노비를 사여하고 그들을 황주성 안으로 이주토록 명령하였다. 흥미로운 점은 균여의 친속들을 포상의 일환으로 황주 북쪽 외곽[황주북비(黃州北鄙)]에 위치한 둔대엽촌에서 황주의 고려 치소성인 황주성으로 이주시킨 사실이다. 토지와 노비의 지급과 함께 황주성으로의 이주가 시행된 점으로 보아, 해당 사거(徙居) 조치는 일종의 포상이었음이 분명하다.

---

90) 『均如傳』 6, 感通神異分者. "是時 萬乘珍敬 禮加九拜 因問師之誕所 黃州北鄙遁臺葉村 是比丘桑梓也 上以爲 龍蛇之生非大澤 忠信寧無十室 尋封師爲大德 兼勅俗眷十有余人 人賜田二十五頃 藏獲各五人 俾徙居于黃州城內"

균여의 친속들이 거주해 온 둔대엽촌은 황주의 별도 행정촌으로 황주 변씨(邊氏)라는 촌성(村姓)이 설정된 지역이었다.[91] 따라서 둔대엽촌에서 황주로의 이주는 예하 별도 행정촌에서 상급의 지방행정구획으로 거주처를 옮기는 것을 의미하였다. 황주와 예하 별도 행정촌인 둔대엽촌 사이에는 계서적 관계가 존재하였을 것이기에, 해당 사거 조치는 신분·계층상의 지위 상승이라는 포상을 뜻하였을 것이다.

그런데 포상 차원의 이주처로 황주 내에서도 고려 치소성이 선택된 사실은 음미해 볼 필요가 있다. 황주성이 황주 내에서도 신분·계층의 측면에서 우월한 공간이었을 가능성을 생각해 볼 수 있는 것이다. 성 내에는 향리층의 통치기구인 읍사가 설치되어 있었고 지배신분층인 향리층이 거주하였을 것 등, 황주성은 황주 내 여타 지역보다 신분·계층의 측면에서 상위 공간이었을 것이고, 그러한 이유에서 포상 차원에서 이루어진 균여 친속들의 이주에 알맞은 거주처로 황주성이 선택되어지지 않았을까 한다.

이렇게 본다면 고려 치소성은 군현 내 다른 곳에 비해 신분·계층적으로 상위의 공간일 가능성이 있다. 다만 남도 지역 대부분의 고려 치소성은 황주성과 같은 거주성이 아니었기에, 군현 내 상위공간은 고려 치소성에 한정되지 않고 향리층이 거주하였을 성 밖 인근 촌락까지를 포괄하였을 수 있다.[92]

---

91) 채웅석, 앞의 책, 2000, 130쪽. 별도 행정촌이란 군현의 직할 촌이 아닌 村姓이 존재한 별도의 행정 단위의 촌을 의미한다. 이에 관해서 노명호, 『고려국가와 집단의식』, 서울대출판문화원, 2009 중 'Ⅱ. 지역자위공동체의식과 국가체제' 참조.

92) 다만 양계 신개척 주진의 고려 치소성은 지역적인 특수성으로 인해 대다수의 지역민이 주진성 내에 거주하고 있었을 것이기에, 이 일대에서는 신분·계층상의 상위 공간으로 가능하기는 어려웠을 것으로 판단된다.

2. 군현 단위 방어의 거점

1) 방어 거점으로서의 고려 치소성

고려 치소성은 지방지배의 거점으로서뿐만 아니라 개별 군현을 단위로 한 방어에서 군사 거점으로 기능하였다. 군사 방면에서 고려 치소성의 그러한 역할은 몽골의 침입으로 인해 지역방어체제가 큰 폭으로 변화되기 전까지 지속되었다.

우선적으로 여기서는 몽골 침입 이전에 방어 거점으로 기능한 성이 사실상 고려 치소성으로 한정된 사실을 규명해 보도록 하겠다.

먼저 앞서 언급한 바 있는 아래의 기록을 재차 인용하겠다.

> 예문관제학 이선제가 상서했다. 그 첫째는 이러했다. "신이 일찍이 서북 지방의 익군(翼軍)의 제도를 보고 그윽이 마음에 유감이 있었습니다. 그러나 경략(經略)한 것이 오래인데, 지금 고려의 식목형지안(式目形止案)을 가지고 그 여러 성의 방비하는 제도를 상고하니, 중국의 제위(諸衛)의 법과 약간 합치하므로, 우선 몇 고을의 군사 제도를 들어서 헌의(獻議)합니다. 귀주성(龜州城)은 ……귀주는 바로 지금의 정주(定州)입니다. 영주성(寧州城)은……영주는 바로 지금의 안주(安州)입니다. 맹주성(猛州城)은……맹주는 바로 지금의 맹산(孟山)입니다. 인주성(麟州城)은……인주는 바로 지금의 인산(麟山)입니다. 여러 성이 아울러 41개이었는데……이것이 전조(前朝)가 성할 때에 서북 지방의 군사 액수의 대략입니다. 하나의 성 안에 사(使)·부사(副使)·판관(判官)·법조(法曹)가 있었으니, 이것은 민사(民事)를 다스리던 관리였으며, 방수장군(防戍將軍)과 중랑장(中郎將)·낭장(郎將)·교위(校尉)·대정(隊正)이 있었으니, 이것은 군무(軍務)를 다스리던 임무였습니다. 그러므로 각각 통속(統屬)이 있어서 부오(部伍)가 엄정하여, 일이 있으면 장수를 임명하여 군사를 내보내어 적이 오는 것을 감당하고, 각각 읍성(邑城)을 지켜 패몰(敗沒)하는 일이 드물었습

니다. 원나라 군사가 여러 차례 침벌하기에 이른 후에야 능히 지탱하지 못하고 사졸이 살육되거나 약탈되어 거의 없어졌습니다. 말년에 이르러 홍군(紅軍)이 난입하니, 승여(乘輿)가 파천(播遷)하고 중외가 잔멸했습니다.……"[93]

위의 기록에서 주목되는 점은 고려 치소성인 북계 41성이 방어의 주축으로 기능하였고, 이들 성 각각을 토대로 한 방어가 이루어지고 있었으며, 유사시에는 중앙으로부터 해당 고려 치소성에 장수와 군사가 파견되었고, 마지막으로 몽골의 침략 이전까지는 이들 고려 치소성을 중심으로 방어가 원활하게 수행된 사실이다. '고려식목형지안북계군액' 및 북계 지역의 방어 체계를 소개한 위의 인용문에 따르자면, 고려전기 북계 지역에서는 고려 치소성 각각이 해당 군현의 방어 거점으로 기능한 것이다.

그런데 실제로 그러하였는지 그리고 타 지역에서도 고려 치소성이 방어 거점으로 기능했는지 하는 점 등은 추가적인 검토를 필요로 한다. 이에『고려사』와『고려사절요』에서 성이 군사적 거점으로 기능한 기록들을 검토하여[94] 고려전기 방어 측면에서 고려 치소성의 역할을 좀 더 분명히 하고자 한다.

성이 군사적 거점으로 기능한 기록은 성명(城名)이 구체적으로 언급된 것과 막연히 '성'으로 기재된 것으로 구분된다. 〈표 2-5〉는 이 가운데 전자의 사례들을 정리한 것이다.[95]

〈표 2-5〉에서 보듯, 숙종대 여진족이 난입한 정주관성(定州關城)과 선덕관성(宣德關城)을 제외하고는, 군현 내에서 고려 치소성을 특칭하였을 '읍호+성'이 군사·방어의 거점으로 기능하고 있었다. 즉 1218년(고종 5)의 화맹순

93) 『문종실록』 4, 즉위년 10월 경진

94) 후삼국을 통일한 이후부터 몽골 침략이 있기 전까지를 검토 기간으로 하였다.

95) 방어 거점으로 기능하여 외적의 공격을 받은 城 사례뿐만 아니라, 방어 거점과 군사 주둔지로 활용되어 해당 城 인근에서 전투가 벌어지거나 외적이 인근에 주둔한 사례들, 그리고 외적이 근거했던 城 사례를 표에 포함시켰다.

〈표 2-5〉 군사적 거점으로 활용된 성 사례(Ⅰ)

성(城)	관련 상황	시기	전거
통주성(通州城)	대규모 중앙군의 통주성 밖 주둔	1010년(현종 1) 11월	『고려사절요』 3
영주성(寧州城)	거란군의 영주성 공격	1015년(현종 6) 9월	『고려사』 4, 세가
정주관성(定州關城), 선덕관성(宣德關城)	여진족의 두 관성으로의 난입	1104년(숙종 9)	『고려사』 96, 열전 윤관
정주성(定州城)	정주성 밖에서 여진과 싸워서 패배	1104년 2월	『고려사』 12, 세가
영주성(英州城)	여진병의 영주성 남쪽에의 주둔, 영주성을 방어 거점으로 한 수성	1108년(예종 3) 1월	『고려사절요』7
웅주성(雄州城)	여진병 수만의 웅주성 포위	1108년 2월	『고려사절요』 7
영주성(英州城)	여진병의 영주성 밖 주둔	1108년 3월	『고려사』 12, 세가
웅주성(雄州城)	여진병의 웅주성 포위	1108년 4월	『고려사』 12, 세가
웅주성(雄州城)	여진병의 웅주성 공격	1108년 5월	『고려사절요』 7
길주성(吉州城)	여진병의 길주성 포위	1109년(예종 4) 5월	『고려사절요』 7
강릉성(江陵城)	민란을 진압하러 온 중앙군이 설복(設伏)한 성	1194년(명종 24) 2월	『고려사』 20, 세가
영덕성(寧德城)	거란 유종의 영덕성 도륙	1216년(고종 3) 8월	『고려사』 22, 세가
연주성(延州城)	거란 유종을 격퇴하기 위해 중앙에서 파견한 군대가 웅거할 곳으로 연주성 지목	1216년 9월	『고려사절요』 14
위주성(渭州城)	삼군(三軍)이 위주성 밖에서 거란 유종과 싸워 패배	1216년 10월	『고려사절요』 14
(박)주성[(博)州城]	거란 유종과 (박)주성의 문밖에서 싸웠고, (박)주성 안에서 병사를 휴식시킴	1216년 10월	『고려사절요』 14
화맹순덕사성(和猛順德四城)	몽골과 동진군의 화맹순덕사성 공파	1218년(고종 5) 12월	『고려사』 22, 세가
강동성(江東城)	거란 유종의 강동성을 거점으로 한 저항	1218년 9월	『고려사절요』 15
진명성(鎭溟城)	몽골과 동진군의 진명성 밖 주둔	1219년(고종 6) 8월	『고려사절요』 15
화주성(和州城)	중앙에서 파견한 장수가 성 안 사람들과 함께 화주성 고수	1227년(고종 14) 11월	『고려사』 22, 세가

덕사성(和猛順德四城)[96]을 제외하면, 성명(城名)은 모두 고려 치소성을 표현하고 있었다.[97] '화맹순덕사성' 또한 화주성(和州城), 맹주성(猛州城), 순주성(順州城), 덕주성(德州城)을 통칭하였을 것이기에,[98] 두 관성을 제외하면 군사적 거점으로 활용한 성은 한결같이 고려 치소성이었다.

한편 관성이 침략당한 바 있는 정주와 선덕진에서도 해당 지역의 방어 거점은 고려 치소성이었다고 판단된다. 정주와 선덕진은 동북 최북단에 위치한 지역으로 장성(長城)이 통과하고 있었다. 장성의 중간 중간에는 관(關)이 설치되었는데,[99] 동계 지역에서는 정주관(定州關)과 선덕관(宣德關) 및 원흥관(元興關)이 두어졌다.[100] 관성은 장성의 일부로서 장성을 토대로 한 선형방어를 위한 구조물이었다. 그러하기에 관성은 그것이 설치된 주진의 방어와 직접적으로 관련되지 않았다. 이러한 주진의 방어 또한 다른 지역에서와 마찬가지로 고려 치소성을 토대로 이루어지고 있었을 것이다. 이는 관(성)을 설치한 주진에도 고려 치소성이 축조되어 있었음을 통해 뒷받침된다. 이선제의 언급에서도 보듯, 관의 유무와 상관없이 양계 지역의 고려 치소성은 해당 주진의 방어 거점으로 기능하였다.

성이 군사·방어 거점으로 활용된 사례들 가운데 성명을 구체적으로 적시

---

96) 『고려사』 22, 세가22 고종 5년 12월 기해. "蒙古元帥哈眞及扎剌 率兵一萬 與東眞萬奴所遣完顔子淵兵二萬 聲言討丹賊 攻和猛順德四城 破之 直指江東城"

97) 명종대 江陵城은 읍호와 관련된 성이기에 명주성의 별칭이었을 것이다. 강릉부라는 읍명은 1308년(충렬왕 34) 이후 사용되지만,(『고려사』 58, 지12 지리3 溟州) 인종대 江陵侯라는 봉작명이 보이는 점(『고려사』 17, 세가17 인종 21년 6월 임자)으로 보아, 강릉은 명주의 別號로 사용되었을 것으로 판단된다. 지명별호가 봉작명으로 사용되었음은 우태련, 「高麗初地名別號의 制定과 그 運用(中)(下)」, 『경북사학』 11·12, 1988·1989를 참조할 것.

98) 李仁老의 『破閑集』에는 그가 1204년(신종 7)에 맹주에 부임한 것을 '僕出守孟城'이라 기록하고 있다. 맹성은 맹주성의 약칭인 것이다.

99) 양계 지역에는 靜州關, 義州關, 定戎關, 昌州關, 延州關, 淸塞關, 平虜關, 定州關, 宣德關, 元興關 등의 관이 설치되었다. 이에 관하여 추명엽, 「高麗前期 關·津·渡의 기능과 商稅」, 『국사관논총』 104, 2004, 141~143쪽 참고.

100) 『고려사』 58, 지12 지리3 東界. "前此 朔方道 以都連浦 爲界 築長城 置定州宣德元興三關門"

한 것을 검토해 본 결과, 이들 성 거의가 고려 치소성이었음을 확인할 수 있었다.

다음으로는 성이 군사적 거점으로 기능한 기록들 가운데 막연히 '성'으로 기재된 것에 관해서다.

구체적인 성명 없이 단지 '성'으로 기록된 것은 글의 맥락 속에서 성의 실체를 파악할 수 있다. 다음 세 사례를 통해 이 점을 예시해 보고자 한다.

> ⑴ 동여진 고지문(高之問) 등이 바다를 건너와 삼척현의 임원수(臨遠戍)를 공격하자, 수장(守將) 하주려(河周呂)가 병사를 이끌고 성을 나왔다[率兵出城].[101]
>
> ⑵ 영주(寧州)와 연주(延州)가 조위총(趙位寵)에게 붙지 않고 굳게 그 성을 지켰다[固守其城].[102]
>
> ⑶ 거란주(契丹主)가 친히 보명과 기병 40만을 이끌고 의군천병(義軍天兵)이라 칭하고 압록강을 건너와 흥화진(興化鎭)을 포위했다. 순검사형부낭중(巡檢使刑部郞中) 양규(楊規)가 진사호부낭중(鎭使戶部郞中) 정성(鄭成)과 부사장작주부(副使將作注簿) 이수화(李守和) 그리고 판관늠희령(判官廩犧令) 장호(張顥)와 더불어 농성하여 굳게 지켰다[嬰城固守].[103]

⑴은 동여진이 삼척현의 임원수를 공격하자 수장인 하주려가 병사를 이끌고 성을 나온 사실을 전한다. 여기서 성은 임원수의 성, 즉 임원수성(臨遠戍城)을 가리키고 있었다. ⑵의 '그 성[其城]'에서 '그[其]'는 영주와 연주를 지칭

---

101) 『고려사』 7, 세가7 문종 6년 6월 기묘. "東女眞高之問等 航海來攻三陟縣臨遠戍 守將河周呂 率兵出城"

102) 『고려사절요』 12, 명종 5년 8월. "以寧延二州 不附位寵 固守其城"

103) 『고려사절요』 3, 현종 원년 11월 신묘. "契丹主 自將步騎四十萬 號義軍天兵 渡鴨綠江 圍興化鎭 巡檢使刑部郞中楊規 與鎭使戶部郞中鄭成 副使將作注簿李守和 判官廩犧令張顥 嬰城固守"

함이 분명하다. 따라서 '그 성'은 영주의 성과 연주의 성을 뜻했을 것이다. 그리고 (3)의 '거란군이 흥화진을 포위한 상태에서 농성하여 굳게 지켰다[嬰城固守]'는 기록에서 해당 성은 흥화진의 성을 가리켰을 것이다. (2)처럼 '성' 앞에 '그'라는 지칭어가 없어도 문맥 속에서 '성'이 흥화진의 성을 가리키고 있음은 비교적 명확하다.

그런데 (2)와 (3)의 '성'과 같이 '군현의 성'을 의미하는 것은 해당 지역의 고려 치소성에 해당한다고 판단된다. 이와 관련하여 다음 기록도 참고된다. "또 순주(順州)를 침략하니 장군 원봉(元奉)이 달아났다. 이 날 고창군(古昌郡)에서 견훤이 장수를 보내 순주를 함락하고 인호를 약탈해 갔다고 아뢰니 왕이 곧 순주로 행차하여 그 성[其城]을 수축하고 장군 원봉을 벌주었다"[104]라는 기사에서 수축된 '기성(其城)'은 문맥상 '순주의 성'을 지칭하였는데, 다른

〈표 2-6〉 군사적 거점으로 활용된 성 사례(II)

성(城)	관련 기록	시기	전거
흥화진성(興化鎭城)	[거란군: 필자]圍興化鎭…嬰城固守	1010년(현종 1) 11월	『고려사절요』 3
통주성(通州城)	[거란군: 필자]至通州 城中皆懼…[中郎將 崔質 등: 필자] 閉門固守 衆心乃一	1010년 11월	『고려사절요』 3
통주성(通州城)	洪叔 昔在通州 丹兵來攻 城垂陷 固守不下	1010년 11월	『고려사』 78, 식화지 전제
곽주성(郭州城)	丹兵入郭州…[防禦使 趙成裕은 도주, 右拾遺 乘里仁 등 사망: 필자] 城遂陷	1010년 12월	『고려사절요』 3
안북도호부성(安北都護府城)	丹兵 至淸水江 安北都護府使工部侍郎朴暹 棄城遁 州民皆潰	1010년 12월	『고려사』 4, 세가
서경성(西京城)	거란의 서경 공략. [서경: 필자] 성문을 걸어 잠그고 저항	1010년 12월	『고려사절요』 3
임원수성(臨遠戍城)	東女眞高之問等 航海來攻三陟縣臨遠戍 守將河周呂率兵出城	1052년(문종 6) 6월	『고려사』 7, 세가

104) 『고려사』 1, 세가1 태조 13년 정월 병술

서경성(西京城)	金富軾會諸軍 攻西京 城陷 趙匡自焚死	1136년(인종 14) 2월	『고려사』 16, 세가
연주성(延州城)	[조위총의 난 당시: 필자]岊嶺以北四十餘城 皆應之 獨延州都領玄覃胤及子德秀…遂與州將 向闕羅拜 連呼萬歲 乃閉城固守	1174년(명종 4) 9월	『고려사절요』 12
의주성(宜州城)	[두경승: 필자]比至宜州 金朴升列車城門 以拒之 景升又選銳 攻拔其城	1174년 10월	『고려사절요』 12
맹주성(孟州城) 덕주성(德州城)	[두경승: 필자]前至孟州 敵兵據險拒之 與李義旼石磷等 共擊破之 斬首四百 孟德二州兵亦棄城走	1174년 10월	『고려사절요』 12
서경성(西京城)	[이의방: 필자] 至大同江 位寵收散兵 復守城 義方屯兵城外留月餘 苦寒不能戰 復爲西兵所敗	1174년 10월	『고려사절요』 12
영주성(寧州城) 연주성(延州城)	以寧延二州不附位寵 固守其城	1175년(명종 5) 8월	『고려사절요』 12
전주성(全州城)	全州旗頭竹同等作亂…竹同等六人 嘯聚官奴及群不逞者 逐大有于山寺 燒澤民等十餘家吏皆逃竄 乃劫判官高孝升 易置州吏…於是 發道內兵討之賊閉城固守	1182년(명종 12)	『고려사절요』 12
영주성(永州城)	[慶州別抄軍: 필자]攻永州 永州人李克仁堅守等 率精銳 突出城 與戰 慶州人敗走	1202년(신종 5) 10월	『고려사』 21, 세가
선주성(宣州城)	宣州防戍將軍趙敦朴爕等 棄城而還 流于島	1217년(고종 4) 12월	『고려사』 22, 세가
서경성(西京城)	時[崔: 필자]兪恭好侵漁 士卒離叛 有卒崔光秀 不肯行 竪纛召集軍士 還向西京 兪恭倉黃失措 成醉臥不省 光秀遂據城作亂	1217년	『고려사』 121, 열전 정의
안북도호부성 (安北都護府城)	[朔州分道將軍 黃龍弼: 필자]巡至安北都護府 適義州逆卒來攻其城	1219년(고종 6) 10월	『고려사절요』 15
안북도호부성 (安北都護府城)	義州賊 攻安北都護府 城中將士 出戰 斬賊朴蘇等八十餘級	1219년 11월	『고려사』 22, 세가

기록에 따르면,[105] 그것은 순주성이었다. 이 밖에 '읍호+성'이 군현 내에서 고려 치소성을 특칭하고, '성+읍호'가 다름 아닌 고려 치소성의 축조임을 고려할 때, 문맥상 '군현의 성'을 지칭하는 '성'은 해당 지역의 고려 치소성을 의미할 것이다.

이상의 논의에 의거하여 '성'만 기록된 사례에서 방어·군사 거점으로 활용된 성을 정리한 것이 〈표 2-6〉이다.

여기서도 임원수성(臨遠戍城)을 제외하고 성을 사이에 둔 공방은 모두 고려 치소성을 대상으로 하고 있었다. 이러한 결과는 앞서 성명을 구체적으로 언급한 사례들에서 얻은 바와 일치한다.

고려전기에 방어·군사 거점으로 기능한 성 사례들을 분석한 결과에 의하면, 이들 성 가운데 거의 대부분은 고려 치소성이었다.

이외에도 다음 두 가지 사실은 고려 치소성이 고려전기에 군사·방어의 거점으로 기능했음을 뒷받침해준다.

그 하나는, 대몽전쟁기 이후로는 산성이 방어·군사 거점으로서 빈출되는데 비해,[106] 그 이전에는 그러한 사례가 사실상 보이지 않는 점이다. 이 현상은 다음과 같은 이유에서 고려 치소성이 고려전기에 군사·방어의 거점으로 기능한 것을 말해준다. 고려 치소성은 산성이긴 하나 자료에는 '산성'이 아니라 '읍호+성' 등의 용어로 기록된다. 따라서 고려 치소성 중심으로 방어가 이루어지게 되면, 자연히 성을 사이에 둔 공방 사례에서 '산성'이 기록될 여지는 없게 된다.

다른 하나는 몽골 침략 이전까지 축성이 고려 치소성의 축조에 집중된 사실이다. 몽골의 침략이 있기 전까지 매우 많은 축성이 행해졌지만, 이 가운데 극소수를 제외하고는 모두 고려 치소성을 쌓는 일이었다.[107] 당시에 고려 치

105) 『삼국사기』 50, 열전10 甄萱

106) 이에 대해서는 다음 장에서 상세히 검토할 것이다.

107) 최종석, 「고려전기 築城의 특징과 治所城의 형성」, 『진단학보』 102, 2006, 90~97쪽.

소성을 토대로 한 방어가 행해지고 있었기에, 축성은 고려 치소성의 축조에 집중되었을 것이다.

다각도로 검토해 본 결과, 몽골 침략 이전까지 방어 거점으로 기능한 성은 대개 고려 치소성이었다. 이는 전술한 이선제의 언급과 일치한다.

2) 지역방어체제와 고려 치소성

몽골 침략 이전에 군사·방어 거점으로 기능한 성은 사실상 고려 치소성으로 한정된 사실을 확인할 수 있었다. 여기에 덧붙여 고려 치소성은, 양계는 물론이요 남도 지역에도, 연해와 내륙 지역의 구분 없이, 주현과 속현의 구별 없이, 군현마다 설치된 경향을 노정하고 있었다는 앞서의 검토 결과를 감안할 때, 고려 치소성은 개별 군현 단위의 방어 거점으로 기능하였을 점을 짐작해 볼 수 있다.

이 문제를 탐색하기 위해 사례 검토의 차원을 넘어서 당시의 지역방어체제 속에서 고려 치소성이 지닌 군사적 역할을 파악해 보도록 하겠다.

고려전기 지역방어체제는 신라말·고려초를 경과하면서 성립된 것으로, 국가의 전국적인 지방 통제가 작동되는 중앙집권체제 속에서, 지역사회—일반적으로 지방행정구획을 권역으로 함—가 보유해 온 공동체적 자위력에 의해 지역방어가 이루어지는 방식이었다. 곧 그것은 지역사회의 자위 역량을 국가체제 내로 포섭·활용하는 방식으로 구현된 것이라고 할 수 있다.[108]

고려초기의 지역방어는 개별 지역사회의 자위력에 의해 담보되고 있었다. 지방군제의 성립 이전에 지역사회 차원의 군사력에 대한 통제와 관련하여 가장 주목되는 광군(光軍)의[109] 설치조차, 지역사회의 자위력을 국가체

108) 노명호, 「고려시대 향리집단 속의 호장 이유(李裕)」, 『한국사시민강좌』 39, 2006; 노명호, 앞의 책, 2009; 최종석, 「고려전기 保勝·精勇軍의 성격과 地方軍 구성에 대한 재검토」, 『역사와 담론』 58, 2011a; 최종석, 「고려전기 지역방어체계의 특징」, 『사림』 40, 2011b 참조.

109) 광군에 대해서는 이기백, 「高麗 光軍考」, 『高麗兵制史硏究』, 일조각, 1968 참조.

제 내로 포섭·통제하는데 특별한 변수로 작용하지 못하였다.

광군은 947년(정종 2) 거란이 장차 침입해 올 것이라는 제보에 따라 이에 대비하기 위해 조직된 전국적 규모의 군사조직이다. 고려 정부는 전국에 걸쳐 광군 30만을 조직하고 광군사(光軍司)가 관할토록 하였다.[110] 광군은 중앙군이 아닌 지방군이었으며 농민이 위주가 된 군대였을 것이다. 국가가 광군을 조직하였다고는 하나, 호족층(성종대 이후로는 향리층)이 해당 지역 광군의 지휘권을 장악하고 있었기에, 당시의 상황은 광군 설치 이전과 질적으로 달라진 바가 없었을 것이다. 변화된 것이라고 한다면, 호족층에 의해 군사적으로 조직화되어 온 지역민이 광군의 외피를 두르게 되고, 지역민을 군사적으로 지휘·통제해 온 호족층 가운데 일부가 광군의 대정 등과 같은 직임(職任)을 지닌 하급 장교가 되는 정도였을 것이다.[111] 호족층의 최상층은 여전히 이들 광군의 장교를 매개로 하여 광군에 대한 군사적 영향력을 행사할 수 있었을[112] 것이다.[113]

---

110) 『고려사절요』 2, 정종 2년. "置光軍司 先是 崔彦撝子光胤 以賓貢進士 遊學入晉 爲契丹所虜 以才見用 受官爵 奉使龜城 知契丹將侵我 爲書以報 於是 命有司 選軍三十萬 號光軍"

111) 開心寺의 石塔을 조성하는데 동원된 椎香徒의 임원들 중에는 位奉의 직임으로 있던 隊正 邦祐·其豆·昕京이라는 인물이 보이는데, 이들 대정은 해당 역사에 참여한 광군 46대의 대정들 가운데 일부였을 것임이 분명하다. 弥肋香徒와 더불어 석탑 건립에 참여한 추향도는 예천군(당시 甫州)의 지역민으로 구성되었을 것인데, 이곳의 權氏(피휘 차원에서 昕을 권으로 改姓)와 邦氏가 각각 예천군의 토성과 촌성인 데서(『세종실록』 지리지, 경상도 안동대도호부 예천군), 광군의 지휘관들은 해당 지역의 향리(호족) 가계의 출신이었을 것으로 판단된다. 開心寺石塔記의 판독 및 검토와 관련해서는 이태진, 「醴泉 開心寺 石塔記의 分析」, 『역사학보』 53·54, 1972; 채웅석, 앞의 책, 2000, 178~183쪽 참조.

112) 開心寺石塔記에 따르면, 戶長 崔祐와 林長富는 그들 모친이 棟梁이었던 데서 실질적으로 석탑 건립을 주도한 인물로 판단된다. 곧 이들 호장은 예천군과 다인현 각각의 대규모 지역민으로 구성된 椎香徒와 弥肋香徒를 이끌고 해당 사업을 추진하였을 것이다. 주목되는 바는 여기에 광군 46대가 동원된 점이다. 이는 호장과 같은 고위 향리가 광군에 대한 영향력을 행사할 수 있었음을 강력히 시사한다고 하겠다. 호장인 崔祐와 林長富는 향도의 임원이기도 한 邦祐, 其豆 그리고 昕京을 포함한 역사에 참여한 광군 46대의 대정들을 매개로 하여 광군에 대한 영향력을 행사할 수 있었을 것이다 이에 관하여 이태진, 위의 논문, 1972; 이태진, 「社會史的으로 본 韓國中世의 시작」, 『韓國史의 時代區分-古代와 中世』, 신서원, 1995; 노명호, 앞의 책, 2009 참조.

이처럼 고려초기의 환경에서 중앙정부는 직속의 병력, 곧 진수군(鎭守軍)을 몇몇 군사적 거점 지역에 파견하여 지역사회들을 무력을 바탕으로 통제해야 했다.[114)]

한편 기존 영역에서와 달리 양계의 신개척 주진(州鎭)에서는 지역방어가 전적으로 중앙에서 파견된 군사력에 의존하였다. 후술하듯, 신개척 지대에 자리한 이들 주진은 새로이 확보된 영역에 주진을 설치하고['치읍(置邑)'] 이와 수반하여 주성(州城), 진성(鎭城) 등의 고려 치소성을 축조하는['축성(築城)'] 방식['치읍축성(置邑築城)']을 통해 성립되었다.[115)] 이처럼 이곳들은 새로이 개척된 영역에 위치하다 보니, 주변, 특히 여진의 공격으로부터 해당 지역을 방어할 수 있는 군사력이 절대적으로 요구되었다. 당시 국가는 중앙군을 투입하는 방식으로[116)] 이 문제를 해결하고 있었다.

이러하다가 지방군제, 보다 구체적으로 주현군제의 성립과 맞물려 지역방어체제 또한 갖추어졌다.

지방군제는 성종~현종대에 완비되었다. 양계와 달리 남도 지역에서는 지역사회의 자위력이 국가체제 내로 제한적으로만 포섭·통제되어 사실상 지역방어는 개별 지역사회의 자위력에 의해 담보되어 오다가, 이 무렵에 이르러서야 남도 지역에까지 지방군제, 곧 주현군 제도가 갖추어지게 된 것이다. 주현군의 보승·정용은 995년(성종 14) 무렵에 성립된 듯하고,[117)] 품군은 이

---

113) 그렇지만 중앙정부 입장에서 보면, 호족층 휘하의 지역사회의 병력을 일괄적으로 광군 조직으로 편제하고 일부 호족층을 광군의 장교로 '선임'하는 외형을 확보하게 된 것은 성과라고 할 수 있다. 달리 말해, 광군 창설을 계기로 하여 호족층을 리더로 하는 지역사회 차원의 개별적인 군사조직이 중앙정부 차원에서 일률적으로 파악·통제되었던 셈이다. 광군사는 바로 전국의 광군을 통제하기 위해 개경에 설치된 統帥部였을 것이다.

114) 고려초기 진수군에 관해서는 이기백, 「高麗 地方制度의 整備와 州縣軍의 成立」, 앞의 책, 1968 참조.

115) 홍원기, 『高麗前期軍制硏究』, 혜안, 2001, 134~137쪽; 송용덕, 「高麗前期 國境地域의 州鎭城編制」, 『한국사론』 51, 2005; 최종석, 앞의 논문, 2006, 97~106쪽 참조.

116) 『고려사』 82, 지36 병2 鎭戍 성종 1년 6월의 崔承老 상서문 참조.

117) 고려시대 중앙군의 구성 방식에 대한 현재 가장 유력한 학설인 이원적 구성론에 따르면,

보다 늦은 1012년(현종 3) 내지 1018년(현종 9년)에 광군이 재편되어 조직되었을 것이다.[118)]

지방군제 성립 이후의 지역방어체제를 이해하는 데 있어 고려해야 할 사실은, 그것이 이와 상호 깊숙이 맞물려 있는 지방제도를 포함한 지방지배질서와 궤를 같이하였을 것이라는 점이다. 당시 지방지배질서는 향리가 주현과 속현의 구분 없이 소속 지방의 행정을 담당하면서 동시에 지방관이 상위에서 주현과 예하 속현들로 구성된 광대한 영역[임내(任內)]을 통치하는 질서로 요약될 수 있다.[119)] 이것은 재지세력에 의한 해당 지역의 지배와 지방제도를 통한 국가의 전국적인 지방통치라는 상치될 수 있는 두 측면이 결합된 질

중앙군의 대다수를 차지하는 보승·정용군은 지방 주현의 보승·정용군이 번상하여 채우고 그 외의 중앙군(특수령 소속의 군인)은 개경 거주의 전업 군인으로 구성되었다고 이해된다. 이렇다고 한다면 지방 주현의 보승·정용군은 번상한 보승·정용군이 소속된 중앙의 6위 조직이 성립될 때 같이 편성되었을 것인데, 6위의 설치 시점은 일반적으로 995년(성종 14)으로 받아들여지고 있다(이기백, 「高麗 二軍·六衛의 形成過程에 대한 再考」, 앞의 책, 1968, 78~79쪽). 이원적 구성론과 관련한 주요 논저는 다음과 같다. 김당택, 「高麗 初期 地方軍의 形成과 構造-州縣軍의 性格-」, 『高麗軍制史』, 육군본부, 1983; 장동익, 「高麗 前期의 選軍-京軍 構成의 理解를 위한 一試論」, 『高麗史의 諸問題』, 삼영사, 1986; 홍원기, 「高麗 二軍·六衛制의 性格」, 『韓國史硏究』 68, 1990; 마종락, 「高麗時代의 軍人과 軍人田」, 『백산학보』 36, 1990; 정경현, 「高麗前期 二軍六衛制硏究」, 서울대 박사학위논문, 1992; 오영선, 「고려전기 군인층의 구성과 宿衛軍의 性格」, 『韓國史論』 28, 서울대 국사학과, 1992; 정경현, 「高麗前期의 保勝軍과 精勇軍」, 『韓國史硏究』 81, 1993; 권영국, 「고려전기 軍役制의 성격과 운영」, 『국사관논총』 87, 1999; 홍원기, 『高麗前期軍制硏究』, 혜안, 2001.

118) 광군이 주현군의 품군으로 개편된 시기는 開心寺石塔記로 볼 때 1011년(현종 2) 이후의 어느 때였을 것이다. 그리고 개편 시기의 하한은 1031년(현종 22)이었을 것이다. 왜냐하면 주현군을 구성하는 諸軍 중의 하나인 일품군에 관한 최초의 기록이 이 해에 세워진 淨兜寺五層石塔造成形止記에서 발견되기 때문이다. 이렇다고 한다면 광군이 주현군의 품군으로 개편된 시점은 1012(현종 3)~1031년(현종 22) 사이의 어느 해가 되는 셈이다. 구체적인 시점을 추정하자면, 그것은 1012년 내지 1018년(현종 9)이었을 것이다. 지방제도는 1012년에 12軍을 폐지하고 75道 按撫使를 두는 것을 골자로 하여 개편된 후 1018년에 재정비되고 있었는데, 지방제도의 정비와 맞물려 1012년 내지 1018년에 광군의 품군으로의 개편 작업이 이루어졌을 것이다. 淨兜寺五層石塔造成形止記는 노명호 외, 『한국고대중세고문서연구(上)』, 서울대학교출판부, 2000, 473~484쪽에 기재된 것을 참조하였다.

119) 윤경진, 앞의 논문, 2000b 참조.

서였다. 지역방어체제 또한 이와 같은 기조로 해서 지역사회의 자위가 통제되면서도 공인·활용되는 방식으로 성립·운영되었을 것이다.[120)]

실제로도 그러하여, 지방군제의 성립 이후로도 지역방어는 국가가 조직화하여 지역에 파견된 군사력에 의해 수행되는 방식으로는 전혀 운영되지 않았다. 오히려 중앙군 파견을 통해 지역방어가 이루어져 오던 양계 주진 지역에까지 지역사회의 자위적 역량을 활용한 지역방어가 시도되었다. 곧 주진 설치 지역이 계속 확대되어 가자, 이들 지역의 방어를 중앙군의 파견에만 의존하는 방식은 군비를 비롯한 여러 측면에서 중앙정부에게 큰 부담으로 작용하였고, 이러한 배경에서 성종대 최승로는 시무책에서 경군(京軍)의 방수(防戍) 노역(勞役)을 면제하고 군량 수송의 비용을 절감하는 차원에서 변경 지역의 토인(土人) 가운데 무예에 능한 자들을 선발하여 방수에 충당하고 또한 편장(偏將)을 선발하여 이들을 통솔케 할 것을 건의하였다.[121)] 최승로의 건의는 온전히 받아들여지지 않아 그 후로도 중앙군이 여전히 방수의 임무를 수행하였지만, 이전과 달리 주진 토착인으로 구성된 군사와 지휘관['주진장상장교(州鎭將相將校)']이 주진군의 중추를 구성하게 되었다.[122)] 최승로의 그와 같은 건의가 나오고 이것이 부분적으로 주진군 제도 내로 수용될 수 있던 것은, 이곳에서도 지역 자위적 역량이 갖추어졌고 고려 국가가 이를 신뢰하면서 주진군 제도의 틀 내로 포섭·활용한 데서 결과하였을 것이다.[123)] 결국 양계 주진의 지역방어는 해당 주진의 지방군, 곧 주진군에 의해 이루어졌고, 그 내부를 들여다보면 중앙에서 파견된 군사와 지역민으로 이루어진 병력에 의해 수행

120) 노명호, 앞의 책, 2009; 최종석, 앞의 논문, 2011b 참조. 상호 연관되어 있는 호족 주도의 自衛와 自治의 지역사회의 질서는 고려의 중앙집권체제가 성립되는 속에서 근본적인 해체 없이 고려 국가에 의해 통제되면서도 활용·공인되어 각각 지역방어체제로, 지방지배 질서로 귀착되었을 것이다.

121) 『고려사』 82, 지36 병2 鎭戍 성종 1년 6월

122) 조인성, 「高麗 兩界의 州鎭의 防戍軍과 州鎭軍」, 『高麗光宗研究』, 일조각, 1981 참조.

123) 최종석, 앞의 논문, 2011a.

되고 있었다.[124)]

양계 지역의 경우 주진군제 내에 여전히 중앙에서 파견된 병력이 존재하기는 하나 새로이 지역사회의 자위적 역량을 활용한 측면이 가미되었다고 한다면, 주현군 설치 지역에서는 종래 지역사회 차원의 자위를 감시·통제해 오던 진수군이 사라지고, 지역방어는 국가에 의해 성립된 지방군인 주현군에 의해 이루어졌다.[125)] 그런데 주현군은 국가가 일방적으로 조직화하여 지역에 파견한 것이 아니라 전래의 자위적 방어력을 제도적으로 포용·활용한 것이었다. 즉 고려 국가는 지역사회에서 전문적으로 군사력을 제공해 왔을 그룹을 전업적 군인인 보승·정용군으로 활용·편제하여 주현군의 근간으로 삼은 데다가,[126)] 호족층 주도의 지역민에 대한 군사적 조직화의 전통을 계승하여 현임 향리들 가운데 일부를 일반 민인들로 구성되었을 일품군의 장교로 충원하였다.[127)] 따라서 이곳에서 주현군에 의해 수행되는 지역방어의 양상은 국가에 의해 성립된 지방군이 지역방어를 책임지는 외양을 노정하면서도 지역사회 전래의 자위적 방어력에 의한 지역방어라는 면모를 내재한 셈이었다. 이렇듯 지역방어체제가 성립된 이후로도 방어 방식 자체는 그 이전에 비해 질적으로 달라졌다고 하기는 어려울 듯싶다.[128)]

---

124) 주진군 제도 전반에 대해서는 이기백, 「高麗 兩界의 州鎭軍」, 앞의 책, 1968 참조.

125) 진수군이 주현군의 성립과 더불어 사라졌을 것이라는 점에 관해서는 이기백, 「高麗 地方制度의 整備와 州縣軍의 成立」, 앞의 책, 1968 참조.

126) 주현의 보승·정용군이 職役을 수행하는 전업적 군인인 점에 관해서는 김당택, 앞의 논문, 1983; 오일순, 『高麗時代 役制와 身分制 變動』, 혜안, 2000; 최종석, 앞의 논문, 2011a 참조.

127) 『고려사』 75, 지29 선거3 銓注 鄕職 문종 23년 3월. "判 別將則副戶長以上 校尉則兵倉正戶正食祿正 隊正則副兵倉正副戶正諸壇正 並弓科試選兼差". 현임 향리들 가운데 1품군의 장교를 선발하는 조치는 1069년(문종 23)에 와서야 시행된 것이 아니었다. 궁술의 시험이라든지, 해당 장교직에 선임될 수 있는 향리직의 범위와 같은 세부적 규정은 1069년의 조치에서 신출되었을 수 있지만, 향리에서 일품군의 장교를 선임하는 것 자체는 이미 그 이전부터 있어 온 것이었다. 이러한 점은 1031년(현종 22) 淨兜寺五層石塔造成形止記에서 戶長別將 柳瓊이 현임 향리이면서 1품군의 장교이기도 한 사례에서 뒷받침된다.

128) 지역방어체제의 형성 과정에 대한 이상의 서술은 최종석, 「고려시대 지역방어체제의 변화

지방군제 성립 이후로의 지역방어는 기본적으로 지역사회의 자위적 역량을 제도 내로 흡수·활용한 지방군에 의해 이루어졌다고 할 수 있겠다. 평상시에는 지역방어가 지방군에 의해 이루어지고 있어, 해당 지역인으로 지방군이 꾸려진 점 등을 눈여겨보지 않는 한, 타 시대와 구분되는 고려시대적인 면모를 쉽사리 포착할 수 없다. 그런데 지역사회 차원의 반란 내지 외침에의 대응 양상에서는 지역사회 차원의 자위적 움직임이 보다 활성화되고 기록상으로도 포착되곤 한다.[129] 이 경우 지역사회의 공동체적 자위 활동은 반드시는 아니었다고 해도 기본적으로 지방군제(地方軍制)를 매개로 하여 구현되는 경향이 있었다.[130]

대표적인 사례로 명종대 조위총 난 당시에 북계 주진들에서의 자위적·군사적 움직임을 꼽을 수 있다. 조위총의 난 당시 북계 주진의 자위적 움직임에서 확인할 수 있는 바는, 지역 자위적 차원의 반란 내지 저항이 기본적으로 주진군 제도 내에서 주진 토착인을 지휘관과 군사로 활용한 지점을 바탕으로 하여 발생한 점이다. 그리고 '주진장상장교' 외에 향리층 또한 주진 단위의 자위적 활동의 주도 세력으로 활약했다. 향리층의 경우 군사제도 면에서는 일부 직임자가 백정군의 장교를 겸하는 수준에서 그 역할이 제한되었을 터이지만, 실제적으로는 제도의 테두리를 넘어 군사적 리더의 역할을 수행한 듯싶다. 북계 지역에서는 조위총의 반란 이후로도 한동안 반란으로 돌변할 수 있는 가능성을 내재한, 주진장상장교층과 향리층이 주도하는 자위적 움직임이 있었다.

한편 조위총의 난 당시 북계 주진의 움직임 및 그 이후 한동안 이곳의 동태는 분명 일상적인 모습으로 간주될 수 없다. 그렇지만 이러한 양상은 우발

양상과 그 성격」, 『한국사상과 문화』 64, 2012b를 참조하였다.

129) 이러한 사례와 양상에 대해서는 채웅석, 앞의 책, 2000; 노명호, 앞의 책, 2009; 최종석, 앞의 논문, 2011b 참조.

130) 최종석, 위의 논문, 2011b.

적인 것이라기보다는 제도와 구조에서 비롯되었을 것이다. 여기에 시기의 차이를 포함한 여러 사정들이 변수로 작용하였을 것이다. 따라서 자위적 움직임이 활성화되었을 때의 양상이 이 시기의 모습과 합치된다고 말할 수는 없어도 궤를 달리하지 않았을 것임은 예상 가능하다. 또한 자위적 활동이 특별히 표면화되지 않은 때에라도 조위총의 난 당시와 같은 움직임이 구현될 수 있는 구조적 토대는 구비되어 있었다고 할 수 있다.[131]

그런데 양계 주진의 자위적 움직임은 양계 지역에 한정되는 현상이 아니었다. 조위총 난에서 보이는 바와 같은, 지방군제를 매개로 한 양계 주진의 자위적 움직임은, 성종대 이전까지는 중앙정부에서 파견된 군대가 주진 지역의 방어를 온전히 책임진 까닭에, 발생하기 어려웠다. 따라서 그것은 남도 지역으로부터의 사민(徙民)을 계기로 이식된 지역 자위적 역량을 주진군제 내로 끌어들인 조치를 배경으로 하여 이루어지고 있었을 것이다. 이렇다고 한다면 남도 군현의 자위적 역량은 적어도 양계 주진에 못지않았을 것이다. 더욱이 남도 지역의 주현군제는 앞서 본 바와 같이 양계의 주진군제와 비교할 때보다 전면적으로 지역사회의 자위적 역량을 제도 내로 포섭·활용하고 있어, 남도 지역의 군현에서도 전래의 자위적 역량을 기본적으로 지방군제 내로 포섭·활용하고 있었을 것이다.[132]

지방군제 성립 이후로의 지역방어는 기본적으로 지방군에 의해 이루어졌다고 하였는데, 지방군은 각 지역사회의 자위적 역량을 지방군 제도의 틀 내로 포섭·활용하여 성립된 것과 맞물려 주현과 속현의 구분 없이 군현마다 설치되어 있었다.[133] 그리하여 고려전기의 지역방어에서는 개별군현이 주현

131) 최종석, 위의 논문, 2011b 참조. 이 논문에서는 조위총 난 당시에 북계 주진들에서의 자위적·군사적 움직임을 상세히 규명하였다.

132) 실례를 비롯한 관련한 상세한 검토로는 최종석, 위의 논문, 2011b 참고.

133) 『고려사』 4, 현종 11년 2월 무자. "以遂安縣隊正赫然及軍李曾龜州軍柴音達戰死 優賜妻子貨物". 수안현은 곡주의 속현인데, 이곳에 隊正과 軍(人)이 있는 것으로 보아 속현에도 주현군 조직이 설치되었음을 짐작해 볼 수 있다(이기백, 「高麗 州縣軍考」, 앞의 책, 1968,

과 속현의 구분없이 방어 단위가 되고 있었다. 곧 그것은 다수 군현들로 구성된 광역 범위를 단위로 하여 그 안에서 적절한 방어 거점을 토대로 해서가 아니라, 주현과 속현을 망라한 개별 군현을 방어의 단위로 하여 이루어졌다.

요컨대, 지방군제 성립 이후로의 지역방어는 기본적으로 지역사회의 자위적 역량을 포섭·활용한 지방군에 의해 이루어졌고, 양계와 남도 지역의 구별 없이, 주현과 속현의 구분 없이 개별 군현이 방어 단위로 작용하고 있었다.

지방군을 군사력으로 한 개별 군현 단위의 지역방어에서 군사·방어의 거점으로 기능한 것은 다름 아닌 고려 치소성이었다.[134] 호족 주도의 자위적 지역공동체가 성을 방어 거점으로 삼아 외부의 위협으로부터 해당 지역사회를 보위하였듯이, 지방군제 성립 이후로의 지역방어 또한 성을 군사 거점으로 하여 개별 군현을 단위로 하여 이루어졌는데, 군사 거점으로 기능한 성은 전국에 걸쳐 주현과 속현의 구별 없이 군현마다 설치된 경향의 고려 치소성이었다.

개별 군현 단위의 방어 거점으로 기능한 것은 고려 치소성이었기에, 앞서 보았듯이, 여러 우발적인 계기로 통해 노출된, 방어 거점으로 활용된 성은 사실상 고려 치소성으로 한정되었으며 이들 성 가운데 속현의 고려 치소성도 드물지 않게 존재한 것이다. 이와 같은 맥락에서 당시 사례로 확인된 축성은 고려 치소성의 축조에 집중되었으며 이들 축성 가운데 속현 치소성의 축조 또한 드물지 않았다. 다시 말해, 고려 치소성을 방어 거점으로 하여 주현과 속현의 구분 없이 개별 군현 단위의 방어가 이루어지는 속에서, 이들 고려 치소성 가운데 일부가 여러 계기를 통해 무작위적으로 노출되었다고 할 수

207쪽 참조). 참고적으로 수안현의 대정은 현임 향리가 겸직하는 일품군의 대정이었을 것이다.

134) 지역방어가 주현과 속현의 구분 없이 개별 군현 단위로 이루어지고 있었고 그곳 중심지에 자리한 성을 방어 거점으로 한 점에 대해서는 상세한 논증이 이루어진 바 있다. 최종석, 앞의 논문, 2011b.

있다.

다음으로는 고려전기 지역방어체제 속에서 고려 치소성의 군사적 역할을 간략히 언급해 보고자 한다. 고려 치소성은 지방군의 방어 거점으로 기능하였고 지방군은 국가 제도의 차원에서 조직된 것이기에 —그것이 지역사회의 자위적 역량을 포섭·활용하였다고 할지라도 말이다—, 고려 치소성이 중앙정부의 지방방어의 거점으로 작용한 점은 분명할 것이다. 특히 양계 주진에는 중앙에서 파견된 군사와 장교가 존재하였고 이들 역시도 고려 치소성인 주진성(州鎭城)을 군사 거점으로 삼아 활동한 데서 더더욱 그러하다. 당시 중앙에서 파견된 장수 또는 외관의 지휘 하에 고려 치소성을 군사 거점으로 외적 내지 반란군을 방어한 사례가 적지 않은 것은,[135] 고려 치소성이 중앙정부의 지방방어의 거점으로 기능해 온 현실을 배경으로 해서였을 것이다. 앞서 이선제의 언급에서도 볼 수 있듯이, 적이 침략해 오는 비상 상황에서는 중앙으로부터 해당 고려 치소성에 장수와 군사가 급파되곤 하였다.

지역방어의 방식 및 지방군제 등에서 전래 지역사회의 자위적 역량을 포섭·활용한 측면을 염두에 둔다면, 고려 치소성은 지역사회의 자위적 거점으로 기능하기도 하였을 것이다. 이와 관련하여 지방군제의 성립을 계기로 하여 지역방어의 구체적 양상은 분명 변화하였을 터이지만, 그 방식 자체가 이전에 비해 질적으로 달라졌다고 보기 어려운 점을 상기할 필요가 있다. 평상시 지역방어는 기본적으로 지방군에 의해 이루어졌기에, 지역사회 전래의 자위적 방어력은 국가에 의해 성립·조직된 지방군이 해당 지역을 방어하는 체계 속에 흡수·잠복된 채 발휘되고 있었을 것이다. 그러하기에 고려 치소성이 지역사회의 자위적 거점으로 기능하기도 한 점은 평시에는 눈에 띄는 바가 아니다. 하지만 지역사회 차원의 반란 내지 외침에의 대응 시에 지역사회의 자위적 역량은 활성화·노출되었고, 이와 맞물려 고려 치소성이 지역사회

135) 〈표 2-5〉와 〈표 2-6〉에서 그러한 사례들을 찾아볼 수 있다.

의 자위적 거점으로 기능한 면모 또한 수면 위로 부상하였을 것이다. 고려 치소성을 방어 거점으로 한, 지역사회의 자위적 움직임이 드러난 사례들이 드물지 않게 발견된 것은 이러한 맥락에서였을 것이다.

3. 성황신의 거처

고려 치소성은 성황사가 위치한 곳이기도 하였다. 앞서 언급한 바와 같이, 성황 신앙은 나말려초 시기 무렵에 중국으로부터 수용되어 이후 전국적으로 확산되어 갔고, 이와 맞물려 성황사는 고려시대 동안 상당 지역에 건립되었을 것으로 이해되고 있다. 성황 신앙에서는 '치소가 위치한 성[황]'이 신앙의 대상이었기에, 중국에서 성황사는 일반적으로 '치소가 위치한 성' 내에 위치하였고, 같은 맥락에서 고려말 이전에 건립된 성황사 또한 고려 치소성 안 혹은 그 인근에 자리하였다.

고려시대에 성황사가 고려 치소성과 관련하여 위치하였음은, 앞서 언급한 바와 같이, 고종대 축조된 승천부성 안에 성황사가 설치된 사실에서 잘 보인다. 고려의 승천부성은 조선초에는 폐기된 채 승천포성(昇天浦城)으로 불리며 당시 치소로부터 비교적 먼 거리인 약 15리 떨어진 곳에 위치하였는데, 대부분의 조선초기 성황사와 달리 치소로부터 비교적 먼 곳인 승천포성 안에 성황사가 위치한 까닭은, 승천포성이 '치소가 위치한 성'으로 기능하였을 당시에 성황사가 그 안에 건립되고 그 이후에 치소가 다른 곳으로 장거리 이동하였음에도 예전 지점에 존속하였기 때문에서였다.

이것 외에 1055년(문종 9) "선덕진(宣德鎭) 신성(新城)에 성황신사(城隍神祠)를 두고 춘추로 제사를 지냈다"고 한 기록[136] 또한 성황사가 고려 치소성 내에 설치되었음을 잘 보여준다. 선덕진의 성황사가 신성(新城) 내에 있었다고

---

136) 『고려사』 63, 禮志5 雜祀 문종 9년 3월 임신. "宣德鎭新城 置城隍神祠 賜號崇威 春秋致祭"

하였는데, 신성은 선덕진의 고려 치소성인 선덕성이었다. 같은 해 선덕성을 '신축'하고 그 성을 [선덕(宣德)]진(鎭)으로 삼았던 데서,[137] 선덕성은 신성이었다. 이렇듯 고려 치소성인 선덕성 내에 성황사가 위치하고 있었다.

고려시대에 건립된 성황사가 고려 치소성과 관련하여 위치한 사실을 직접적으로 보여주는 사례들은 드물다. 하지만 성황사 입지의 일반적 특징, 고려 치소성의 공간적 특징, 성황사의 건립 시기 등을 종합적으로 고려하면서 편찬 당시 거의 모든 지역의 성황사 입지 정보를 기록한 『동국여지승람』을 분석하면, 고려시대에 건립된 성황사가 고려 치소성과 관련하여 위치한 사실을 말해주는 간접적인 사례들을 대거 찾을 수 있다. 즉 『동국여지승람』에 기재된 성황사들 가운데 다수는 당시의 '치소가 위치한 성'과 무관한 산성의 안 혹은 그러한 성이 위치한 산에 자리하였는데, 이들 산성은 성황사가 건립되었을 당시 '치소가 위치한 성'으로 기능하였을 것이다. 『동국여지승람』에 수록된 대다수 성황사는 고려시대 이래로의 것으로, 건립되었을 당시에는 추후에 산성으로 바뀔 '치소가 위치한 성'과 관련하여 위치하였을 것이다.[138]

고려시대에 성황사가 입지의 측면에서 고려 치소성과 밀접하였다고 할 때, 고려 치소성은 지역사회인들에게 어떻게 인식되고 있었을까? 이 문제는 성황사가 당시 지역사회에서 어떠한 역할을 하였는지를 규명하는 작업을 통해서 그 해답을 찾을 수 있다.

성황사의 역할은 그것을 매개로 하여 거행된 성황제의를 통해 드러난다. 고려시대 성황제의는 향리층이 주도하는 거군현적 제의였다. 당시 성황제의 양상을 직접적으로 보여주는 기록은 드물다. 하지만 향리가 성황제의를 주도하였음은 일부 기록에서 엿보인다. 이규보가 쓴 전주(全州) 성황신에 대한 치고문(致告文)에 따르면, "예로부터 전주의 아리(衙吏)들이 사냥꾼으로 하여금 매월 초하루에 사슴 한 마리와 꿩 또는 토기를 제육으로 바치게 하고는 그

137) 『고려사』 58, 지12 지리3 德州. "德州 文宗九年 始築宣德城 爲鎭 後稱德州防禦使"
138) 최종석, 앞의 논문, 2005a.

것으로 성황신에게 제사지내는 관행이 있었다"고 한다.[139] 이 기록은 전주 성황제의의 관행이 향리층에 의해 주도·전수되었고 지방관인 이규보는 단지 그 관례를 사냥꾼으로부터 전해 듣는 처지에 있었음을 말해주고 있다. 이외에 이규보가 작성한 「몽험기(夢驗記)」에 따르면, 전주의 장서기(掌書記)인 그는 꿈에서 성황신에 대한 신이한 경험을 하기 전까지는 성황사에 출입한 적이 없었다고 한다.[140] 성황신의 영험을 체험한 후에야 성황사에 갔지만, 그는 지방관의 자격으로서가 아니라 성황신을 믿는 일 개인으로서 그곳에 출입하였다.

이외에도 성황사에 배향된 인물들 대부분이 해당 지역의 토성(土姓), 즉 향리층과 관련된 자들이었던 데서,[141] 당시의 성황제의가 향리층에 의해 수용·주도되었던 사실을 엿볼 수 있다.[142] 이렇다고 할 때, 계림부(雞林府)에서 '주민(州民)'이 주체가 되어 성황제의를 거행했다는 사례[143]에서, 당시 계림부의 성황제의를 주도한 층은 '주민' 전체라기보다는 그중에서도 향리층에 한정되었을 것이다. '주민'은 해당 성황제의 참여층을 의미하였을 것이다.

고려시대의 기록은 당시의 성황제의가 향리층 주도로 거(擧)군현적으로 설행되었을 점을 파편적으로나마 보여주고 있으나, 관련 기록이 워낙 희소한데다가 제의 전반을 보여주는 것도 아니어서, 고려시대 성황제의를 체계적으로 파악하는 데에는 어려움이 따른다. 다행스럽게도 조선전기에 음사(淫祀)로 지목되어 통제·탄압되던 성황제에 관한 기록들을 통해서, 고려시대 성황제의 양상을 구체적이고도 체계적으로 파악해 볼 수 있다.

---

139) 『東國李相國集』 37, 祭神文 李奎報

140) 『東國李相國集』 25, 夢驗記 李奎報

141) 김갑동, 「高麗時代의 城隍信仰과 地方統治」, 『한국사연구』 74, 1991, 17쪽.

142) 서영대, 「城隍信仰史에서 본 순창 「城隍大神事跡」」, 『성황당과 성황제』(한국종교사연구회 편), 민속원, 1998.

143) 『고려사』 35, 세가35 충숙왕 15년 7월 경인. "胡僧指空說戒 於延福亭 士女奔走以聽 雞林府司錄李光順 亦受無生戒之任 令州民 祭城隍不得用肉 禁民畜豚甚嚴 州人一日盡殺其豚"

조선전기에는 음사로 간주된 향리층 주도의 성황제가 각지에서 거행되곤 하였다. 이들 제의는 조선에 들어 새로이 출현한 것이 아니었다. 조선시대 들어 새로이 도입되어 공적으로 기능한 성황제는 음사적 성황제와 철저히 이질적이었다. 조선시대 공적 성황제는 지방관 주재 하에 봄, 가을 두 차례 거행되었고, 신상 대신 위패가 설치되었으며, 전물(奠物)·제기(祭器)·작헌(酌獻)의 예(禮) 등의 의식은 명(明)의 예제인 홍무예제(洪武禮制)에 규정된 것을 토대로 마련되었다. 또한 공적 성황제의는 소수의 제관만이 참석하여 홍무예제에 의거한 위와 같은 유교적 의식에 따라 엄숙하게 거행되었다.[144)]

새로이 등장한 지방관 주도의 공적 성황제와 별도로, 음사로 낙인찍힌 향리층 주도의 성황제는 본래부터 '음사'로 등장한 것이 아니라 기왕의 것이 여말선초 시기를 경과하면서 음사로 전락한 채 존속해 온 것이었다. 고려말 이전에는 주로 무격(巫覡)을 혹신(惑信)하는 행위가 음사로 인식되었으나, 여말선초 시기 동안 명초(明初)에 부상한 음사 관련한 혁신적 관념을 수용하여 음사 인식상의 전환이 있게 되면서 전래의 향리층 주도의 성황제의는 음사로 간주되었다. 곧 음사는 '참월한 제사[월분지제(越分之制)]' 및 '사전에 등재되지 못한 제사[미열입사전지제(未列入祀典之祭)]'로 새로이 인식되었고, 이를 기준으로 할 때 일종의 산천인 성황은 제후가 제사지내야 하는 신이 되기에 성황에의 사적 혹은 향리 주도의 공동체적 치제(致祭)는 음사로 간주되었다. 달리 말해, 조선전기의 음사적 성황제는 고려시대 향리층 주도 성황제의 유제(遺制)인 것이다.

여러 확인된 기록들을 토대로 하여 조선전기 음사적 성황제의 양상을 구체화해 보자면 다음과 같다. 즉 향리층 주재의 성황제의는 정기적으로—많

144) 아울러 1409년(태종 9)의 획기적 조치와 그 이후의 추가 조처들로 인해 고려시대와 달리 지방 성황들 가운데 [국가]사전에 등재된 것은 전무하게 되어, 國祭 차원의 성황제는 거행되지 않게 되었다. 조선시대 공적 성황제에 대한 상세한 검토로는 최종석, 「여말선초 명(明)의 예제와 지방 성황제(城隍祭) 재편」, 『역사와 현실』 72, 2009a 참조.

은 경우 단옷날—거행되었다. 성황사 안에 신상이 설치되고 성황신과 소통할 수 있는 무격이 치제(致祭)를 주도하는 등, 성황제의는 토속적 의식을 토대로 거행되고 있었다. 그리고 제의는 해당 지역민들이 대규모로 참여하는 축제의 형태, 거군현적 방식으로 설행되었다.[145)]

조선전기 음사적 성황제가 전대의 유제였을 것이라는 사실을 감안할 때, 고려시대 성황제의 양상은 이와 상이하지 않았을 것이다. 다만 고려시대 향리 주도의 성황제는 조선시대와 달리 음사로 간주되지 않았다. 즉 향리층의 해당 지역에 대한 지배가 공적으로 포섭된 것과 같은 맥락에서 공적인 것으로 인정되고 있었을 것이다. 또한 조선시대에는 지방 성황신이 국제(國祭)의 대상이 되지 못한 것과 달리, 고려시대에는 지방 성황들 가운데 국가에 의해 영험이 신통하다고 간주된 것들을 사전(祀典)에 등재하고 봉작을 부여하고 있어, 이들 일부 성황은 향리층 주도의 제의면서 동시에 국제의 대상이 되었을 것이다.[146)]

향리층의 주도로 공동체적, 축제 형태의 제의를 거행하는 속에서, 지역사회 구성원 간의 신분·계급 갈등은 약화·해소되곤 한 반면 공동체적 결속은 강화되어 갔을 것이다.[147)] 성황제의를 통한 지역사회 내의 신앙적 결속을 감안할 때, 이 제의를 지원·주도한 향리층의 지역사회 내에서의 역할은 향리층의 해당 지역에 대한 지배가 지역 민인으로부터의 정당성, 자발적 동의 속에서 관철되는데 있어 유효한 이데올로기적 자원으로 기능하였을 것이다.

---

145) 이 점은 최종석, 「조선전기 淫祀的 城隍祭의 양상과 그 성격-중화 보편 수용의 일양상-」, 『역사학보』 204, 2009b에서 구체적으로 논증되었다.

146) 고려 국가는 지역사회에서 신앙되는 神으로 靈驗과 異跡을 지닌 존재를 국가 차원에서 인정하고 받아들였고(강은경, 「고려시대의 국가, 지역 차원 祭儀와 개인적 신앙」, 『동방학지』 129, 2005), 이로 인해 일부 지역의 성황신은 國祭의 대상이 되었다. 가령 登州의 성황신은 자주 무당에게 강림하여 국가의 禍福을 맞혀 이에 대한 제의가 國祭로 거행되고 있었고, 감창사가 이를 주관하였다(『고려사』 99, 열전12 咸有一). 각지에서 해당 향리층 주도의 성황제의가 거군현적으로 설행되었고, 이와 차원을 달리하면서 등주 지역에서와 같이 국가(관) 주도의 성황제의가 거행되기도 하였다.

147) 채웅석, 앞의 책, 2000.

성황사를 매개로 한 성황제의가 이처럼 향리층을 중심으로 한 거군현적 결속을 존속·강화하는 기제로 작용하였음을 고려할 때, 성황사가 위치한 곳으로서의 고려 치소성은 지역사회의 정신적이고 문화적인 통합·결속을 이끌어내는 상징적 공간으로 기능하기도 하였으리라 판단된다.

또한 지역사회인들은 성황신을 자연재해와 외적으로부터 보호해주는 존재, 즉 지역사회의 수호신으로 믿고 있었다.[148] 따라서 고려 치소성은 해당 지역 수호신의 거처로도 받아들여지고 있었을 것이다.

148) 서영대, 앞의 논문, 1998 참조.

제3부
고려 치소성의 성립

1장 읍(邑) 신설과 고려 치소성 축조

2장 호족 주도 자치 · 자위의 성 공인

포천 반월산성

1장
읍(邑) 신설과 고려 치소성 축조

고려 치소성의 형성 방식은 신개척 지역과 기존 영역 사이에 뚜렷한 차이가 있었다. 이러한 이유에서 고려 치소성의 형성 문제를 권역 별로 검토해 보도록 하겠다. 우선적으로 신개척 지역 고려 치소성의 형성 방식에 관해서다.

고려전기에 이루어진 축성 사례들 거의 대부분은 고려 치소성의 축조였으며, 지역적으로 볼 때 축성은 양계 지역에 집중되었고 그중에서도 신개척 지역에서 활발히 행해지고 있었음을 살펴 본 바 있다. 그러한 이유에서인지 양계 신개척 지역의 모든 주진에서는 고려 치소성의 축조가 사례상으로 확인되고, 이러한 축성 결과는 양계 신개척 주진마다 고려 치소성이 분포하였음을 말해 준다고 한 바 있다.

그런데 양계 신개척 지역에서 고려 치소성이 형성되는 방식과 시점은 여전히 명확치 않다. 결론부터 말하자면, 신개척 지역에서 고려 치소성이 형성되는 방식은 '치읍축성(置邑築城)'이었으며, 형성 시점은 '치읍(置邑)'이 단행된 때였다고 하겠다. 곧 북진을 통해 새로이 확보된 영역에 주진(州鎭)을 설치할 때['치읍'], 주성(州城), 진성(鎭城) 등의 '치소가 위치한 성'을 축조한 것이다['축성']. 이는 당시 용어로 '치읍축성(置邑築城)'이라고 지칭되곤 하였는데,[1] '치읍축성'은 신개척 지역에서 주진[성]이 설치되는 방식이었다. 그러한 이유로 고려 치소성의 형성 시점은 '치읍'이 단행되고 이와 동반하여 고려 치소성이 신축되는 시점이라고 할 수 있다.

이하에서는 신개척 지역에서는 '치읍축성'의 방식을 통해 해당 주진의 고려 치소성이 형성되었음을 논증해 보도록 하겠다.

우선 북계 지역에서 '치읍축성' 사례가 분명한 것들을 표로 정리해 보았다.

〈표 3-1〉 북계에서의 읍 신설시 고려 치소성 축조 사례

지역	시기	관련 기록
평양도호부(平壤都護府)	919년(태조 2)	城平壤(성) 太祖元年 以平壤荒廢 量徙塩白黃海鳳諸州民 以實之 爲大都護府(지)
통덕진(通德鎭)	928년(태조 11)	移築鎭國城 改名通德鎭 以元尹忠仁 爲鎭頭(진)
안수진(安水鎭)	929년(태조 12)	遣大相式廉 城安水鎭 以元尹昕平 爲鎭頭(진) 朝陽鎭 有鎭將 下同 太祖十三年 城馬山 號安水鎭(지)
통해진(通海鎭)	934년(태조 17)	遣大相廉相 城通海鎭 以元甫才萱 爲鎭頭(진) 通海縣 太祖十七年 築城(지)
양암진(陽嵒鎭)	938년(태조 21)	城陽嵒鎭(성) 陽岩鎭 太祖二十一年 築城(지)
대안주(大安州)	939년(태조 22)	城大安州(성) 慈州 本高麗 文城郡 太祖二十二年 改爲大安州(지)
위화진(威化鎭)	950년(광종 1)	城長靑鎭威化鎭(성) 雲州 本高麗 雲中郡 一云 古遠化鎭 光宗時 爲威化鎭(지)
가주(嘉州)	960년(광종 11)	城濕忽 爲嘉州 城松城 爲拓州(절)
척주(拓州)	960년	城濕忽 爲嘉州 城松城 爲拓州(절)
안융진(安戎鎭)	973년(광종 24)	城安戎鎭(성) 安戎鎭 光宗二十五年 築城(지)

1) 邑을 신설하고 해당 군현의 고려 치소성을 축조하는 것을 '置邑築城'으로 칭하였음은 다음 기록에서 확인된다. 『고려사』 13, 세가13 예종 4년 5월 계축. "乃下宣旨曰……故我聖考 憤然誓曰 今若掃蕩醜類 卽於賊境 築設城堡 創寺宇 恢張佛法 大功未就 倏爾升遐 寡人嗣承先志 擧義發軍 置邑築城 此盖國內名山大川神祗 所助也(하략)". 州鎭을 설치하고 9(治所)城을 축조한 것을 '置邑築城'으로 부르고 있다.

수덕진(樹德鎭)	983년(성종 2)	城樹德鎭(성) 樹德鎭 成宗二年 築城(지)
곽주(郭州)	994년(성종 13)	命平章事徐熙 率兵 攻逐女眞 城長興歸化二鎭及郭龜二州(성) 郭州 本高麗 長利縣 成宗十三年 命平章事徐熙 率兵 攻逐女眞 城郭州 顯宗九年 爲防禦使(지)
귀주(龜州)	994년	命平章事徐熙 率兵 攻逐女眞 城長興歸化二鎭及郭龜二州(성) 龜州 本高麗 萬年郡 成宗十三年 命平章事徐熙 率兵 攻逐女眞 城龜州 顯宗九年 爲防禦使(지)
위원진(威遠鎭)	1029년(현종 20)	遣平章事柳韶等 修古石城 置威遠鎭 築城(성)
정융진(定戎鎭)	1029년	城定戎鎭(성) 定戎鎭 顯宗二十年 遣柳韶 修古石壁 置鎭 徙永平城民實之 鎭在興化鎭北(지)
정주(靜州)	1033년(덕종 2)	城靜州鎭(성) 靜州 本高麗 松山縣 德宗二年 築城 徙民一千戶 實之(지)
창주(昌州)	1035년(정종 1)	城梓田 徙民實之 號昌州(절)
영원진(寧遠鎭)	1041년(정종 7)	崔冲城寧遠(성) 寧遠鎭 靖宗七年 命崔冲 築城(지)
영삭진(寧朔鎭)	1050년(문종 4)	城安義鎭榛子農場 爲寧朔鎭 以扼蕃賊要衝(성)
의주(義州)	1117년(예종 12)	城義州(성) 義州 本高麗龍灣縣 又名和義 初契丹置城 于鴨綠江東岸 稱保州……[1117년: 필자] 我兵入其城[保州城: 필자] 收拾兵仗錢穀 王悅 改爲義州防禦使 推刷南界人戶 以實之 於是 復以鴨綠江 爲界置關防(지)

※읍명은 축성 당시의 명칭이다
※(성), (진), (지), (절)은 각각 『고려사』 병지 성보, 『고려사』 병지 진수, 『고려사』 지리지, 『고려사절요』를 약칭한 것이다.

〈표 3-1〉에 수록된 사례들 가운데 진하게 표시된 지역, 즉 통덕진, 가주, 척주, 위원진, 창주, 영삭진에서의 축성은, '치읍'에 동반된 고려 치소성의 축조였음이 분명하다. 가령 "재전(梓田)에 성을 쌓고 사민(徙民)하여 채우고는 창주(昌州)라고 칭하였다"는 기록에서, 당시 재전에 성을 쌓아 창주성을 설치하고 창주를 신설하였음을 어렵지 않게 읽어낼 수 있다.

그런데 이들 이외 지역에서의 축성 사례는 『고려사』 지리지[이하 지리지로 약칭]를 함께 참고해야만 그것이 '치읍'에 동반된 고려 치소성의 축조인지 여부를 파악할 수 있다. 예를 들어, 939년(태조 22) "대안주(大安州)에 성을 쌓았다"고 한 사례는 대안주성의 축조를 말해줄 뿐이다. 하지만 "자주(慈州)는 본래 고려의 문성군(文城郡)이다. 태조 22년에 고쳐 대안주(大安州)로 삼았다"는 지리지 기록을 활용하면, 939년의 대안주성 축조가 대안주 설치에 동반한 조치였음을 알 수 있다.[2] 983년(성종 2) "수덕진(樹德鎭)에 성을 쌓았다"고 한 기록 또한 마찬가지이다. 이것을 "수덕진. 성종 2년에 성을 축조하였다"고 한 지리지 기록과 함께 독해하면, 983년의 축성, 즉 수덕진성의 축조가 '치읍축성'을 의미함을 어렵지 않게 유추해 낼 수 있다. 곧 수덕진에 관한 지리지 연혁에서 진(鎭)의 설치 시점을 언급하지 않은 채 983년의 (고려 치소성) 축조 사실을 가장 먼저 기록한 데서, 축성 당시에 수덕진의 설치도 함께 이루어졌을 것임을 읽을 수 있다.[3] 〈표 3-1〉에 실린 '치읍축성' 사례들은 이러한 방식으로 축성 사례를 독해하여 얻어진 결과물이다.[4]

그런데 이러한 방식으로 북계 지역 '치읍축성'의 모든 사례를 검출할 수는 없다. 왜냐하면 지리지에 해당 군현에 관한 기록이 없거나, 기록은 있어도 단지 읍호 개정과 주속(主屬) 관계만을 기재한 경우에는, 고려 치소성의 축조가 '치읍축성'에 해당하는지 여부를 판별할 도리가 없기 때문이다. 그렇기는 하나 이러한 지역의 경우에는 해당 주진에서 처음으로 확인되는 고려 치소성 축조의 사례가 '치읍축성'일 가능성이 크다고 하겠다. 신개척 지역에서의 '치읍'은 군사·방어상의 이유로 군사·행정·민거(民居)의 역할을 복합적으로 수행해야 할 성[고려 치소성]을 반드시 필요로 한 데서 그렇게 생각해 볼 수

2) 고려의 文城郡을 대안주로 개명하였다고 기록되어 있으나, 939년(태조 22) 이전에 이곳에 郡을 설치하였다고 보기 어려우므로, 대안주로의 개명은 대안주의 신설로 판단된다.

3) 통해진, 양암진, 안융진, 정융진, 영원진의 축성 사례 또한 수덕진과 마찬가지였을 것이다.

4) 안수진과 안융진의 경우 축성 시기에 관해서 『고려사』 鎭戍·城堡 조와 지리지 기록 사이에 1년의 차이가 존재하나, 이 차이는 전자가 始築을 후자는 完築을 지칭한 데서 비롯되었다고 판단된다. 윤무병, 「高麗北界地理考(上)」, 『역사학보』 4, 1953, 43쪽 참조. 한편 평양도호부에서 고려 치소성의 축조는 '置邑'이 단행된 시기보다 1년 가량 늦다.

있다.

이에 해당할 수 있는 고려 치소성의 축조 사례로는, '城龍岡縣'[919년(태조 2)], '城咸從縣'[920년(태조 3)], '築安北城'[920년], '城雲南縣'[921년(태조 4)], '城成州'[925년(태조 8)], '城永淸鎭'[929년(태조 12)], '城興德鎭'[929년], '城安定鎭'[929년], '城順州'[937년(태조 20)], '城德成鎭'[947년(정종 2)], '城德昌鎭'[947년], '築鐵甕城'[947년], '城長靑鎭'[950년(광종 1)], '城安朔鎭'[952년(광종 3)], '城樂陵郡'[967년(광종 18)], '城寧朔鎭'[969년(광종 20)], '城淸塞鎭'[979년(경종 4)], '城長興鎭'[994년(성종 13)], '城歸化鎭'[994년], '城安義鎭'[995년(성종 14)], '城興化鎭'[995년], '城宣州'[996년(성종 15)], '城德州'[1000년(목종 3)], '城平虜鎭'[1001년(목종 4)], '城永平鎭'[1019년(현종 10)], '城寧德鎭'[1030년(현종 21)] 등이 있다.[5)]

이들 두 방식을 통하여 북계 주진의 '치읍축성'을 검출한 후 시기 순으로 정리한 것이 〈표 3-2〉이다.[6)]

---

5) '城龍州'[1014년(현종 5)], '鐵州城'[1016년(현종 7)], '城麟州'[1030년(현종 21)], '城朔州'[1032년(덕종 1)] 사례는 初出이긴 하나, '置邑築城'이 아니라 '置邑' 이후의 築城이었다. 이들 축성 이전에 이미 고려 치소성의 축조가 있었을 것이다. 용주와 철주는 성종대 압록강 유역으로 진출하면서 신설된 州인 점에서, 이들 지역에서는 성종대에 '置邑築城'이 있었을 것이다. 1012년(현종 3) 거란이 공취하려 했던 '六城' 가운데 龍州城과 鐵州城이 있어(『고려사』 4, 세가4 현종 3년 6월 甲子), 1012년 이전에 龍州城과 鐵州城이 축조되었음은 분명하다. 이들 성이 축조된 시기는 성종대였을 것이다. 麟州와 朔州에서도 각각 1030년(현종 21)과 1032년(덕종 1) 이전에 '置邑築城'이 있었을 것이다. 지리지 기록을 참고할 때, 인주와 삭주는 모두 1018년(현종 9)에 방어사를 두고 있어, 1030년과 1032년 이전에 해당 州를 설치하였음이 분명하고, '置邑' 시에 고려 치소성의 축조 또한 이루어졌을 것이다.

6) 북계 주진들 가운데 '置邑' 이후에 폐읍된 것들이 있어, 이들 사례를 표에 반영하였다. 또한 후대의 읍명이 소급되는 등의 여러 이유로 '置邑築城' 당시의 읍명이 잘못 기록되거나, 편찬 과정에서 잘못 기재된 사례가 있곤 하였다. 이런 점을 보정하면서 표를 작성하였다. '置邑' 이후에의 폐읍 및 읍명 등과 관련된 기록상의 오류에 관해서는 최종석, 「고려전기 築城의 특징과 治所城의 형성」, 『진단학보』 102, 2006, 100~104쪽의 논증 참조.

〈표 3-2〉 북계 주진의 '치읍축성(置邑築城)' 시기

시기	읍명	시기	읍명	시기	읍명
태조 1년 (혹은 2년)	평양도호부(平壤都護府)→[서경(西京)]	태조 2년	용강현(龍岡縣)(?)	태조 3년	함종현(咸從縣)(?)
태조 4년	운남진(雲南鎭)→[무주(撫州)]	태조 11년	팽원진(彭原鎭)→[안북부(安北府)]	태조 11년	통덕진(通德鎭)→[숙주(肅州)]
태조 12년	안정진(安定鎭)→[폐읍]	태조 12년	영청진(永淸鎭)→[영청현(永淸縣)]	태조 12년	안수진(安水鎭)→[조양진(朝陽鎭)]
태조 12년	흥덕진(興德鎭)→[은주(殷州)]	태조 14년	강덕진(剛德鎭)→[성주(成州)]	태조 17년	통해진(通海鎭)→[통해현(通海縣)]
태조 20년	정융진(靜戎鎭)→[순주(順州)]	태조 21년	양암진(陽嵒鎭)	태조 22년	대안주(大安州)→[자주(慈州)]
정종 2년	덕성진(德成鎭)→[폐읍]	정종 2년	덕창진(德昌鎭)→[박주(博州)]	정종 2년	철옹진(鐵甕鎭)→[맹주(猛州)]
광종 1년	장청진(長靑鎭)→[폐읍]	광종 1년	위화진(威化鎭)→[운주(雲州)]	광종 3년	안삭진(安朔鎭)→[연주(延州)]
광종 11년	가주(嘉州)	광종 11년	척주(拓州)→[폐읍]	광종 18년	낙릉진(樂陵鎭)→[위주(渭州)]
광종 20년	영삭진(寧朔鎭)→[태주(泰州)]	광종 24년	안융진(安戎鎭)	경종 4년	청색진(淸塞鎭)
성종 2년	수덕진(樹德鎭)	성종 13년	장흥진(長興鎭)→[폐읍]	성종 13년	귀화진(歸化鎭)→[폐읍]
성종 13년	곽주(郭州)	성종 13년	귀주(龜州)	성종 14년	안의진(安義鎭)
성종 14년	흥화진(興化鎭)→[영주(靈州)]	성종 15년	통주(通州)→[선주(宣州)]	성종대	용주(龍州)
성종대	철주(鐵州)	목종 3년	장덕진(長德鎭)→[(덕주(德州)]	목종 4년	평로진(平虜鎭)
현종 10년	영평진(永平鎭)→[폐읍]	현종 20년	위원진(威遠鎭)	현종 20년	정융진(定戎鎭)
현종 21년 이전	인주(麟州)	현종 21년	영덕진(寧德鎭)	덕종원년 이전	삭주(朔州)
덕종 2년	정주(靜州)	靖宗 1년	창주(昌州)	靖宗 7년	영원진(寧遠鎭)
문종 4년	영삭진(寧朔鎭)	예종 12년	의주(義州)		

* 읍명은 '치읍' 시의 것이고, 괄호 안의 읍명은 '치읍축성' 이후에 바뀐 것이다.

〈표 3-2〉에서 볼 수 있듯이, 북계 신개척 주진에서 '치읍축성'은 일반적으로 행해지고 있었다. '치읍축성'은 이 지역에서 고려 치소성이 형성되는 방식이었다. 그리고 이 일대에서 고려 치소성이 형성되는 시점은 다름 아닌 '치읍'이 단행된 때였다.

동계 신개척 지역에서도 '치읍축성'은 각 주진마다 행해졌다. 〈표 3-3〉은 는 이 일대에서의 축성 사례들 가운데 '치읍축성'이 비교적 분명한 것들을 정리한 것이다.

〈표 3-3〉 동계에서의 읍 신설시 고려 치소성 축조 사례

지역	시기	관련 기록
장평진(長平鎭)	969년(광종 20)	城長平鎭(성) 長平鎭 古稱古叱達 光宗二十年 始築城堡 有鎭將(지)
애수진(隘守鎭)	983년(성종 2)	隘守鎭 古稱梨柄 成宗二年 築城 初隷文州 恭愍王九年 屬高州(지)
영풍진(永豐鎭)	1001년(목종 4)	城永豐平虜二鎭(성) 永豐鎭 本甑大伊 穆宗四年置 後改爲縣(지)
용진진(龍津鎭)	1006년(목종 9)	城龍津鎭(성) 龍津鎭 古狐浦 高麗初 改今名 爲鎭 穆宗九年 築城 後屬文州(지)
운림진(雲林鎭)	1015년(현종 6)	城雲林鎭(성) 雲林鎭 顯宗六年 築城堡(지)
영인진(寧仁鎭)	1032년(덕종 1)	遂城朔州寧仁鎭派川等縣(절) 寧仁鎭 一云 淸源 顯宗二十二年置(지)
원흥진(元興鎭)	1044년(정종 10)	命金令器王寵之 城長州定州及元興鎭(성) 元興鎭 靖宗十年 城栍川 爲鎭 有鎭使(지)
예주(預州)	1115년(예종 10)	城東界預州(성) 豫州 睿宗十一年 爲豫州防禦使 後屬定州(지)

※읍명은 축성 당시의 명칭이다
※(성), (지), (절)은 각각 『고려사』 병지 성보, 『고려사』 지리지, 『고려사절요』를 약칭한 것이다.

지리지 기록을 함께 참고하면서 축성 사례들을 파악해 보면, 이들 축성은 '치읍'에 동반된 고려 치소성의 축조였다. 영인진과 예주에서는 '치읍'과 고려 치소성의 축조 사이에 1년여의 차이가 있지만, 이들 현상은 축성이 해를 넘겨 진행된 데에서 비롯되었을 것이다.

북계 신개척 지역에서와 마찬가지로, '치읍' 시점은 분명치 않지만 '치읍축성'일 가능성이 큰, 해당 주진에서 처음으로 확인되는 고려 치소성의 축조 사례로는 '城高州'[973년(광종 24)], '城博平鎭'[973년], '城文州'[984년(성종 3)], '城鎭溟縣'[1001년(목종 4)], '城長州'[1012년(현종 3)] 등이 있다.[7)]

〈표 3-4〉 동계 주진의 '치읍축성(置邑築城)' 시기

시기	읍명	시기	읍명	시기	읍명
광종 20년	장평진(長平鎭)	광종 24년	덕령진(德寧鎭) →[고주(高州)]	광종 24년	박평진(博平鎭) →[화주(和州)]
성종 2년	애수진(隘守鎭)	성종 3년	주성(姝城)? →[문주(文州)]	목종 4년	영풍진(永豐鎭)
목종 8년	원산현(圓山縣) →[진명현(鎭溟縣)]	목종 9년	용진진(龍津鎭)	현종 3년	장주(長州)
현종 3년	현덕진(顯德鎭) →[요덕진(耀德鎭)]	현종 6년	운림진(雲林鎭)	현종 22년	정변진(靜邊鎭)
덕종 원년	영인진(寧仁鎭)	정종 10년 이전	정주(定州)	정종 10년	원흥진(元興鎭)
문종 9년	선덕진(宣德鎭)	문종 15년	영흥진(永興鎭)	예종 10년	예주(預州)

* 읍명은 '치읍' 시의 것이고, 괄호 안의 읍명은 '치읍축성' 이후에 바뀐 것이다.

7) '城耀德鎭'[1023년(현종 14)], '城永興鎭'[1046년(정종 12)], '城宣德鎭'[1044년(정종 10)] 사례는 해당 鎭에서 초출되는 고려 치소성의 축조이지만, 지리지 기록을 고려할 때, 다른 시기에 '置邑築城'이 있었을 가능성이 크다고 하겠다. 즉 지리지 기록에 의하면, 요덕진과 영흥진에서는 각각 1012년(현종 3)과 1061년(문종 15)에 처음으로 성보가 축조되었다. 이때 해당 鎭에서 '置邑築城'이 이루어졌을 것이다. 선덕진의 경우 1055년(문종 9)에 선덕성을 축조하고 鎭을 두고 있어, 이 해에 '置邑築城'이 이루어졌음은 분명하다. 따라서 1044년의 '城宣德鎭'은 戍와 같은 시설을 설치한 것으로 추정된다. 이외에도 靜邊鎭, 定州에서 각각 1039년(정종 5)과 1044년(정종 10)에 고려 치소성의 축조가 처음으로 확인되지만, 지리지 기록을 참고할 때 그 이전에 '置邑築城'이 있었다고 추정된다. 즉 정변진은 1031년(현종 22)에 설치되고 있어, 이때 고려 치소성의 신축이 있었을 것으로 추정된다. 또한 정주에는 1041년(정종 7)에 방어사를 두고 있어, 1044년(정종 10) 이전에 '置邑築城'이 있었을 것으로 판단된다. 이에 관한 보다 상세한 검토는 최종석, 위의 논문, 2006, 107쪽 참조.

이들 검출 방식으로 확인된 동계 신개척 지역의 '치읍축성'을 시기 순으로 정리한 것이 〈표 3-4〉이다.[8)]

지금까지 양계 신개척 지역에서 치소성 형성의 방식과 시기를 '치읍축성'을 중심으로 하여 검토해 보았다. 그 결과 양계 신개척 지역에서는 주진마다 '치읍축성'이 이루어졌음을 확인할 수 있었다. 즉 신개척 지역에서는 새로이 확보된 영역에 주진을 설치하고 이와 동반하여 해당 지역의 고려 치소성을 축조하였다. '치읍축성'은 이 일대 주진에서 고려 치소성의 형성 방식이요, '치읍' 시점은 고려 치소성이 갖추어진 때였다.

---

8) 후대의 읍명이 소급되는 등의 여러 이유로 '置邑築城' 당시의 읍명이 잘못 기록된 것을 보정하면서 표를 작성하였다. 이와 관련하여 최종석, 위의 논문, 2006, 107~108쪽 참고.

2장
호족 주도 자치·자위의 성 공인

고려 치소성의 분포 양상에서 확인할 수 있듯이, 고려 치소성은 기존 영역에서조차 주현과 속현 지역의 구별 없이 군현마다 설치된 경향을 노정하였다. 그런데 이들 고려 치소성은 신개척 지역에서와 같은 '치읍축성'의 방식으로 생성되었다고 보기 어렵다. 기존 영역에서는 무엇보다 고려 치소성의 축조 사례 자체가 극히 드물어, '치읍축성'은 이곳에서 고려 치소성의 형성 방식으로 기능하는 데 있어서 기본 전제를 갖추고 있지 못한다.

고려 치소성의 축조 사례가 희소한데도 불구하고 고려 치소성이 군현마다 설치된 경향을 노정한 것은, 기존 영역에서 고려 치소성의 성립 방식이 신개척 지역에서와 달랐기 때문에서일 것이다. 이와 관련하여 이 일대가 기존 영역임을 상기할 필요가 있다. 신개척 지역에서는 국가 차원에서 이 일대를 개척하여 주·진 등의 지방행정구획을 신설하고 고려 치소성을 축조해야 하는 것이 요구되지만, 기존 영역의 고려 치소성은 기왕의 성을 활용한 것일 수 있고, 실제로도 그러한 경우가 대다수였다. 이러한 사실은 고려 치소성으로 비정되는 성들이 일반적으로 고려시대에 초축(初築)되지 않고 그 이전에 이미 축조되었던 데서[9] 명확히 뒷받침된다.

결론부터 말하자면, 기존 영역에서 고려 치소성의 성립은 나말려초 시기 동안 호족 주도의 자치와 자위의 거점으로 기능해 온 성을 고려 치소성으로 전환하는 방식을 통해서였다. 호족 주도의 자치와 자위의 성은 대개 통일신라시대의 '치소가 위치한 성'을 활용한 것이다.

기존 영역에서 고려 치소성의 형성 방식을 검토하기 위해, 우선적으로 삼국·통일신라시대에 '치소가 위치한 성'이 일반적으로 설치되어 있었고 그것은 산성 형태였음을 간략히 살펴보고자 한다.

6~7세기에 고구려 지방편제의 단위는 '성(城)'이었다.[10] 『한원(翰苑)』 인용의 「고려기(高麗記)」에 따르면, 고구려의 지방편제 단위는 대성(大城)-제성(諸城)-[제소성(諸小城)][11)]-성(城)이었다. 그리고 성(城)에는 욕살(褥薩)-처려근지(處閭近支) 혹은 도사(道使)-[가라달(可邏達)]-누초(婁肖) 등의 지방관을 두고 있었다.[12] 지방편제의 단위로 기능하며 또한 지방관이 두어진 이들 성은 '치소가 위치한 성'이었음이 분명하다.[13] '치소가 위치한 성'을 지방편제의 단위로 하여 지방통치체제를 운영한 점에서, 당시 고구려에는 지방행정구획마다 '치소가 위치한 성'이 설치되어 있었을 것이다.[14]

---

9) 고려 치소성으로 비정되는 성들에 대한 고고학적 조사에서, 해당 성의 초축 시기는 고려 이전으로 거슬러 올라간다.

10) 노태돈, 「5~7세기 고구려의 지방제도」, 『韓國古代史論叢』 8, 1996; 김현숙, 『고구려의 영역 지배방식연구』, 모시는사람들, 2005.

11) '諸小城'에는 長史에 비견되는 可邏達을 두었는데, 가라달이 지방관인지 여부에 대해서는 논란이 있다. 가라달이 지방관이 아니라면, '諸小城' 또한 지방행정단위가 아니었을 것이다. '諸小城'의 지방편제 단위의 유무는 본서의 논지와 관련이 없으므로, 이에 대한 필자의 견해는 유보하고자 한다.

12) 『翰苑』, 高麗 所引 高麗記

13) 이와 관련하여 城에 官司를 둔 다음 기록 또한 참고된다. 『周書』 49, 異域 列傳上 高麗. "復有遼東玄菟等數十城 皆置官司 以相統攝". 한편 지방편제 단위로서의 이들 성은 중의적 의미를 지니고 있었을 것인데, 하나는 '치소가 위치한 성'을, 다른 하나는 이것의 관할 영역을 의미하였을 것이다. 후자는 주, 군, 현 따위에 대응한다고 할 수 있다.

14) 이러한 城은 아래 기록에서 보듯 고구려 멸망 시에 176개가 있었고, 이들 성은 당시 행정

백제도 이와 다르지 않았다. 사비시대 백제의 지방편제의 단위는 방(方)-군(郡)-성(城)이었는데,[15] 각 지방행정구획에는 다음과 같은 근거에서 '치소가 위치한 성'을 두고 있었다고 판단된다.

우선 가장 상급의 지방행정구획인 5방(方) 각각에 '치소가 위치한 성'이 설치되었음은 기록상으로 확인된다. 즉 중방(中方)의 고사성(古沙城), 동방(東方)의 득안성(得安城), 남방(南方)의 구지하성(久知下城), 서방(西方)의 도선성(刀先城), 북방(北方)의 웅진성(熊津城)[16] 등이 그러한 성이었다. 다음으로 가장 하위의 지방행정구획인 '성(城)' 역시 고구려에서와 같이 '치소가 위치한 성'에 해당할 것이다. 마지막으로, 상대적으로 분명치 않기는 하나, 군 단위에도 '치소가 위치한 성'은 두어지고 있었던 듯하다. 『한원』에 인용된 「괄지지(括地志)」에 따르면, 백제의 군현에는 성주(城主)라고 칭해지는 도사(道使)가 두어지고 있었고,[17] 군(郡)-성(城) 단위는 제성(諸城)-소성(小城), 혹은 성(城)-여소성(餘小城)으로 칭해진다고 한다.[18] 이에 따르면, 여타의 지방편제 단위와 마찬가지로 군에도 '치소가 위치한 성'을 지방행정구획마다 설치한 셈이 된다.

신라의 경우 통일 이후 주-군-현제가 갖추어지기 이전에는 주-군-성

단위의 총수로 이해되고 있다. 『舊唐書』 199, 下 東夷列傳 高麗. "外置州縣六十餘城…… 高麗國 舊分爲五部 有城百七十六 戶六十九萬七千 乃分其地 置都督府九州四十二縣一百"

15) 사비시대 백제의 지방통치체제에 관해서는 김영심, 「百濟地方統治體制 硏究-5~7세기를 중심으로-」, 서울대 박사학위논문, 1997 참조.

16) 『周書』 49, 列傳41 異域上 百濟

17) 『翰苑』, 蕃夷部 百濟 所引 括地志. "又有五方 若中夏之都督 方皆建率領之 每方管郡 多者至十 少者六七 郡將 皆恩率爲之 郡縣置道使 亦名城主"

18) 『翰苑』, 蕃夷部 百濟 所引 括地志. "其諸方之城 皆憑山險爲之 亦有累石者 其兵多者千人 少者七八百人 城中戶多者千人 少者七八百人 城中戶多者 至五百家 諸城左右亦各小城 皆統諸方 又國南海中 有大島十五所 皆置城邑 有人居之"; 『北史』 94, 列傳82 百濟. "五方各有方領一人 以達率爲之 方佐貳之 方有十郡 郡有將三人 以德率爲之 統兵一千二百人以下 七百人以上 城之內外人庶及餘小城 咸分隸焉"

(城)·촌(村) 제도가 운영되었다.[19] 당시 성(城)·촌(村) 단위에는 고구려·백제와 마찬가지로 '치소가 위치한 성'이 지방행정구획마다 설치되었을 것이다.[20] 주와 군 단위의 양상도 다르지 않았을 것이다. '대야성도독(大耶城都督)',[21] 아달성(阿達城) 태수(太守)[22]의 사례에서 엿볼 수 있듯이, 신라의 주(州)-군(郡) 급 단위에도 '치소가 위치한 성'은 존재하였다.[23] 그런데 주·군 단위에 어느 정도의 수준으로 '치소가 위치한 성'이 설치되었는지는 분명치 않다. 다만 신라 본기에는 고구려·백제 본기와 다름없이 주(州), 군(郡) 대신에 '치소가 위치한 성'이면서 동시에 지방편제 단위로 기능하였을 성(城) 사례들이 주로 보이고 있어, 성(城)은 주·군을 대신하여 지방편제의 단위로 기능하기도 하였다고 판단된다. 달리 말해, 신라의 주·군의 단위에도 '치소가 위치한 성'은 일반적으로 존재하였을 것이다.

이렇다고 한다면, '치소가 위치한 성'은 삼국에서 공히 지방행정구획마다 설치되었을 가능성이 높다고 할 수 있다.

삼국시대 '치소가 위치한 성'의 분포 양상은 신라에 의해 삼국이 통일되고 주군현제가 성립된 이후로도 변하지 않았을 것이다.

삼국시대에는 지방편제의 단위로 '치소가 위치한 성'이기도 한 '성(城)'이 삼국 모두에 설정되었지만, 주군현제가 시행되면서 지방편제의 단위로서의 '성(城)'은 주·군·현으로 개편되었다. 하지만 이러한 변화 속에서도 삼국시대 '치소가 위치한 성'은 여전히 해당 군현의 치소 역할을 하는 성으로 존속

---

19) 강봉룡, 「新羅地方統治體制 硏究」, 서울대 박사학위논문, 1994.

20) 촌과 城의 차이가 무엇인지 불분명하나, 촌에도 '치소가 위치한 성'이 존재하였을 것으로 추정된다.

21) 『삼국사기』 47, 열전7 竹竹. "竹竹 大耶州人也 父郝熱爲撰干 善德王時爲舍知 佐大耶城都督金品釋幢下"

22) 『삼국사기』 47, 열전7 素那

23) 가령 西兄山郡에 西兄山城이 존재하고 있었다. 『삼국사기』 4, 신라본기4 진평왕 15년 7월. "改築明活城 周三千步 西兄山城 周二千步"; 『삼국사기』 7, 신라본기7 문무왕 13년 2월. "增築西兄山城"

하였을 것이다.

주군현제의 시행과 맞물려 종래의 '치소가 위치한 성'을 폐기하고 치소를 다른 곳으로 이동한 흔적은 보이지 않는다. '성(城)'의 주·군·현으로의 개편은 '성'을 지방행정구획의 명칭으로 사용하지 않은 것이기에 '치소가 위치한 성'의 존폐와 상관없는 조치였을 것이다. 통일신라시대 '치소가 위치한 성'의 분포 양상을 적시하는 기록이 없는데다가 관련 기록마저 희소하여, 당시의 실상을 정확히 파악하기란 어렵다. 하지만 삼국시대에 지방행정구획마다 설치되었을 '치소가 위치한 성'이 통일신라시대에 들어 분포 양상의 측면에서 변화가 발생하였을 흔적은 보이지 않은데다가 변화가 생길 만한 이유도 없는 데서, 통일신라시대 '치소가 위치한 성'의 분포 양상은 전대와 연속선상에 있었을 것으로 판단된다.

이와 관련하여 당시의 '치소가 위치한 성'들 가운데 일부가 '읍호+성'으로 드러나고 있으며 통일신라의 지방지배가 와해된 나말려초 시기에도 그러한 사례들은 적지 않게 보이는 점이 주목된다.[24] 그리고 무엇보다 당시에 새로

---

24) 이를 표로 정리하면 아래와 같다.

성	시기	성	시기
沙伐州城	687년	歃良州城	687년
獐山城	689년	西原京城	689년
南原城	691년	松岳城	694년
牛岑城	694년	毛伐郡城	722년
大谷城 등 14城	748년	五谷城	762년
鵂巖城	762년	漢城城	762년
獐塞城	762년	德谷城(十谷城?)	762년
西兄山城	809년	三年山城	822·928년
猪足城	895년	狌川城	895년
夫若城	895년	金城城	895년
鐵原城	895년	孔巖城	897년
黔浦城	897년	穴口城	897년
大耶城	901·916·920·927·928년	居昌城 등 20성	902년

이 개척한 군현에 '치소가 위치한 성'의 설치 사실이 확인되는 점이다.[25] '치소가 위치한 성'을 군현마다 둔 사회적 여건 하에서, 신설 군현에 빠짐없이 '치소가 위치한 성'을 설치하였을 것이다.

다음으로는 삼국·통일신라시대 '치소가 위치한 성'이 산성이었을 사실에 관해서다.

먼저, 백제의 방성(方城), 곧 방(方)의 '치소가 위치한 성'이 산성이었음은 기록에 적시되어 있다.[26] 다음으로, 요동 지역으로 영역을 확장한 후 한대(漢代) 이래의 평지 주현성이라는 중국의 기존 '치소가 위치한 성'을 활용하지 않고 그 대신 '치소가 위치한 성'으로 산성을 별도로 축조한 고구려에서도 그것은 산성이었을 것이다.[27] 신라의 경우에 관해서는 6~8세기 한주(漢州) 소속 군현의 '치소가 위치한 성' 연구가 참고된다. 여기서는 이러한 유(類)의 성

近品城	904년	羅州城	910년
昧谷城	918년	烏山城	919년
聞韶城	920년	眞寶城	922년
下枝城(=順州城)	922·928년	大木城	927년
草八城	928년	馬利城	928년
義城府城	929년	一牟山城	932년

25) 다음의 기사들은 군현의 신설에 따른 '치소가 위치한 성'의 축조였을 것이다. 『삼국사기』 8, 신라본기8 효소왕 3년 冬. "築松岳牛岑二城"; 『삼국사기』 8, 신라본기8 성덕왕 12년 12월. "大赦 築開城"; 『삼국사기』 9, 신라본기9 경덕왕 7년 8월. "太后移居永明新宮 始置貞察一員 糾正百官 遣阿湌貞節等 檢察北邊 始置大谷城等十四郡縣"; 『삼국사기』 9, 신라본기9 경덕왕 21년 5월. "築五谷鵂巖漢城獐塞池城德谷六城 各置太守"

26) 『翰苑』 30, 蕃夷部 百濟 조는 "其諸方之城 皆憑山險爲之"라고 하여, 방성이 산성 형태였음을 분명히 말해주고 있다. 방성의 위치를 검토하는 연구들에서도 산성들 가운데서 그것을 비정한 바 있다. 방성 위치를 검토한 제연구들은 서정석, 「5방성의 위치와 군현성(郡縣城)」, 『百濟의 城郭』, 학연문화사, 2002에 소개되어 있다.

27) 노태돈, 『고구려사 연구』, 사계절, 1999, 282~283쪽. 漢代 이래의 평지성이 존재한 요동 지역에서 고구려는 요동성과 같이 기존의 縣城을 '치소가 위치한 성'으로 활용하기도 하였지만, 대개는 이 지역으로 진출한 후 고구려 특유의 산성('치소가 위치한 성')을 신축하였다. 이러한 사실은 고구려가 산성 형태의 '치소가 위치한 성'을 선호하여 활용 가능한 평지 입지의 '치소가 위치한 성'이었던 것이 있었음에도 굳이 산성 형태의 '치소가 위치한 성'을 갖추려 했음을 시사한다.

이 산성이었음을 규명한 바 있다.[28]

고고학적 지표·발굴 조사에 따르면, 삼국·통일신라시대 군현의 중심지였던 곳에 평지성이 존재한 경우는 거의 확인되지 않고 있다. 당시에는 평지성 자체가 드물었고, 존재했다고 하더라도 군현의 중심지와 무관한 곳에 위치한 경우가 대부분이었다.[29] 따라서 삼국·통일신라시대에 일반적으로 분포하였을 '치소가 위치한 성'은 산성에 비정된다고 할 수 있다.

정리하자면, 삼국·통일신라시대 '치소가 위치한 성'은 산성 형태로 군현마다 설치되었을 것으로 판단된다. 당시 지방관 중심의 지방통치체제 속에서 치소는 중앙에서 파견된 외관의 관서 내지 그것이 위치하는 곳을 의미하였을 것이기에, 외관은 '치소가 위치한 성'을 거점으로 하여 해당 군현을 지배·통제해 나갔을 것이다.

삼국·통일신라시대 '치소가 위치한 성'이 이렇다고 할 때, 고려 치소성의 분포 양상이라든가 산성이라는 입지적 특성은 전대와 다를 바가 없게 된다. '치소가 위치한 성'의 분포 양상과 입지적 특징에서 보이는 이러한 연속성은, 통일신라시대의 '치소가 위치한 성'이 고려시대에도 변함없이 활용된 데서 비롯되었을 것임을 예상해 볼 수 있다. 다만 기본적으로 그러했으면서도 실제 양상은 예상보다 조금 복잡하다.

통일신라시대 군현들 가운데 거의 대다수는 고려시대로 이어졌고,[30] 통일신라시대 '치소가 위치한 성'들 가운데 대다수 또한 고려 치소성으로 계승된 듯하다. 명주와 예산현을 비롯한 몇몇 지역에서 그 실례가 확인되며,[31] 특히 이 문제와 관련하여 6~8세기 신라 한주 소속 군현들의 '치소가 위치한 성'에

28) 박성현, 「6~8세기 新羅 漢州 「郡縣城」과 그 성격」, 『한국사론』 47, 서울대 국사학과, 2002.

29) 이에 관하여 강종훈, 「대구·경북 지역 삼국시대 신라 城址의 조사 및 연구」, 『대구사학』 77, 2004가 참조된다.

30) 윤경진, 「高麗 郡縣制의 構造와 運營」, 서울대 박사학위논문, 2000b, 76~77쪽.

31) 이에 관하여 최종석, 앞의 논문, 2006, 110~112쪽 참조.

관한 연구가 참고된다.[32)]

이 연구는 당시의 '치소가 위치한 성'을 신라 '군현성(郡縣城)'이라 칭하면서 현재의 성지(城址)들 중에서 신라 '군현성'에 해당하는 것을 비정한 바 있다. 연구 결과에 따르면, 신라 '군현성'으로 비정된 성은 모두 산성이었으며, 이 성들 아래의 평지에는 조선시대 읍지류에서 확인되는 조선시대의 읍치(邑治), 혹은 고읍(古邑)이나 폐읍(廢邑) 등이 존재하였다고 한다. 요컨대, 6~8세기 신라 '군현성'으로 비정되는 성들은 산성으로 조선시대의 읍치·고읍·폐읍으로부터 10리 이내의 근거리에 위치하였다.[33)]

이 연구에서 주목되는 사실은 신라 '군현성'의 입지적 특징이 고려 치소성과 정확히 일치하는 점이다. 신라 '군현성'과 고려 치소성 사이 입지적 특성의 일치는 단순한 우연에서라기보다는 후자가 전자를 활용한 데서 따른 현상이었을 것이다.[34)]

통일신라시대의 '치소가 위치한 성'들 가운데 대다수가 고려 치소성으로 활용된 현상은 한주 소속 군현들에 국한되지 않았을 것이다. 신라 '군현성'이 위치하였을 조선시대 읍치 내지 고읍에 치소 역할을 수행하기에 적합한 입지를 갖춘 산성은 대개 하나뿐이었다.[35)] 더욱이 신라 '군현성'은 산성이었기에 방어 측면에서 뛰어났을 뿐만 아니라 군현 내의 중심 촌락과 접해 있어 지정학적으로 매우 중요한 곳에 자리하였으며, 지배·통치의 공간으로 상징되고 있었을 것이다. 이로 인해 나말려초 시기 동안 지역사회는 물론이요 국가 또한 지배·군사적 방면에서 신라 '군현성'이었던 것을 성들 가운데 유일하다시

---

32) 박성현, 앞의 논문, 2002.

33) 박성현, 위의 논문, 2002, 134~144쪽.

34) 신라 한주 소속의 '군현성'으로 비정된 것들이 조선초기의 성황사와 공간적으로 밀접한 사실을 확인하는 방법을 통해서, 이들 비정 (산)성이 신라 '군현성'이었을 것이면서 동시에 고려 치소성으로 성황사가 위치하는 곳이었음을 규명한 바 있다. 최종석, 앞의 논문, 2006, 112~113쪽 참조.

35) 城址를 조사한 각종 지표·발굴 조사 보고서와 조선시대 전국 지리지와 읍지 등을 통해 그러한 점을 확인할 수 있다. 그리고 이와 관련하여 강종훈, 앞의 논문, 2004 또한 참조된다.

피 활용하였을 것이다. 이 점은 당시에 성주·장군이 거점으로 삼은 성 내지 고려와 백제 사이에서 양국 각각의 전략 거점으로 기능한 성들 거의가 신라 '군현성'이었던 것에서 뒷받침된다.[36] 후술하듯 나말려초 시기의 이들 성은 고려 치소성으로 이어진다.

이렇듯 통일신라시대의 '치소가 위치한 성'은 한주 소속 군현들에 한정되지 않고 대개가 나말려초 시기를 거쳐 고려 치소성으로 계승되었을 것이다.[37]

이와 달리 드물기는 하나 통일신라시대의 군현이 고려로 계승되었음에도 '치소가 위치한 성'이 교체된 경우도 있었다.

근래 경기도 평택시에 위치한 비파산성에서 956년(광종 7)인 '건덕삼년(乾德三年)'과 '차성(車城)' 명문의 기와가 발견되었는데, 보고서 작성자는 이 성을 고려시대의 거성현성·용성현성으로 비정하였다. 아울러 통일신라시대

---

36) 나말려초 시기에 이들 城은 대부분 '읍호+성'이었다. '읍호+성'이 아닌 성들 중에도 신라 '군현성'은 존재하였을 것이다. 삼국시대에 '치소가 위치한 성'이면서 동시에 행정 단위인 'ㅇㅇ城'은 통일 이후 대개 새로운 군현명으로 개칭되었고, 해당 군현의 '치소가 위치한 성'은 새로운 읍호에 성이 결합된 용어로 불리곤 했을 것이다. 그러면서도 삼국시대의 'ㅇㅇ城' 여전히 '치소가 위치한 성'으로 불리기도 하였을 것이다. 가령, 지방관을 둔 가잠성은 『삼국사기』 37, 雜志6 地理4 三國有名未詳地分 조항에 기재된 점에서, 통일 무렵을 전후한 시기에 새로운 군현명으로 개칭되었다고 할 수 있는데, 신문왕대에도 여전히 쓰이고 있어 주목된다(『삼국사기』 47, 열전7 金令胤). 가잠성은 통일 무렵을 전후한 시기에 ㅇㅇ(군)현으로 개칭되고 해당 군현의 '치소가 위치한 성'은 ㅇㅇ城이었을 것이지만, 가잠성은 여전히 '치소가 위치한 성'을 지칭하는 용어로 활용된 듯싶다.

拜山城으로 불리곤 한 虎側縣(=虎溪縣) 또한 이러한 맥락에서 독해해 볼 수 있다. 배산성은 호측현으로의 개칭 이전에 지방편제 단위이면서 동시에 '치소가 위치한 성'이었을 것이다. 호측현(이후 호계현)으로의 개칭 이후에는 호측성(호계성)이 '치소가 위치한 성'의 공식 명칭이었을 것이지만, 배산성 또한 해당 현의 '치소가 위치한 성'을 지칭하는 용어로 사용되었을 것이다.

37) 일부 지역에서는 통일신라시대의 군현이 나말려초 시기 복수의 성 각각을 중심으로 한 지역범위로 분해되었다가 고려초기에 다시금 통합되는 현상이 발생하곤 하였다(윤경진, 「고려 태조대 군현제 개편의 성격-신라 군현제와의 상관성을 중심으로-」, 『역사와 현실』 22, 1996, 133~142쪽). 신라 퇴화군이 북·남미질부성으로 나뉘었다가 흥해군으로 재통합된 사례는 이에 해당한다.

거성현의 '군현성'은 비파산성이 아니라 그 인근에 위치한 자미산성이었을 것으로 보았다.[38] 이 견해에 따르면, 거성현의 '치소가 위치한 성'은 나말려초 시기를 경과하면서 현 자미산성에서 비파산성으로 교체된 셈이 된다. 이것은 통일신라시대의 '치소가 위치한 성'이 고려시대의 그것으로 계승되지 않은 일부 사례들 가운데 하나가 될 수 있다.

정리하자면, 통일신라시대의 '치소가 위치한 성'들은 일부를 제외하고는 고려 치소성으로 계승·활용되었을 것이다.

다음으로는 고려 치소성의 형성 과정에 관해서다. 이 문제를 자위(自衛)·자치(自治)의 지역사회가 각처에 등장한 사실을[39] 실마리 삼아 접근해 보도록 하겠다.

나말려초 이전의 지방행정구획은 단순한 물리적·행정적 공간이 아닌 공동체적이면서도 자체의 정치 질서가 작동하는 지역 단위로 작용하였다.[40] 지방행정구획이 그렇게 된 것은, 그것이 물리적 공간을 토지결수와 호구수 등의 행정적 기준으로 구획한 것이 아니라 정치 질서가 작동해 온 지역단위를 토대로 이루어진 데서였을 것이다.[41] 곧 지방행정구획을 단위로 한 지역공동체가 존재한 것이다. 그런데 당시의 지역공동체는 나말려초 시기와 달리 자위·자치를 구현하고 있지 못하였다. 왕경인의 기득권이 보장되는 방식으로

---

38) 단국대학교 매장문화재연구소·평택시, 『평택서부 관방산성 시·발굴조사보고서』, 2004, 359쪽.

39) 저서에 한정하여 주요 연구를 소개하면 다음과 같다. 旗田巍, 『朝鮮中世社會史の硏究』, 法政大學出版局, 1972; 김갑동, 『羅末麗初의 豪族과 社會變動 硏究』, 高麗大學校 民族文化硏究所, 1990; 정청주, 『新羅末高麗初 豪族硏究』, 일조각, 1996; 채웅석, 『高麗時代의 國家와 地方社會-'本貫制'의 施行과 地方支配秩序-』, 서울대학교출판부, 2000; 신호철, 『후삼국시대 호족연구』, 개신, 2002.

40) 채웅석, 위의 책, 2000, 21~43쪽 참조.

41) 『신증동국여지승람』 7, 경기도 驪州牧 古跡 登神莊. "今按新羅建置州郡時 其田丁戶口未堪爲縣者 或置鄕 或置部曲 屬于所在之邑" 참조. 이 기록을 이러한 맥락에서 독해한 것으로 최종석, 앞의 논문, 2006, 114~115쪽 참고.

왕경인과 지방민 사이에 신분적 계선이 그어져 있는 사회구조 속에서,[42] 지역공동체는 신라 정부에서 파견된 왕경인 출신 지방관에 의해 철저히 통제되었기 때문이다. 이렇다고 보면, 나말려초 시기 자위와 자치의 지역공동체는 그간 통제를 받아왔던 지역공동체가 나말려초 시기라는 새로운 환경에서 변모된 것이라고 할 수 있다. 변모의 과정은 이러했다.[43]

나말려초 시기(보다 정확히는 후삼국 통일 이전)에는 국가의 공권력이 붕괴하여 지역사회는 극심한 혼란을 겪고 있었다. 신라의 지방지배질서의 붕괴는 왕경인의 집단적 이해가 관철되는 지방지배가 극복되는 것을 의미하는 것이면서도 지역민의 재산과 생명을 기약할 수 없는 사회 상황을 초래하고 있었다.[44] 도적들이 횡행하고 크고 작은 세력 사이에 전쟁이 빗발치는 당시의 상황에서, 호족층이 등장하여 이들을 중심으로 지역사회는 안정을 되찾을 수 있었다.[45] 호족 세력은 무적(武的) 능력을 갖추고 있었음은 물론이요 해당 지역사회의 민인들을 군사적으로 조직화하여 지역사회 차원의 자위가 이루어질 수 있도록 이끌어야 했을 것이다. 달리 말해, 기왕의 지역공동체는 호족층 주도로 자위적 성격을 강하게 띤 것으로 탈바꿈한 것이다. 이러한 움직임이 성공적으로 이루어지지 못한 지역의 경우 지역공동체는 붕괴되고 민인들은 사방으로 흩어져 해당 지역은 폐허가 되곤 했다.[46]

한편 자위적 성격의 지역공동체가 방어의 거점으로 삼은 곳은 일반적으로

42) 전덕재, 『한국고대사회의 왕경인과 지방민』, 태학사, 2002.

43) 이에 관한 서술은 기본적으로 다음 논저에 의거하였다. 채웅석, 앞의 책, 2000; 노명호, 『고려국가와 집단의식』, 서울대출판문화원, 2009; 최종석, 앞의 논문, 2006.

44) 『삼국사기』 11, 신라본기 진성왕 10년; 「海印寺 妙吉祥塔記」(崔致遠), 『譯註韓國古代金石文』 Ⅲ(韓國古代社會硏究會 編), 338쪽; 『동문선』 64, 「新羅壽昌郡護國城八角燈樓記」(崔致遠); 『고려사』 92, 열전5 龔直 참조.

45) 가령 현 성주에 해당하는 벽진군 지역에서는 호족인 이총언이 중심이 되어 외부의 침입을 막아내었고, 그로 인해 지역사회는 안정을 구가할 수 있었다. 『고려사』 92, 열전5 王順式 附 李悤言.

46) 예산현 지역에서는 당시 500여 호의 유민이 발생하였는데, 이러한 현상은 지역방어가 제대로 이루어지지 않은 데서 비롯되었을 것이다(『고려사』 92, 열전5 洪儒).

과거에 신라 정부가 해당 지역사회를 통제하는 거점 구실을 한 성이었다. 곧 그러한 지역공동체는 과거에 지방관이 파견되었던 성을 군사 거점으로 하여 외부 세력의 침입에 대응한 것이다. 이러한 성은 산성이었기에 방어 측면에서 뛰어났을 뿐만 아니라, 지역공동체의 중심 촌락과 접해 있어 지정학적으로 매우 중요한 곳에 자리했다. 지역 민인들은 평소에는 생업에 종사하다 유사시에는 이러한 성에 피난하여 호족 세력의 통솔 하에 외침을 막아냈을 것이다. 드물기는 하나, 신라 '군현성'이었던 성을 제쳐 두고 군현 내에서 이와 무관한 성을 자위와 자치의 거점으로 활용하는 사례도 있었을 것이다.

이처럼 호족층은 자위적 성격을 강하게 지닌 지역공동체의 형성을 주도하였는데, 여기서 더 나아가 지역사회의 방어를 책임지는 것을 매개로 하여 자연스럽게 해당 지역의 지배권을 행사할 수 있게 되었다. 곧 당시 지역사회는 호족 주도로 자위뿐만 아니라 자치도 이루어지게 된 것이다.[47)]

그런데 나말려초 시기 자치·자위의 지역사회는 기왕의 군현을 수적으로 크게 상회하였을 것임을 염두에 둘 필요가 있다. 이것은 후술하듯 향·부곡 등의 부곡제 지역을 포함한 지방행정구획의 수가 전대의 그것에 비해 큰 폭으로 증가한 현상과 직접적으로 관련된다.[48)] 당시에는 기존의 군현 단위를 토대로 한 자위·자치의 지역사회가 성립되는 한편으로, 새로이 출현한 지역을 단위로 하는 자위·자치의 지역사회 또한 도처에 등장하였다. 이러한 현상과 맞물려 자치·자위 지역사회의 거점으로 기능한 성의 수는 통일신라시대의 '치소가 위치한 성'과 비교해서 크게 늘어났다.

이 문제에 관해 다음 기록이 주목된다.

> 이때 신라 동쪽 방면 연해(沿海)에 위치한 주군부락(州郡部落)이 모두 와서 항복하였으니, 명주(溟州)에서 흥례부(興禮府)까지로 도합 110여 성(城)이었

---

47) 최종석, 앞의 논문, 2006, 116~117쪽.

48) 노명호, 앞의 책, 2009, 20~21쪽.

다.[49)]

이 기사는 고창군(古昌郡) 전투에서 고려가 후백제에 승리한 이후 현재의 강릉과 울산 지역 사이에 위치한 연해 지역들이 대거 고려 정부에 귀부(歸附)하는 상황을 전한다. 이 기사의 내용은 크게 두 부분으로 나뉜다. 한 부분은 귀부의 주체, 다른 것은 귀부한 권역 내의 성의 수치에 관한 내용이다.

전자에서 주목되는 점은 부락(部落)이 주·군과 마찬가지로 귀부 주체들 가운데 하나인 사실이다. 통일신라의 지방 지배력이 와해되기 이전에는, 이들 부락은 주·군과 어깨를 나란히 하는 독자적인 지역 단위로 존재하지 못한 채 주·군 영내의 일 구역이었을 것이다. 그러다 나말려초 시기 들어 주·군의 직접 통제에서 벗어나 독자적인 지역사회로 분립한 결과, 부락은 주·군과 별도로 고려 정부에 귀부하는 주체로 변모할 수 있었을 것이다.

다음으로 자위와 자치의 지역사회였을 부락이 성을 거점으로 한 사실 또한 주목된다. 고려에 복속된 110여 성들 중에는 주·군 소속의 성들 외에도 부락성이 반드시 존재하였을 것이다.[50)] 이들 부락성은 자위와 자치의 거점으로서의 역할을 담당하였을 것이다.[51)]

조선초기 지리지 등에서 확인할 수 있는 고려시대 부곡제 지역이 900여 곳에 이르는 사실[52)]을 음미할 필요가 있다. 통일신라시대에도 향·부곡은 존재하였지만,[53)] 그 수가 고려에 훨씬 못 미쳤을 것임은 분명하다. 통일신라시

---

49) 『고려사』 1, 세가1 태조 13년 2월 을미. "是時 新羅以東沿海州郡部落 皆來降 自溟州至興禮府 摠百十餘城"

50) 필자는 110여 성 가운데 부락성의 수치를 대략 20개였을 것으로 추정한 바 있다. 구체적 논증은 최종석, 「羅末麗初 城主·將軍의 정치적 위상과 城」, 『한국사론』 50, 서울대 국사학과, 2004, 126~127쪽 참조.

51) 부락은 추후 本邑의 직접적인 통할을 받지 않는 별도 행정촌 내지 향·부곡 등으로 전환되었을 것이다.

52) 박종기, 『高麗時代部曲制研究』, 서울대학교출판부, 1990, 195쪽.

53) 통일신라시대의 향과 부곡은 군현과 별도로 존재하였다(『신증동국여지승람』 7, 경기도 驪州牧 古跡 登神莊). 향·부곡 사례들을 포함한 이에 대한 검토로는 박종기, 위의 책, 1990,

대에 비해 고려의 부곡제 지역이 대폭 증가한 것은 나말려초 시기 동안에 이들의 원형이 되었을, 기왕의 군현과는 별도의 영역을 기반으로 한 자위·자치의 지역사회들이 대거 등장한 현상을 배경으로 했을 것이다. 나말려초 시기에 새로이 향·부곡 내지 후에 그것으로 공인될 지역사회 등이 대두하였을 경우, 이들 지역사회는 과거에 기존 군현의 영내에 있었을 성[통일신라시대 '치소가 위치한 성'과 무관하였을 성]을 자위와 지배의 거점으로 활용하면서 독자적으로 존립하였을 것이다.[54)]

한편 나말려초 시기를 경과하면서 신설된 군현도 드물지 않았다.[55)] 신설 군현들 가운데 통일신라시대에 향(鄕)이었던 곳도 있었지만, 군현 내 일부 지역이었던 곳도 있었다. 특히 후자의 경우 군현 영내의 일부가 나말려초 시기를 경과하면서 독자적인 지역 단위로 변모함 셈이 된다. 나말려초 시기에 새로이 등장한 군현 내지 후에 그것으로 공인될 지역사회에서도 성은 자위와 지배의 거점으로 기능하였을 것이다.

운주의 사례에서 이 점은 잘 보인다. 『고려사』 지리지에 따르면,[56)] 운주는 신설 군현으로, 통일신라시대에는 기존 군현 내의 일개 영역에 불과하였을 것이다. 기록에 따르면, 늦어도 927년(태조 10)에는 이곳에 성주(城主)가 존재

123~133쪽을 참조하기 바란다.

54) 처인성은 처인부곡의 고려 치소성으로 판단되는데, 이 城은 수습 유물로 판단컨대 축조 시기가 통일신라시대까지 올라가고 있다. 처인부곡을 둔 시점은 불분명하지만, 나말려초 시기를 경과하면서 처인부곡이 신설되었을 것으로 판단된다. 처인부곡 내지 그 모태가 대두할 당시 처인성은 기존의 城이 활용되어 해당 지역의 지배와 자위의 거점으로 기능하였을 것이다. 처인성에 대해서는 차용걸·강민식·한병길·조순흠·윤대식, 『처인성(處仁城), 노고성(老姑城), 보개산성(寶蓋山城) 지표조사보고서』, 충북대학교 중원문화연구소, 1999 참조.

55) 윤경진, 앞의 논문, 2000b, 77~81쪽. 이 연구에 따르면, 1018년(현종 9)을 기준으로 신라의 강역이었던 곳에 신설된 군현은 51개였고, 이 중 일부는 신설이 아니라 기존 군현의 계승이었다고 한다.

56) 『고려사』 56, 지10 지리1. "洪州 成宗十四年 置運州都團練使 顯宗三年 改知州事 後改今名 太祖實錄十年三月 王入運州 註云卽今洪州 恭愍王五年 以王師普愚內鄕 陞爲牧 十七年 降知州事 二十年復 爲牧"

하고 있어,[57] 나말려초 시기 이 지역에는 자위와 자치의 거점으로 기능한 성이 존재하였다. 군현 내의 일개 영역이었던 곳이 나말려초 시기에 성주를 배출하는, 자위와 자치의 지역사회로 발돋움한 것이다. 이러한 지역사회를 토대로 하여 새로운 군현이 성립될 수 있었을 것이며, 자위와 지배의 거점으로 기능한 성은 고려 치소성으로 이어졌을 것이다.

이상의 검토에서 볼 수 있듯이, 통일신라시대의 지방지배질서가 붕괴된 나말려초 시기에 자위와 자치의 지역사회는 도처에서 출현하였다. 이들 지역사회 중에서 기존 군현의 틀을 계승하는 곳도 많기는 했지만, 과거에 군현 영내의 일개 영역이었던 곳이 독자적 지역 단위로 대두한 경우들은 이를 상회하였다. 이와 맞물려 이들 지역사회가 거점으로 하는 성 또한 대거 등장하였다. 극도로 혼란한 당시의 사회적 여건 속에서 자위와 자치의 지역사회는 성을 거점으로 해야 했을 것이고, 실제로도 그러하였기 때문이다. 자위·자치의 지역사회가 거점으로 한 성은, 지역사회가 기존 군현의 틀을 계승하는 곳에서는 대개 통일신라시대의 '치소가 위치한 성'이 활용되었을 것이다. 이와 달리 과거에 군현 영내의 일개 영역이었던 곳이 발돋움하여 성립된 자위·자치의 지역사회에서는, 통일신라시대의 '치소가 위치한 성'과 별 계통의 성이 거점으로 활용되었을 것이다.

고려시대 '치소가 위치한 성'은 나말려초 시기의 바로 이러한 성격의 성, 즉 자위·자치의 지역사회의 거점으로 기능해 온 성에서 직접적인 기원을 찾을 수 있다. 그렇다고 하여 나말려초 시기의 이들 성 자체가 고려 치소성인 것은 아니다. 고려 치소성은 국가 차원에서 지방지배의 관부라 할 수 있는 치소가 설치된 성이기에, 그것의 성립은 자치·자위의 지역사회가 국가체제 내로 통제되는 것과 맞물려 있었다.

기존 군현의 연장선상에 있는 지역들 외에도 대거 신출(新出)한 자위·자

57) 『고려사』 1, 세가1 태조 10년 3월 신유. "王入運州 敗其城主兢俊 於城下"

치의 지역사회들의 존재로 말미암아, 독자적인 (정치)단위로 간주될 수 있는 지역사회는 나말려초 시기 동안 수적으로 대폭 증가하였고, 이와 맞물려 강역 상의 편차도 보다 심화되었을 것이다. 그런데 고려 국가는 나말려초 시기 동안 재편 내지 증치된, 독자적인 단위로 기능해 온 지역사회를 국가체제 내로 그대로 수용하면서 통제하였다. 그리하여 군·현, 향·부곡 등의 고려의 지방행정구획은 이러한 지역사회를 단위로 하게 되었다.[58]

이러한 조치는 나말려초 시기에 재편·성립된 자위·자치의 지역사회를 형식적인 차원에서 지방행정구획으로 개편하는 것이 아니었다. 그것은 지역사회의 자위·자치의 질서를 국가 체제 내로 수용하면서 동시에 통제하는 조치이기도 하였다. 달리 말해, 지역사회의 자율적 통치기구가 국가 차원에서 수용·공인되면서 통제되었다고 할 수 있다. 앞서 본 광종대 송림현의 '현치(縣治)'는 바로 국가 차원에서 수용·공인된 해당 지역 호족의 통치 기구였을 것이다. 지방관제 성립 이전의 '현치'는 해당 현의 호족 통치기구였을 것임이 분명한데, 호족층의 전래 통치기구가 '현치'라고 하여 국가 지방행정구획의 치소라는 외피를 걸치게 된 것이다.

이렇듯 고려가 자위·자치의 지역사회를 국가체제 내로 흡수한 방식은 이를 그대로 지방행정구획으로 삼아 국가 차원의 지방행정 단위로 설정하는 것이었으며, 전래의 호족 통치기구를 수용·공인하면서 통제하여 지방행정구획의 치소로 삼는 것이었다. 이 조치 이후로도 호족층은 나말려초 시기와 질적으로 다름없이 자치와 자위의 주체가 되어 지역사회를 운영하고는 있었지만, 단 그것은 국가의 지방행정체제의 외양을 지니고 행동반경에 있어서 여러 제약 등을 받는 새로운 환경 속에서였을 것이다.

지역사회가 국가체제 내로 편제되어지는 것과 맞물려 지역사회의 자치[·자위]의 거점으로 기능해 온 성 또한 국가에 의해 공인·통제되어 국가 지방

58) 채웅석, 앞의 책, 2000; 노명호, 앞의 책, 2009.

행정구획의 '치소가 위치한 성'으로 그 성격이 변화하였을 것이다. 국가 지방행정 차원의 '치소가 위치한 성'으로 탈바꿈했다고 할지라도, 해당 성은 이전과 다름없이 전래 지역사회–이것은 국가 지방행정구획을 외피로 하였을 것임–의 자치·자위의 거점으로 여전히 기능하였을 것이다.

고려 국가가 지방사회의 자위와 자치의 질서를 국가체제 내로 편제한 '특유의' 방식을 감안할 때, 나말려초 시기 동안 지역사회의 자위·자치의 거점으로 활용되어 온 성은 고려 국가에 의해 선택적으로가 아니라 거의 그대로 고려 치소성으로 활용·공인되어졌을 것이다. 고려 치소성의 분포 양상에서 보이는, 고려 치소성이 기존 영역에서조차 주현과 속현 지역의 구별 없이 군현마다 설치된 경향은, 자위·자치의 지역사회에서 거점 역할을 해 온 성을 고려 국가가 일괄적으로 고려 치소성으로 활용·공인한 데서 비롯되었을 것이다.

마지막으로 고려 치소성의 성립 시점을 간략히 검토해 보도록 하겠다. 결론부터 말하자면 다음과 같다. 그 시점은 나말려초 시기에 지역사회의 자위·자치의 거점으로 활용되어 온 성이 고려 국가에 의해 고려 치소성으로 활용·공인된 때가 될 터이고, 정확히는 해당 지방행정구획에서 '치읍(置邑)' 조치가 단행된 시점이라고 할 수 있다.

고려초기에 기존 영역에 자리한 지방행정구획에서조차 그것의 신설과 무관한 '치읍' 조치가 시행되었음은 단편적인 기록들을 통해 엿볼 수 있다. '치읍' 조치는 기존 영역 내의 특정 지역에 한정되지 않고 전국적으로 단행되었다고 이해되고 있는데, '치읍' 사례가 우발적 계기에 의해 기록상으로 노출된 점을 감안할 때, 그러하였을 가능성은 매우 높다고 판단된다. 양계 신개척 지역과 달리 기존 영역에서의 '치읍'은 나말려초 시기에 재편·성립된 공동체적 지역사회를 고려 국가의 지배질서 속에 정식으로 편입하는 조치였을 것으로 이해되고 있다. 적(籍)의 작성을 토대로 하여 이루어진 '치읍' 당시에, 고려 국가는 나말려초 동안 재편된 지역사회 내의 질서를 파악·편제하면서도 용인하였을 것이다.[59] 지역사회의 자위 · 자치의 거점으로 활용되어 온 성 역시 '치읍' 시에 고려 국가에 의해 고려 치소성으로 공인되었을 것이기에, '치읍' 시점이야말로 해당 지방행정구획에서 고려 치소성이 성립된 때라 할 수 있다.

그런데 기존 영역에서의 '치읍'은 전국적으로 일시에 시행되지 않고 지역마다 시차를 달리하면서 진행되었다. 그 시점은『고려사』지리지에 등장하는 '고려초(高麗初)'로 이해되고 있다. '고려초'란 특정 시점이 아니라 포괄적 의미를 지닌 용어로 지역마다 가리키는 시점이 상이하였다. 요컨대, 고려 치소성의 성립 시점이 '치읍'이 단행된 '고려초'라 할 수 있고, 그 구체적인 시점은 지역에 따라 상이하였을 것이다.

기존 영역에서 고려 치소성의 형성 시점을 '치읍'이 단행된 때로 본다고 하면, 고려 치소성은 신개척 지역과 기존 영역의 구분 없이 '치읍' 시에 형성되었다고 말할 수 있다. 곧 신개척 지역에서는 주진이 신설되었을['치읍'] 때에 그에 수반하여 주진성이 축조되면서 고려 치소성은 성립되었고, 기존 영역에서는 자치와 자위의 지역사회가 국가의 지방행정구획으로 공인되었을['치읍'] 때에 해당 지역사회의 자치와 자위의 거점 역할을 해 온 성이 고려 치소성으로 공인되었을 것이다.

59) 浜中昇,「高麗前期の量田制について」,『朝鮮學報』109, 1983; 채웅석, 위의 책, 2000.

제4부

대몽전쟁 · 원간섭기 고려 치소성의 위상 저하

원주 영원산성

1장
방어처 개편과 그 의미

1. 고려 치소성의 방어상 한계와 요해처 입보

1) 몽골의 1차 침략과 고려 치소성 중심 지역방어체계의 붕괴

2부에서 검토한 바와 같이, 고려 치소성은 개별 군현을 단위로 한 지역방어에서 군사·방어의 거점으로 기능하였으며, 중앙정부의 지방방어 거점이면서 한편으로는 지역사회의 자위적 거점이기도 하였다.

그런데 고려 치소성을 군사 · 방어 거점으로 해 온 방어는 몽골의 침략으로 인해 큰 변화를 맞게 되었다. 그 개략은 조선 문종대 예문관제학(藝文館提學) 이선제(李先齊)의 다음 언설에서 잘 드러난다. 이에 따르면 군사·방어 거점으로 기능해 온 고려 치소성의 위상은 몽골의 침입 이후 추락하고 있었다.

> 여러 성(城)이 아울러 41개이었는데……이것이 전조(前朝)가 성할 때에 서북 지방 군사 액수의 대략입니다. 하나의 성 안에 사(使)·부사(副使)·판관(判官)·법조(法曹)가 있었으니, 이것은 민사(民事)를 다스리던 관리였으며, 방수장군(防戍將軍)과 중랑장(中郎將)·낭장(郎將)·교위(校尉)·대정(隊正)이 있었으

니, 이것은 군무(軍務)를 다스리던 임무였습니다. 그러므로 각각 통속(統屬)이 있고 부오(部伍)가 엄정하여, 일이 있으면 장수를 임명하여 군사를 내보내어 적이 오는 것을 감당하고, 각각 읍성(邑城)을 지켜 패몰(敗沒)하는 일이 드물었습니다. **원나라 군사가 여러 차례 침벌하기에 이른 후에야 능히 지탱하지 못하고 사졸이 살육되거나 약탈되어 거의 없어졌습니다.** 말년에 이르러 홍군(紅軍)이 난입하니, 승여(乘輿)가 파천(播遷)하고 중외가 잔멸하였습니다.……(하략)[1]

위 기록은 이선제가 '고려식목형지안북계군액(高麗式目形止案北界軍額)' 문서 등을 전거로 하여 고려 북계 지역의 군사·방어의 양상을 설명한 대목의 일부이다. 여기서 주목되는 바는 북계의 고려 치소성 각각이 방어 거점으로 잘 기능해 오다, "원나라 군사가 여러 차례 침벌하기에 이른 후에야 능히 지탱하지 못하고 사졸이 살육되거나 약탈되어 거의 없어졌습니다"고 한 언급이다.

이에 따르면, 몽골의 침략 이후 북계 지역에서는 고려 치소성을 중심으로 한 기존의 지역방어체계가 효과를 발휘하지 못하고 붕괴되고 만 것이다. 이선제의 언급대로라면, 적어도 북계의 이들 성은 방어 거점의 역할을 상실하게 되면서 고려 치소성으로 존속할 수 있는 기반이 크게 침식당하게 되었다고 할 수 있다. 따라서 구체적으로 검토해야 할 사항은 북계 지역을 포함하여 고려 치소성을 방어 거점으로 해 온 기왕의 체계가 몽골 침략을 계기로 무력화되었는지 여부와 만약 붕괴되었다면 이후 새롭게 등장한 지역방어방식은 무엇이었는지 하는 것 등이 될 것이다.

고려는 몽골의 본격적 침입이 시작된 1231년(고종 18) 이전에 이미 몽골군을 방어하기 위한 나름의 대비를 하였다. 다음 기록은 이에 관한 것이다.

1) 『문종실록』 4, 즉위년 10월 경진

호부시랑(戶部侍郞) 최정분(崔正芬) 등 8인으로 하여금 북계 흥화도(興化道)의 여러 성[諸城]을 나누어 순찰하게 하여 병기를 검열하고 군자를 비축케 하고 여러 소성(小城)을 대성(大城)으로 입보케 하였다. 당시 몽골이 가을에 다시 온다는 첩자의 말이 있던 까닭에 이에 대비한 것이었다.[2)]

위의 기록은 1219년(고종 6) 7월 몽골의 침략 정보가 있어 고려 정부가 이에 대비한 상황을 전하고 있다. 이 시점은 고려와 몽골 간에 형제 맹약이 체결된 지 얼마 지나지 않은 때로, 대외 방어력을 높이기 위해 이전에 없던 '여러 소성을 대성으로 입보케 하는[幷諸小城 入保大城]' 조치가 시행되고 있었다.

여기서 '소성'과 '대성'은 '흥화도제성(興化道諸城)' 가운데 각각 작고 큰 성을, '흥화도제성'은 흥화도의 여러 주진성을 의미하기에, 이 조치는 흥화도의 고려 치소성들 가운데 규모가 큰 성을 중심으로 몽골 침략에 대비하려는 것으로 판단된다.[3)] 곧 그것은 흥화도 내의 몇몇 '대성'에 그 인근 '소성'의 군민(軍民)을 입보시켜 몽골군에 대항하고자 한 조치로, 성 단위의 방어력을 고양하고자 한 방책이었을 것이다. 양계의 주진성은 규모면에서 편차가 커, 규모가 작은 성은 큰 성의 십분의 일에도 미치지 못한 사실을 감안할 때, 흥화도 지역의 주진성의 경우에도 사정은 별반 다르지 않았을 것이다.[4)] '대성'에 비해 규모가 상당히 작은 성은 그만큼 방어력이 취약하여 몽골군의 침략 시에 버티어내기가 어려웠을 것이다. 이러한 사정에서 몽골 침략 시에 가장 먼

---

2) 『고려사』 22, 세가22 고종 6년 7월. "遣戶部侍郞崔正芬等八人 分巡北界興化道諸城 檢閱兵器 儲偫軍資 幷諸小城 入保大城 時 諜者 有蒙古乘秋復來之語 故備之"

3) 윤용혁은 이를 '小城의 경우 그 兵民을 大城으로 합치게 하는 조치'로 이해한 바 있다. 윤용혁, 『高麗對蒙抗爭史硏究』, 일지사, 1991, 32쪽.

4) 가령 흥화도에 속한 宣州城과 興化鎭城(=靈州城)의 규모를 비교해 보자면, 선주성의 둘레는 17,562척인 데 비해, 흥화진성의 그것은 2,580척에 불과하였다.

저 이와 맞닥뜨릴 곳인 압록강 하류 인근의 권역인 흥화도를[5] 대상으로 하여, 규모가 큰 고려 치소성에 방어력을 집중하여 보다 효율적으로 몽골의 침입에 대비하려 했을 것이다.[6]

당시 몽골의 침략을 대비하여 흥화도 지역의 방어체계를 일부 손질한 배경에는, 고려정부가 몽골의 강력한 군사력을 의식한 사실이 한몫하였을 것이다. 기존의 방어체계를 통해 많은 외침을 비교적 효과적으로 막아 오던 데다가 몽골과의 직접적인 군사 대결을 경험하지 못한 상황임에도 일부 권역에서이긴 하나 지역방어체계를 개편한 점은, 당시 고려가 여러 경로를 통해 몽골의 강력한 군사력에 관한 정보를 지니고 있었음을 시사한다.

다음 기록에서 보듯, 고려는 몽골의 침입 이전부터 몽골의 군사력에 심리적으로 위압당한 듯싶다.

> 이때 몽골과 동진(東眞)이 비록 적을 격퇴하고 우리를 구원하는 것을 명분으로 내세웠으나, 몽골은 이적 가운데 가장 흉악하고 사나우며 또한 일찍이 우리와 우호 관계가 없었다. 이로 인해 중외(中外)가 크게 놀라 진실 여부를 의심하였고 조정의 의논 역시 망설이면서 회보하지 않았다.[7]

이는 1218년(고종 5) 12월 몽골군이 거란 유종을 추격하여 고려에 들어왔을 때의 기록이다. 고려인들은 몽골을 가장 흉악한 오랑캐라 여기면서 크게 경계하였고, 몽골의 고려 경내로의 진입이 있자 몹시 놀라고 있었다. 당시 고

---

5) 흥화도에는 嘉州, 郭州, 宣州, 鐵州, 靈州, 寧德鎭, 靜州, 義州, 龍州, 麟州, 威遠鎭, 泰州, 龜州, 安義鎭, 定戎鎭, 寧朔鎭, 朔州, 安戎鎭이 속해 있었다. 이와 관련하여 『고려사』 82, 지36 兵2 驛站 항목 참조.

6) 소성의 軍民을 대성에 입보하게 한 정책으로 인해, 일부 권역에서이기는 하나 각각의 고려 치소성을 토대로 방어해 온 방식에 변형이 다소나마 가해졌다고 할 수 있다.

7) 『고려사절요』 15, 고종 5년 12월. "時 蒙古東眞 雖以破賊救我爲名 然蒙古於夷狄最凶悍 且未嘗與我有舊好 以故中外震駭 疑其非實 朝議亦依違 未報"

려 영내로 들어온 몽골군은 강동성 전투에서 거란 유종을 소탕하였는데, 몽골군이 주도하고 고려군은 보조적 역할을 한 이 전투를 통해, 고려는 몽골군의 군사력을 몸소 체험하였을 것이다. 몽골 군사력에 대한 고려[인]의 인지는 몽골의 1차 침략시의 다음 일화에서 잘 엿보인다. 몽골군은 철주성 공략시 인질인 서창랑장(瑞昌郞將) 문대(文大)로 하여금 철주민에게 "진짜 몽골 군사가 왔으니 마땅히 빨리 나와 항복하라"고 시켰으나, 문대는 "가짜 몽골이다. 그러니 항복하지 말아라"고 속여 말한 일이 있었다.[8] 저항이냐 항복이냐의 결정이 몽골인 여부에 의해 좌우된 데서 보듯, 고려인은 몽골군의 군사력을 사전에 인지하고 있었으며 이에 의해 심리적으로 위압당하고 있었다.

이렇듯 고려는 몽골의 강력한 군사력을 사전에 파악하고 있었고 이를 의식하여 흥화도 지역의 방어체계를 일부 개편하여 방어력을 보다 강화하고자 하였다. 물론 그것은 고려 치소성을 토대로 해 온 방어 방식의 틀 내에서였다. 이러한 방식의 대응은 1231년(고종 18) 몽골의 1차 침입 시에 본격적인 시험대에 올랐다. 그 결과를 아래의 표를 중심으로 살펴보겠다.

〈표 4-1〉 몽골의 1차 침입 시 방어 거점으로 활용된 성 사례

성	관련 내용
철주성(鐵州城)	몽골군이 철주성을 도륙함[9]
귀주성(龜州城)	몽골군이 귀주성을 포위하여 공격하였으나, 성은 함락되지 않음[10]
서경성(西京城)	몽골군이 서경성을 공격하였으나 함락되지 않음[11]
안북성(安北城)	고려군이 안북성에 주둔하고는 성 밖에서 전투를 벌임[12]
자주성(慈州城)	몽골군이 자주성을 포위하여 공격하였으나, 자주는 항복치 않음[13]
함신진성(咸新鎭城)	몽골군이 함신진(성)을 포위하자 함신진은 항복함[14]
용주성(龍州城)	몽골군이 용주(성)를 포위하자, 성안 사람들은 항복하고자 함[15]

8) 『고려사절요』 16, 고종 18년 8월

9) 『고려사절요』 16, 고종 18년 7월. "蒙人令叔昌 所至先呼曰 眞蒙古也 宜速出降 至鐵州城下……蒙人攻之愈急 城中糧盡 不克守 城將陷 判官李希勣 聚城中婦女小兒 納倉中 火之 率丁壯 自刎而死 蒙人遂屠其城"

정주성(靜州城) 삭주성(朔州城)	몽골군이 정주(성)를 공격하자 정주 사람들은 성을 버리고 달아남. 삭주수장(朔州戌將) 김중온(金仲溫)이 삭주(성)을 버리고 달아남[16]
평주성(平州城)	몽골군이 평주(성)를 도륙함[17]
창주성(昌州城)	몽골군에 의해 창주(성)는 폐허가 됨[18]
충주성(忠州城)	몽골군이 충주(성)를 공격하였으나, 노군(奴軍)·잡류별초(雜類別抄)를 중심으로 성을 방어함[19]

위 표에서 알 수 있듯이, 고려는 몽골의 1차 침입에 대응하여 그동안 해 오던 방식대로 고려 치소성을 군사 거점으로 하여 방어에 임했다. 성명(城名)을 구체적으로 파악할 수 있는 것은 철주성, 귀주성, 서경성, 안북성, 자주성

---

10) 『고려사』 23, 세가23 고종 18년 9월 병술. "蒙兵圍龜州城 不克而退". 이후로도 몇 차례 몽골군이 귀주성을 공격하였다. 귀주성 전투의 전과정은 『고려사』 103, 열전16 朴犀에 기록되어 있다.

11) 『고려사』 23, 세가23 고종 18년 9월 계사. "蒙兵攻西京城 不克"

12) 『고려사』 23, 세가23 고종 18년 10월 계유. "是日 三軍屯安北城 蒙兵至城下挑戰 三軍不欲出戰 後軍陣主太集成强之 三軍出陣于城外 陣主知兵馬等皆不出 登城望之 集成亦還入城 三軍乃與戰 蒙兵皆下馬 分隊成列 有騎兵 突擊我右軍 矢下如雨 右軍亂 中軍救之亦亂 爭入城 蒙兵乘勝 逐之 殺傷過半 將軍李彦文鄭雄右軍判官蔡識等死之"

13) 『고려사절요』 16, 고종 19년 1월. "先是 蒙古圍慈州 椿命率吏民 固守不降……撒禮塔 謂淮安公侹曰 慈州不降 宜遣使諭降 侹遣後軍陣主大集成 與蒙古官人 到慈州城下曰(하략)"

14) 『고려사절요』 16, 고종 18년 7월. "蒙古元帥撒禮塔 將兵圍咸新鎭曰 我是蒙古兵也 汝可速降 否則屠城無遺 副使全僩懼 與防守將軍趙叔昌 謀曰 若出降 城中之人 猶可免死 叔昌 然之 遂以城降"

15) 『고려사』 23, 세가23 고종 18년 9월 계묘. "北界馳報 蒙兵圍龍州 城中請降 副使魏玿被擄"

16) 『고려사』 103, 열전16 金慶孫. "[金慶孫: 필자]高宗十八年 爲靜州分道將軍 蒙古兵 度鴨綠江 屠鐵州 侵及靜州 慶孫率衙內敢死士十二人 開門出力戰 蒙古却走 俄而大軍繼至 州人度不能守 皆弃竄 慶孫入城 無一人在者 獨與十二士 登山夜行 不火食七日 到龜州 朔州戌將金仲溫 亦弃城來奔"

17) 『고려사』 23, 세가23 고종 18년 11월. "蒙兵 以平州囚其持牒者 欲先滅之 庚戌 夜未明 突入城中 殺州官 屠其城 盡燒人戶 雞犬一空"

18) 『고려사』 58, 지12 지리3. "昌州……高宗十八年 被蒙兵 城邑丘墟"

19) 『고려사절요』 16, 고종 19년 1월. "先是 [忠: 필자]州副使于宗柱 每於簿書間 與洪翼有隙 聞蒙兵將至 議城守 有異同 宗柱帥兩班別抄 洪翼率奴軍雜類別抄 互相猜忌 及蒙兵至 宗柱洪翼 與兩班等 皆棄城走 唯奴軍雜類 合力擊逐之"

등으로 한결같이 해당 지역의 고려 치소성이었다.[20] 구체적인 성명없이 단지 '성(城)'으로 기록된 것 또한 문맥으로 볼 때 고려 치소성을 지칭하였다. 가령 "함신진을 포위하였다[圍咸新鎭]", "용주를 포위하였다[圍龍州]" 식으로 군현의 포위를 기록하며 언급된 '성'은 다름 아닌 '함신진성'과 '용주성' 따위의 고려 치소성이었을 것이다.[21] 특히 "자주를 포위하였다[圍慈州]"는 것이 자주성의 포위를 의미하였음은 연이은 기록에 적시되어 있다.[22] 같은 맥락에서 "정주를 침략하였다[侵及靜州]"는 것을 기록하며 언급된 성 및 삭주수장이 방기한 성은 각각 정주성과 삭주성이었을 것이다.[23] 그리고 평주의 섬멸을 기재하며 언급된 "성 안으로 돌입하였다[突入城中]"는 구절과 "그 성을 도륙하였다[屠其城]"는 것 모두 평주성의 상황을 전한다고 하겠다.[24] 몽골의 침입으로 인해 폐허가 된 창주의 '성읍(城邑)'은 명칭으로 보아 창주성을 지칭하였을 것임이 분명하며, 노군별초와 잡류별초가 협력하여 고수한 성 또한 문맥상 충주성으로 판단된다.[25]

이렇듯 고려는 몽골의 1차 침략 당시 이전과 다름없이 고려 치소성을 군사 거점으로 하여 방어하였다. 그런데 예전과 달리 고려 치소성 중심의 지역 방어체계는 몽골의 침입에 효력을 발휘하지 못하였다. 〈표 4-1〉에서 고려 치소성을 군사 거점으로 하여 효과적으로 적을 방어한 곳은 귀주, 서경, 자주, 충주뿐이었다. 여타 지역은 별다른 저항 없이 성을 들어 항복하거나(함신진, 용주), 수성전을 벌이다 함락되곤 하였다(철주, 정주, 삭주, 안북도호부, 평주,

---

20) 앞서 검토한 바와 같이, 철주성과 같은 '읍호+성' 사례는 해당 군현의 '치소가 위치한 성'이었다.

21) 주 14)와 15) 참조.

22) 주 13) 참조.

23) 주 16) 참조. 정주의 경우 城 내에 '衙舍'가 존재한 것으로 판단되어, 해당 성이 정주성이었음은 분명하다.

24) 주 17) 참조. 몽골군이 城 안으로 돌입한 후 지방관인 '州官'을 살해한 점도 이 성이 평주성이었음을 시사한다.

25) 주 18)과 19) 참조.

창주). 당시 지역방어의 붕괴는 이들 지역에 국한된 현상이 아니라 비교적 광범한 지역에 걸쳐 발생한 점에서,[26] 고려 치소성을 토대로 한 지역방어가 제대로 이루어지지 못한 것은 일부 지역에 한정된 현상이 아니었을 것이다.

1차 침입 시에 몽골군의 공격을 받은 지역들은 주로 북계를 중심으로 한 개경 북쪽 일대였지만, 몽골군에 대한 방어 경험은 어느 지역에서든 고려 치소성을 거점으로 하여 몽골의 물리력을 막아낸다는 것이 어렵다는 사실을 고려 측에 인지시켜 준 듯하다. 그러한 이유에서인지, 1232년(고종 19) 강화천도에 수반하여 시행된, 고려 치소성을 대신하여 산성(山城)과 해도(海島)로 민인들을 입보케 한 조치는 '여러 도(諸道)'라는 전국을 대상으로 하고 있었다.[27]

그렇다면 이전과 달리 고려 치소성이 몽골의 침입에 대응하여 방어처의 역할을 제대로 수행하지 못한 까닭은 무엇일까?

먼저 국내적인 측면에서는, 12·13세기 동안 기존의 지방지배질서가 동요하면서 지역사회 내에서 제계층간의 갈등은 증폭되었고[28] 이로 인해 지역사회의 자위력이 약화된 데에서 이유를 찾을 수 있다. 이러한 점은 충주성 전투의 사례에서 엿보인다. 충주에서는 지역인이 양반별초(兩班別抄)와 노군·잡류별초(奴軍雜類別抄)로 구분된 채 침입해 오는 몽골군에 대비하였는데, 막상 적이 임박해 오자, 지방관과 양반별초군은 도망가고 노군·잡류별초만이 성을 지켜내었다. 그런데 도망갔다가 몽골군 퇴각 후에 돌아온 것으로 보이는 호장 광립(光立) 등 5·6인은 노군 두목을 살해하려는 음모를 꾀하였고 이

26) 이 점은 다음 기록에서 잘 보인다. 『고려사절요』 16, 고종 18년 12월. "蒙兵 向廣忠清州 所過無不殘滅". 이 밖에 선주와 곽주는 함락당하였고(『고려사』 23, 세가23 고종 18년 9월 임자), 황주와 봉주는 몽골군을 피해 섬으로 입보하였다(『고려사』 23, 세가23 고종 18년 9월 정유).

27) 『고려사절요』 16, 고종 19년 6월. "分遣使于諸道 徙民山城海島"

28) 채웅석, 『高麗時代의 國家와 地方社會-'本貫制'의 施行과 地方支配秩序-』, 서울대학교출판부, 2000, 222~232쪽 참조.

를 알아챈 노군들이 난을 일으키는 일이 있었다.[29] 노군·잡류별초의 분투로 성이 고수되기는 하였지만, 지역공동체의 군사적 리더로 활약해 온 향리층이 지역사회의 결속을 주도하지 못한데다가 오히려 도망하기까지 하였고[30] 궁극에는 신분·계층간의 갈등으로 인해 난이 발생한 사실은, 지역사회 차원의 결속이 약화되고 이와 맞물려 지역 단위의 방어력이 약화된 당시의 상황을 상징적으로 보여준다고 하겠다. 지역마다 정도의 차이는 있겠지만, 12세기 이래로 지역사회 차원의 자위력이 저하되어감에 따라 고려 치소성을 군사거점으로 한 방어 능력이 약화되어 간 것은 전반적인 추세였을 것이다.

다음으로 대외적이면서 보다 직접적이기도 한 원인은 고려 치소성을 군사거점으로 해 온 방어 방식을 능가한 몽골의 강력한 군사력이다.

1차 침입 당시 몽골군은 매우 뛰어난 공성술을 보유하고 있었다. 귀주성 전투에서 잘 보이듯, 몽골은 각종 무기와 방법으로 고려 치소성을 공략하였다. 곧 여러 겹으로 성을 포위한 채 밤낮으로 공격하였고 이와 병행하여 포로를 활용하여 회유하는 방법은 기본이었으며, 이외에도 소가죽을 씌운 누거(樓車)와 대상(大床)에 병사를 태우고는 성 밑에 접근하여 굴을 파서 성 안으로 들여보내거나, 대포차(大砲車) 내지 운제(雲梯)로 성을 공격하거나, 쌓아놓은 섶나무에 기름을 부어 불을 지르거나, 건초를 적재한 수레에 불을 질러 성의 문루를 공격하거나 하는 등의 술책이 구사되었다.[31]

대외 정벌 초창기만 해도 몽골군의 성곽 공략의 방법은 장기간의 포위뿐이어서, 그들은 성곽을 공격하는데 애를 먹곤 하였다. 하지만 몽골은 거란인, 금인(金人) 기술자를 활용하여 다양한 공성술을 도입·개선하였고 이후 아라비아로부터도 공성술을 습득하게 되면서, 몽골군의 공성술은 매우 빠른 속도로 개선되어 당대 최고 수준에까지 도달하게 되었다. 그 결과 중앙아시

29) 『고려사절요』 16, 고종 19년 1월

30) 당시 지방사회 내의 兩班은 향리층이 주축이었을 것이다

31) 『고려사』 103, 열전16 朴犀

아와 북중국 등에 소재한 수많은 성곽도시들이 몽골군에 의해 함락되고 있었다.[32)]

고려를 침공할 당시 몽골군은 이미 여러 정복 지역들로부터 공성술을 도입·개선한 이후였고, 중앙아시아와 북중국 등지에서 무수한 성곽들을 함락한 경험이 축적된 상태였다.[33)] 달리 말해, 몽골군은 뛰어난 공성술로 고려 치소성을 공격해 왔을 것이다.

몽골군이 장기간 고려 치소성을 포위한 채 지속적으로 공격해 온 것도 고려 측을 곤경에 빠뜨렸다. 어렵사리 몽골군의 각종 공격을 막아낸다고 해도, 장기간 포위되었을 시에 고려 치소성을 거점으로 한 방어는 식량과 물의 부족으로 말미암아 무력화되곤 하였다. 왜냐하면 고려 치소성은 산지에 자리한데다가 대개 규모도 크지 않아, 다수의 인원이 장기간 머물기에는 식량과 물의 공급 면에서 취약하였기 때문이다.[34)]

이렇듯 대내외적 요인들이 중첩적으로 작용하면서 고려 치소성을 군사 거점으로 해 온 지역방어는 몽골의 침략에 한계를 드러내고 무력화되기에 이르렀다. 그런데 이러한 어려운 상황에서 새로운 지역방어의 양상이 출현하고 있어 주목된다.

> 몽골군이 황주(黃州)와 봉주(鳳州)에 이르니, 두 지역의 수령이 민인을 이끌고 철도(鐵島)로 입보(入保)하였다.[35)]

---

32) 이와 관련하여 LEO DE HATOG, *Genghis Khan CONQUEROR OF THE WORLD*, I.B.Tauris Publishers, 1989; 彭世乾 著·金舜圭 編譯, 『몽골軍의 戰略·戰術』, 국방군사연구소, 1997 참조.

33) 가령 당시 공성전에 위력을 발휘하고 있던 회회포은 1차 침입 이전에 이미 개발되어 실전에서 활용되고 있었다.

34) 가령 철주에서는 보름에 걸친 공격으로 철주성 내의 양식이 동나 성이 함락되었고(『고려사절요』 16, 고종 18년 7월), 춘주에서는 오랜 기간의 포위로 인해 춘주성 안의 물이 고갈되면서 더 이상의 저항이 불가능하게 되었다(『고려사절요』 17, 고종 40년 9월).

35) 『고려사』 23, 세가23 고종 18년 9월 정유. "蒙兵至黃鳳州 二州守率民 入保鐵島"

위의 인용문에서 볼 수 있듯이, 황주와 봉주 지역에서는 지방관이 몽골의 침입에 대응하여 지역민을 이끌고 섬으로 입보하였다. 이들 지역에도 고려 치소성은 존재했지만,[36] 이를 군사 거점으로 하여 몽골군을 막아내는 대신 섬으로의 입보를 선택한 것이다.

이곳들에 한정되지 않았다. 북계의 여러 주진에서도 '해도입보(海島入保)'가 시행되고 있었다. 함신진을[37] 비롯한 선주(宣州), 운주(雲州), 박주(博州), 곽주(郭州), 맹주(孟州), 무주(撫州), 태주(泰州), 은주(殷州), 창주(昌州) 등의 9주 또한 1231년(고종 18)에 몽골군을 피해 섬으로 입보하였다.[38]

이들 북계 주진이 섬으로 입보하게 된 경위는 창주와 함신진의 사례에서 알 수 있다. 즉 창주에서는 1차 침략 당시에 '성읍이 폐허가 될' 정도로 창주성이 방어처의 역할을 못하자 이곳 사람들은 자연도(紫燕島)로 입보하게 된 것이고, 함신진에서는 진성(鎭城)을 들어 항복하였지만 이후 성 내에 주둔한 몽골인을 살해하고는 부사(副使)가 주도가 되어 향리 · 민인을 이끌고 신도(薪島)로 입보하였다.

그런데 1231년 당시 일부 지역에서 행해진 '해도입보'는 개별 지역 차원

---

36) 황주성의 존재는 『均如傳』 6, 感通神異分者에서 확인된다. 봉주성 또한 존재하였으리라 판단되는데, 그 성은 조선초기의 鵂鶹城에 비정된다(『신증동국여지승람』 41, 황해도 鳳山郡 古跡). 휴류성은 조선초기에 고적 상태였으나 『신증동국여지승람』 봉산군 군명 조에 기재된 데서, 이전 시기에는 치소 역할을 한 성이었다고 판단된다. 휴류성이 『廣輿圖』(古4790-58)와 『海東地圖』(古大4790-41) 등에 古邑城으로 기재된 점 또한 이를 방증해준다.

37) 『고려사절요』 16, 고종 18년 10월. "咸新鎭報曰 國家若遣舟楫 我當盡殺留城蒙人小尾生等然後 卷城乘舟如京 乃命金永時等十三人 具舟楫以送 果殺蒙人幾盡 小尾生先覺亡去 副使全僩率吏民 入保薪島"

38) 『고려사』 58, 지12 지리3. "宣州……高宗十八年 避蒙兵 入于紫燕島"; 『고려사』 58, 지12 지리3. "雲州……高宗十八年避蒙兵 入于海島"; 『고려사』 58, 지12 지리3. "博州……高宗十八年避蒙兵 入于海島"; 『고려사』 58, 지12 지리3. "郭州……十八年避蒙兵入于海島"; 『고려사』 58, 지12 지리3. "孟州……高宗十八年避蒙兵 入海島"; 『고려사』 58, 지12 지리3. "撫州……高宗十八年避蒙兵 入于海島"; 『고려사』 58, 지12 지리3. "泰州……高宗十八年避蒙兵 入于海島"; 『고려사』 58, 지12 지리3. "殷州……高宗十八年 避蒙兵 入于海島"; 『고려사』 58, 지12 지리3. "隨州 高宗十八年 蒙兵陷昌州 州人入于紫燕島"

에서의 임기응변 조치였다. 이때의 '해도입보'는 1232년(고종 19) 이래로 국가 정책 차원의 산성해도입보책(山城海島入保策)[39]과는 상이한 것으로, 일부 지역에서 자체적으로 행한 것이었다. 그것은 일부 지역에 한해 시행되었을 뿐만 아니라, 이후 시기처럼 정책 추진을 위해 별도로 파견된 사신이나 별감(別監) 등에 의해서가 아니라,[40] 황주, 봉주, 함신진의 사례에서 보듯, 수령의 자체적인 판단을 기반으로 하고 있었다.[41]

2) 강화천도 이후 '산성해도입보책'의 실시

몽골군이 개경 근교에 주둔하여 개경을 압박하게 되면서 화친은 이루어졌다. 몽골군은 1232년(고종 19) 1월 고려로부터 철수하였지만, 화친은 그리 오래가지 않았다. 무신집정자인 최우의 주도 하에 그 해 7월에 강화천도가 단행되었고,[42] 그 이후로 몽골과의 기나긴 전쟁은 시작되었다.

강화천도는 일종의 해도입보로[43] 이전 시기에는 볼 수 없던 새로운 수도방어책이라 할 수 있다. 도성을 방패로 삼아 외적을 방어하는 기존의 수도방어 대신에 도읍을 해도로 옮겨 몽골군에 대항하는 새로운 방책이 채택된 것이다. 수도방어책의 변화는 1231년(고종 18) 일부 지역에서의 해도입보 조치가 국가에 수용되어 수도 방어에 적용된 데서 비롯되었을 것이다.

해도로 도읍을 옮기는 것에 수반하여 각도(各道)에 사신을 보내 민인들을 산성과 해도로 입거시키는 조치[산성해도입보책]가 취해졌다.[44] 사신 파견에

---

39) 『고려사절요』 16, 고종 19년 6월. "分遣使于諸道 徙民山城海島". 이 이후로 국가 주도의 山城海島入保策은 지속적으로 추진되었다.

40) 국가 주도로 山城海島入保策이 추진된 시에는 중앙정부로부터 사신 내지 (防護)別監이 파견되었다.

41) 황주와 봉주에서는 외관이 민인을 이끌고 철도에 입보하였고, 함신진에서는 副使가 吏民을 이끌고 해도로 입보하였다.

42) 『고려사절요』 16, 고종 19년 7월 을유

43) 윤용혁, 「몽고 침입에 대한 항쟁」, 『한국사』 20(고려 후기의 사회와 대외관계), 국사편찬위원회, 1994, 240쪽.

44) 『고려사절요』 16, 고종 19년 6월. "分遣使于諸道 徙民山城海島". 정확히 말하자면, 이 조

서 알 수 있듯이, 해당 조치는 국가 주도로 이루어졌다. 산성해도입보책은 고려 치소성을 군사 거점으로 한 지역방어가 제 구실을 못하는 상황에서, 몇몇 지역에서 자구 차원에서 시행된 해도입보를 국가가 수용하여 전국적으로 확대 적용한 방책이라고 할 수 있다. 당시 입보처로 해도 이외에 산성을 추가하였는데, 이 구상은 전국적 시행을 염두에 둔 '해도입보'의 보완 방안이었을 것이다. 해도입보는 모든 지역을 대상으로 적용될 수는 없었기에, 그것이 용이하지 않거나 불가능한 지역에서는 산성을 입보처로 선택하였을 것이다.[45)]

산성해도입보책은 강화천도에 수반하여 일시적으로 시행된 것이 아니었다. 이후에도 그것은 몽골의 침략에 대응하여 꾸준히 추진되었다. 이 점은 다음 기록에서 잘 드러난다.

(1) 북계병마사 노연(盧演)에게 명하여 북계 제성(諸城)의 민인들을 모두 옮겨 해도로 입보케 하였다.[46)]

(2) 북계병마사가 몽골병이 압록강을 건넜다고 보고하니, 곧 5도 안찰사와 3도 순문사에게 이첩하여 지역 민인을 독려하여 산성과 해도로 입보케 하였다.[47)]

(3) 제도(諸道) 군현의 사람으로 산성과 해도에 입보한 자에게 명령하여 모두 출륙하게 하였다.[48)]

(4) 장군 송길유(宋吉儒)를 보내 청주(淸州) 민인을 해도로 입보케 하였다.[49)]

치는 강화천도 직전에 이루어졌다.

45) 지역에 따라서는 굴로 피난하는 경우(『고려사』 24, 세가24 고종 45년 8월 을사)도 있었다. 해도입보책에 대해서는 윤용혁, 「고려의 海島入保策과 몽고의 戰略變化-麗蒙戰爭 전개의 一樣相-」, 『역사교육』 32, 1982; 강재광, 「對蒙戰爭期 崔氏政權의 海島入保策과 戰略海島」, 『군사』 66 참고.

46) 『고려사』 23, 세가23 고종 35년 3월

47) 『고려사』 24, 세가24 고종 40년 7월 갑신

48) 『고려사』 24, 세가24 고종 42년 3월 병오

49) 『고려사』 24, 세가24 고종 43년 8월 경진

(2)와 (3)의 사례에서 알 수 있듯이, 강화천도 이후로는 외적의 침입이 있거나 임박하였을 때, 국가는 민인들에게 명령하여 해도와 산성으로 입보하게 하였고 사정이 나아지면 원래 지역으로 되돌아오도록 하였다.

산성해도입보책이 강화천도 이후로 몽골의 침입에 대응한 기본적인 방어책으로 지속적으로 시행되면서, 고려 정부는 민인의 입보를 독려·주도하는 데 그치지 않고 산성해도입보책의 효율적 운영에 필요한 제반 조처들을 강구하였다. 입보처에 산성방호별감(山城防護別監),[50] 산성겸권농별감(山城兼勸農別監)[51] 등을 파견하여 방어를 책임지게 하였고,[52] 입보처인 산성을 수축하기도 하였다.[53] 또한 입보한 민인들의 경제적 기반을 마련해 주고자 입보처의 토지를 분급해 주거나,[54] 해도로 옮긴 주현의 조(租)를 면제해 주곤 하였다.[55] 권농 업무를 겸한 산성(방호)별감의 파견 역시 산성 입보인을 위한 경제적 조치였다.

다음은 강화천도 이후로의 산성(山城) 용례의 대두 양상과 그 의미에 관해서다. 이러한 작업은 강화천도를 분기점으로 한 방어처 개편의 실상을 보다 명확하게 이해하고자 위함이다.

『고려사』와 『고려사절요』에서 산성 용례들을 정리한 〈부표 4〉에 따르자면, 그것은 강화천도 이후로 본격적으로 등장하였다.

1232년(고종 19) 이전에는 산성 용례가 드물었다. 태조대에는 산성 용례가

50) 『고려사절요』 16, 고종 23년 6월; 『고려사절요』 17, 고종 39년 7월; 『고려사』 24, 세가24 고종 44년 5월 갑술

51) 『고려사절요』 16, 고종 30년 2월

52) 방호별감은 산성뿐만 아니라 다음 기록에서 보듯 입보처인 해도와 굴에도 파견되었다. 『고려사』 23, 세가23 고종 23년 8월 병오. "席島防護別監 擒蒙兵三人 檻送于京"; 『고려사』 24, 세가24 고종 45년 8월 을사. "蒙兵攻西海道嘉殊窟陽波穴 皆降之 陽波穴有上中下三穴 蒙兵自山上 縋下甲士 於上穴口 槍斧皆不得入 爇草投穴中 遂安縣令朴林宗 自縊死 防護別監周尹 率別抄出戰 民潰 尹中流矢死 嘉殊穴別監盧克昌 亦被擒"

53) 『고려사』 121, 열전34 良吏 庾碩

54) 『고려사』 78, 지32 食貨1 田制 經理 고종 42년 2월

55) 『고려사』 80, 지34 食貨3 賑恤 災免之制 고종 45년 2월

상대적으로 빈번히 보이나, 933년(태조 16) 혜산성(槥山城) 사례 이후로는 매우 오랜 기간 동안 해당 용례는 사서(史書)에 등장하지 않았다. 즉 1111년(예종 6) 공험진(公嶮鎭) 산성의 축조 기록을 제외하고는, 933년부터 1232년까지 근 300년 동안 산성 용례가 기록상으로 나타나지 않았다.

강화천도 이전에 산성 용례가 기록에서 거의 보이지 않았다고 해서, 이 기간 동안 산지에 축조된 성이라는 의미의 '산성'[56]이 없거나 드물게 존재하였다고 생각해서는 곤란하다. 후술하듯 용례상으로 강화천도 이후에 출현하는 산성들 가운데 그 시기에 신축된 것은 드물었다.[57] 대부분은 이전 시기부터 있어 왔으나 활용되지 않아 오던 산성을 활용한 것이다. 더욱이 고려 치소성은 산지에 자리한 점에서 그 또한 '산성'이었다. 따라서 강화천도 이전에 '산성'이 존재하지 않거나 드물게 있었다고 볼 수는 없다.

이 기간 동안 산지에 축조된 성이라는 의미의 '산성'은 적지 않게 존재하였을 것임에도 불구하고, 산성 용례가 기록 면에서 거의 보이지 않은 까닭은 무엇일까? 그 이유는 그 당시 기록상으로 등장한 성들 가운데 거의 대부분이 고려 치소성인 사실에 있다. 고려전기에는 고려 치소성을 중심으로 한 지역방어체계가 운영된 탓에,[58] 축성은 고려 치소성의 축조에 집중되었으며, 외적 방어의 거점 혹은 반란군의 군사 거점으로 기능한 성 또한 거의가 고려 치소성이었다.[59] 당시에 고려 치소성 이외의 성이 기록상으로 등장할 여지는 거의 없었던 것이다. 이러하였기에 산성 용례는 사서에 등장하기 어려웠다. 고려 치소성은 산성 용례로 기록되지 않기 때문이다. 앞서 논증한 바와 같이, 고려 치소성은 '읍호+성' 등으로 기록되었다.[60] 현종대 거란 침입 시와

---

56) 여기서 '山城'은 현재 우리의 관념인 산에 위치한 城을 의미한다.

57) 이와 관련하여 유재춘, 『韓國 中世築城史 硏究』, 경인문화사, 2003, 18~46쪽 참조.

58) 최종석, 「고려전기 지역방어체계의 특징」, 『사림』 40, 2011b.

59) 최종석, 「고려전기 築城의 특징과 治所城의 형성」, 『진단학보』 102, 2006 참조.

60) 한편 강화천도 이전 시기 내에서 933년(태조 16) 이전과 그 이후는 산성 사례의 빈도 면에서 매우 다른 것처럼 보이나 실제로는 그렇지 않다. 태조대 山城 사례의 거의 대부분은 고

고종 초반 거란 유종의 침략 시에 수많은 성 사례들이 등장하지만 이들 가운데 산성 용례가 전혀 보이지 않은 것도 바로 이러한 이유에서였다.

강화천도 이전에서와 달리 그 이후로는 산성 용례들이 꾸준히 출현하였다. 양산성(椋山城), 동주산성(東州山城), 천룡산성(天龍山城), 충주산성(忠州山城), 상주산성(尙州山城), 공산성(公山城), 입암산성(笠巖山城), 광복산성(廣福山城), 삼척산성(三陟山城) 등은 대몽전쟁기 동안에 보이는 산성 용례들이다. 이들 산성은 고려 치소성과 상이한 방어처로, 산성해도입보책의 시행과 맞물려 구체적으로 확인되는 입보용 산성이었다.

대몽전쟁기에 입보 용도로 활용된 산성은 이들 성에 국한되지 않는다. 『신증동국여지승람』 등에서 설악산성(雪嶽山城),[61] 한양산성(漢陽山城),[62] 요전산성(蓼田山城)[63]을 찾을 수 있으며, 『고려사』와 『고려사절요』에는 산성으로 기록되지 않았지만 고려 치소성과 무관한 '산성'으로 입보처로 활용된 달보성(達甫城),[64] 기암성(岐巖城),[65] 금강성(金剛城),[66] 한계성(寒溪城)[67] 등[68]의

려 치소성을 지칭한 것이었다. 즉 오산성, 삼년산성, 일모산성은 외면상 산성 사례이기는 하나 실제로는 '읍호+성'에 해당한다. 이 성들은 오산현성, 삼년산군성, 일모산군성과 동일한 것으로, '현', '군' 등의 읍격이 생략된 고려 치소성 사례였다. 오직 933년의 혜산성만이 山城 사례로 판단된다. 이렇듯 강화천도 이전에는 태조대건 그 이후건 구분 없이 山城은 기록상 거의 출현하지 않았고, 또한 그러할 사회적 조건도 갖추어지지 못했다.

61) 『신증동국여지승람』 44, 강원도 襄陽都護府 佛宇 洛山寺

62) 『신증동국여지승람』 10, 경기도 龍仁縣 古跡 處仁城. "高麗高宗時 遷都江華 元帝怒 遣兵問狀……撒歹不聽 抵漢陽山城 拔之 次至處仁城"

63) 『動安居士集』 1, 行錄 望武陵島行. "越癸丑秋 因避胡寇 一方會守眞珠府蓼田山城"

64) 『고려사』 24, 세가24 고종 45년 12월 무술. "達甫城民 執防護別監鄭琪等 投蒙古兵"

65) 『고려사』 24, 세가24 고종 46년 1월 정미. "蒙古攻成州岐巖城 夜別抄率城中人與戰 大敗之"

66) 『고려사』 24, 세가24 고종 46년 1월. "東眞寇金剛城 遣別抄三千人 救之"

67) 『고려사절요』 17, 고종 46년 2월. "登和州等諸城叛民 自稱官人 引蒙人來攻寒溪城 防護別監安洪敏 率夜別抄出擊 盡殲之"

68) 기암성, 금강성, 한계성이 '山城'이었음은 뒤에서 설명할 것이다. 달보성의 경우 관련 기록이 충분치 못해 '山城' 여부 및 입지적 특성 등을 알 수 없으나, 방호별감이 파견된 점으로 미루어 같은 조치가 취해진 다른 입보용 (山)城과 별다른 차이가 없었을 것이다.

입보 산성 사례가 있다.

몽골 측 기록인『원고려기사(元高麗紀事)』에 또한 입보 산성 사례들이 드물지 않게 있다. 즉 1235년(고종22)에 구월산성(九月山城)[69]이, 1253년(고종 40)에 화산성(禾山城), 삼각산성(三角山城), 천룡성(天龍城)[70] 등의 입보 산성이 보인다. 이밖에도 천룡성(天龍城)과 같이 읍명(邑名)과 무관한 성인, 1236년(고종23) · 1237년(고종 24)의 귀신성(歸信城) · 금동성(金洞城)[71]과 1255년(고종 42)부터 1257년(고종 44)까지의 현봉성(玄鳳城) · 진원성(珍原城) · 갑향성(甲向城) · 왕과성(王果城)[72] 등은 치소와 무관한 성으로 입보 산성이었을 것이다.

강화천도 이후로 산성 용례들의 본격적 등장이 웅변하듯, 방어처는 강화천도를 분기점으로 하여 고려 치소성에서 입보 산성으로 바뀌었다. 그럼에도 일부의 고려 치소성은 여전히 방어 · 입보처로 활용되었다. 고려 치소성 중심의 지역방어체계가 붕괴되었다고는 하지만, 군사 · 방어적으로 활용 가치가 있던 고려 치소성은 여전히 사용된 셈이다. 또한 고려 치소성을 군사 거점으로 한 지역 단위의 결속력이 상대적으로 강한 지역에서도 고려 치소성은 계속적으로 활용되었던 듯싶다. 그러한 사례들로 동주성(洞州城, 고종 22),[73] 자주성(慈州城, 고종 23),[74] 죽주성(竹州城, 고종 23),[75] 춘주성(春州城, 고종

69)『元高麗紀事』, 太宗 7년. "命將唐古拔都魯 與福源同領兵高麗 攻拔龍崗縣鳳州海州洞州九月山城慈州等處"

70)『元高麗紀事』, 憲宗 3년. "命宗王耶虎 與洪福源 同領軍征高麗 攻拔禾山城東州春州三角山城楊根城天龍城等處". 天龍城은『고려사』의 天龍山城과 동일한 것이었다.

71)『元高麗紀事』, 太宗 8년 · 9년. "攻拔歸信城金山城金洞城"

72)『元高麗紀事』, 憲宗 5년 · 6년 · 7년. "連歲 攻拔光州安城忠州玄鳳珍原甲向王果等城"

73)『고려사』 23, 세가23 고종 22년 10월 신축. "蒙兵攻破洞州城"

74)『고려사절요』 16, 고종 23년 8월. "蒙兵陷慈州 副使崔景侯 判官金之佇 殷州副使金景禧等 皆被害". '陷慈州'는 자주성의 함락으로 이해된다.

75)『고려사』 103, 열전16 朴犀 附 宋文胄

40),[76] 등주성(登州城, 고종 40·43),[77] 충주성(忠州城, 고종 40·43)[78] 등이 해당한다.[79]

이들 성은 강화천도 이후로 본격 사용된 산성과 마찬가지로 입보처로 기능하였고, 이곳에는 방호별감이 파견되었다. 이들 고려 치소성 가운데 자주성과 충주성은 1차 침입 시에 몽골군의 침략을 효과적으로 방어한 곳인 데서 미루어, 방어 역량이 입증된 고려 치소성은 강화천도 이후로도 입보처로 활용되었다고 판단된다.

하지만 입보처로 활용된 고려 치소성마저도 시간이 경과할수록 방어 면에서 한계를 드러내어 산성과 해도가 그 역할을 대신하곤 하였다. 가령 자주성은 1253년(고종 40)에 몽골군에 의해 함락되었고, 충주성은 같은 해 방호별감 김윤후(金允侯)와 충주민의 노력으로 인해 어렵사리 지켜지기는 했으나[80] 1256년(고종 43)에 끝내 함락되었고, 그리하여 그것 대신 충주산성이 입보처로 기능하게 되었다. 또한 동주성과 춘주성은 몽골군에 의해 공파 당하였으

76) 『고려사』 24, 세가24 고종 40년 9월 병신. "蒙兵屠春州城"

77) 『고려사』 24, 세가24 고종 40년 10월 병오. "東界兵馬使報 蒙兵圍登州 解圍 趣金壤城"; 『고려사』 24, 세가24 고종 43년 5월 병진. "東北面兵馬使報 登州 城中無水 且無粮儲 人民散去 乃令入保島內"

78) 『고려사』 103, 열전16 金允侯; 『고려사절요』 17, 고종 43년 4월. "蒙兵屠忠州城 又攻山城 官吏老弱 恐不能拒 登月嶽神祠 忽雲霧 風雨雷雹俱作 蒙兵以爲神助 不攻而退"

79) 楊根城은, "蒙兵圍楊根城 防護別監尹椿 率衆出降"(『고려사』 24, 세가24 고종 40년 10월 기유)이라는 기록에서 보듯, 강화천도 이후에도 방어·입보처로 활용된 '치소가 위치한 성'이다. 하지만 이 성은 다른 고려 치소성과 상이하였다. 양근성은 초축 시기가 고려후기인데다가 600m 이상의 고지에 위치하고 험준한 지형을 이용하며 단기간에 축조되는 등 일반적인 고려 치소성과 여러모로 상이하였다. 이 성의 특징은 오히려 후술할 입보용 산성과 일치하고 있다. 이러한 측면을 고려할 때, 양근 지역에서는 강화천도 이후 기존의 고려 치소성(현 신월리성지)이 버려지고 대신 새로운 '치소가 위치한 성'인 양근성이 축조되었다고 판단된다. 이때 축조된 '치소가 위치한 성'은 당시의 사회 상황 속에서 방어에 초점을 두고 입지 등이 선택되었을 것이다. 이러한 점은 양근성이 충렬왕대 카단[哈丹]의 침략 당시에도 '치소가 위치한 성'으로서 유일하게 입보처로 기능하고 있었던 사실과 무관하지 않을 것이다. 양근성에 대해서는 양평군·수원대학교박물관, 『양평 함왕성지-지표 및 시굴조사보고서-』, 1999를 참조할 것.

80) 『고려사절요』 17, 고종 40년 12월

며, 등주성은 1253년 몽골의 공격에 무너지지 않았지만, 3년 뒤 민인들이 성내 물과 식량의 부족을 이유로 떠나자 등주는 해도로 입보하게 되었다. 이렇듯 입보·방어처로 활용되던 일부 고려 치소성마저 몽골의 침략이 장기화되면서 방어상의 한계를 노정하였고, 그 결과 입보·방어처는 산성과 해도로 일원화되어 갔다.

3) 원간섭기 '산성해도입보책'의 존속과 약화

고려 치소성을 군사 거점으로 해 온 지역방어방식이 몽골의 침략을 계기로 입보 산성(해도)을 방어처로 하는 것으로 변화된 사실을 확인할 수 있었다. 여기서는 군사 방면에서 몽골(원)의 직간접적인 개입이 있었던 원간섭기에 지역방어체계가 어떠한 방향으로 전개되어갔는지를 살펴보도록 하겠다.

원간섭기 동안에 고려 치소성 중심의 지역방어체계를 복구 내지 강화하려는 조치는 시행되지 않은 듯하다. 복구 내지 강화하기 위해서는 대몽전쟁기에 드러난 고려 치소성의 방어상의 한계를 교정·보완해야 했고, 그 최소한의 조치는 고려 치소성의 (증)수축이었을 것이다. 그런데 이 기간 동안 축성은 거의 보이지 않고 있다. 1269년(원종 10) 일본의 침구 첩보로 인해 연해의 군현들로 하여금 성을 쌓도록 한 사례[81] 및 1272년(원종 13) 반란군인 삼별초가 제주에서 성을 축조한 것[82] 정도가 확인될 뿐이다. 전자는 실행되었는지 여부가 분명치 않으며, 후자는 축성의 주체가 반란군이었다. 더욱이 해당 축성 사례들은 원종대로 한정되어 있다.

축성 사례가 거의 보이지 않은 점은 기록상의 누락에서라기보다는 몽골

81) 『고려사』 26, 원종 10년 5월 병오. "慶尙道按察使馳報 濟州人漂風 至日本還言 日本具兵船 將寇我 於是 遣三別抄及大角班 巡戍海邊 又令沿海郡縣 築城積穀 移彰善縣所藏國史 於珍島"

82) 『고려사』 27, 세가27 원종 13년 6월 을묘. "遣將軍羅裕 將募兵一千五百五十餘人 討三別抄 于全羅道 時賊旣入濟州 築內外城 恃其險固 日益猖蹶 常出擄掠 濱海蕭然"

의 정치·군사적 간섭을 받고 있는 상황에서 기인하였을 것이다. 1280년(충렬왕 6) 왜구의 침입을 방어하기 위해 고려 정부가 연해안의 성을 수축하려 했으나 몽골(원)이 이를 허락하지 않은 사실은,[83] 원간섭기에 축성 기사가 거의 보이지 않은 사정을 이해하는 데 시사하는 바가 크다. 고려와 장기간의 전쟁을 치른 몽골이 고려의 축성 시도를 꺼려하였던 자세는 하등 이상하지 않은 반응일 것이다. 몽골이 고려의 항복을 받은 직후 강도(江都)의 내외성(內外城)을 허물도록 한 요구도[84] 고려의 축성을 허락하지 않은 조치와 궤를 같이 한다고 하겠다.

원간섭기에 고려 치소성을 중심으로 한 지역방어체계는 복구되지도 복원될 수도 없었던 것이다. 이와 맞물려 대몽전쟁기 동안 시행된 산성해도입보책은 여전히 활용되고 있었다. 이러한 사실은 충렬왕대 카단[합단(哈丹)]의 침입에[85] 대응한 고려의 방식에서 명확히 확인된다. 당시 고려는 대몽전쟁기와 마찬가지로 도읍을 강화로 옮겼다. 카단이 침입해 왔다는 헛소문이 돌자 대부분의 대신들은 강화로의 천도를 주장할 만큼, 천도를 통한 수도방어는 폭넓은 공감대를 얻고 있었다. 몽골(원)의 반대로 이때 천도는 성사되지 못했지만, 얼마 후 몽골(원)의 승인 하에 국왕은 강화로 피신하였다.[86]

이와 발맞춰 지방에서도 산성해도입보책이 시행되었다.[87] 당시 입보처로

83) 『元史』 11, 本紀11 世祖8 至元 18년 11월 己巳. “高麗國王請完濱海城 防日本 不允”

84) 『고려사』 24, 세가24 고종 46년 6월

85) 카단의 고려 침입은 나얀[內顔] 반란의 여파에서 이루어진 것이다. 옷치긴 왕가의 나얀을 우두머리로 삼아 몽골제국 내의 여러 세력들이 카안 정부에 항거한 것이 나얀 반란인데, 그것은 나얀의 죽음으로 일단락되었다. 하지만 나얀 사후 그의 부장인 카단이 계속해서 몽골 정부에 대항하였고, 고려 침입은 이 과정에서 이루어졌다. 이에 관해서는 윤은숙, 『몽골제국의 만주 지배사』, 소나무, 2010, 219~243쪽 참조.

86) 『고려사절요』 21, 충렬왕 16년

87) 『고려사』 30, 세가30 충렬왕 16년 10월 무술. “徙婦人老弱 于江華 令州郡 入保山城海島”; 『고려사』 108, 열전21 金怡. “[충렬왕: 필자]十六年 哈丹入寇 國家令州縣 據險自保 禁民出耕 令出咸懼”

기능한 성은 교주산성,[88] 원주산성[=치악성],[89] 충주산성,[90] 청주산성,[91] 양근성[92] 등이었다. 이들 성은, 치소와 입보의 기능을 복합적으로 수행할 성으로 강화천도 이후에 신축된 양근성[93]을 제외하고는, 모두 '치소가 위치한 성'과 무관한 산성이었다. 고려는 카단의 침입에 대응해서도 입보처로 활용된 성에 방호별감을 파견하였으며, 인근 여러 지역의 민인들을 한 곳에 입보시키고 있었다.[94] 이러한 방식은 대몽전쟁기와 동일한 것으로, 몽골과의 전쟁 과정에서 고려 치소성 중심의 지역방어체계를 대신하여 임시방편으로 등장한 산성해도입보책이 존속된 것이라고 할 수 있다.

그런데 모든 점에서 대몽전쟁기와 동일한 것은 아니었다. 특히 고려 자체의 방어력은 예전에 비해 약화된 반면, 몽골(원)의 군사적 지원이라는 새로운 요소가 가미되어 있었다.

이 점은 카단의 침략을 물리치는 과정에서 잘 엿보인다. 카단에 의해 북계의 여러 성들이 함락되었다는 보고를 접한 원의 황제는 과거에 당태종의 친정 및 몽골의 침략을 잘 막아낸 고려가 지금은 어찌하여 카단의 침입을 몹시 두려워하는지 의아해했다. 이에 고려장군 오인영(吳仁永)은 고금의 성쇠(盛衰)가 같지 않다는 것으로 대답했다.[95] 고려 자체의 방어력은 대몽전쟁기에 비해 크게 약화되어 있었던 것이다.

---

88) 『고려사』 30, 세가30 충렬왕 17년 5월 기해

89) 『고려사』 30, 세가30 충렬왕 17년 4월

90) 『고려사』 30, 세가30 충렬왕 17년 4월

91) 『고려사』 80, 지34 식화3 賑恤 災免之制 충렬왕 18년 4월

92) 『고려사』 30, 세가30 충렬왕 17년 기미

93) 이에 대해서는 주 79)를 참조하기 바란다.

94) 경상도의 管城縣, 安邑縣, 利山縣 등의 민인이 清州山城으로 입보한 것은 좋은 사례가 될 수 있다. 대몽전쟁기에 여러 군현의 민인들이 요해처 산성에 함께 입보하고 있었음은 다음 기록을 통해 확인 가능하다. 『고려사』 24, 세가24 고종 42년 3월 병오. "諸道郡縣入保山城海島者 悉令出陸 時公山城 合入郡縣 粮盡道遠者 飢死甚衆 老弱塡壑 至有繫兒於樹而去者"

95) 『고려사』 30, 세가30 충렬왕 17년 2월 정해

하지만 고려는 약화된 군사력에도 불구하고 몽골(원)의 군사적 도움에 힘입어 카단을 격퇴할 수 있었다. 대몽전쟁기에 고려는 외적과의 정면 대결을 피하고 산성해도입보책에 의거한 수성전 및 유격전을 통해 소극적으로 적을 방어하였다고 한다면, 카단 침입 시에는 산성해도입보책을 시행하면서 동시에 몽골(원)의 구원병에다가 중앙군을 보태어 적을 공세적으로 격퇴하였다. 즉 고려가 1290년(충렬왕 16) 8월 대장군 유비를 몽골(원)에 보내 구원병을 요청하자,[96] 몽골(원)은 이를 수용하여 동년 12월에 13,000명의 구원병을 파견하였다. 이후 몽골(원)은 세자의 요청을 받아들여 1만의 군사를 추가로 고려에 파병하였다.[97] 이를 배경으로 하여 고려의 삼군(三軍)은 원군(元軍)과 함께 연기현에서, 나이만다이[那蠻歹] 대왕이 이끄는 원군은 교주에서 카단을 공파하였다.[98]

충렬왕대 카단 침입 이후로의 원간섭기 동안에는 별다른 외침이 없었다. 이 때문에 대몽전쟁기 이래로 존속되어 온 산성해도입보책이라는 방어방식이 그 이후로 전개되어 간 양상을 파악할 길은 없다. 다만 원간섭기에 지역방어와 관련하여 새로운 조치가 등장한 사실을 감안할 때, 산성해도입보책은 용도 폐기되어 간 것으로 추정된다.

새로운 조치란 바로 연해 요해처에 한정해서 이루어지던 상시적 방어였다.[99] 제2차 일본원정 이후 대(對) 일본 방비를 위해 상시적 방어처를 설정·운영하였다. 진변만호부(鎭邊萬戶府)를 설치한 곳을 중심으로 그 관하의 연해 요해처에 상시적인 방어처를 둔 것이 그것이다.[100] 진변만호부

96) 『고려사』 30, 세가30 충렬왕 16년 8월 경인. "遣大將軍柳庇 如元乞師 且奏避賊江華"

97) 『고려사절요』 21, 충렬왕 16년 12월; 『고려사절요』 21, 충렬왕 17년 1월

98) 『고려사절요』 21, 충렬왕 17년 5월. 카단의 침입에 대응한 고려 측의 움직임에 관해서는 김진수, 「13세기 말 哈丹軍의 침공에 대한 고려의 대응」, 『군사』 77, 2010 참조.

99) 이하의 내용은 최종석, 「고려시대 지역방어체제의 변화 양상과 그 성격」, 『한국사상과 문화』 64, 2012b를 토대로 작성하였다.

100) 민현구, 『朝鮮初期의 軍事制度와 政治』, 한국연구원, 1983b; 차용걸, 「高麗末 倭寇防守策으로서의 鎭戍와 築城」, 『史學硏究』 38, 1984; 권영국, 「高麗後期 軍事制度 硏究」, 서

는 1281년(충렬왕 7) 경상도 합포에 설치되었고 이어서 1290년(충렬왕 16)과 1291년(충렬왕 17)에 각각 전라도와 탐라에 두어졌다. 1302년(충렬왕 28) 고려 국왕이 원 중서성에 보낸 치서에 따르면, 당시 합포(合浦), 가덕(加德), 동래(東萊), 울주(蔚州), 죽림(竹林), 거제(巨濟), 각산(角山), 내례양(內禮梁) 등의 파애구처(把隘口處)라는 요해처에는 합포와 전라도에 설치된 진변만호부 관하의 방수처가 설치되어 있었다.[101] 이러한 방수처는 방어소(防禦所), 방호소(防護所) 등으로 불리다가 이후 수(戍)[所]라고 칭해진 듯하다.[102] 왜구 침입이 본격화된 충정왕대[103] 이후로는 왜구 방어를 위해 연해 요충지에 방어소 등을 증치하였으니, 1361년(공민왕 10) 당시 전라도에만 18개의 수소가 두어졌을 정도였다.[104]

당시 방어소 등은 경상·전라도 연해의 요해처에 국한되어 설치되고 있어, 충렬왕대 이후로의 상시적 방어는 이전에 볼 수 없던 특정 지대만을 고수하는 방식으로 운영되었다고 할 수 있다. 그리고 원간섭기의 연해 방어처는, 공민왕대의 수소가 초가집과 나무 울타리로 이루어졌다고 하는 것으로 보

울대 박사학위논문, 1995 참조.

101) 『고려사』 32, 세가32 충렬왕 28년. "又上中書省書曰 照得小邦 最係邊遠重地 隣近未附日本國 自於至元十八年 大軍過海征進之後 至元二十年 欽奉世祖皇帝聖旨 委付當職行征東省事 威鎭邊面 管領見設慶尙道合浦等處幷全羅道兩處鎭邊萬戶府 摘撥本國軍官軍人 見於合浦加德東萊蔚州竹林巨濟角山內禮梁等所把隘口去處及耽羅等處分俵 置立烽燧 暗藏船兵 日夜看望巡綽 專一隄備日本國賊軍勾當 到今不曾有失節次 曾獲日本賊人 移咨省院聞奏了"

102) 연해 방수처를 수소로 지칭한 사례는 기록상으로 1358년(공민왕 7)부터 등장한다(차용걸, 앞의 논문, 1984, 135쪽 참고). 수소 용례가 본격적으로 사용되기 이전에 防禦所, 防護所 등의 용어가 기록상으로 확인된다. 『고려사』 108, 열전21 金怡(加羅山防禦所); 『고려사』 38, 세가38 공민왕 1년 3월 丙辰(瑞州防護所); 『고려사』 108, 열전21 裵廷芝(竹林防護) 참조.

103) 『고려사』 37, 세가37 충정왕 2년 2월. "倭寇固城竹林巨濟合浦 千戶崔禪都領梁琯等戰破之 斬獲三百餘級 倭寇之侵始此"

104) 『고려사절요』 27, 공민왕 10년 5월. 민현구(앞의 책, 1983b, 171~172쪽)는 1361년 당시 전국의 수소가 50개를 넘었으리라 추산하였다.

아,[105] 성곽을 갖추고 있지 못한 소규모 시설이었다고 판단된다.

이렇듯 제2차 일본원정 이후로 연해 요해처만을 집중적으로 방어하는 방식이 운영되었다. 이렇게 되면서 산성해도입보책은 더 이상 기능하지 못하였을 것이다.[106]

2. 요해처 입보 시행의 의미

강화천도 이후로 입보·방어처로 기능한 산성이 출현한 역사적 의미를 짚어보고자 한다. 이것을 위해 입지 면에서 입보 산성과 고려 치소성의 차이를 드러내고 그 의미를 밝히는 방법을 구사해 보도록 하겠다.

입보 산성의 입지적 특성에 관해서는 양산성(椋山城)에 대한 다음 기록이 주목된다.

> 몽골군이 서해도 양산성을 함락시켰다. 이 성은 사면이 절벽이고 오직 한 갈래 길이 있어 겨우 인마(人馬)가 통과할 뿐이었다. 방호별감 권세후(權世侯)는 험한 것을 믿고 술만 마시고 방비하지 않았고 또한 거만한 말까지 하

---

105) 『고려사』 112, 열전25 偰遜 附 偰長壽

106) 양자가 상호 보완적이었을 수 있다. 곧 상시적으로는 연해 요해처만을 집중적으로 방어하고, 요해처가 뚫렸을 경우에는 산성입보를 시행하는 시스템이 운영되었을 수 있다. 하지만 그러했을 가능성은 매우 희박한 것이 원간섭기 직후의 상황을 볼 때 그러하다. 후술하듯, 원간섭기 직후에 지역방어는 기본적으로 외적의 진입 지역, 달리 말해 邊境에 국한하여 이루어지고 있었다. 1377년(우왕 3)에 축성책이 채택되기 이전까지 전통적인 방어처로 기능해 온 성곽은 사실상 전혀 활용되지 않았고, 당시의 방어처는 성곽 형태가 아니었다. 원간섭기 직후의 이러한 방어 방식은 원간섭기의 연장선상에서 이루어졌을 것이기에, 연해 요해처 위주의 방어가 출현·존속해 가면서 산성해도입보책은 무용지물이 되어 갔을 것이다. 이는 원간섭기 내에서도 시간이 경과할수록 입보용 산성조차 폐기·방기되어 갔을 현실을 시사한다.

였다.[107]

위의 1253년(고종 40) 기사에서 볼 수 있듯이, 입보 산성인 양산성은 인마의 통행조차 쉽지 않은 험준한 곳에 위치하고 있었다. 이러한 입지적 특성은 해당 성이 피난과 방어에 초점을 맞춰 축조·활용된 데서 비롯되었을 것이다. 여타 입보 산성의 입지 또한 이와 별반 다르지 않았다.

현재 확인 가능한 입보 산성들을 대상으로 하여 입지적 특성을 정리한 결과는 〈표 4-2〉이고, 〈그림 4-1〉과 〈그림 4-2〉[108]는 몇몇 입보 산성의 형세도이다.

〈표 4-2〉 입보 산성 사례들의 입지적 특징

입보 산성	입지적 특징
성주(成州) 기암성(岐巖城)	성주성(成州城)으로부터 먼 곳에 위치. 성주성[=흘골산성]과 기암성은 각각 조선시대의 치소로부터 서북쪽 2리[109]와 북 30리 지점에 자리함.[110]
설악산성(雪嶽山城)[=권금성(權金城)]	고종 40년에 설악산에 축조됨.[111] 산정에 자리하여 매우 험준함.[112] 고려 치소성으로부터 먼 곳에 위치.[113]
한계성(寒溪城)	현 강원도의 영서에서 영동지역으로 이어지는 한계령으로 오르는 길목에 위치. 해발 700~1,200m에 이르는 곳의 계곡 양편을 둘러싼 산성. 산성의 둘레는 1,800m 정도로 측량됨. 이 길이에는 성벽을 쌓지 않은 북쪽 부분이 포함되지 않아, 실제 둘레는 이보다 큼.[114] 치소로부터 꽤 먼 곳에 위치.[115]
금강성(金剛城)	금강산의 만폭동(萬瀑洞) 부근에 있는 것으로 산속 깊숙한 곳에 위치. 치소로부터 먼 곳에 자리함.[116]
동주산성(東州山城)	조선초기의 고석성(孤石城)으로 비정.[117] 조선초기의 치소로부터 동남쪽으로 30리 떨어진 지점에 위치하고 있어,[118] 고려시대에도 치소로부터 먼 거리에 자리하였을 것으로 추정됨.
충주산성(忠州山城)	월악산(月嶽山)에 소재한 내외 이중성의 덕주산성(德周山城) 가운데 상덕주사(上德周寺) 부근의 것.[119] 월악산 최고봉에서 남쪽으로 이어진 해발 960.4m의 봉우리에서 남쪽에 생긴 깊은 골짜기를 둘러싼 성. 사방은 높고 험준한 산줄기와 천연 암반으로 가로막히고 오직 남쪽으로 형성된 계곡 지형을 이용하여 성이 구축됨. 성의 전체 둘레는 4km에 달함.[120] 충주의 경계에 있어 치소로부터 먼 곳에 위치.

107) 『고려사절요』 17, 고종 40년 8월

108) 〈그림 4-1〉과 〈그림 4-2〉는 각각 유재춘, 앞의 책, 2003의 407쪽과 398쪽에서 轉載한 것이다.

상주산성 (尙州山城)	조선초기의 백화산성(白華山城)으로 비정. 내외 이중성으로 전체 길이 20km의 매우 큰 성.[121] 치소로부터 먼 곳에 위치.
입암산성 (笠巖山城)	해발 687m의 입암산을 중심으로 현 전라북도 정읍군 입암면 하부리(下富里)와 전라남도 장성군 북하면(北下面) 신성리(新城里)에 걸쳐 자리함. 둘레가 대략 15km에 달하는 보기 드문 대성. 험준하며 조선시대 정읍현의 치소로부터 25리 떨어진 곳에 위치.[122] 전라도 지역의 가장 대표적인 입보처로, 주변 군현의 다수의 이민(吏民)들이 이곳으로 피난하였을 것으로 추정.[123]
천룡산성 (天龍山城)	중원군 노은면(老隱面)과 앙성면(仰城面)에 걸친 보련산(寶蓮山) 정상에 소재. 해당 군현의 치소로부터 먼 곳에 위치.[124]
공산성 (公山城)	현 대구시 팔공산 정상에 위치. 둘레가 2.3km인 작지 않은 석성으로 험준하여 피난처로서 적합.[125] 조선시대 대구도호부의 치소로부터 30리 떨어진 지점에 자리함.[126]
구월산성 (九月山城)	황해도 은율현의 구월산성으로 비정됨.[127] 구월산성은 조선시대 은율현의 치소로부터 10리 지점에 위치. 성의 둘레는 14,386척(尺). 유사시 인근 여러 군현민은 이곳으로 입보하였을 것임.[128]
삼각산성 (三角山城)	『고려사』에서 보이는 중흥(산)성[129][=한양산성[130]]에 해당. 한양부의 치소로부터 먼 곳에 위치. 조선 선조대에 천연의 요새로 평가된 데서 유추할 수 있듯이, 험준한 곳에 자리함. 성의 둘레는 큰 편임.[131]
원주산성(原州山城)[=치악성(雉岳城)]	현 영원산성(鴒原山城)에 해당.[132] 현 원주시 판부면 금대리 영원사 뒤편의 산 능선을 따라 석축. 주봉(主峰)인 970m의 고지를 중심으로 좌우의 능선을 따라 축조. 절벽에 가까운 급경사지로 되어 있어서 접근이 용이하지 않음.[133] 치소로부터 먼 곳에 위치.

109) 흘골산은 成川都護府의 치소로부터 서북쪽 2리 지점에 위치한다. 『신증동국여지승람』 54, 평안도 成川都護府 山川 紇骨山.

110) 『大東地志』 22, 평안도 成川 城池. "岐巖城 北三十里"

111) 『신증동국여지승람』 44, 강원도 襄陽都護府 佛宇 洛山寺. "癸丑歲 天兵闌入我疆 是州於雪嶽山 築城守禦 城陷 (하략)". 당시의 축성은 신축이었다기보다는 기존 산성의 수축이었을 것이다.

112) 윤용혁은 설악산에 축조된 성을 『신증동국여지승람』 古跡條에 기재된 權金城과 동일한 것으로 보았는데,(윤용혁, 앞의 책, 1991, 290~291쪽) 이는 타당한 해석이라 판단된다. 권금성은 "權金城 在雪嶽山頂 (하략)"(『신증동국여지승람』 44, 강원도 襄陽都護府 古跡)이라 하여, 설악산정에 위치한다고 기록되어 있다. 현재 설악산 입구의 노루목에서 케이블카로 올라가면 권금성 산장이 나오는데, 성은 이 주위에 위치한다. 유재춘, 앞의 책, 2003, 406쪽.

113) 양주성은 조선시대 읍치 인근에 위치한 반면 권금성은 雪嶽山[서북 50리 지점]에 있어, 양자 사이의 거리는 가깝지 않다. 고려 양주성에 대해서는 유재춘, 위의 책, 2003, 80쪽 참조.

114) 유재춘, 위의 책, 2003, 397~400쪽. 『신증동국여지승람』 46, 江原道 麟蹄縣 古跡 寒溪山

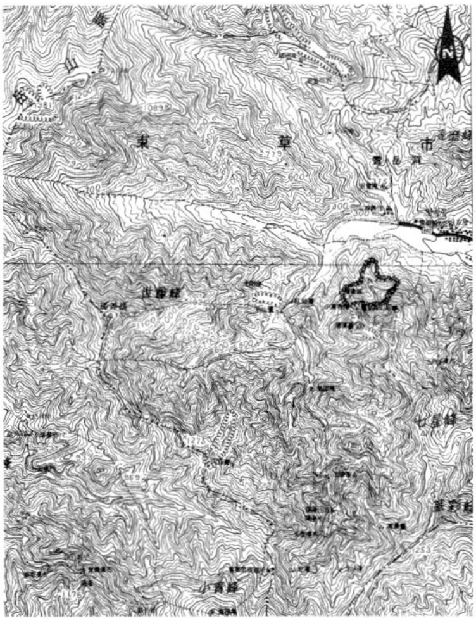

〈그림 4-1〉 설악산성(=권금성) 형세도

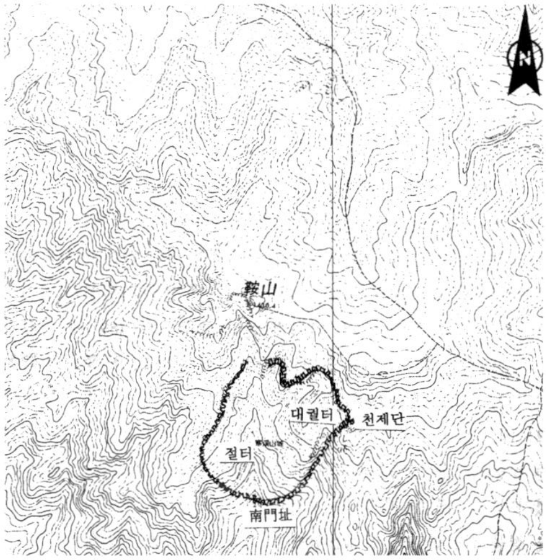

〈그림 4-2〉 한계(산)성 형세도

古城 조에 의하면, 이 성의 둘레는 6,278尺이었다고 한다. 성의 규모는 꽤 큰 셈이다.

115) 『신증동국여지승람』 인제현 항목에는 '寒溪山古城'이 보인다. 同書에 한계산은 인제현의 치소로부터 동쪽 50리 떨어져 있었다고 한다. 한계산성은 조선시대 치소로부터 먼 곳에 위치한 것이다. 이 지역의 고려 치소성으로 비정되는, 현 인제군 인제읍 합강리에 위치한 合江里山城은 조선시대 치소 인근에 위치하고 있어, 고려시대에도 한계성은 치소로부터도 상당히 먼 거리에 위치하였다고 하겠다. 합강리산성에 대해서는 육군사관학교 육군박물관, 『江原道 楊口郡·麟蹄郡 軍事遺蹟 地表調査 報告書』, 2002를 참고할 것.

116) 윤용혁, 앞의 책, 1991, 333쪽. 『신증동국여지승람』에 의할 때, 금강산은 인근 군현들의 치소로부터 먼 곳에 위치해 있었다.

117) 윤용혁, 위의 책, 1991, 277쪽.

118) 『신증동국여지승람』 47, 강원도 鐵原都護府 古跡. 이 성의 둘레는 2,892척으로 성의 규모가 작지 않은 편이다.

119) 윤용혁, 앞의 책, 1991, 310~311쪽.

120) 중원문화재연구원·제천시, 『堤川 德周山城-北門址 東側城壁基底部 發掘調査報告書-』, 2003, 10~11쪽.

121) 윤용혁, 앞의 책, 1991, 313~315쪽.

122) 『신증동국여지승람』 34, 전라도 井邑縣 古跡 笠巖山古城

123) 윤용혁, 앞의 책, 1991, 318~320쪽.

124) 윤용혁, 위의 책, 1991, 310~311쪽.

125) 윤용혁, 위의 책, 1991, 110~112쪽.

126) 『신증동국여지승람』 26, 경상도 大丘都護府 古跡

127) 구월산성은 봉주, 해주, 동주 등과 함께 언급되고 있어(『元高麗紀事』, 太宗 7년), 그것은

〈표 4-2〉에 정리된, 입보 산성 사례들의 입지적 특징에 따르면, 이러한 유형의 산성은 일반적으로 당시 치소로부터 멀리 떨어진 곳, 매우 험준하고 산속 깊숙한 곳, 비고(比高)가 높은 곳에 위치하였다. 또한 그것은 고려 치소성과 비교할 때 대개 규모가 컸다. 이러한 특징들은 방어 용도에 집중하면서 인근 군현들의 거주인을 한꺼번에 수용할 수 있는 규모의 성을 입보·방어처로 선택한 데서 기인한 것이었다.

입지적 특성에서 고려 치소성과 뚜렷이 구분되는 입보 산성의 출현은 다음과 같은 의미가 있다고 볼 수 있다. 우선적으로 꼽을 수 있는 의미는 방어처가 고려 치소성에서 입보 산성으로 변화한 점이다. 부연 설명은 불필요할 것이다.

이외에 방어처가 지니는 의미 내지 방어처를 선택하는 사회적 기준이 변화한 점 또한 그 의미로 지적할 수 있다. 입보 산성이 군현의 중심지 내지 민인의 거주지와 동떨어진 높고 험준한 산에 자리한 사실은, 당시 입보·방어처의 선택이 외적의 침입을 효과적으로 피하고 막아낼 수 있는 곳에 초점을

은율현에 위치한 구월산성이었을 것으로 추정된다. 은율현의 구월산성에 대해서는 『신증동국여지승람』 43, 황해도 殷栗縣 城郭 九月山城 참조.

128) 성 내에는 좌우 창고가 있었는데, 문화·신천·안악 지역은 좌창에, 은률·풍천·송화·장연·장련 지역은 우창에 소속되었다(『신증동국여지승람』 43, 황해도 殷栗縣 城郭). 구월산성은 조선초기 당시 이들 군현 지역민의 입보처로 기능하였을 것이다. 대몽전쟁기에도 인근 군현민은 구월산성으로 입보하였을 것이다.

129) 중흥산성은 삼각산에 위치하고 있어, 삼각산성이 중흥산성이었음은 비교적 분명하다. 서울특별시사편찬위원회, 『서울의 성곽』, 2004, 253~256쪽 참조.

130) 1388년(우왕 14) 2월에 漢陽府 重興城이 수축되었는데,(『고려사절요』 33, 우왕 14년 2월) 이 성은 동년 동월에 요동정벌을 단행하면서 世子와 여러 妃를 피신시킨 곳인 漢陽山城(『고려사절요』 33, 우왕 14년 2월)과 동일한 것이 분명하다. 이는 1387년(우왕 13) 한양산성의 축조를 논의한 후 禹仁烈 등을 보내 漢陽府의 重興山城을 살핀 조치(『고려사』 136, 열전49 우왕 13년 11월)에서 뒷받침된다.

131) 이 성은 『신증동국여지승람』 漢城府 항목에 나오는 中興洞石城으로 비정된다. 이 성의 둘레는 9417尺으로 성의 규모는 큰 편이다.

132) 충북대학교 중원문화연구소, 『原州鴿原山城·海美山城 地表調査報告書』, 1998.

133) 유재춘, 앞의 책, 2003, 378쪽.

맞추었음을 시사한다. 입보 산성의 방어처로의 선택은 강화천도 이전에 고려 치소성을 방어처로 한 것과 사뭇 다르다. 왜냐하면 고려 치소성의 경우 군사·방어적 장점 외에도 지역사회의 자위 거점이며 향리층의 지방지배의 거점 등의 요인을 복합적으로 고려하면서 방어처로 선택하였을 것이기 때문이다. 이러한 이유에서 입보 산성의 본격적 활용은 군사·방어의 측면외에도 정치·사회적 요인을 복합적으로 고려하면서 방어처를 선택한 기존 방식을 탈피하여 군사적 측면만을 중시하여 방어처를 선택하게 되었음을 의미한다.

다음으로, 개별 군현 단위의 방어 거점으로 작용해 온 고려 치소성과[134] 달리, 입보 산성은 복수의 군현을 포괄하는 광역을 대상으로 한 방어·입보처로 기능한 데서, 입보 산성의 출현은 다수 군현들로 구성된 광역 범위를 단위로 하여 그 안에서 적절한 방어 거점을 토대로 하는 체계가 개별 군현을 방어의 단위로 한 방식을 대체하였음을 의미한다.

마지막으로, 입보 산성의 대두는 방어처의 선택이 국가 주도로 이루어졌음을 의미한다. 고려 치소성의 경우, 국가가 지역사회의 자위와 지배의 거점으로 기능해 온 성을 방어처로 삼았기에, 방어처의 선택에서 국가 주도의 측면은 매우 약하였다. 이와 달리 입보 산성(해도)의 선택은 국가 주도로 이루어지고 있었고, 입보책의 시행 또한 국가에 의해 추진되었다.

국가는 입보처에 방호별감 등을 파견하여 입보한 지역인을 지휘·통제하였고[135] 입보해야 할 산성(해도)을 지정해 주었다.[136] 이 과정에서 국가는 산성(해도) 입보를 주저하는 민인들을 강제로 입보시키거나[137] 처벌하곤 하였

134) 최종석, 앞의 논문, 2011b.

135) 중앙 관원이 군현민의 입보를 주도하였고 입보처에 防護別監을 파견한 점에 대해서는 앞서 검토한 바 있다.

136) 이와 관련하여 다음 기록이 참고된다. 『고려사절요』 17, 고종 45년 10월. “高和定長宜文等 十五州人 徙居猪島 東北面兵馬使愼執平 以爲猪島 城大人少 守之甚難 遂以十五州 徙保竹島 島狹隘 無井泉 人皆不欲 執平强驅而納之 人多逃散 徙者十二三”

137) 『고려사절요』 17, 고종 45년 10월

으며,[138] 입보를 집행하는 중앙 관원과 지역공동체 사이에 갈등이 발생하기도 하였다.[139] 또한 입보처는 대개 지역사회의 삶의 터전으로부터 멀리 떨어져 있어 입보한 사람들은 여러 경제적 곤란을 겪었는데,[140] 국가는 산성해도입보책의 주체로서 이러한 문제를 해결해야 하는 책임을 부여받고 있었다.[141]

이렇듯 강화천도 이후로 입보·방어처로서 산성(해도)이 본격적으로 활용된 현상은 단순히 방어처의 변화에 그치는 것이 아니라, 방어처 선택의 사회적 기준 변경 및 방어처 선택의 주체 변화 등을 내포하는 획기적인 움직임이었다고 할 수 있다.

---

138) 『고려사』 122, 열전35 酷吏 宋吉儒. “加大將軍 爲慶尙道水路防護別監 率夜別抄 巡州縣督民入保海島 有不從令者 必撲殺之 或以長繩 連編人頸 令別抄等 曳投水中 幾死乃出稍蘇復如之”

139) 『고려사절요』 17, 고종 40년 8월. “蒙兵陷東州山城 先是 防護別監白敦明 驅民入保 禁出入 州吏告曰 禾未收穫 迨敵兵未至 請輪番迭出刈穫 敦明不聽 遂斬其吏 人心憤怨 皆欲殺之 及蒙兵至城下 敦明出精銳六百拒戰 士卒不戰而走 金華監務 知城將陷 率縣吏而遁 蒙兵攻門突入 殺敦明及其州副使判官金城縣令 虜其婦女童男而去”; 『고려사』 130, 열전43 叛逆4 趙暉. “高宗四十五年 蒙古兵大至 高和定長宜文等十五州人 入保猪島 東北面兵馬使愼執平 以猪島 城大人少 守之甚難 遂以十五州人 徙竹島 島狹隘無井泉 人皆不欲 執平强驅納之 人多逃散入者 十二三 糧儲乏少 執平分遣別抄 請粟於朝 催運他道 守備稍懈 暉與定州人卓靑及登文州諸城人 合謀引蒙古兵 乘虛殺執平及登州副使朴仁起和州副使金宣甫京別抄等 遂攻高城 焚燒廬舍 殺掠人民 以和州迆北 附于蒙古”

140) 『고려사』 24, 세가24 고종 42년 3월 병오. “諸道郡縣入保山城海島者 悉令出陸 時公山城合入郡縣 粮盡道遠者 飢死甚衆 老弱塡壑 至有繫兒於樹而去者”

141) 『고려사』 78, 지32 식화1 田制 經理 고종 43년 12월. “制曰 今想 諸道民不聊生 彼此流移 甚可悼也 其避亂所 與本邑相距程 不過一日者 許往還耕田 其餘 就島內量給土田 不足則給沿海閑田及宮寺院田”; 『고려사』 80, 지34 食貨3 賑恤 災免之制 고종 45년 2월. “免海島移入州縣一年租”; 『고려사』 78, 지32 食貨1 田制 經理 고종 42년 2월. “分遣使 于忠慶全三道及東州西海道 巡審山城海島避難之處 量給土田”

2장
고려 치소성의 위상 저하

1. 고려 치소성의 유명무실화

중앙정부의 지방방어 거점이면서 지역사회의 자위적 거점이기도 해 온 고려 치소성이 몽골의 침입을 계기로 하여 종래의 군사적 위상을 상실하게 되었다고 할 때, 그것의 존립 기반이 위약하게 되었을 것임은 어렵지 않게 예상해 볼 수 있다. 더구나 몽골과의 전쟁을 수행하는 과정에서 중앙정부의 역할은 과거에 비해 강화된 반면 지역사회는 장기간의 전쟁으로 인해 피폐해져 갔고, 전쟁 종식 이후로도 이러한 흐름은 기본적으로 변함없었다. 원간섭기에는 국왕을 정점으로 중앙세력들이 몽골(원)의 후원을 등에 업은 결과, 고려 국내에 한정해서 보자면, 지방에 비해 중앙의 힘은 비약적으로 강화되었다고 할 수 있다. 이러한 여건에서 지역사회의 자위력은 약화·소진되어 갔고 고려 치소성이 이전과 같은 위상을 확보하기 어려웠을 것임은 손쉽게 짐작 가능하다.

고려 치소성을 둘러싼 제환경이 예전과 달리 우호적이지 않게 된 상황에서, '산성'인 데서 기인한 왕래상의 불편함이라는 약점을 지닌 고려 치소성이

'치소가 위치한 성'으로 존속할 수 있었을지 의문이다. 고려 치소성은 '산성'이어서, 민인들은 이곳으로의 왕래에 불편을 느끼고 있었을 것이다. 조선초기이기는 하나 고려시대 '치소가 위치한 성'을 활용한 읍성이 왕래 면에서 불편하다고 하여 해당 지역의 민인이 치소를 평지에 옮겨 줄 것을 중앙정부에 요청한 사례는,[142] 치소가 '산성'에 자리한 데 따른 육체적 노고를 웅변한다.

이러한 단점에도 불구하고 고려 치소성이 일반적으로 산지에 자리한 까닭은, 당해 사회의 여건 속에서 왕래의 편의보다는 다른 측면들이 치소의 입지를 결정하는 데 있어 비중 있게 고려되었기 때문에서일 것이다. 그러한 요인으로 우선적으로 생각해 볼 수 있는 바는, 나말려초 시기 이래로 해당 성은 지역사회의 자위 거점으로 기능해 온 점이 될 것이다.

이러한 점을 감안할 때, 지역사회의 구성원이 유사시 인근의 고려 치소성을 놓아두고 먼 곳에 위치한 입보 산성(해도)으로 피난해야 한 강화천도 이후로는, 군사적 역할을 제대로 감당하지 못하는 '산성'을 계속해서 '치소가 위치한 성'으로 활용해야 하는지를 두고 의문이 제기될 수 있는 여건은 조성되었다고 할 수 있다. 조선초기 군현들의 치소 입지를 확인해 보면, 대부분의 치소는 고려 치소성이 있던 곳 인근의 평지에 위치하고 있어, 대몽전쟁기와 원간섭기를 경과하면서 치소의 위치가 달라졌을 가능성은 낮지 않다. 따라서 우선적으로 파악해야 할 점은 이 시기 동안 고려 치소성의 존속 여부가 될 것이다.

대몽전쟁기에서의 치소 이동을 실마리 삼아 이 문제를 검토해 보고자 한다.

> 안변도호부(安邊都護府) 등주(登州)……고종 때에 정평(定平) 이남의 제성(諸城)[定平以南諸城]은 몽골의 침탈로 인해 강릉도(江陵道) 양주(襄州)에 우거(寓

142) 『성종실록』 226, 성종 20년 3월 경신. "江原道觀察使李陸 來啓曰 蔚珍縣 本在山城 縣人以來往艱苦 風水拘忌 請移設邑城於山下 臣觀其城 完固而地廣 移設有弊 仍舊爲便"

居)하였다가 다시금 간성(杆城)으로 옮겨갔다. 그 기간은 대략 40년으로 충렬 왕 24년 각각은 본성(本城)으로 되돌아갔다.[143)]

여기서 '정평이남제성(定平以南諸城)'은 등주를 포함한 정주(定州) 이남의 여러 군현으로,[144)] 동계 북단에 위치한 주진들이었다. 이들 주진은 고종대 몽골군의 침략으로 인해 양주, 그리고 뒤이어 간성현 지역에 우거하였다. 등주는 1256년(고종 43)에 방어상의 이유로 섬으로 입보하고 있어[145)] 이 이후의 어느 시점에 양주에 교우(僑寓)하게 된 듯하다. '정평이남제성'이 동시에 양주에 교거하게 되었는지 여부는 알 수 없지만, 등주가 옮겨갈 무렵에 다른 군현도 함께 움직였을 것으로 추측된다. 이렇듯 대몽전쟁 말기 동계 북단에 위치한 주진들은 해도로의 입보에 그치는 것이 아니라 몽골의 침략을 피해 보다 남쪽 지역에 자리한 양주와 간성현 지역에 우거하였다.

그런데 흥미롭게도 '정평이남제성'의 우거처인 양주 또한 그 치소가 1253년(고종 40) 설악산성(=권금성)에 우거하게 되었다.[146)] 양주의 고려 치소성은 현 양양군 양양읍 임천리에 위치한 석성산성이었을 것이기에,[147)] 몽골의 침

143) 『고려사』 58, 지12 지리3 安邊都護府登州. "安邊都護府登州……高宗時 定平以南諸城被蒙兵侵擾 移寓江陵道襄州 再移杆城 幾四十年 忠烈王二十四年 各還本城"

144) '定平以南諸城'이 여러 군현을 의미하였음은, 타 지역에 우거한 것은 城이 아니라 군현이었을 것이기 때문이다. 군현을 '城'으로 대신 기재하는 것이 가능했던 배경에는, 해당 군현에 '치소가 위치한 성'이 존재한 사실이 있었을 것이다. 당시 군현을 '치소가 위치한 성'으로 대신 칭하는 경우는 드물지 않았다. 따라서 '定平以南諸城'은 정평 이남의 여러 군현을 의미하였고, 이때의 城은 '치소가 위치한 성'이었을 것이다.

145) 『고려사』 24, 세가24 고종 43년 5월 병진. "東北面兵馬使報 登州 城中無水 且無粮儲 人民散去 乃令入保島內"

146) "癸丑歲 天兵闌入我疆 是州於雪嶽山 築城守禦 城陷 (하략)"(『신증동국여지승람』 44, 강원도 襄陽都護府 佛宇 洛山寺)이라 하여, 1253년(고종 40)에 '양주가 설악산에 성을 쌓고 방어했다'는 기록이 있는데, 같은 내용을 전하는 『삼국유사』 3, 洛山二大聖觀音正趣調信조는 이 성을 襄州城으로 기록하고 있다. 당시 양주의 치소가 설악산성 내에 위치하였기에, 그 성을 '읍호+성'으로 불렀을 것이다.

147) 유재춘, 앞의 책, 2003, 80쪽.

입에 효과적으로 대응하기 위해 이 지역의 치소는 고려 치소성[석성산성]에서 입보 산성[설악산성]으로 임시 이동하였다고 하겠다.

북계 주진들 중에서도 치소가 이동한 지역들이 있었다. 이들 지역에서의 치소 이동을 정리한 것이 〈표 4-3〉이다.

〈표 4-3〉 대몽전쟁기 북계 주진의 치소 이동 사례

지명	치소 이동 상황	전거
안북부(安北府)	1256년(고종 43)에 몽골군을 피해 창린도(昌麟島)로 들어갔다가, 이후 육지로 나옴.	『승람』, 안주목
맹주(孟州)	1231년(고종 18)에 몽골군을 피해 섬에 들어갔다가, 1257년(고종 44) 은주(殷州)에 병합되었고 1261년(원종 2)에 육지로 나옴.	『승람』, 맹산현
선주(宣州)	1231년에 몽골의 침략을 피해 자연도(紫燕島)로 들어갔다가, 1261년에 육지로 나옴.	『승람』, 선천군
창주(昌州)	1231년에 몽골 군사가 창주를 함락시키자, 창주 사람들은 자연도(紫燕島)로 들어갔다가 1261년에 육지로 나와 곽주 바닷가에서 기거. 곽주 동쪽의 16촌(村)과 곽주 소속의 安義鎭으로 [수주(隨州)를 삼고는] 지수주사(知隨州事)로 하여금 곽주 통치를 겸하도록 함.	『고려사』, 지리지
	1250년(고종 37) 안악현(安岳縣)으로 치소 이동.	『고려사』, 고종 37년 3월
운주(雲州)	1231년에 몽골의 군사를 피하여 섬으로 들어갔다가, 1261년에 육지로 나와 가산(嘉山) 서촌(西村)에 임시로 머무르면서 연산부(延山府)에 예속됨.	『승람』, 운산군
박주(博州)	1231년에 몽골병을 피하여 섬으로 들어갔다가, 1261년에 육지로 나와서 가주에 속함.	『승람』, 박천군
가주(嘉州)	1231년에 몽골 군사를 피해서 섬으로 들어갔다가, 1261년에 육지로 나옴. 태주, 박주, 무주, 위주 등의 지역을 모두 본군[=가주]에 붙여서 오성겸관(五城兼官) 설치.	『승람』, 가산군
곽주(郭州)	1231년에 몽골의 병란을 피하여 바다의 섬으로 편입시켰고, 1261년에 육지로 나와서 수주(隨州)에 예속시킴.	『승람』, 곽산군
덕주(德州)	1260년(원종 1)에 몽골병을 피하여 안주(安州)의 노도(蘆島)로 들어간 뒤로 모두 다섯 번이나 이동하였으며, 1280년(충렬왕 6)에 이르러 옛 땅으로 돌아와 성주(成州)에 속함.	『승람』, 덕천군

무주(撫州)	1231년에 몽골의 군사를 피하여 섬으로 들어갔다가, 1261년에 육지로 나와 위주(渭州) 옛 성에 자리 잡고 가주에 속함.	『승람』, 영변대도호부
위주(威州)	1250년(고종 37) 무렵 은율현(殷栗縣)으로 치소 이동.	『고려사』, 고종 37년 3월
은주(殷州)	1231년에 몽골병을 피해 섬으로 들어감.	『고려사』, 지리지
태주(泰州)	1231년에 몽골병을 피해 섬으로 들어감.	『고려사』, 지리지
의주(義州), 정주(靜州)	의주와 정주는 인구가 감소한데다가 섬으로 들어가서 농사를 짓지 못한다고 하여, 정주부사로 하여금 의주를 겸하여 다스리도록 함.	『고려사절요』, 고종 22년 3월

※『승람』은 『신증동국여지승람』의 약칭임

〈표 4-3〉에 따르면, 북계의 13개 주(州)에서 치소 이동 내지 그렇게 볼 수 있는 움직임이 있었다. 1250년(고종 37) 창주가 안악현에 우거한 이래로 "북계의 주민(州民)이 모두 서경의 기내(畿內) 및 서해도로 이거(移居)하였다"[148]는 기록이 있는 점에서, 보다 많은 북계 주진에서 치소 이동이 있었을 것임을 추정해 볼 수 있다.

한편 1231년(고종 18)에 섬으로 들어갔다가['入于海島'] 1261년(원종 2)에 육지로 나왔다['出陸']는 기록은, 이 기간 동안에 해당 주진의 치소가 주진성에서 섬으로 이동하였다는 것을 말해 준다고 보기는 어렵다. 몽골의 침입을 피해 일시적으로 피난한 것과 치소 이동은 구분되어야 하는데, 1231년에 섬으로 들어간 것은 일시적인 입보에 해당하였을 것이기 때문이다. 그 이후로 1261년까지 줄곧 섬에 입보해 있는 것이 아니라, 수차례 입보와 출륙을 반복하였을 것이다.[149]

다만 그러하다가 몽골의 공세가 강화된 대몽전쟁기 후반에 이르러서는, 일부 주진들에서 치소 이동이 발생하였을 가능성은 있다. 가령 운주와 무주

148) 『고려사』 23, 세가23 고종 37년 3월

149) 다음 기록에서 입보와 출륙이 반복되었음을 알 수 있다. 『고려사』 24, 세가24 고종 40년 7월 갑신. "北界兵馬使報 蒙兵渡鴨綠江 卽移牒五道按察及三道巡問使 督領居民 入保山城海島"; 『고려사』 24, 세가24 고종 42년 3월 병오. "諸道郡縣入保山城海島者 悉令出陸"

는 1261년에 출륙한 후 해당 주진성을 놓아두고 다른 지역에 우거한 데서, 출륙 이전에 이들 주진의 고려 치소성은 방기되고 치소는 섬으로 이동해 있었을 것이다. 운주·무주에서와 같은 사례는 이들 주진에 한정된 현상이 아니었을 것이다. 관련 기록이 불충분하여 치소 이동의 시점 및 우거 기간 등을 정확히 파악할 수는 없다고 하더라도, 북계의 여러 주진들의 치소가 섬 내지 서경 기내 또는 서해도 지역으로 이동해 있었을 것이라는 사실만은 분명하다고 하겠다.

이렇듯 양계의 주진들 가운데 일부에서는 몽골군의 침략을 피해 치소가 섬 내지 입보용 산성, 또는 보다 남쪽 지역 등으로 이동하였다. 그렇다면 남도에서는 어떠하였을까? 아쉽게도 남도의 군현들을 대상으로 해서는 치소 이동의 여부가 쉽사리 파악되지 않는다. 관련 기록이 없거나 희소하기 때문이다. 그럼에도 최소한 몇몇 지역에서 치소 이동이 있은 점은 비교적 분명하다.

우선적으로 주목해야 할 것은 충렬왕대에 확인되는 '고동주(古東州)'[150] 사례이다. 동주는 1242년(고종 29) 몽골군에 의해 함락되었고[151] 이후 1253년(고종 40) 입보처인 '동주산성'마저 함락된 바[152] 있어, 이러한 일들을 겪으면서 치소가 타처(他處)로 이동한 듯싶다.[153]

양근현에서도 대몽전쟁기 동안 치소 이동이 있었다. 대몽전쟁기에 입보처로 활용된 양근성은 기존의 고려 치소성을 대신하여 '치소가 위치한 성'으로 기능하였다. 양근성은 입보·방어에 초점을 두고 대몽전쟁 기간에 축조

150) 『고려사』 30, 세가30 충렬왕 17년 5월 경술. "諜者來報 賊一千至古東州 聞官軍破賊 於燕岐 還過鐵嶺而去"

151) 『고려사』 22, 세가22 고종 29년 5월 경진. "丹兵陷東州". 이때 東州城이 함락되었을 것이다.

152) 『고려사』 24, 세가24 고종 40년 8월 계유. "蒙兵陷東州山城"

153) 대몽전쟁기 이전 혹은 이후에 동주 지역에서 치소 이동이 있었을 가능성을 배제할 수는 없다.

되었지만, 여타 입보 산성과 달리 '치소가 위치한 성'의 역할까지 겸한 보기 드문 성이었다. 이 성은 원간섭기에도 '치소가 위치한 성'으로 기능한 점에서, 기존 고려 치소성에서 양근성으로의 치소 이동은 한시적인 것이라 할 수 없다.[154)]

지금까지 검토한 바에 따르면, 대몽전쟁기 동안 일부 지역에서 치소 이동이 있었고, 그러한 현상은 상대적으로 양계 지역에 집중되었다. 치소가 기존의 고려 치소성을 떠나 타처로 옮겨간 경우에, 해당 성은 더 이상 '치소가 위치한 성'으로 존속할 수 없었을 것이다. 그런데 당시 치소 이동 사례들을 보면, 옮겨간 지점은 일시적으로 머무를 수밖에 없는 곳이 대부분이었다. 치소가 피난처인 해도 내지 산성으로 옮겨갔거나 타 지역에 우거한[155)] 경우에는, 몽골의 침략이라는 요인이 사라지게 되었을 때, 치소가 그곳에 계속 머물러야 할 이유는 없어지게 되었을 것이다.

그렇다면 전쟁이 종결된 이후 임시로 타처에 머문 치소의 향방은 어디였을까? 거의 대부분은 고려 치소성이었던 곳으로 되돌아온 듯싶다.

이에 관하여 '정평이남제성(定平以南諸城)'은 1298년(충렬왕 24) '본성(本城)'으로 돌아왔다는 기록이 주목된다. 이것은 '정평이남제성'으로 칭해진 등주를 포함한 동계의 정주 이남 여러 주진들이 우거처로부터 '본성'으로 표현된 각 주진의 고려 치소성으로 되돌아왔음을 의미할 것이다. 동계의 '정평이남제성'뿐만 아니라 북계 주진들 가운데 섬 내지 타 지역에 우거한 지역에서도 치소는 대개 주진성이었던 곳으로 돌아왔다.

1269년(원종 10) 최탄(崔坦) 등의 반란 시에 '서경오십사성 서해육성(西京五十四城 西海六城)'이 몽골에 투항하였다는 기록[156)]은 이를 방증해준다. '서

154) 이러한 방식의 치소 이동은 일반적이지 않았다. 양근성은 입보와 치소 기능을 동시에 수행하였지만, 대다수의 입보용 산성은 입보 자체에 초점을 두었다.

155) '定平以南諸城'이 양주, 이후 간성현 지역으로 이동한 것을 '移寓'로 표현한 데서 보듯, 치소 이동은 타 지역에 우거하는 형태였다.

156) 『고려사』 26, 세가26 원종 10년 12월 신묘; 『元史』 59, 志11 地理二 遼陽等處行中書省 東

경오십사성'은 고려전기에 북계의 모든 주진을 총괄하여 표현한 '북계사십여성(北界四十餘城)과 궤를 같이하였을 것인데, 북계 전역을 '서경오십사성' 식으로 표현하는 것이 가능한 데에는, 1부에서 언급한 바와 같이, 북계 주진 각각에 '치소가 위치한 성'을 설치한 현실이 배경으로 작용하였을 것이다. 따라서 1269년에 '서경오십사성'이 몽골에 투항하였다는 기록으로 보아, 대몽전쟁기에 북계 주진들 가운데 적지 않은 곳에서 치소가 몽골군의 침략을 피해 섬 내지 입보용 산성, 또는 보다 남쪽 지역 등으로 이동해 있었지만, 이 무렵에는 각각의 고려 치소성이 있던 곳으로 되돌아와 있었을 것이다.

다만 북계의 일부 주진에서는 종전(終戰) 이후 치소가 주진성이었던 곳이 아니라 다른 지점으로 이동하였으니, 창주, 운주, 가주, 무주, 위주, 맹주 등에서 그러한 일이 있었다. 창주는 1261년(원종 2)에 창주성이었던 곳으로 되돌아가지 않고 곽주의 바닷가에 우거하였다. 이 조치는 몽골의 침략으로 '성읍(城邑)', 곧 창주성[157]이 폐허가 된 것과 무관하지 않았을 것이다. 운주는 1261년에 가주 서촌(西村)에 우거하게 되었다. 가주는 섬에서 나와 화지리(火池里)에 우거하였지만, 종국에는 가주성이었던 곳으로 되돌아갔다.[158] 무주는 섬에서 나와 무주성이었던 곳이 아닌 위주고성(渭州古城), 즉 옛 위주성으로 옮겨갔다.[159] 위주는, 무주의 치소가 위주성이었던 곳으로 이동한 데서 알 수 있듯이, 위주성이었던 곳이 아닌 타처로 향했다. 마지막으로 맹주는 섬에서 나와 맹주성이었던 곳이 아니라 조선초기에 '고맹주(古孟州)'라 불린 지

寧路

157) 『세종실록』 지리지는 창주성의 함락 사실을 전해준다. 『세종실록』 154, 지리지 평안도 義州牧 隨川郡

158) 『신증동국여지승람』 52, 평안도 嘉山郡 古跡. "古嘉山 在吳思弄山南曲火池里 本邑海島出居于此 未幾 還舊治"

159) 渭州古城이 이전에 渭州城이었음은 『신증동국여지승람』 54, 평안도 寧邊大都護府 古跡 古渭州에서 확인된다. 한편 위주고성에 무주의 치소가 위치하게 되면서, 이 성은 무주성으로 탈바꿈하게 되었을 것이다.

점으로 옮겨갔다.[160] 이들 6개 주(州) 가운데 가주는 종국에 고려 치소성이었던 곳으로 되돌아갔는데, 창주와 운주에서도 그러한 일이 있었을 것으로 추정된다. 왜냐하면 종전 후 이들 주의 치소가 옮겨간 지점은 장구하게 머물만한 곳이 못되어서, 가주와 같이 궁극에는 고려 치소성이었던 곳으로 치소가 되돌아갔을 것으로 여겨지기 때문이다. 이렇다고 한다면, 무주, 위주, 맹주 정도만이 고려 치소성이었던 본래의 곳으로 돌아가지 않은 셈이 된다.

이렇듯 대몽전쟁기 동안 양계의 일부 주진을 위주로 하여 치소가 이동하였지만, 당시의 치소 이동은 대부분 군사적 위협을 모면하고자 하는 임시적 조치였기에, 임시방편으로 이동했었던 치소는 전쟁 종결 후에 고려 치소성이었던 본래의 곳으로 되돌아왔을 것이다. 그리고 군현의 이동이 있지 않은 곳에서는 예전과 다름없이 고려 치소성이 존속하였을 것이다. 고려 치소성의 분포 양상 면에서 보자면, 몽골과의 전쟁이 종결된 이후는 몽골 침략 이전과 별 차이가 없던 셈이 된다.

고려 치소성이 원간섭기 들어서도 존립하였다고 할지라도, 겉보기에 그러했을 따름이지 그 존립 기반은 매우 취약해져 있었을 것이다. 즉 고려 치소성은 '치소가 위치한 성'으로 존속하였다고 할지라도, 그러한 존속은 관성의 결과에 가까워 고려 치소성은 예전의 기능과 위상을 보유하지 못하였을 것으로 생각된다.

원간섭기 고려 치소성의 현황은 기록상의 제약으로 말미암아 분명하게 파악되지 않는다. 다만 파편적인 기록에 의지하여 그 대강을 짐작해 볼 수 있을 따름이다.

---

160) 『신증동국여지승람』 52, 평안도 安州牧 古跡 古孟州 조에는 "古孟州 在州東十五里 孟山爲本州屬縣時 治所"라 하여, '古孟州'는 맹산(=맹주)이 안주의 속현일 당시의 치소였다고 전하고 있다. 맹주는 섬에서 나와 안주에 속하고 있어, '古孟州'는 섬에서 나온 이후 맹주의 치소였을 것이다. 한편 '고맹주'와 맹주성은 위치상 상이하였다. '古孟州'는 조선초기에 안주목의 치소를 기준으로 동쪽 15리 지점에 있었던 반면, 맹주성(=철옹성)은 맹산현의 치소를 기준으로 동쪽 30리 지점에 위치하고 있었다.

우선적으로 『원사(元史)』 지리지에 수록된 동녕로(東寧路) 조를 검토해 보도록 하겠다.

> 동녕로는 본래 고구려의 평양성이다……왕건대(王建代)에 이르러 평양을 서경으로 삼았다. 원나라 지원(至元) 6년 이연령(李延齡), 최탄(崔坦), 현원렬(玄元烈) 등은 부주현진(府州縣鎮) 60성(城)으로 귀순하였다. [지원] 8년 서경을 고쳐 동녕부(東寧府)로 삼았다. [지원] 13년 동녕로총관부(東寧路總管府)로 승격하였고 녹사사(錄事司)를 설치하였으며, 정주(靜州), 의주(義州), 인주(麟州), 위원진(威遠鎮)을 떼어 파사부(婆娑府)에 예속시켰다. 본로(本路)의 영사(領司)는 하나이고 나머지 성들[餘城]은 폐기되어[堙廢] 설치된 관사(官司)는 존재하지 않고 지금은 구명(舊名)만이 남아 있을 뿐이다.
>
> 녹사사(錄事司)
>
> 토산현(土山縣)
>
> 중화현(中和縣)
>
> 철화현(鐵化鎮)
>
> 도호부(都護府). 당말 이후로 그 땅은 고려에 소속되어 부주현진(府州縣鎮) 60여 성을 두었다. 이것은 도호부로 당의 옛 명칭을 사용하기는 하나 도호부의 실(實)은 없다. 지원 6년에 이연령(李延齡) 등은 그 땅으로 귀부하였다. 이후 성치(城治)는 폐훼(廢毁)되어 근근이 그 이름만이 남아 있을 따름이다. 동녕로에 속하였다. 정원부(定遠府). 곽주(郭州). 무주(撫州). 황주(黃州). 그 영현(領縣)은 안악(安岳)·삼화(三和)·용강(龍岡)·함종(咸從)·강서(江西) 등 5현, 그 영진(領鎮)은 장명진(長命鎮). 영주(靈州). 자주(慈州). 가주(嘉州). 순주(順州). 은주(殷州). 숙주(宿州). 덕주(德州). 그 영현은 강동(江東)·영청(永清)·통해(通海)·순화(順化) 등 4현, 그 영진은 영원(寧遠)·유원(柔遠)·안융(安戎) 등 3진(鎮). 창주(昌州). 철주(鐵州). 그 영진은 정융진(定戎鎮). 태주(泰州). 개주(价州). 삭주(朔州). 선주(宣州). 그 영진은 영삭(寧朔)·석도(席島) 등 2진. 성주(成州).

그 영진은 수덕진(樹德鎭). 희주(熙州). 맹주(孟州). 그 영현은 삼등현(三登縣), 그 영진은 초도(椒島)·단도(椴島)·영덕(寧德) 등 3진. 연주(延州). 그 영진은 양암진(陽巖鎭). 운주(雲州).[161]

위의 동녕로 조는 여타 노(路)['路'급의 府·州]와 기재 형식 면에서 다르다. 여타 조는 노의 연혁, 호(戶)와 구(口)의 수, 소속된 사·현·부·주·부의 영현·주의 영현의 수[이들 가운데 일부만이 있는 경우 이를 기재], 그 각각에 대한 구체적 소개 순으로 구성되었다. 그런데 동녕로 조에는 호와 구의 수가 기재되지 않았다. 또한 소속 행정구획의 수를 기록한 곳 뒤에 "나머지 성들은 폐기되어 설치된 관사는 존재하지 않고 지금은 구명(舊名)만이 남아 있을 뿐이다"라고 한 내용이 부가되어 있었다. 이러한 방식의 부연 설명은 여타 조에서는 보이지 않는 것이다. 그리고 무엇보다 녹사사 뒤에 토산현, 중화현, 철화현, 도호부가 기록된 점은 특이하다고 할 수 있다. 영사(領司)가 단지 하나다고 했으니, 여타의 조와 동일하게 한다면 영사에 해당하는 녹사사[162]를 끝으로 해당 노에 대한 기술이 마무리되어야 한다. 곧 현재 노에 소속되지 않은 토산현, 중화현, 철화현, 도호부 등을 기록할 필요가 없는 것이다. 동녕로 조가 여타의 것과 다른 점들은 동녕로 소속 주·현이 고려에 환부되어 동녕로

---

161) 『元史』 59, 志11 地理2 遼陽等處行中書省 東寧路. "東寧路 本高句驪平壤城……至王建以平壤為西京 元至元六年 李延齡崔坦玄元烈等 以府州縣鎮六十城來歸 八年 改西京為東寧府 十三年 升東寧路總管府 設錄事司 割靜州義州麟州威遠鎮隸婆娑府 本路領司一 餘城堙廢 不設司存 今姑存舊名 錄事司 土山縣 中和縣 鐵化鎮 都護府 自唐之季地入高麗 置府州縣鎮六十餘城 此為都護府 雖仍唐舊名 而無都護府之實 至元六年 李延齡等以其地來歸 後城治廢毀 僅存其名 屬東寧路 定遠府 郭州 撫州 黃州 領安岳三和龍岡咸從江西五縣 長命一鎮 靈州 慈州 嘉州 順州 殷州 宿州 德州 領江東永清通海順化四縣 寧遠柔遠安戎三鎮 昌州 鐵州 領定戎一鎮 泰州 价州 朔州 宣州 領寧朔席島二鎮　成州 領樹德一鎮 熙州 孟州 領三登一縣 椒島椴島寧德三鎮　延州 領陽巖一鎮 雲州"

162) 녹사사는 노성(路城)의 행정을 담당하였다.

는 사실상 빈껍데기에 불과한 데서 비롯되었을 것이다.[163]

본서와 관련하여 주목되는 점은 부주현진(府州縣鎮) 60여 성 내지 '여성(餘城)'으로 기록된 동녕로에 소속되었다가 고려에 환부된 지역이다. 이들 성은 동녕로에 소속되었을 당시 '성치(城治)'로 불리고 그곳에 관사(官司)가 설치되었을 것으로 보이는 바, 이들 60여 성은 각 지역의 '치소가 위치한 성'에 해당하였을 것이다. 그리고 이들 성의 거의 대부분은 고려의 주진성이었던 성으로 연결되었을 것이다. 고려에서 '치소가 위치한 성'으로 기능한 성이 몽골에 귀속된 이후로도 역할에 변함이 없었다고 볼 수 있는 것이다.

고려에 환부되었어도 그 위상에는 변화가 없었다. 1290년(충렬왕 16) 고려에 환부된 '서북제성(西北諸城)'에[164] 수령을 원래대로 둔다고 하는[復置西北諸城守令] 조치로 보아,[165] 이들 성은 몽골에 귀속되기 이전과 마찬가지로 고려 북계의 '치소가 위치한 성'으로 기능하였음이 분명하다.

그런데 이들 성은 고려에 환부된 이후로도 '치소가 위치한 성'으로 존속하였다 할지라도 예전의 위용을 보여주지는 못한 듯하다. 위의 인용문은 고려에의 환부로 인해 동녕로 관할의 주현이 부재한 양상을, '노성(路城) 외의 나머지 성들[餘城]은 인폐(堙廢)되어 설치된 관사는 존재하지 않고 지금은 구명(舊名)만이 남아 있을 뿐이다' 내지 '성치(城治)는 폐훼(廢毁)되어 근근이 그 이름만이 남아 있을 따름이다' 식으로 기록하였는데, 고려에의 환부로 인해 소속 주현이 없다는 식으로 하지 않고, 환부 이후 고려에서 '치소가 위치한 성'으로 기능하고 있는 성들을 폐훼 상태에 있다는 식으로 묘사한 점은 주목할 필요가 있다. 즉 이들 성은 '치소가 위치한 성'으로 기능하고는 있지만, 성

163) 이와 관련하여 이개석, 「大蒙古國-高麗 關係 연구의 재검토」, 『사학연구』 88, 2007, 66쪽 참조.

164) 『고려사』 30, 세가30 충렬왕 16년 3월. "帝詔罷東寧府復歸我西北諸城 王拜其摠管韓愼桂文庇 爲大將軍 玄元烈爲大僕尹 羅公彦李翰爲將軍"

165) 『고려사』 30, 세가30 충렬왕 16년 7월 임인. "復置西北諸城守令 以將軍鄭復均 爲西京留守"

자체는 퇴락된 채로 근근이 존립하였을 것으로 추정된다. 대몽전쟁기를 거치면서 퇴락된 이들 성은 그러한 채로 몽골에 귀속되어 동녕로 소속의 '치소가 위치한 성'으로 기능하다가 고려에 환부된 이후로도 마찬가지의 상태에 처해 있었다고 할 수 있다.

한동안 동녕로에 속하였다가 고려에 환부된 지역들을 대상으로 하여, 고려 치소성이 원간섭기 들어서도 존속하였기는 하나 방어처의 역할을 제대로 수행하기에 곤란한 상태에 처해 있었을 것임을 논급해 보았다. 충렬왕대의 다음 기록은 이상의 논증을 보완해 줄 수 있다.

> 또한 본국(本國) 왕경(王京) 안팎의 제사(諸司)·아문(衙門)·주현(州縣)은 총 358개 처이고 크고 작은 관원이 4,355명이 되니, 민인들에게서 거두어들이는 것이 쓸데없는 일에 심히 남용되고, 이에 더해 부역이 잦고 겹쳐, 조금이라도 징발에 나아가지 않으면 결박하여 능욕하고 학대하니 고통을 참고 원한을 머금고 있으나 신소할 수도 없다. 성곽주현(城郭州縣)은 헛되이 그 이름만 있어 백성은 적은데 관리만 많으며 관민관(管民官)과 안렴관(按廉官)은 반년에 한번씩 교대하는데 본처(本處)의 백성으로 하여금 소·말·여비 등의 물품을 스스로 마련하여 신구 관원을 영송케 하니 도로의 왕래가 빈번한 것이 베 짜는 것과 같고 농사를 방해하고 물품의 손해를 초래하니 민인들이 심히 고통스러워하였다.[166)]

위 기록은 활리길사(闊里吉思) 등이 작성한 녹연사목(錄連事目) 가운데 한 조목이다. 여기서 주목되는 것은 "성곽주현(城郭州縣)은 헛되이 그 이름만

---

166) 『고려사』 32, 세가32 충렬왕 27년 4월 기축. "又本國王京裏外 諸司衙門州縣 摠三百五十八處 設官大小四千三百五十五員 刻削於民 甚爲冗濫 加之賦役頻併 少有不前 縛凌虐 忍痛銜冤 無可伸理 城郭州縣 虛有其名 民少官多 管民官按廉官 半年一次交代 令本處百姓 自備牛馬路費等物 迎送新舊官員 道路如織 防農害物 民甚苦之"

있어 백성은 적은데 관리만 많다"고 한 구절이다. '성곽주현'은 '성곽과 주현' 내지 성곽이 주현을 수식하는 방식, 곧 '성곽인 주현'으로 풀이될 수 있다. 문맥을 고려할 때, 그것은 '성곽과 주현'으로 보기 어렵다. 왜냐하면 중앙과 지방의 관사·관원이 비대하다는 문제점을 거론하면서 "성곽주현은 헛되이 그 이름만 있어 백성은 적은데 관리만 많다"고 한 구절이 나오고 있어, 성곽을 주현과 별도로 언급하고 있다고 볼 수는 없기 때문이다. 다시 말해, 문맥상 '성곽이 유명무실한 채 있다'고 언급할 이유는 없는 것이다. 당시는 몽골(원)의 군사적 통제로 인해 성의 수축조차 이루어지지 못한 상황이기에, 몽골(원) 측이 고려 성곽의 유명무실한 상태를 문제 삼는 것은 매우 부자연스럽다. 따라서 '성곽주현'은 '성곽으로 된 주현' 즉 해당 주현의 '치소가 위치한 성'으로 보아야 할 것이다.[167] '성곽주현'을 이렇게 본다면, 활리길사가 지적한 문제점은 고려 치소성 내지 그것으로 대칭(代稱)되는 주현이 유명무실한 채 존재하여 백성들에게 부담이 되고 있던 점이라고 할 수 있다.[168]

'성곽주현'과 관련하여 활리길사 등이 지적한 문제점은 특정 지역에 한정되는 것이 아닌 데서, 당시까지도 고려 치소성은 일반적으로 존재하였을 것으로 생각된다. 그러면서도 그것은, 활리길사 등의 지적에서 보듯, 유명무실한 채 존속하였을 것이다.[169]

충렬왕대 이후의 원간섭기 동안 고려 치소성의 위상과 분포 정도가 어떻게 변화해 갔는지는 관련 자료가 없어 알 수 없다. 다만 충렬왕대의 카단 침입 이후로 별다른 외침이 없었던 데다가 몽골(원)에 대한 고려의 군사적 의존

167) 여기서의 '성곽주현'은 앞서 언급한 『원사』의 '城治'와 유사한 것이라 할 수 있다.

168) '城郭州縣'을 성곽과 주현으로 보더라도 이 기록을 통해 고려 치소성이 유명무실한 채 존재하였음을 엿볼 수 있다. 행정체계의 문제와 비효율성을 지적하고 있음에서, 성곽은 군사 용도보다는 치소 역할을 하는 城을 지목한 것으로 생각되기 때문이다.

169) 설령 '성곽주현'이 주현을 대칭한 것이라 할지라도, 주현을 이러한 방식으로 표현한 점은 주현에 '치소가 위치한 성'이 일반적으로 갖추어진 데서 비롯되었을 것이다. 또한 주현이 유명무실한 채인 상황에서 해당 고려 치소성이 제 기능을 하고 있다고 보기는 어려울 것이다.

또한 지속·심화되고 있었기에, 고려 치소성의 위상이 저하되어 갔을 것임은 어렵지 않게 짐작된다. 고려 치소성 위상의 저하는 그것의 존속 기반을 약화시키는 것이어서 그것의 분포 정도에도 영향을 주었을 것이다. 구체적으로 말하자면, 고려 치소성을 존치한 군현들은 감소되어져 갔을 것이다. 몽골(원)이 유명무실한 '성곽주현'을 문제시하고 이를 개혁하려 했을 것인데다가 후술하듯 고려말에는 고려 치소성이 거의 존재하지 않은 점에서 볼 때, 충렬왕대 이후 고려 치소성이 소멸되어 갔을 추세는 족히 짐작된다.

2. 잔존 배경

지역사회의 자위처 및 국가의 지역방어 거점으로 기능해 온 고려 치소성의 역할이 대몽전쟁기와 원간섭기 동안 상실됨에 따라, 그것의 위상은 몽골 침입 이전에 비해 크게 저하되었을 것이다. 그럼에도 고려 치소성 대부분은 적어도 충렬왕대까지는 유명무실한 채나마 '치소가 위치한 성'으로서 존속하였을 것이다.

그렇다면 고려 치소성이 유명무실한 채나마 당시까지 존속할 수 있었던 배경은 무엇일까? 이 의문의 해결을 위해 다음의 사실을 상기할 필요가 있다. 즉 고려 치소성은 나말려초 시기 호족을 리더로 하는 자치와 자위의 지역사회에서 지배·군사의 거점으로 기능해 온 성이 고려 국가에 의해 통제되면서도 공인된 데서 성립되었으며, 이러한 방식으로 성립된 고려 치소성의 존속은 호족의 후신인 향리를 리더로 한 지역공동체적 질서가 지속되었고 이와 맞물려 국가가 이러한 질서를 용인·활용하는 시스템이 재생산되었음을 배경으로 해서였을 것이다. 달리 말해, 고려 치소성의 존립은 지역공동체적 질서의 존속 및 국가의 지역공동체적 질서에 대한 포용적 대응 방식과 밀접하게 연관되었다. 따라서 이를 고려하면서 대몽전쟁기와 원간섭기를 거치면서 고려 치소성이 유명무실한 채나마 존속하게 된 배경을 살펴볼 필요가 있다. 그 배경으로 우선적으로 지목할 수 있는 것은 지역사회가 대몽전쟁기에 전통의 자위처인 고려 치소성을 놓아두고 국가의 명령에 따라 본래의 터전으로부터 먼 곳에 위치한 입보처로 피난가야 한 점이다. 이는 몽골의 침입과 이에 대한 대응 과정에서 지역사회가 약화·피폐되어 간 반면, 국가의 역할은 증대되어 간 현실을 집약하여 보여준다. 국가가 몽골에 대한 저항책으로 '산성해도입보책'이 필요하다고 판단하여 이 카드를 꺼내들었을 때, 지역사회는 원치 않더라도 이를 따를 수밖에 없었을 것이다.

그런데 지역공동체의 약화 및 이와 반비례한 국가의 역할 증대는 몽골의 침입을 계기로 하여 갑작스럽게 대두한 것이 아니었다. 이러한 현상은 12세기 이래로 점차로 누적되어 몽골의 침입을 분기점으로 하여 본격화되었다고 할 수 있다.

유망을 시작으로 한 민의 저항은 12세기 중반부터 전국 각지에서 봉기 형태로 전개되었다. 민의 저항과 동요로 대표되는 지역사회의 변화는 신분·계층 사이의 갈등을 초래하였고, 이로 인해 향리층 주도의 지역공동체는 결속력이 약화되어 갔을 것이다. 이와 맞물려 향리층의 위상이 저하되어 갔을 것임은 물론이다. 당시 국가는 변화된 상황에 대응하여 지방관을 증파하면서 관(官) 주도의 향촌 통제를 모색하였다. 예종·명종대의 대대적인 감무 파견은 그 대표적 사례라 할 수 있다. 다수의 속현에 새로이 외관을 파견하게 되면서 국가의 지방 지배력은 이전에 비해 보다 강화되었을 것이다.[170)]

하지만 새로운 변화를 주목해야 하면서도 감무 증파 등은 고려시대 지방 지배질서 내에서 이루어진 점 또한 염두에 둘 필요가 있다. 곧 당시 감무 파견은 향리가 주현과 속현의 구분 없이 각급 지역을 지배하고 지방관은 상위에서 관내 주현과 속현의 향리들을 감독하는 것이라 할 수 있는 주현-속현

170) 이와 관련하여 채웅석, 앞의 책, 2000, 201~240쪽 참조.

체제를 유지하는 틀 내에서 이루어졌고[171] 지역공동체를 근간으로 한 계서적 지배방식을 부정하는 방향으로도 진행되지 않았다.[172]

12·13세기에 지역사회는 동요하고, 지역공동체의 결속력은 약화되었으며, 이에 대응하여 국가의 지방 통제가 보다 강화되어 갔지만, 당시까지만 해도 이러한 변화는 기존의 지방지배질서의 틀 내에서 이루어진 것이다. 이로 인해 지역공동체의 결속력은 이전에 비해 약화되었다고는 하나, 지역공동체적 질서를 용인·활용하여 온 관행이 질적으로 변화되었다고는 말할 수 없다. 당시의 사회 여건이 이러하다 보니, 지역공동체의 결속력이 상대적으로 약화되었다고는 하나, 그러한 자위력을 활용해 온 지역방어 방식은 여전히 존속하였고 몽골의 1차 침략 시에도 적용되었다.

하지만 강력한 군사력을 보유한 몽골군의 침입은 지역공동체가 지닌 누적된 문제 및 한계를 여실히 드러나게 하였다. 이는 지역공동체의 지배와 방어의 거점으로 기능해 온 고려 치소성이 방어상의 한계를 드러낸 채 무력화된 데서 잘 엿보인다. 이에 비해 국가는 변화에 능동적으로 대응하여 피난과 방어에 초점을 맞춰 요해처를 선택하고 그곳으로 지역민들을 입보시켰다. 이렇듯 몽골의 침입을 분기점으로 하여 지역공동체의 약화와 국가의 역할 증대라는 추세가 본격화되고 있었다.

이외에 대몽전쟁기와 원간섭기 동안 지역공동체의 현황 및 국가의 지역공동체에 대한 대응 방식을 가늠해 볼 수 있는 단면들로는 다음과 같은 것들이 있다. 대몽전쟁기에 방어처의 변화 등이 있으면서도 한편으로는 지역공동체 단위의 결속과 이를 토대로 한 방어력이 여전히 존속한 점은 이에 해당할 수 있다. 몽골의 침입에 대응한 고려 측의 움직임이 기록 면에서 영성함에도 불구하고, 향리층이 중심이 되어 해당 지역을 외적의 침입으로부터 막아내거

171) 윤경진, 「高麗 郡縣制의 構造와 運營」, 서울대 박사학위논문, 2000b, 260~268쪽.

172) 채웅석, 앞의 책, 2000, 260~264쪽.

나,[173] 군현민이 해당 고을을 방어하는 사례들은 확인되고 있어 주목된다.[174] 중앙에서 파견한 관인의 지휘 하에 지역공동체가 해당 고려 치소성을 방어하거나,[175] 지역민인이 야별초와 더불어 몽골 군사를 습격한 사례도 있다.[176]

심지어 국가 주도의 산성해도입보책조차 지역공동체의 방어력을 활용하여 운영되었다. 국가가 입보처를 지정하여 지역민을 입보시키기는 하나, 입보처의 방어는 기본적으로 지역공동체의 자위력에 의존하였다. 이로 인해 입보처에서 지역공동체의 움직임이 드러나곤 했다. 지역공동체는 그것이 단위가 되어 지정된 입보처로 피난하였고[177] 중앙에서 파견된 관리 내지 병력과 더불어 몽골의 침입을 방어하였다.[178] 이러한 환경에서 국가는 입보한 군현[민] 전체를 대상으로 하여 조세 면제의 혜택을 부여하곤 하였다.[179] 그리고 경우에 따라서는 입보처에서 지역공동체와 중앙에서 파견된 관리 내지 중앙 정부 간에 갈등이 발생하곤 하였고,[180] 심할 경우 지역공동체가 단위가 되어 반란을 일으키기도 하였다.[181] 당시 지역공동체 차원의 역량을 발휘하지

---

173) 『고려사』 23, 세가23 고종 23년 9월 정사. "蒙兵 圍溫水郡 郡吏玄呂等 開門出戰 大敗之 斬首二級 中矢石死者 二百餘人 所獲兵仗 甚多 王以其郡城隍神 有密祐之功 加封神號 以呂爲郡戶長"

174) 『고려사절요』 16, 고종 22년 5월. 실제로는 향리층 주도 하에 지역민인들이 자위를 행하고 있었을 것이다.

175) 『고려사』 103, 열전16 崔椿命; 『고려사』 103, 열전16 金慶孫

176) 『고려사』 23, 세가23 고종 22년 10월 신해. "夜別抄 與砥平縣人 夜擊蒙兵 殺獲甚多 取馬驢 來獻"

177) 이와 관련하여 수령 등 중앙 관원이 吏民을 이끌고 입보하거나, 입보처에서 吏民의 동향이 파악되는 점 등이 주목된다.

178) 『고려사』 24, 세가24 고종 41년 9월 계축; 『고려사』 80, 지34 식화3 賑恤 水旱疫癘賑貸之制 고종 43년 6월; 『고려사』 24, 세가24 고종 46년 1월 정미

179) 『고려사절요』 17, 고종 45년 2월. "海島入保州縣 免一年租"

180) 『고려사』 101, 열전14 文漢卿 附 白敦明. "又有白敦明者 爲東州山城防護別監 驅民入保 禁出入 州吏告曰 禾未穫 迨敵兵未至 請迭出刈之 敦明不聽 遂斬之 人心憤怨 皆欲殺之 及蒙古兵至城下 敦明出精銳六百拒戰 士卒不戰而走"

181) 『고려사』 24, 세가24 고종 45년 5월. "博州人 避兵入保葦島 國家遣都領郎將崔乂等 率別抄鎭撫之 州人反殺乂及指諭尹謙監倉李承璡"; 『고려사』 24, 세가24 고종 45년 9월 무오. "廣福山城避難吏民 殺防護別監柳邦才 降於蒙兵"; 『고려사』 24, 세가24 고종 45년 12월

못한 채, 지역민들이 각자 살 길을 찾아 뿔뿔이 흩어진[사산(四散)] 사례도 있었지만,[182] 이러한 경우는 드물었다. 이 점은 고려말 지역민이 왜구 침입에 '사산(四散)'으로 대처하는 경우가 일반적이었던 것과 뚜렷한 대조를 이루고 있다.

대몽전쟁기에 지역공동체를 단위로 한 자위력이 유지·활용되었고 민인의 '사산(四散)' 현상 또한 드문 데서, 당시 지역공동체는 약화되었기는 하나 여전히 존속하고 있었다고 할 수 있다. 지역공동체는 강화천도 이후 전통의 자위 거점을 잃고 국가에 의해 지정된 입보처로 피난해야 했지만 그 역량이 약화된 속에서도 존속하였고, 이러한 상황이다 보니 국가는 지역공동체의 자위력을 여전히 활용하면서 산성해도입보책을 운영하였던 것이다.

원간섭기 군현제도를 둘러싼 갈등을 통해서도 당시 지역공동체의 현황 및 지역공동체에 대한 국가의 시각 변화 등을 읽어낼 수 있다. 이와 관련하여 우선적으로 이전에 거의 보이지 않던 군현 병합[183]이 충렬왕대 후반에 여러 군현에서 동시다발적으로 시행된 점을 주목할 수 있다. 『고려사』 지리지에서 확인되는 당시의 군현 병합 사례를 정리한 것이 〈표 4-4〉이다.

〈표 4-4〉 충렬왕대 군현 병합 사례

지역	기록
강화현(江華縣)	충렬왕 때 인주(仁州) 지역에 병합되었다가 곧 복구되었다.[184]
연산군(燕山郡)	충렬왕 때 가림(嘉林) 지역에 병합되었다가 곧 복구되었다.[185]
고성현(固城縣)	충렬왕 때 남해(南海) 지역에 병합되었다가 곧 복구되었다.[186]

무술. "達甫城民 執防護別監鄭琪等 投蒙古兵"; 『고려사』 130, 열전43 叛逆4, 趙暉

182) 『고려사』 24, 세가24 고종 43년 5월 병진. "東北面兵馬使報 登州 城中無水 且無粮儲 人民散去 乃令入保島內"

183) 여기서 군현 병합이란 어떤 군현이 지방행정구획 단위로서의 위상을 잃고 타 군현에 합병되는 것을 의미한다.

거제현 (巨濟縣)	충렬왕 때 관성(管城) 지역에 병합되었다가 곧 복구되었다.[187]
의성현 (義城縣)	충렬왕 때 대구(大丘) 지역에 병합되었다가 곧 복구되었다.[188]
고부군 (古阜郡)	충렬왕 때 영광(靈光) 지역에 병합되었다가 곧 복구되었다.[189]
양주 (梁州)	원(元) 중서성(中書省)은 본국(本國)의 관(官)이 번잡하여 백성들의 폐단이 된다고 하여 [양주를] 밀성(密城) 지역에 병합하였다. 하지만 주현(州縣)이 수재(守宰)에게 명을 받고자 왕래함에 번거로움이 있어 그 폐가 더욱 심한 까닭에, 충렬왕 30년에 [양주를] 복구하였다.[190]

충렬왕대 군현을 타 지역에 병합하는 여러 사례들이 확인된다.[191] 강화현, 연사군, 고성현, 거제현, 의성현, 고부군, 양주 등의 군현은 1301년(충렬왕 27) 5월 무렵에 타 군현에 병합되었다가,[192] 양주 사례에서 유추할 수 있듯이, 1304년(충렬왕 30)에 복구되었다.[193] 당시의 군현 병합 조치는 원 중서성이 개

184) 『고려사』 56, 지10 지리1 江華縣. "忠烈王時 併于仁州 尋復舊"

185) 『고려사』 56, 지10 지리1 燕山郡. "忠烈王時 併于嘉林 尋復舊"

186) 『고려사』 57, 지11 지리2 固城縣. "忠烈王時 併于南海 尋復舊"

187) 『고려사』 57, 지11 지리2 巨濟縣. "忠烈王時 併于管城 尋復舊"

188) 『고려사』 57, 지11 지리2 義城縣. "忠烈王時 併于大丘 尋復舊"

189) 『고려사』 57, 지11 지리2 古阜郡. "忠烈王時 併于靈光 尋復舊"

190) 『고려사』 57, 지11 지리2 梁州. "元中書省 以本國官繁民弊 爲言 故併于密城 然州縣禀命守宰 勞於往來 其弊愈甚 至忠烈王三十年復舊"

191) 마전현이 적성현에 병합된 조치도 충렬왕대에 행해졌을 가능성이 있으나, 분명하지 않아 표에서 제외하였다. 『고려사』 지리지의 마전현의 연혁은 다음과 같다. 『고려사』 56, 지10 지리1 王京開城府. "麻田縣 本高勾麗 麻田淺縣 一云 泥沙波忽 新羅景德王 改名臨湍 爲牛峯郡領縣 高麗初 更今名 顯宗九年 爲長湍縣屬縣 文宗十六年 來屬 後置監務 尋併于積城縣 恭讓王元年 復置監務"

192) 박종기(『지배와 자율의 공간, 고려의 지방사회』, 푸른역사, 2002, 468~469쪽)는 충렬왕대의 군현 병합 조치를, 1301년(충렬왕 27) 4월 활리길사가 올린 錄連事目에서 고려의 내외 관사가 민인에 비해 지나치게 많아 민이 유망하고 있다는 보고에 근거하여 그 대책으로 취해진 것으로 이해하였다. 그 조치가 1301년 5월에 취해졌음은 "併省內外官 其官名有同上國者 悉改之"(『고려사』 32, 세가32 충렬왕 27년 5월 병오) 기록을 통해 유추할 수 있다.

193) 다음 기록도 1304년(충렬왕 30)에 병합된 군현이 복구되었음을 시사한다. 『고려사』 32, 세가32 충렬왕 30년 1월 계해. "復析州郡之併者 罷晉州羅州溟州仁州靈光密城判官 租江河源勾當 羅州道館驛使"

입하여 추진한 것인데,[194] 개별 군현이 안고 있던 현실적 조건을 고려하지 않고 지리적으로 인접한 군현을 기계적으로 병합하는 방식을 취한 탓에, 실패로 귀결된 작업이었다고 이해되고 있다.[195]

그런데 설령 그렇다고 할지라도, 고려의 지방 관사·관원이 지나치게 많다는 판단에서 군현 병합 등을 통해 이 문제를 해결하고자 한 원의 조치는 국초 이래로의 지방제도 운영 방식에서 벗어난 것으로서 그 의미가 작지 않다고 하겠다. 더욱이 그것은 조선초기의 군현 인식, 곧 구래의 군현은 강역 면에서 대소의 차이가 컸으며 이에 부수되어 인구와 토지 측면에서 편차 또한 심한 '문제'를 노정하고 있었다는 인식과[196] 일맥상통한다고 할 수 있어 그 선구로 볼 여지 또한 있다. 이를 부연 설명하자면 다음과 같다.

원간섭기에 전래의 지방제도와 관련하여 문제가 된 것은 근원적으로는 다음과 같은 조치에서 비롯된다. 즉 나말려초 시기를 경과하면서 성립된 호족층 주도의 자치·자위의 지역 단위를 고려 국가체제 내로 사실상 그대로 수용하여 군(郡)·현(縣), 향(鄕)·부곡(部曲) 등의 고려의 지방행정구획을 삼은 조치가 '문제'의 근원이었다.[197] 극심한 혼란기인 신라말·고려초에 자위를 화두로 한 지역사회의 자율적 움직임은, 지역공동체의 수적 증가를 야기하였고 구래의 것이건 새로이 등장한 지역단위이건 간에 자치적·자위적 성향을 강하게 지니게 하였다. 그리고 지역공동체의 수적 증가와 맞물려 군현 강역 상의 편차도 보다 심화되면 심화되었지 그 반대로 진행되지는 않았을 것

194) 『고려사』 57, 지11 지리2. "梁州 新羅文武王五年 割上州下州地 置歃良州 景德王 改爲良州 備九州之一 太祖二十三年 更今名 顯宗九年 置防禦使 後元中書省 以本國官繁民弊 爲言 故併于密城 然州縣稟命守宰 勞於往來 其弊愈甚 至忠烈王三十年 復舊"

195) 박종기, 앞의 책, 2002. 병합 대상 군현이 모두 주현인 사실 또한 해당 조치가 갖는 비현실성을 보여주고 있다.

196) 이에 대해서는 최종석, 「조선초기 越境地의 인식과 발생에 관한 재검토」, 『조선시대사학보』 62, 2012c 참조.

197) 이와 관련하여 채웅석, 앞의 책, 2000; 노명호, 『고려국가와 집단의식』, 서울대출판문화원, 2009 참조.

이다.[198] 이렇듯 나말려초 시기를 경과하면서 공동체적 지역사회는 수적으로 증가하고 강역 상의 편차도 보다 심화되었을 것인데, 이것은 고려 국가체제 내로 그대로 수용되었고, 고려의 지방행정구획은 그러한 지역사회를 단위로 하게 되었다.

후대의 기준에서 보자면, 고려전기의 지방행정구획은 앞서 언급한 바와 같은 여러 문제들을 지닌 것이 되지만, 지역공동체를 활용한 지방지배를 도모한 당시에는 지방행정구획의 수효가 상대적으로 많다거나 강역 간에 불균등이 심하거나 하는 것 등은 문제가 되지 않았다. 그러하였기에 몽골의 침입 이전까지는 지방행정구획의 수효를 조정한다거나 강역을 재편하는 움직임이 사실상 없었던 것이다.

이를 염두에 두면서 충렬왕대의 군현 병합을 보자면, 그것은 지방행정구획과 관련한 구래의 설정 방식으로부터 탈피가 시도되었음을 시사한다. 짧은 기간 동안이었기는 하나 이러한 조치가 관철된 것은 이를 뒷받침할 수 있는 사회적 여건이 형성되었음을, 보다 구체적으로는, 구래의 지역공동체가 약화되었음을 암시한다. 그렇지만 병합된 군현이 예전대로 복구된 데서 상징하듯, 여말선초 시기와는 달리, 전래의 질서는 약화된 채로나마 여전히 존속하였다고 할 수 있다. 달리 말해, 구래의 지역공동체를 도외시한 지방지배는 아직 시기상조였다.

또한 국초 이래로의 지방제도 운영 방식의 동요와 관련하여 당시 지방행정구획에 대한 인식상의 변화를 읽을 수 있는 대목이 있어 주목된다. 충선왕이 1차 즉위 교서에서 밝힌 개혁안 중에는 "주부군현(州府郡縣)은 선왕(先王)께서 정전(丁田)의 다소에 따라 등차를 둔 것이다"고 하여, 양반 관향(貫鄕)

198) 노명호, 위의 책, 2009 참조. 특히 나말려초 시기 자치·자위의 지역사회의 증가와 이와 맞물린 지역사회 강역 간 편차의 확대와 관련해서는, 태조대 村 단위의 자위적 지역공동체라고 판단되는 部落들이 확인되는 점(최종석, 「羅末麗初 城主·將軍의 정치적 위상과 城」, 『한국사론』 50, 서울대 국사학과, 2004, 123~126쪽) 및 나말려초 시기를 경과하면서 향·부곡 등의 부곡제 지역이 수적으로 대폭 늘어났을 것이라는 점이 주목된다.

의 무시로의 가호(加號)가 문제시되고 있다.[199] '선왕'을 성군(聖君)인 고대 제왕으로 보건, 전대의 군주로 보건 간에, 이 언급은 지방행정구획의 등차가 정전(丁田)의 수에 따라 체계적으로 설정되어야 한다는 인식을 반영하였을 것이다. 이러한 인식은 지역공동체를 기반으로 한 권역을 지방행정구획으로 편제해 오던 질서에서 통용된 인식과는 꽤 거리가 있다고 할 수 있다.

마지막으로 저하된 향리층의 위상을 통해서 당시 지역공동체의 현황을 엿볼 수 있다. 향리층은 지역공동체의 리더이면서 각급 군현 운영의 주체였다. 이는 지역공동체의 존속 및 이를 근간으로 한 국가의 지방지배를 배경으로 하고 있었는데, 원간섭기에는 향리층의 지위가 예전 같지 않았다. 관련 기록이 영성하여 이들의 위상을 정확히 파악하는 것은 어렵지만, 이전에 비해 저하된 사실만은 분명하다.

원간섭기 수취체제의 모순으로 수취부담이 향리층에게로 전가·가중되었고, 그 결과 이들은 피역(避役)·면역(免役)을 시도하였고 일부는 유망하기도 하였다.[200] 이로 인해 당시 토성(土姓)이 아닌 속성(續姓)·망성(亡姓) 향리층이 출현·증가하였다.[201] 이러한 현상에 대처하여 고려 정부는 향리 확보를 위해 유망한 향리를 대상으로 환본(還本) 조치를 취하였고, '모수관직(冒受官

---

199) 『고려사』 84, 지38 刑法1 公式 職制 충렬왕 24년. "是年正月 忠宣王卽位 下敎曰……一 凡州府郡縣 先王因丁田多少 以等差之 近來 兩班內外鄕貫 無時加號 甚乖古制 有司論罷"

200) 『고려사』 30, 세가30 충렬왕 11년 3월 신묘. "下旨 一 流移鄕吏 不拘年限 已曾還本 今百姓之流移者 亦宜刷還 然流移已久 安心土着 若皆還本 則彼此遷徙 必失農業 依前庚午年以上例 已訖還本人外 並皆不動 使之安業"

201) 『세종실록』 지리지에 기재된 속성과 망성은 각각 同書 작성의 기본 자료로 활용된 '古籍' 이후 이주해 온 성씨와 망실된 토성을 의미한다. '古籍'은 1322~1356년 사이 혹은 늦어도 13세기 전반에 작성되었다고 이해되고 있다. 따라서 전국적으로 속성과 망성이 다수 존재한 데서 원간섭기 무렵 이후로 향리층이 유망하고 本鄕을 떠나 다른 지역의 향리가 되는 등의 현상이 활발히 발생하였음을 알 수 있다. 그리고 이러한 현상은 향리층의 토착성이 약화되었음을 의미할 것이다. '古籍'에 대해서는 浜中昇, 「高麗時代の姓氏の記錄, 『古籍』について-『世宗實錄』地理志姓氏條の史料的性格-」, 『朝鮮學報』 12, 1987; 강은경, 「高麗後記 戶長層의 變動 硏究」, 연세대 박사학위논문, 1998, 31~45쪽 참조.

職)'을 통해 피역한 이들의 직첩을 박탈하고 본역(本役)에 돌리곤 하였다.[202] 이들 조치의 연장선상에서 고려말에서이기는 하나 향리층의 관직 진출을 통한 피역을 차단하기 위해 과거에 합격하거나 군공을 세우는 것 이외에 면향(免鄕)을 허락하지 않도록 한 건의가 받아들여졌고,[203] 명경과(明經科)와 잡과(雜科)를 통한 출사로 인한 면역까지 금지하자는 주장이 제기되기도 하였다.[204] 이렇듯 원간섭기 이후로 향리의 지위는 저하되고 그것은 신분적으로 고착화되었으며 토착성은 약화되어 갔다.

향리층이 해당 군현 운영의 담당 주체로서의 위상을 상실해 가는 것과 맞물려, 외관은 주현과 예하 속현들로 구성된 광역 단위의 상급 통치자라는 종래의 위상에서 탈피하여 부임지 운영의 주체로 자리 잡아가고 있었다. 원간섭기 이래로 외관은 증설되고 군현의 특례승격 등이 보편화되어감에 따라, 속현의 수가 줄어들고 속현을 보유하지 않은 주현은 증가하였다. 이에 따라 외관의 성격 또한 변화하게 되었다.[205] 외관이 부임지 운영의 주체로 자리잡아가면서, 속관(屬官)은 감축되고[206] 외관의 지위는 강화되어 갔다.[207]

당시 향리층의 위상이 저하되어 가고 외관이 부임 군현 운영의 주체로 대두하게 된 변화상은, 향리층이 주도해 온 지역공동체가 약화되고 이와 맞물

202) 『고려사』 35, 세가35 충숙왕 12년 10월 을미. "敎曰 一 內外兩班 鄕吏百姓 冒受金印 檢校職 結銜避役 甚爲淆濫 司憲府 各道存撫提察使 並皆收職 各從本役 如有不從條令 不納職牒者 嚴行斷罪 又冒受摠選部入仕上典 幷僞造謝牒者 不在此例"

203) 『고려사』 134, 열전47 우왕 7년 6월. "憲府言……且州郡吏 苟避鄕役者多 請除中科擧立軍功外 勿許免鄕 稠納之"

204) 『고려사』 118, 열전31 趙浚. "又上疏曰……自今以後 州郡吏 不許明經雜科出身免役 以爲恒式"

205) 윤경진, 앞의 논문, 2000b, 260~292쪽; 박종기, 앞의 책, 2002 참조.

206) 속관의 감축은 원간섭기부터 이루어지고 있었다. 한편, 다음 기록에서 보듯, 고종 34년에는 諸縣의 尉가 폐지되고 있어, 일부 속관은 이미 대몽전쟁기부터 소멸되고 있었다. 『고려사』 77, 지31 百官2 外職 諸縣. "高宗四十三年罷諸縣尉"

207) 윤경진, 앞의 논문, 2000b, 293~308쪽. 고려후기 이래 속관제의 축소를 포함한 속관제 전반에 대한 이해에 관해서는 박종기, 「高麗時代 外官 屬官制 硏究」, 『진단학보』 74, 1992가 참조된다.

려 그것을 근간으로 해 온 지배 방식에 균열이 발생하였음을 시사한다.[208)]

지금까지 검토한 바에 따르면, 대몽전쟁기와 원간섭기 동안 지역공동체는 이전 시기에 비해 약화되고, 시기가 경과할수록 이러한 현상은 심화되어 갔다. 이와 맞물려 지역공동체를 포용·활용하면서 지방지배와 지역방어를 도모해 온 국가의 방식에도 변화가 있었다. 그렇다고 해도 충렬왕대까지는 지역공동체가 해체·소멸된 상태에까지 이르렀다고 보기는 어렵다.[209)] 당시까지 그것은 약화된 채나마 여전히 존속하고 있었던 것이 사실에 가까울 것이다. 이러한 지역공동체의 현실은 고려 치소성이 이전의 위상을 상실하기는 하나 '치소가 위치한 성'으로 유명무실한 채나마 존속하였던 배경이 되었을 것이다.

---

208) 원간섭기에 事審官制가 크게 변질되어 결국에는 폐지되기에 이른 것도 같은 맥락에서 이해할 수 있다. 향리층의 해당 지역지배 및 국가의 이를 포용·통제하는 지방지배질서 속에서, 사심관제는 중앙 관원이 해당 본관을 통제하도록 운영되었다. 하지만 원간섭기 들어서 사심관의 향촌사회에 대한 작폐가 심해져 치폐를 거듭하다 폐지되기에 이르렀다. 원간섭기에 사심관제의 폐해가 대두한 까닭은, 지역공동체가 약화되고 이와 반비례하여 중앙 권력의 향촌사회에 대한 지배력이 강화되자, 중앙관료인 사심관이 지역공동체를 감독하는 것을 넘어 무단적 작폐를 일으킬 수 있게 되었기 때문에서였다. 고려시대 사심관제에 대해서는 다음 연구들이 참고된다. 旗田巍, 「高麗の事審官」, 『朝鮮中世社會史の硏究』, 法政大學出版局, 1971; 이순근, 「高麗時代 事審官의 機能과 性格」, 『高麗史의 諸問題』, 삼영사, 1986; 박은경, 「高麗時代 事審官의 性格」, 『高麗時代 鄕村社會硏究』, 일조각, 1996; 홍승기, 「高麗前期의 事審과 鄕吏」, 『歷史學報』 166, 2000.

209) 원간섭 후반기의 경우 관련 기록이 없어 무어라 판단하기 어렵다.

제5부
여말선초 치소 이동의 양상과 배경

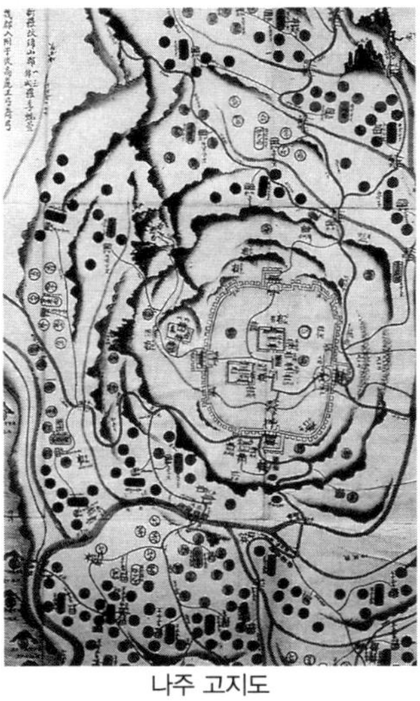

나주 고지도

1장
고려말기 고려 치소성의 상황

1. 성의 실태

고려 치소성은 적어도 충렬왕대까지는 '치소가 위치한 성'으로 존속하고 있었다. 하지만 충렬왕대 무렵에 이미 고려 치소성은 방어 거점으로서의 역할을 하지 못하였고, 지배 거점으로서의 위상마저 추락하여 유명무실한 채로 있었다. 그 이후로 원의 군사적 지배·통제가 지속된 데다가, 카단 침입 이후로 별다른 외침이 없었고, 원에 대한 군사적 의존이 지속·심화되면서, 고려 치소성을 포함한 성(城) 일반에 대한 사회적 필요는 감소되어 갔을 것이다. 아울러 지역공동체가 매우 약화되어 가고 고려 정부의 지방지배방식 또한 변화해 감에 따라, 고려 치소성이 존속할 수 있는 사회적 토대는 붕괴되어 갔을 것이다.

그렇다면 고려말 기왕의 고려 치소성은 어떤 상황에 놓여 있었을까? 유명무실한 채나마 '치소가 위치한 성'으로 존속했는가, 아니면 더 이상 그러한 위상마저 견지하지 못하게 되었을까?

고려말 기존 고려 치소성의 현황을 파악하기 위해 공민왕대와 우왕대 초반 성(城)을 전혀 활용하지 않은 청야책(淸野策) 및 고려에는 성이 없다는 인식을 주목하고자 한다.

공민왕대와 우왕대 초반에는 전통적 방어처로 기능해 왔던 성이 전혀 활용되지 않고 있었다. 군현 중심지에 자리한 고려 치소성이 개별 군현 단위의 방어처로 작용한 고려전기는[1] 물론이요, 입보 산성이 복수 군현을 포괄하는 광역을 대상으로 방어·입보처로 기능한 대몽전쟁·원간섭기에도[2] 방어처로서 성곽의 위상은 사실상 유일하면서도 절대적이었다. 하지만 공민왕대와 우왕대 초반에는 성곽이 아니라 수소가 방어처로 작용하고 있었고, 이와 맞물려 당시 청야책은 성을 전혀 활용하지 않은 채 운영되었다. 이를 구체적으로 논의하기 위해, 청야책의 운영 양상을 잘 보여주는 다음 기록을 우선적으로 살펴보고자 한다.

> [설장수가: 필자] 상서하기를……청야책에 있어서는 그 폐단이 더욱 심합니다. 무릇 연해의 땅은 비옥한 곳이 꽤나 많고 소민(小民)들은 그 땅에 애착이 있어, 본래 [그 정책은] 이로움을 도모하는 것이었으나 도리어 해가 됩니다. 또한 깊고 먼 곳[深遠之處]에는 토지가 한정되어 있고 토착민들은 이것에 의지하여 생계를 유지합니다. 만약 객호를 부양하고자 한다면 그들 또한 영락해질 것입니다. 이로 말미암아 이주된 민인들도 원망을 품고 유망하고, 내륙의 민인들은 재앙을 입고 실업할 것입니다. 이것은 신이 이전부터 마음 아파해 온 것입니다. 또한 입보령(入保令)은 처음에 일식(一息) 정도의 범위에 한정되었지만, 지금은 적이 이르는 곳이 왕왕 60·70리를 넘고 있으니, 이로써 따지면 비록 100리라 할지라도 무익할 것입니다.[3]

---

1) 노명호, 「고려시대 지역자위공동체」, 『韓國古代中世 地方制度의 諸問題』, 집문당, 2004; 최종석, 「고려전기 지역방어체계의 특징」, 『사림』 40, 2011b 참조.

2) 유재춘, 『韓國 中世築城史 硏究』, 2003, 경인문화사; 최종석, 「대몽항쟁·원간섭기 山城海島入保策의 시행과 治所城 위상의 변화」, 『진단학보』 105, 2008 참고.

3) 『고려사』 112, 열전25 偰遜 附 偰長壽. "上書曰……至若淸野之策 其弊尤深 大抵 濱海之

이 기록은 판전농시사(判典農寺事) 설장수(偰長壽)가 1373년(공민왕 22) 무렵에 올린 상서문 가운데 일부이다.[4] 이에 따르면, 왜구가 침략해 오면 당시 고려 국가는 바닷가로부터 일식(一息) 정도의 거리 안에 있는 주민들을 '심원지처(深遠之處)'로 대피시켰다고 한다. 하지만 청야책만으로 왜구를 막고자 한 것은 아니었다. 상서문의 여타 부분과 이첨(李詹)의 『동래성기(東萊城記)』에 적시되어 있듯이, 당시 청야책은 연해 지역에 설치된 수소(戍所)와 연계하여 운영되고 있었다.[5] 연해지대를 비워 놓으면 왜구들은 약탈할 대상이 없어 스스로 물러갈 것이고, 설사 들어온다고 해도 장거리를 이동해야 하는 불편과 위험이 있어 그 사이에 우리 측 수졸(戍卒)들이 왜적을 발각·격퇴할 수 있으리라는 가정에서, 수소와 연계하여 청야책은 운영되었다.[6]

당시의 청야책은 수소와 연계하여 시행되었을 뿐, 성으로의 입보를 전제로 하여 운영되지 않았다. 연해의 민인은 들판을 비운 이후 그곳으로부터 멀리 떨어진 내륙 지역으로 피신해갈 뿐, 고려 치소성이었던 성 내지 강화천도 이후 본격 활용된 산성 등으로 입보하지 않았다. 당시 성은 청야책과 연결된 입보처로서 활용되지 않았을 뿐만 아니라, 왜구 방어에서도 거의 이용되지

地 頗多膏腴 而小民各懷其土 本欲利之 反以爲害之 且深遠之處 田亦有限 而土着之民 恃以爲生 若使養客戶 則彼亦凋廢 由是 被遷之民 懷怨而流移 深陸之民 受殃而失業 此臣所以痛心切齒於平昔者也 且入保之令 始則限以一息程途 今賊之所至 往往過六七十里 以是較之 雖百里亦無益也"

4) 상서문을 올린 해가 1373년(공민왕 22)이었음은 윤훈표(「高麗末 偰長壽의 築城論」, 『韓國思想史學』 9, 1997, 49~50쪽)의 연구가 참고된다.

5) 왜구 방어를 위해 연해 지역에 둔 戍所 및 그곳에 배치한 兵船과 軍卒 규모는 구체적으로 알 수 없다. 다만 1361년(공민왕 10) 당시 전라도 지역에 18곳의 戍所가 존재한 점(『고려사절요』 27, 공민왕 10년 5월)을 감안하면, 적지 않은 戍所가 연해 지역에 설치되어 있었을 것이다. 공민왕 10년 이후로도 戍는 계속 증치되었을 것이다. 아래 기록에서 보듯 우왕대 경상도에 防戍處가 많아 병력이 분산되고 그 결과 방어력이 약화된다고 지적될 정도로 많은 수의 戍가 설치되어 있었다. 『고려사』 114, 열전27 禹仁烈. "辛禑時 拜鷹揚軍上護軍 出爲慶尙道元帥兼合浦都巡問使 倭入寇 仁烈飛報 偵卒言 賊自對馬島 蔽海而來 帆檣相望 已遣兵 分守要害 然賊勢方張 防戍處多 以一道兵 分軍而戍 勢甚孤弱 請遣助戰元帥"

6) 『동문선』 77, 東萊城記 李詹. 이에 관하여 윤훈표(앞의 논문, 1997, 57쪽)의 연구 참조.

않고 있었다.[7)] 당시 새롭게 방어처로 기능한 수소 역시 성보(城堡) 형태로 이루어지지 않았다. 수소는 초가집과 나무 울타리로 지어져, 수졸들이 겨우 비바람이나 피할 정도였다고 한다.[8)]

이렇듯 당시 고려는 청야책을 수소와 연계 운영하여 왜구의 침입을 막으려 했을 뿐, 성을 거의 활용하지 않았다. 일반적으로 청야는 '견벽청야(堅壁淸野)'를 의미할 정도로, 청야책은 성으로의 입보를 전제로 하여 운영된 데서, 공민왕대의 청야책은 다소 특별하게 운영되었다고 할 수 있다.

이러한 현상은 표면적으로는 정책 담당자들이 외적 방어에서 성의 활용을 고려하지 않았던 데서 기인한다. 다음 기록은 이 점을 잘 보여주고 있다.

> 경인년[1350년(충정왕 2): 필자] 이래로 왜구가 변방을 소란케 하여 우환이 날로 깊어지니, 주상(主上)께서 염려하시고 재신(宰臣)들이 계책을 올렸지만, 그 계책이라는 것은 성벽을 굳건히 하여 지키는 데 힘쓰는 것이 아니라 단지 들판을 깨끗이 비운 채 적이 자진해서 물러가기를 기다리고 해안 지방을 따라 수자리하는 것이 되는 즉, 그 계획은 도적을 깊이 들어오게 하고 도리어 우리 군사들에겐 의지할 곳이 없게 한 것이 되고 말았다.[9)]

공민왕대[10)] 재신들은 성보다는 청야책과 연변 수소를 활용하여 왜구를 막고자 하였다. 전통적으로 활용되어 온 수성책은 외면 받은 셈이다. 이는 단지 재신들에 한정된 견해가 아니라 위정자 전반에 공감되고 있었다.

---

7) 공민왕대에는 민인들이 城 내에 입보하거나 城을 활용하여 왜적을 방어한 사례를 찾아볼 수 없다. 설장수가 당시 청야책의 문제점으로 지적한 것 중의 하나는 다름 아닌 城을 활용하지 않는 방어방식이었다.

8) 『고려사』 112, 열전25 偰遜 附 偰長壽

9) 『동문선』 77, 東萊城記 李詹. "自庚寅以來 倭寇擾邊 爲患日甚 主上軫慮 宰臣獻計 而其爲策 不務堅壁 特出淸野以待之 沿邊以戍之 則其所謀 適所以引寇深入 而使我衆 反無所據耳"

10) 문맥으로 볼 때 主上은 공민왕으로 판단된다.

이 점은 1384년(우왕 10) 무렵 계림부윤(鷄林府尹)이었던 박위(朴葳)가 성균사예(成均司藝) 이문화(李文和)와 대화하면서 한 다음과 같은 술회에서 잘 드러난다.

> 공[박위: 필자]이 말하기를 내가 김해 외관직을 그만둔 후 진주목사와 계림윤이 되었을 때 모두 병마사를 겸해 맡아서, 백성을 위무하고 적을 막는 방법에 감히 나의 소견을 폈었다. 처음에는 미처 적을 잘 알지 못하여 연해 고을들을 석권(席捲)하여 깊고 먼 곳으로 옮겨 놓으면 적으로 하여금 아무런 계교도 쓸 수가 없게 하여 일이 편안해질 것으로 생각하였다. 하지만 근래에 적의 기세가 성하여 먼 데라도 이르지 않은 곳이 없으니 백성들을 옮겨 놓은 것이 무슨 소용이 있으랴 하였다.[11]

우왕대 축성을 주도한 박위조차 그 이전에는 왜구 침입 시에 연해 지역의 민인을 내지로 옮기는 방법을 왜구 방어의 최선책이라고 생각했다. 성과 연계되지 않는 청야책은 왜구 방어에 실효가 없어 여러 사람들의 비판의 대상이 되었고, 결국 후술하듯 축성책이 채택되기에 이르렀다. 하지만 공민왕대에는 성과 연계되지 않은 청야책 운영이 별다른 비판 없이 폭넓게 공감되고 있었다.[12] 이러한 당시 분위기 속에서 성과 연계되지 못한 청야책을 비판하면서 대안으로서 축성을 제안한 설장수의 건의는 공감을 얻기 어려웠다.[13]

---

11) 『신증동국여지승람』 22, 경상도 蔚山郡 古跡 古邑城 條의 李詹 記文. "公曰 余自罷金海 尋牧晉州 尹鷄林 皆兼兵馬使 其於撫民防寇之道 敢伸管見 初未與賊諳委時 以爲席捲沿海諸州 移於深遠地 使賊計無所施然後便 近來賊熾無遠不至 夫何有於移民乎"

12) 이와 관련하여 정몽주의 다음 언급이 참조된다. 『圃隱集』 3, 雜著 金海山城記. "夫今之 謀臣智將 算無遺策 豈獨不知城池 所以待盜賊也 顧棄而不爲 其志將以長槍勁弩 與敵從事於平原廣野 芟夷之盡滅之". 이 기록에 따르면, 文臣과 武臣의 구별 없이 城을 거점으로 한 방어를 고려하지 않고 있었다.

13) 설장수의 제안은 都堂에 회부되어 토의되었지만 실행되지 못하였다. 『고려사』 112, 열전25 偰遜 附 偰長壽 참조.

그렇다면 왜 당시 정책 담당자들은 청야책 운영에 성을 활용하지 않았으며, 성과 연계되지 않은 청야책이 폭넓게 공감되고 있었을까? 당시 성에 대한 인식 및 성의 현황을 살펴보면, 이 의문의 해답을 찾을 수 있다.

> [김주가: 필자] 동료들과 더불어 상서하기를……무릇 저들은 많고 우리가 적을 때 평원광야에서 싸우면, 승패와 존망은 호흡 간에 달려 있지만, 만약 성벽을 견고히 하여 굳게 지키면, 비록 사면으로 포위당하더라도 오랫동안 버티어 함락당하지 않을 것입니다. 경인년 이후로 왜노(倭奴)가 횡행하여 고을을 침탈하고 민인을 노략해 갔지만, 군현에는 성보(城堡)가 없어 고수하기가 어려워 적이 온다는 기미만 있어도 무너져 달아나, 적이 마치 무인지경에 들어오게 하는 것 같이 하니, [왜구의 침탈은] 40년 동안 백성들의 근심거리가 되었습니다. 성보를 수축한 후로는 왜구가 능히 침탈하지 못하고 백성들이 포로가 되는 것을 면하게 되니, 이것은 눈앞의 명확한 효과입니다.[14)]

여기서 주목되는 점은 "경인년(1350년, 충정왕 2년) 이래 40여 년 동안 군현에 성보가 없었고 공양왕대 가서야 성보의 수축이 이루어졌다"는 김주(金湊)의 견해이다. 이에 따르면, 충정왕 2년부터 공양왕 2년(1390)까지 성보는 존재하지 않다가, 공양왕대에 가서야 성보의 수축이 이루어진 셈이다. 그런데 이 견해는 수사적이다 보니 논리 면에서는 모순적이다. 곧 기존의 성이 방기되다 이후 수축이 되거나, 혹은 성이 없다가 새로이 축조되어야 논리 면에서 타당하나, 김주는 성이 존재하지 않다가 수축이 되었다고 한 것이다. 이러한 논리상의 모순은 성이 없다고 한 데서 비롯되었다. 후술하듯 1377년(우

---

14) 『고려사』 114, 열전27 金湊. "與同僚上書曰……夫彼衆我寡 戰於平原曠野 則勝敗存亡 在於呼吸 若堅壁固守 則雖四面圍之 曠日持久 而不能下 庚寅以來 倭奴肆虐 侵陵郡邑 剽掠人民 郡縣無城堡 難以固守 望風奔潰 使賊如入無人之境 以致四十年生民之患 自修築城堡之後 倭寇不能侵掠 生民免於俘獲 此目前之明效也"

왕 3) 이후로의 축성은 수축 위주로 진행되었다. 기존 성이 수축되었다고 한 데서, 그리고 고려 치소성이었던 성이나 강화천도 이후 본격 활용된 산성 등이 존재하였을 것인 데서, 성이 없다고 한 시기에도 성은 분명히 존재했을 것이다.

모순을 야기한 '성이 없다'고 한 김주의 언설은 단순한 실언이 아니었다. 그러한 식의 인식은 김주에 국한되지 않고 있었다. 오히려 일반적이었다고까지 말할 수 있을 정도이다. 1370년(공민왕 19) 성곽 실태에 관한 홍무제의 질문에 고려 사신은 '성이 없다(無城郭)'고 답변하였고, 이로 인해 홍무제의 유서(諭書) 가운데 '성이 없으면 민인들이 의지할 곳이 없게 되는' 우려가 있기까지 하였다.[15]

이첨과 이숭인과 같은 유자 관료들에게서도 그러한 인식을 볼 수 있다. 즉 이첨은 「동래성기(東萊城記)」에서 "삼국통일 이전에는 수성전(守城戰)에 능했으나 통일 이후에 외침의 위협이 사라져 성을 헐어 밭으로 삼고 우물을 메워 집을 짓고 전구(戰具)를 거두어 땔감으로 삼았다"[16]고 하여, 삼국통일 이후 장기간의 평화가 지속되어 성을 헐어버렸다고 보았다. 그리고 이러한 배경에서 고려말에 성을 활용하지 않고 왜구를 방어하는 문제가 발생하였다고 인식하였다. 이숭인의 경우 "중국의 경우 보장(堡障)이 일반적으로 갖추어져 있으나 동방은 400년간 태평한 속에서 살아 성이 갖추어지지 못하였고, 이 때문에 왜구의 침입을 막지 못하였다"[17]고 언급하고 있다. 그는 중국과 달리 고려가 장기간의 평화로 인해 성을 구비하지 못하였고, 그 결과 왜구 방어에 성을 활용하지 못하였다고 보았다. 이렇듯 이첨과 이숭인은 성이 원래부터 없거나 오래전에 이미 폐기되었다고 보고는, 이를 배경으로 하여 왜구 방어에 성을 활용하지 않는 현재의 문제가 발생하였다고 생각하였다. 하지만 충

15) 『明太祖實錄』 46, 洪武 2년 10월 壬戌朔; 『고려사』 42, 세가42 공민왕 19년 5월 갑인
16) 『동문선』 77, 東萊城記 李詹
17) 『陶隱集』 4, 記 迎日縣新城記

렬왕대까지도 산성해도입보책이 시행된 데서 알 수 있듯이, 삼국통일 이후 성이 헐렸다든지, 400년간 성이 갖추어지지 않았다고 하는 식의 언설은 사실과 전혀 부합하지 않는다.

검토한 이들 사례로 보아 '성이 없다'고 하는 식의 인식은 고려말 위정자들 사이에서 폭넓게 공감되고 있었다고 볼 수 있다. 이러한 지적 분위기 속에서 사실과 부합하지 않기는 하나 당시 성이 구비되지 못한 구체적 이유까지 마련되었을 것이다. 당시 성은 사람들의 뇌리에서 사라지다시피 한 처지에 있었기에, 성을 활용하지 않은 청야책이 폭넓게 공감된 것은 전혀 이상할 일이 못되었을 것이다.

고려말에 '성이 없다'고 하는 식의 인식이 이처럼 공유된 까닭은 성이 방기된 채 심각하게 퇴락되어 있었기 때문이다. 정몽주는 "산성 등이 잘 갖추어져 거란, 금(金), 원(元)과 국경을 맞닿고 있어도 국토를 잃지 않았으나, 왜구가 침입해 와 군사를 움직인 지 20여 년이 지났으나 성황(城隍)이 헐고 무너진 채 두면서 들판에서 적을 무찌르려는 전술을 택하고 있다"[18]고 하였다. 성을 활용한 방어를 줄곧 잘해 오다가 최근 들어서 성을 폐기·방치한 채 평원광야에서 왜구와 정면 대결한다고 지적한 것이다. 이는 과거와 현재의 상황에 대체로 부합한다. 이숭인 또한 당시 중외의 성곽이 '퇴비불수(頹圮不修)'한 상태로 방치되고 있었고 이로 인해 민인들은 의지할 곳이 없었다고 언급하였다.[19]

이처럼 공민왕대와 우왕대 초반에는 성이 방기된 채 심각하게 퇴락되어 있었고, 이러한 여건 속에서 성은 당시 사람들의 뇌리 속에서 지워져 있었다. 그 결과 '성이 없다'고 하는 인식이 폭넓게 통용되었을 것이다. 상황이

---

18) 『圃隱集』 3, 雜著 金海山城記

19) 『고려사』 115, 열전28 李崇仁. "轉右司議大夫 與同僚 上疏曰……近來 海寇大熾 侵至畿甸 中外城郭 頹圮不修 民無所據 流移莫禁 盜益深入 乞內自都城 外至沿邊州郡 各令有司 以時修築 務要堅固 使民安業"

이러하다 보니, 왜구 방어 시에 청야책을 운영하면서도 성은 전혀 활용되지 못하였다. 한편 이러한 사실들을 통해 입보용 산성이나 고려 치소성을 불문하고 당시 성 일반은 폐기·방기되어 있었음을 어렵지 않게 추론할 수 있다. 고려 치소성은 더 이상 '치소가 위치한 성'으로 기능하지 못하였을 것이다.[20)]

2. 고려 치소성의 폐기

청야책 운영의 양상 및 '성이 없다'는 인식 그리고 성의 실태 등을 통해 고려말에 기왕의 고려 치소성이 폐기되었음을 방증하고자 했는데, 여기서는 좀 더 직접적으로 당시 고려 치소성이었던 성의 폐기 상황을 파악해 보려 한다.

우선적으로, 여러 군현들을 '제성(諸城)'으로 총칭하는 용례가 고려말에 보이지 않은 점이 눈에 띈다. 앞서 언급한 바와 같이, 이러한 용례는 각 군현에 '치소가 위치한 성'이 존재하는 것을 전제로 한다. 이전 시기와 달리 고려말에 '제성(諸城)' 용례가 사라진 사실은 복수의 군현을 '제성(諸城)'으로 표현한 사례들을 정리한 〈부표 2〉를 통해 확인된다. 해당 표에 따르면, 예종대 이

20) 왜구 방어에서 청야책을 수소와 연계하여 운영하였을 뿐 성을 거의 활용하지 않았다고 할 때, 그 대상 지역은 남도(南道)에 국한될 것이다. 따라서 이를 통해서 당시 성의 실태를 파악한다고 할 때 남도 이외의 지역 상황을 알기는 어렵다. 이러한 이유에서 동·서북면 지역의 양상에 관해 간략하게나마 언급할 필요가 있다. 1356년(공민왕 5) '반원개혁'을 계기로 하여 동·서북면 지역은 다시금 변경으로 대두되었고, 이후 이곳에서의 방어 양상은 압록강 등의 연변 지역을 집중 방비하는 방식으로, 주진성이 방어 거점이 되어 개별 주진을 방어 단위로 한 고려전기 양계 지역의 방어방식과는 이질적이었다. 당시 연변 요해처에 집중하는 방어가 이루어지는 속에서, 연변 요해처에는 구자(口子)가 설치되어 있었다. 구자는 최전방에 위치하면서 외적 침입의 길목을 막는 소규모 시설로 성곽 시설을 갖추고 있지 않았다. 구자는 남도의 수소와 질적으로 다를 바 없는 방어시설이었다고 할 수 있다. 이렇다 보니 동·서북면 지역에서도 1356년 이후로 한동안 성은 방어처로 사실상 활용되지 못하였다. 당시 동·서북면 지역의 방어양상에 관해서는 최종석, 「고려말기 지역방어체제와 그 시대성」, 『역사와 현실』 85, 2012a 참조

래로 비교적 꾸준히 여러 군현들을 '제성(諸城)'으로 칭한 용례들이 『고려사』와 『고려사절요』에서 확인되나, 고려말에 들어서는 전혀 보이지 않고 있다. 여러 군현을 '제성(諸城)'으로 칭하는 현상이 사라진 현상은 고려말에 기왕의 고려 치소성의 대다수가 폐기·방기된 사실과 무관하지 않을 것이다. 고려말에는 '제성(諸城)'뿐만 아니라 군현을 '성(城)'으로 대칭(代稱)하는 용례 또한 보이지 않고 있다. 이것은 '제성(諸城)' 용례가 보이지 않는 현상과 궤를 같이 한다고 할 수 있다.

우연히도 고려말에 복수의 군현들을 '제성(諸城)'으로, 개별 군현을 '성(城)'으로 대칭하는 용례들이 사용되지 않았을 가능성도 배제할 수는 없다. 하지만 이 시기에 '치소가 위치한 성'을 지칭하는 용어 또한 거의 확인되지 않은 사실로 보아, 용례 사용상의 변수에서가 아니라 고려 치소성 실태의 변화에서 그 이유를 찾아야 할 것이다.

'치소가 위치한 성'을 지칭하는 용례로는, 홍건적 침입 당시에 보이는 정주성(靜州城),[21] 서경성(西京城), 안주성(安州城)[22] 정도가 확인될 뿐이다. 이외에 '치소가 위치한 성'의 축조 용례에 해당하였을 '성가주(城嘉州)'[23] 사례만이 보이며,[24] 문맥상으로 보아 '치소가 위치한 성'을 뜻하였을 '城' 사례도 거의 나타나지 않아 의주성(義州城)과[25] 봉주성(鳳州城)[26] 정도만이 그러한

21) 『고려사절요』 27, 공민왕 9년 2월 신유. "賊四百餘人 屯肅州山谷 聞其黨 敗於西京 還趣義州 中郎將柳塘 郎將金景 在義州 修築城門 聞賊還 召州千戶張倫 發龍州等處軍 迎擊之 賊入保靜州城 塘等進攻 悉殲之"

22) 『고려사절요』 33, 우왕 14년 6월

23) 『고려사』 82, 지36 병2 성보 공민왕 18년

24) 다음 사례도 여기에 추가될 여지가 있다. 『고려사』 39, 공민왕 9년 2월 기미. "以江陽伯李承老 爲遂安谷州等處築城監督使"

25) 『고려사절요』 27, 공민왕 9년 2월 신유. "賊四百餘人 屯肅州山谷 聞其黨 敗於西京 還趣義州 中郎將柳塘 郎將金景 在義州 修築城門". 수축된 城門은 문맥상 義州城門이었을 것이다.

26) 『고려사』 39, 세가39 공민왕 9년 3월 기유. "紅賊船七十艘 來泊西海道豐州碧達浦 又泊西京德島席島 入鳳州 燒城門". 불태워진 성문은 봉주성문을 뜻하였을 것이다.

사례에 해당한다. 고려말에 외적의 침입이 빈번한 상황이었기에, 이전 시기 마냥 고려 치소성이 존속하였다면, 이들 용례들은 적지 않게 확인되어야 했을 것이다. 따라서 이러한 식의 사례들이 보이지 않는 현상은 기록의 누락에서가 아니라 고려 치소성의 폐기·방기에서 비롯되었다고 볼 수 있다.

기왕의 고려 치소성 가운데 극히 일부만을 제외한 대부분이 고려말에 존속하지 못하였을 점은, 당시에 축조된 읍성들－새로이 신축된 '치소가 위치한 성'－이 고려 치소성이 위치하였던 곳과는 다른 지점에 입지하였고 대개 평지성이었던 점을 통해서도 뒷받침된다.[27] 이는 해당 지역에서 기왕의 고려 치소성이 폐기되고 치소 역할을 하는 새로운 성은 고려 치소성이 있었던 곳과는 별도의 지점에 축조되었음을 의미한다.

이외에도 고려말 당시 구래의 고려 치소성이 이미 폐기되었음을 보여주는 몇몇 사례들이 있어 눈길을 끈다. 사천과 김해, 그리고 진주 지역 사례가 이에 해당한다. 신석조가 조선초에 작성한 사천현 객관 기문은, "사천현에는 옛날에 성보(城堡)가 없었고, 고려말에 보장(堡障)이 없어 왜구에 의해 황폐화되었다"[28]고 하여, 사천현의 고려 치소성이 고려말에는 본래의 기능을 완전히 상실하였을 것임을 말해주고 있다.[29]

왜구에 의해 군현이 함락당한 후, 김해 지역에서는 우왕대 박위의 주도로 '고산성(古山城)'이 수축되었는데,[30] 이 성은 다름 아닌 고려 치소성이었던 성이었을 것이다.[31] 기왕의 고려 치소성이 우왕대에 '옛 산성'으로 기록된 데

27) 심정보, 『韓國 邑城의 硏究』, 학연문화사, 1995 참조.

28) 『신증동국여지승람』 31, 경상도 泗川縣 宮室 客館 조의 辛碩祖 記文

29) '사천현에는 옛날에 성보가 없었다'고 하나, 『신증동국여지승람』 古跡 항목에 기록된 城隍山城은 이 지역의 고려 치소성이었다.

30) 『圃隱集』 3, 雜著 金海山城記

31) 『신증동국여지승람』에는 정몽주의 「金海山城記」가 邑城 조에 실려 있다. 그러나 이는 『신증동국여지승람』 편찬자의 명백한 실수이다. 同書에 기재된 김해 읍성은 세종대 축조된 것으로 고려말에 축조된 김해산성과는 분명히 다른 것이다. 김해산성은 同書 古跡 항목에 기재된 盆山城이었다. 이 점은 분산성이 박위에 의해 수축되었다는 조선시대 여러 기록들을 통해서도 뒷받침된다. 분산성은 읍호와 관련된 성이었고 분산에는 성황사가 위치하고 있

서 알 수 있듯이, 이 무렵 구래의 고려 치소성은 더 이상 '치소가 위치한 성'으로 존속하지 못하였다.

마지막으로, 진주의 고려 치소성은 공민왕대에 유기(遺基)로 칭해질 정도로 당시 폐기되어 있었다.[32)]

이처럼 몇몇 구체적인 사례들을 통해서도 고려 치소성 대부분이 고려말에는 이미 폐기되어 있었을 것임을 엿볼 수 있다.

어, 이 성이 고려 치소성이었음은 비교적 분명하다.

32) 하륜이 총각으로 진주에서 유학하던 때, 그는 이 지역 고려 치소성이 폐기된 채 방기되고 있었음을 목도하였다. 그는 19살 되던 해인 1365년(공민왕 14) 문과에 합격하고 있어, 성을 목도한 시기는 공민왕대로 판단된다. 『浩亭集』 2, 記 矗石城門記 참조. 하륜이 언급한 城은 『신증동국여지승람』의 촉석성이었다.

2장
치소 이동의 양상

1. 평지로의 이동

지금까지의 검토에서 볼 수 있듯이, 공민왕대와 우왕대 초반에 성 일반은 무너진 채 방치되어 있었고, 이로 인해 당시 성은 외적 방어와 입보에서 사실상 전혀 활용되지 못했다. 성 일반 가운데 기왕의 고려 치소성도 예외일 수 없어, 대부분은 폐기되어 어떠한 용도로도 기능하지 못하였을 것이다.

이렇다고 할 때, 고려말에 치소는 고려 치소성이었던 성이 아닌 타처에 이동해 있었을 것임을 어렵지 않게 예상해 볼 수 있다. 다만 관련 사료의 부족으로 말미암아 해당 시기 동안에 치소의 이동처 및 치소 이동의 양상과 그 특징 등을 파악하기란 쉽지 않다. 그런데 고려말기와 달리 조선초기 치소의 위치는 『세종실록』 지리지, 『신증동국여지승람』 등의 지리서들을 통해 확인 가능하다. 고려 치소성이었던 성을 떠난 치소가 조선초기 당시에 어느 곳에 위치하였는지는 알 수 있는 것이다. 달리 말해, 여말선초 시기를 경과하는 동안 치소가 이동한 양상은 규명 가능하다.

우선은 여말선초 시기를 경과한 후에 치소가 위치한 곳을 분명히 해두고자 한다. 이를 위해 고려 치소성을 비정할 수 있는 지역에 한해 해당 지역의 치소가 고려 치소성이었던 곳을 기준으로 할 때 조선초기에는 어느 곳에 위치해 있었는지를 조사하였고, 그 결과를 고려시대에 신개척 지역과 기존 영역이었던 곳으로 나누어 각각 〈표 5-1〉과 〈표 5-2〉로 정리하였다.[33]

〈표 5-1〉 고려 치소성이었던 곳을 기준으로 한 조선초기 치소의 위치(Ⅰ): 신개척 지역

지명	위치	지명	위치
가주	남 1리	통주[34][선주]	남 62리
숙주[통덕진][35]	0리	청색진[36]	0리
귀주[37]	0리	안북부[38]	0리
의주[39]	0리	맹주[40]	서 30리
삭주[41]	북 65리	박주[42]	북 10리
곽주[43]	서남 7리	순주[44]	서 105리
성주[45]	동남 2리	철주[46]	남 35리
조양진[47]	동북 30리	양암진[48]	동 4리
용강현[49]	남 5리	정주(定州)[50]	북 6리
화주[51]	동 2리	문주[52]	서 5리

33) 1부에서 고려 치소성 사례들을 검토한 바 있는데, 여기서는 이들 사례가 검출되는 지역을 대상으로 조선초기 치소가 고려 치소성이었던 곳으로부터 어느 지점에 위치하였는지를 『신증동국여지승람』을 기준으로 작성하였다. 이 때문에 해당 작업은 『신증동국여지승람』에 고려 치소성으로 비정되는 성이 기재된 지역, 그중에서도 그러한 성의 치소로부터의 거리를 파악할 수 있는 곳에 한해 이루어졌다. 충청도와 경상도 지역의 경우 〈표 1-8〉과 〈부표 3〉을 통해 고려 치소성이었던 곳이 조선초기 치소로부터 얼마나 떨어져 있었는지를 확인할 수 있는 바, 〈표 5-2〉에서는 두 지역을 제외하였다. 한편 고려 치소성 비정과 관련하여 1부에서 언급한 바 없는 사례로 비정 근거를 밝혀야 할 경우 각주를 활용하여 그 내용을 소개하였다.

34) 『신증동국여지승람』 53, 평안도 宣川郡 古跡. "東林城 在郡北六十二里 卽古宣州城"

35) 숙천도호부의 읍성은 鎭國城으로 불렸는데(『신증동국여지승람』 52, 평안도 肅川都護府 城郭 邑城), 고려 태조대에 鎭國城을 移築하여 通德鎭城[이후 肅州城]을 쌓고 있어, 그것은 숙주성이었던 성을 활용하였다고 할 수 있다. 『고려사』 82, 지36 兵2 鎭戍 태조 11년. "是歲王巡北界 移築鎭國城 改名通德鎭 以元尹忠仁 爲鎭頭"; 『고려사』 58, 지12 지리3. "肅州本高麗平原郡 太祖十一年 移築鎭國城 改名通德鎭 成宗二年 稱今名 爲防禦使 後更爲知郡事"

36) 희천군읍성은 고려 현종대에 축조되었다고 기록된 데서 보듯(『신증동국여지승람』 54, 평안도 熙川郡 城郭 邑城), 1027년(현종 18)에 축조된 淸塞鎭城을 활용하였다. 『고려사』 82, 지36 兵2 城堡 현종 18년. "城淸塞鎭 八百二十一間 門七 水口四 城頭十五 遮城四". 희천군의 연혁을 간략히 소개하면, 淸塞鎭은 위주, 희주, 희천군 순으로 개칭되었다.

37) 1455년(세조 1)에 龜城郡을 둘 때 귀주성을 활용하여 읍성을 축조하였음은 『단종실록』 14, 3년 4월 戊子 조를 통해 확인된다. 아울러 서일범, 「徐熙가 築城한 城郭과 淸川江 以北 防禦體系」, 『徐熙와 高麗의 高句麗 繼承意識』, 학연문화사, 1999, 162~164쪽 참고.

38) 『대동지지』 21, 평안도 安州 城池. "邑城 本有古城 本朝成宗十九年修築"

39) 『조선유적유물도감』(조선유적유물도감편)에 따르면, 의주읍성은 고려 의주성을 활용하였다고 한다.

40) '高麗式目形止案 北界軍額'이라는 고문서에 보이는 맹주성은 『신증동국여지승람』의 鐵甕城(동 30리)으로 비정된다. 맹주는 鐵甕縣으로도 칭해지고 있어, 철옹성은 맹주성을 지칭하였을 것이다.

41) 삭주성은 『신증동국여지승람』의 大朔州城(남 65리)으로 비정된다. 대삭주성은 옛 읍성으로 기록되고 있어 고려시대의 삭주성일 가능성이 높다고 하겠다. 아마도 고려의 삭주성이 읍성으로 활용되다가 치소가 다른 곳으로 이동하였을 것으로 추정된다.

42) 박주성은 『신증동국여지승람』의 古博陵城(남 10리)으로 비정된다. 박주는 박릉군으로도 칭해지고 있어, 박릉성은 박주성을 가리키고 있었을 것이다.

43) 곽주성은 『신증동국여지승람』의 凌漢山城(동북 7리)으로 비정되고 있다. 이에 대해서는 서일범, 앞의 논문, 1999가 참고된다.

44) 순주성은 『신증동국여지승람』의 古邑城(동 105리)으로 비정된다..

45) 성주성이 『신증동국여지승람』의 흘골산성(서북 2리)이었은 이미 검토된 바 있다.

46) 『신증동국여지승람』 53, 평안도 鐵山郡 古跡. "古鐵州城 在郡北三十五里"

47) 『신증동국여지승람』 54, 평안도 价川郡 古跡. "朝陽鎭城 舊址在郡西南三十里"

48) 『신증동국여지승람』 55, 평안도 陽德縣 城郭. "陽巖城 在縣西四里高麗太祖二十一年石築"

49) 용강현성은 『신증동국여지승람』의 安市城(북 5리)으로 비정된다. 용강현은 黃龍城으로도 불리는데, 황룡성이 곧 안시성이었다고 판단된다. 이 점은 『대동지지』에서 안시성이 황룡산성으로 기록된 데서 뒷받침된다. "黃龍山城 在烏石山上"(『대동지지』 21, 평안도 龍岡 城池)이라 하여, 이 성은 오석산에 위치하였는데, 안시성 또한 오석산에 자리하였다. 『신증동국여지승람』 52, 평안도 龍岡縣 城郭. "安市城 在烏石山" 참조.

50) 정주성은 『신증동국여지승람』의 蓬臺古城(북 6리)으로 비정된다. 이 성은 고읍성으로 칭해진 데다가 성황사가 鼻白山(북 4리)에 위치하고 있어, 정주성이었을 것으로 판단된다.

51) 화주성은 『신증동국여지승람』의 聖歷山城(서 2리)으로 비정된다. 성력산에 성황사가 위치하고 있어, 성력산성은 화주성이었을 것이다.

52) 문주성은 『신증동국여지승람』의 古伊均城(동 5리)으로 비정된다. 문주는 伊均으로도 불리고 있어, 이균성은 문주성이었을 것으로 판단된다.

〈표 5-2〉 고려 치소성이었던 곳을 기준으로 한 조선초기 치소의 위치(II): 기존 영역

지명	위치	지명	위치
삼화현	북 4리	강동현	약 동 22리
등주	서 5리	금양현	남 2리
간성현	북 5리	울진현	0리
열산현	남 1리	우계현	남 2리
벽산현	북 6리	교주	남 1리
황주	서 2리	동주	서 7리
평주	서 5리	함풍현[53]	남 5리
죽주	약 서 5리	춘주	남 1리
포주	남 1리	운주	동 3리

『동국여지승람』 단계의 치소 위치를 정리한 위 표들에 따르면, 당시 치소는 고려 치소성이 있었던 곳 인근에 일반적으로 자리하고 있었다. 〈표 1-8〉과 〈부표 3〉에서 보듯, 충청도와 경상도 지역들에서도 상황은 다르지 않았다.

대부분 지역들에서 치소는 고려 치소성이었던 곳으로부터 10리 이내에 위치하였으며, 그중에서 5리 이내에 위치한 지역들도 과반을 훨씬 웃돌았다. 특히나 고려시대에 기존 영역이었던 곳에 속한 지역들에서는 몇몇을 제외하고는 치소가 공통적으로 고려 치소성이었던 곳을 기준으로 10리 이내에 분포하였다. 이는 당시 치소가 대개 고려 치소성이었던 곳으로부터 매우 가까운 지점에 위치하였다는 것으로, 여말선초 시기를 경과하는 동안 치소 이동이 단거리에 그쳤음을 의미한다.

간성현 지역은 좋은 사례에 해당한다. 2부의 〈그림 2-10〉에서 볼 수 있듯이, 간성현 지역의 치소는 평지에 연접한 높지 않은 산에 위치한 성으로부터 해당 산줄기가 끝나 평지로 이어지는 부분으로 옮겨갔는데, 이 정도의 짧은

53) 함풍현성은 『신증동국여지승람』의 箕山城(북 5리)으로 비정된다. 성황사가 북쪽 5리 지점에 위치하였고 기산성은 『세종실록』 지리지에 읍성으로 기록되고 있어, 이 성은 고려 치소성이었을 것으로 판단된다.

이동 거리가 지리서 상에서는 5리로 기재되었다. 지역에 따라 약간의 차이는 있겠지만, 치소의 이동 거리가 10리 이내인 경우에서의 치소 이동은 고려 치소성이었던 곳에서 그 성이 자리한 산과 연접한 지역으로 치소가 이동하는 정도였다고 할 수 있다.[54]

여말선초 시기를 경과하면서 치소들 가운데 대다수는 근거리 이동한 데 비해, 치소가 장거리 이동하였거나 고려 치소성이었던 성을 읍성으로 활용한 지역 사례도 간혹 눈에 띈다. 고려시대에 기존 영역이었던 곳에 속한 지역들에서는 치소가 간혹 10리 이상을 이동하였다고 할지라도 약간 상회하는 데 그친다. 이와 달리 고려시대에 신개척 지역이었던 곳에서는 30리 이상의 치소 이동이 발생한 지역 사례가 드물지 않게 확인된다. 이와 같이 치소가 꽤나 장거리 이동한 지역들에서는, 치소가 고려 치소성이었던 곳과 전혀 다른 공간에 위치하게 되었을 것이다.

이와는 정반대로 고려 치소성이었던 성을 읍성으로 활용한 지역 사례들도 드물게나마 있었다. 이런 지역들에서는 '표면적으로는' 여말선초 시기 동안 치소의 이동이 없었던 것처럼 보인다.[55] 〈표 5-1〉과 〈표 5-2〉에서 각각 다섯 사례와 한 사례가 이에 해당한다. 고려 치소성이었던 성을 읍성으로 활용한 사례들 또한 상대적으로 고려시대에 신개척 지역이었던 곳에 집중되어[56] 있었다.[57]

---

54) 치소가 13리를 이동한 대흥군에서도 이와 다르지 않아, 지역에 따라서는 고려 치소성으로부터 인접 지역으로 치소가 이동하는 것이 거리상 10리를 상회하기도 하였을 것이다. 대흥군 지역의 치소 이동에 관해서는 심정보, 앞의 책, 1995, 216쪽의 '大興邑城 位置圖' 참조.

55) 후술하겠지만 이러한 지역에서도 치소 이동은 있었다.

56) 신개척 지역에 비해 기존 영역이었던 곳의 읍성 수가 훨씬 많기에, 기존 영역이었던 곳에서 고려 치소성이었던 성을 읍성으로 활용한 사례가 수효 자체는 많았을 것이다. 하지만 상대적인 수치로 보면, 신개척 지역이었던 곳에서 고려 치소성이었던 성을 읍성으로 활용한 빈도가 훨씬 높았다.

57) 고려 치소성을 활용한 읍성은 산성이거나 산성에 가까운 평산성이어서 평지성 내지 그에 가까운 평산성인 읍성에 비해서 방어 측면에서 장점을 가지고 있었다. 이러한 장점은 국경 지대인 이 일대에 보다 매력적이었을 것이다.

이렇듯 여말선초 시기를 경과한 이후에 치소는 대개 고려 치소성이었던 곳으로부터 인접한 지점에 옮겨와 있었다. 고려시대에 신개척 지역이었던 곳에 속한 일부 지역에서는 치소가 고려 치소성이었던 곳과 전혀 다른 공간으로 장거리 이동하거나 정반대로 고려 치소성이었던 곳에 머물곤 하였지만, 이는 예외적인 현상에 가까웠다.

다음으로, 여말선초 시기를 경과한 후에 치소들의 입지적 특징에 관해서다. 조선초기 치소의 입지적 특징을 직접적으로 말해주는 자료는 없지만, 여러 방법을 통해 비교적 분명히 그 입지적 특징을 파악해 볼 수 있다. 『신증동국여지승람』은 특정 대상의 위치를 대개 치소를 기준으로 방위와 거리로 표시하고 있어, 이를 역으로 활용하면 치소의 위치를 비정하고 해당 치소의 입지적 특성을 파악할 수 있다. 이외에도 조선후기 치소의 입지 정보를 이용하는 방법이 있다. 조선후기의 치소는 기록과 각종 고지도 등을 통해 그 입지를 직접적으로 알 수 있는데, 각종 전국 지리지와 개별 군현의 읍지 등을 통해서 볼 때 조선초기의 치소는 대개 후기까지 이어지고 있어, 조선후기 치소의 입지 정보를 통해서 조선초기의 그것을 알 수 있다.

이 두 방법을 상보적으로 활용하여 조선초기 치소의 입지적 특성을 파악해 보면, 다음과 같은 사실을 확인할 수 있다. 즉 당시에 치소는 대개 평지에 위치하였다. 가령 『동국여지승람』과 17세기에 유형원이 편찬한 것으로 알려진 『동국여지지(東國輿地志)』를[58] 비교해 보면, 거의 대부분의 지역들에서 치소 위치는 변화가 없었다. 그런데 17세기 무렵의 기록에 따르면, 당시 치소는 전국적으로 평지에 위치하고 있어,[59] 조선초기의 치소 또한 일반적으로 평지에 위치하였다고 할 수 있다. 이러한 사실은 조선초기의 치소를 일일이

---

58) 양보경, 「磻溪 柳馨遠의 地理思想-東國輿地志와 郡縣制의 내용을 중심으로-」, 『문화역사지리』 4, 1992, 35~36쪽.

59) 『南溪集』 12, 陳時務萬言疏. "但我國人性 怯弱畏懼 而州縣所治 多在平地 凡遇大亂 輒自倉皇顚沛 奔走求生". 이 글은 1688년(숙종 14)에 작성되었다.

비정한 결과와도 부합한다.[60)]

이상의 검토 결과를 종합해 보자면, 대부분 지역의 치소는 여말선초 시기를 경과하면서 고려 치소성이었던 곳에서 그 인근 평지로 근거리 이동하였다고 정리해 볼 수 있다.

2. 치소 이동의 과정

여말선초 시기를 경과하면서 치소가 대개 고려 치소성이었던 곳에서 그 인근 평지로 옮겨갔음을 파악해 보았다. 하지만 여전히 그 기간 동안에 있었던 치소 이동의 과정에 관해서는 아는 바가 별로 없다. 이러한 한계는 자료상의 여건을 고려하여 고려 치소성이었던 성을 떠난 치소가 조선초기 당시에 어느 곳에 위치하게 되었는지를 파악하는 방법을 구사한 데서 기인한다. 여기서는 여말선초 시기 동안에 치소 이동의 과정을 보다 직접적이고 면밀하게 추적하여 해당 한계를 다소나마 보완해 보도록 하겠다.

우선적으로, 대부분의 지역들에서 치소가 고려말에 이미 조선초기에 해당 치소가 위치한 곳으로 옮겨와 있었을 가능성을 적극적으로 상정해 보고자 한다. 고려말에 이미 고려 치소성은 폐기·방기되었을 것이기에, 해당 치소는 고려 치소성이었던 곳을 떠나 어딘가로 이동해 있었을 것인데, 이동처는 다름 아니라 조선초기에 해당 치소가 위치한 곳이었을 것으로 추정되기 때문이다.

『신증동국여지승람』에 기재된 읍성들 가운데 고려말에 축조된 것이 존재한 지역의 경우, 고려말의 치소 위치가 조선초기로 이어졌음은 별도의 설

60) 조선초기의 치소는 대개 평지에 위치하였지만, 드물기는 하나 치소가 평지가 아닌 산지 내지 구릉에 자리한 지역도 있었다. 산지 내지 구릉에 자리한 읍성이 설치된 지역은 그러한 곳이었다.

명이 필요하지 않다. 고려말 읍성의 입지적 특성은 조선초에 축조된 그것과 다를 바 없다. 즉 그것은 기본적으로 평지를 토대로 쌓아졌다.[61] 이는 기존 연구와 유적 조사 등에 의해 뒷받침될 뿐만 아니라 당시 기록을 통해서도 입증되고 있다. 즉 공민왕대 설장수는 평지에 읍성을 축조할 것을 제안하였으며,[62] 개성부 장계는 1377년(우왕 3)에 읍성이 평지에 축조되고 있었음을 전해주고 있다.[63] 그리고 고려말의 읍성은 고려 치소성이 있었던 곳 인근에 위치하였다. 종합해 보자면, 고려말에 축조된 읍성은 조선시대의 그것과 마찬가지로 대개 고려 치소성이었던 성 인근의 평지에 자리하고 있었던 것이다. 따라서 이러한 읍성이 조성된 지역에서는 치소가 고려말에 이미 고려 치소성이었던 곳 인근의 평지에 옮겨와 있었을 것이다.

고려말에 읍성이 축조된 지역과 달리, 그렇지 않은 지역을 대상으로 하여 고려말 치소의 입지 정보를 직접적으로 파악하기란 매우 어렵다. 다만 조선시대 지리서들을 이용해서 조선초기의 치소가 대개 고려말의 그것으로 소급될 수 있음을 엿볼 수 있다. 조선시대 지리서들에는 조선시대 동안의 치소 이동이 비교적 자세히 기록되어 있다. 그런데 조선초기 동안에 치소가 이동한 사례는 드물어, 많은 지역에서 조선초기의 치소, 정확히는 『동국여지승람』 단계의 치소가 고려말까지 거슬러 올라갈 수 있음을 유추해 볼 수 있다. 이렇다고 할 때, 대다수 지역에서 치소는 고려말에 이미 고려 치소성이 위치했던 곳 인근의 평지에 자리하고 있었을 가능성이 높다고 하겠다.[64]

고려말의 치소 입지와 관련해서 당시 왜구 혹은 반란군에 의해 지방의 관해(官廨)가 불태워진 사례들이 대거 출현한 점 또한 주목해 볼 수 있다. 이러

---

61) 성벽의 일부가 구릉 지대를 통과하는 읍성 사례가 있기도 하였다. 이 경우에도 성내 시설은 기본적으로 평지에 위치하였다.

62) 『고려사』 112, 열전25 偰遜 附 偰長壽

63) 『고려사』 82, 지36 兵2 城堡

64) 그러한 치소는 고려 치소성 내에 있었을 때와 달리 성에 의해 보호받지 못한 채 평지에 위치하고 있었을 것이다.

한 사례는 고려말 이전에는 확인되지 않다가, 다음 표에서 보듯 고려말에는 드물지 않게 나타난다.

〈표 5-3〉 고려말 관해(官廨)가 불타는 사례

시기	사례	전거
1371년(공민왕 20)	왜구가 해주(海州)에 침입하여, 관해를 불태우고, 목사(牧使)의 처와 딸을 납치해 갔다.	『고려사절요』 29
1374년(우왕 즉위)	왜구가 밀성(密城)에 침입하여, 관해를 불태우고, 사람들을 잡아갔다.	『고려사절요』 29
1375년(우왕 1)	왜구가 김해부(金海府)에 침입하여, 민인들을 죽이고, 재물을 노략질하였으며, 관해를 불태웠다.	『고려사절요』 30
1375년(우왕 1)	제주인 차현유(車玄有) 등이 관해를 불태우고, 안무사(安撫使) 임완(林完)과 목사 박윤청(朴允淸)을 죽였다.	『고려사절요』 30
1376년(우왕 2)	왜구가 고부(古阜)·태산(泰山)·흥덕(興德) 등의 군현에 침입하여 관해를 불태웠다.	『고려사절요』 30
1379년(우왕 5)	왜구가 풍천(豐川)을 분략(焚掠)하였다. 지주사(知州事) 유자(柳滋)와 안렴(按廉) 김간(金侃)을 죽이고, 관해와 민가를 불태웠으며, 60여 인을 잡아갔다.	『고려사』 134, 열전
1382년(우왕 8)	양수척(楊水尺)이 무리지어 왜적이라 사칭하고는 영월군에 침입하여 공해(公廨)와 민호를 붙태웠다.	『고려사절요』 31
1388년(우왕 14)	왜구가 전주에 침입하여 관해를 불태웠다.	『고려사절요』 33

이처럼 지방 관해의 피해 사례는 고려말에 빈출하였다. 이전에는 거의 보이지 않던 관아 피해 사례가 속출한 일은 일차적으로 당시 빈발하던 왜구 침입에서 기인한다. 하지만 그 이유만으로는 해당 현상을 설명하는데 충분치 않다. 왜냐하면 그 이전에도 외적에 의한 침탈은 적지 않았기 때문이다. 이러한 현상은 당시 치소가 고려 치소성이었던 곳을 떠나 평지에 위치하였던 사실과 밀접히 관련되었을 것이다. 후술하듯 고려말에 군현이 분탕(焚蕩)되었다는 식의 기록이 그 이전 시기에서와 달리 다수 대두한 현상 또한 같은 맥락에서 이해되어야 할 것이다. 또한 관아 피해 기록을 보면, 공통적으로 성의 존재가 확인되지 않는다. 다시 말해, 왜구가 성을 뚫고 관아를 타격했다는 흔

적이 전혀 찾아지지 않는 것이다. 이러한 사실에서 당시 피해당한 이들 치소가 성 내에 있지 않았음을 알 수 있다. 결국 이들 치소는 당시 고려 치소성이었던 곳이 아니라 성에 의해 보호받지 못한 채 평지에 위치하고 있었고, 그리하여 이전 시기에서와는 달리 외적에 의한 관아 피해를 번번히 당하였다고 할 수 있다.

지금까지 다각적인 접근 방식을 통해 고려말기 치소의 입지적 특징을 살펴보고자 했다. 검토 결과 당시 치소 대다수는 이미 조선초기에서와 같이 고려 치소성이었던 곳 인근의 평지에 이동해 있었다고 판단된다.

그런데 고려말에 축조된 읍성에 관한 기록들을 보면, 구래의 고려 치소성에 관한 언급은 없고, 대개는 읍치가 폐허에 이르러 이를 복구하고 사방으로 흩어진 민인들을 안집하고자 하는 차원에서 읍성을 축조하였다고 한다.[65] 이는 당시 치소가 읍성 축조를 계기로 하여 기왕의 고려 치소성에서 신축된 읍성으로 곧바로 이동하지 않았음을 시사한다. 읍성 건립 이전에 이미 치소는 읍성이 건립될 곳으로 옮겨와 있었을 것이다. 따라서 고려말에 읍성이 축조된 지역에서도 치소는 일정 기간 동안 읍성이 부재한 지역과 다름없이 읍성에 의해 보호받지 못한 채 고려 치소성이었던 곳 인근 평지에 자리하였을 것이다.[66]

이렇다고 한다면, 여말선초 시기 동안의 치소 이동 과정은 일반적으로 다음과 같았다고 할 수 있다. 즉 고려말에 이미 치소는 고려 치소성이었던 곳 인근의 평지에 옮겨와 있었고, 이동하였을 당시 읍성에 의해 보호받지 못하였다. 고려말의 치소는 조선초기로 이어졌고, 일부 군현에는 읍성이 축조되기도 하였다.

65) 이에 대해서는 후술할 것이다.

66) 고려말 읍성 축조는 1377년(우왕 3) 이후 시작되었고 공민왕대 고려 치소성이 폐기·방기되고 있었음을 고려하면, 공민왕대·우왕 초반에 치소는 이미 읍성이 축조될 곳으로 이동해 있었으리라 추정된다.

그런데 일반적인 유형과 상이한 치소 이동 과정을 노정한 지역 사례들도 있었다. 구체적으로는, 고려말에 치소가 여타의 지역에서처럼 이미 평지에 이동하였다가, 이후 재차 치소 이동이 발생한 경우가 이에 해당한다.

이것은 크게 두 유형으로 구분된다. 그중 하나는 치소가 재차 산성으로 돌아간 유형이다. 고려말에 다시금 '치소가 위치한 성'으로 활용된 산성은 거의가 고려 치소성이었던 성이었다. 앞서 『동국여지승람』 단계의 치소 위치를 파악하면서 읍성들 가운데 일부는 고려 치소성을 활용한 것이었고, 이러한 읍성이 존재한 지역들에서는 여말선초 시기 동안 '표면적으로' 치소 이동이 없었다고 언급한 바 있다. 하지만 이들 지역에서도 '실제적으로는' 두 차례의 치소 이동이 있었다.

울진 지역에서의 치소 이동은 이 점을 잘 보여준다. 고려말에 읍성이 평지에 축조된 사실로 보아,[67] 울진 지역의 치소는 읍성이 위치한 곳으로 옮겨와 있었을 것이다. 그런데 이후 읍성이 왜구 침략으로 인해 분탕되자, 1396년(태조 5)에 기존 고려 치소성을 활용한 읍성이 축조되었다.[68] 이때 울진 지역의 치소는 재차 이동한 것이다. 울진 이외에도 결성, 보령, 황간 지역 등에서 이러한 일들이 있었다.[69]

관련 자료들이 워낙 소략하다보니, 조선초기의 읍성들 가운데 고려 치소성을 활용한 것이 존재한 지역들에서, 여말선초 시기 동안에 예외없이 두 차례의 치소 이동이 있었는지 여부는 분명치 않다. 하지만 고려말 당시에 고려 치소성은 대개 방기된 점에서, 이들 지역에서도 치소는 대개 고려 치소성이었던 곳에서 평지로, 이후 해당 평지에서 다시 고려 치소성이었던 성으로 이동하였으리라 판단된다.[70] 달리 말해, 기존의 고려 치소성이 여말선초 시기

67) 『신증동국여지승람』 45, 강원도 蔚珍縣 名宦 本朝 於世麟

68) 『신증동국여지승람』 45, 강원도 蔚珍縣 人物 本朝 張巡烈

69) 이 점은 최종석, 「조선초기 '邑城' 용어 출현의 배경과 읍성의 유형」, 『동방학지』 138, 2007을 참고하기 바란다.

70) 물론 평지에서 고려 치소성이 아니었던 산성으로 이동한 경우도 드물게나마 있었다. 가령

동안에도 변함없이 '치소가 위치한 성'으로 건재한 경우는 매우 드물었을 것이다.

다른 유형은 치소가 산성이 아닌 평지로 재차 이동하는 경우이다. 이 유형은 치소가 읍성에서 또 다른 평지로 이동한 방식과 읍성의 보호 없이 평지에 위치하다가 또 다른 평지로 옮긴 경우로 세분될 수 있다.

여말선초 시기에 신축된 읍성들 가운데 일부는 여러 이유로 폐기되었고, 그렇게 되면서 치소는 새로운 곳으로 이동하였다. 그 새로운 곳은 일반적으로 평지였고, 여기에는 읍성이 축조되기도 그렇지 않기도 하였다. 당시 폐기된 읍성은 『신증동국여지승람』 고적 항목에 '고읍성(古邑城)', '구읍성(舊邑城)' 등으로 기재되어, 해당 사례들을 어렵지 않게 찾을 수 있다.[71] 이들 성 또한 새로이 옮겨진 치소로부터 가까운 지점에 위치하고 있어, 폐기된 읍성에서 타처로의 치소 이동은 단거리에 그쳤음을 알 수 있다.

『동국여지승람』 등의 지리서에는 드물기는 하나 '고읍(古邑)' 관련한 정보들이 기재되어 있다. 이러한 '고읍'은 고려 치소성이었던 곳을 떠나 온 치소가 위치하였을 곳으로, 이것이 존재하였던 지역에서는 치소가 해당 '고읍'에서 『동국여지승람』 당시의 읍치처로 재차 이동하였을 것으로 판단된다.

삭녕군에서의 치소 이동은 대표적인 해당 사례라 할 수 있다. 『신증동국여지승람』에 따르면, 1441년(세종 23)에 '고삭녕(古朔寧)'에서 동서(同書)에 기재된 위치로 치소가 이동하였다고 한다.[72] '고삭녕'은 삭녕도(朔寧渡, 남 5리)의 언덕 옆에 위치하였는데, '고삭녕' 이전의 치소는 성산성(城山城) 내에 자

鐵山郡의 경우가 그러하였다. 철산군의 고려 치소성은 『신증동국여지승람』에 나오는 古鐵州城이었고, 이곳에서 架山城 북쪽 6리 지점에 위치한 평지로 치소가 이동하였고,(『세조실록』 10, 3년 12월 기미) 세종 17년에 재차 가산성으로 치소가 이동하였다.(『세종실록』 69, 17년 8월 갑진) 세종대 평지에서 치소가 이동해 간 곳인 가산성은 분명 고려 치소성이었던 성이 아니었다.

71) 여말선초 시기에 치폐된 읍성들은 일반적으로 '古邑城', '舊邑城'으로 기록되었다.

72) 『신증동국여지승람』 13, 경기도 朔寧郡 古跡 古朔寧. "朔寧渡岸傍 有遺址 正統辛酉移于今治"

리하였을 것으로 판단된다. 성산은 동쪽 5리에 위치하였는데, 산에는 작은 성터가 있었다. 성산에 성황사가 자리한 점으로 보아,[73] 성산성은 고려 치소성이었던 성이었을 것이다. 이 점은『대동지지』에서 해당 성을 옛 치소와 연결시킨 사실에서도[74] 뒷받침된다. 요컨대, 삭녕군의 치소는 성산성→'고삭녕'→『동국여지승람』당시의 읍치처로 이동하였을 것이다.[75]

특히 조선초기 군현 병합의 과정에서 이러한 방식의 치소 이동은 흔히 있었다. 통합 군현의 치소는 기존 치소들 가운데 하나에서 선택되거나 아예 새로운 곳에 설치되었는데, 이 과정에서 치소 역할을 상실한 기존의 치소는 '고읍(古邑)'이 되었다. 군현 병합에 수반하여 이러한 '고읍'에서 통합 군현의 읍치처로 치소가 이동한 것이다. 이 '고읍'은 고려말에 고려 치소성이었던 곳에서 해당 지점으로 치소가 옮겨온 이후 성립되었을 것이기에, 군현 병합이 있은 지역에서는 여말선초 시기 동안 치소가 '고려 치소성이 위치했던 곳'→'고읍'→'통합 군현의 치소가 위치한 곳'으로 이동하였을 것이다.

예컨대, 1417년(태종 17)에 무송현(茂松縣)과 장사현(長沙縣)을 병합하여 성립한 무장현(茂長縣)에서는 통합 군현의 치소를 아예 새로운 곳에 건립하였고, 이에 따라 '고무송(古茂松)'(남 20리)과 '고장사(古長沙)'(북 20리)가 형성되었다.[76] 이들 옛 치소는 고려 치소성이 기능을 상실하게 되면서 성립되었을 것이다.『신증동국여지승람』은 '고무송(古茂松)'과 '고장사(古長沙)'를 설명하면서 성터의 존재를 언급하였는데, 이들 성은『대동지지』의 '무송고현성(茂松古縣城)'과 '장사고현성(長沙古縣城)'에 해당할 것이다.[77] 이것들은 해당 군현의 '현성(縣城)'이었던 성이다. 이들 성은 '고읍'을 설명하는 과정에서

73) 『신증동국여지승람』13, 경기도 朔寧郡 山川과 祠廟
74) 『대동지지』3, 경기도 朔寧 城地. "古城 東五里 本邑古治 山上有小城遺址"
75) 삭녕군의 치소가 '古朔寧'으로 이동한 시점은 세종 23년 이전이다. 그 정확한 시점은 미상이기는 하나, 고려말에는 이미 치소가 '고삭녕'으로 옮겨와 있었을 것이다.
76) 『신증동국여지승람』36, 전라도 茂長縣 建置沿革과 古跡
77) 『대동지지』20, 전라도 茂長 城池

언급되고 있어 양자 사이의 거리가 가까웠을 것임은 분명하다. 그리고 고려 치소성이었던 성에서 해당 '고읍'으로 치소가 옮겨간 시기는 1417년(태종 17) 이전, 보다 구체적으로는 고려말 무렵이었을 것이다. 이렇다고 한다면, 여말선초 시기 동안 무장현 지역에서의 치소 이동은 '무송고현성(茂松古縣城)'→'고무송(古茂松)'→'무장현(茂長縣)의 치소가 있는 곳', '장사고현성(長沙古縣城)'→'고장사(古長沙)'→'무장현의 치소가 있는 곳'으로의 변화로 정리해 볼 수 있다.

지금까지 검토한, 여말선초 시기 동안의 치소 이동 과정을 정리하면 다음과 같다. 고려말에 대다수 지역의 치소는 이미 고려 치소성이었던 곳 인근의 평지로 이동해 있었고, 옮겨왔을 당시 성에 의해 보호받지 못하였을 것이다. 그 이후로 대부분 지역에서 치소는 다시금 이동하지 않았으며, 이 중 일부 군현에 읍성이 축조되었다. 이와는 달리, 치소가 재차 이동하는 지역 사례들도 일부 있었다. 곧 치소가 고려 치소성이었던 산성으로 되돌아가거나, 다른 평지 지점으로 옮겨갔다. 『동국여지승람』에 반영된 조선초기 당시의 치소 양상은 고려말 이래로의 이상에서 본 바와 같은 치소 이동의 결과물이었다.

3장
치소 입지 변화의 배경

1. 지역공동체의 해체와 지방지배방식의 변화

여기서는 고려 치소성이 방기·폐기된 배경 및 치소가 고려 치소성이었던 성 인근의 평지로 옮겨간 이유를 순차적으로 검토해 보도록 하겠다.

우선 고려 치소성의 폐기·방기의 배경을 구래 지역공동체의 해체 및 국가의 지방지배방식의 변화에 초점을 맞추어 접근해 볼 것이다. 고려말 이전까지 고려 치소성이 존립할 수 있던 데에는 지역(자위)공동체의 존속과 국가 차원에서 그것의 활용이 배경으로 작용하였을 것으로 판단되기 때문이다.

고려말에 구래의 지역공동체가 약화·해체되었음은 당시 지역사회 차원의 방어 역량이 부재한 데서 잘 보인다. 왜구 침입을 맞아 지역민들이 대응한 방식을 보자면, 그 이전 시기에서와는 달리 지역사회의 자위력이 거의 발휘되지 않았다.[78] 이러한 사실은 왜구 침입 시에 군현민이 사방으로 흩어진[사

78) 1379년(우왕 5) 계림부 수호장인 李裕가 왜적의 대대적인 공격에 맞서 계림부성을 방어하는 데 중요한 역할을 한 사례가 있으나, 당시 이와 같은 사례를 발견하기란 쉽지 않다. 이유 관련 기록은 「戶長先生案」, 『慶州先生案』, 亞細亞文化社, 1982에 수록되어 있으며, 이

산(四散)] 현상에서 단적으로 드러난다. 〈표 5-4〉는 왜구 침입으로 인한 지역 민인들의 '사산(四散)' 사례를 경상도 지역에 국한하여 정리한 것이다.

〈표 5-4〉 고려말 군현민의 사산(四散) 사례—경상도 지역의 경우—

지역	사례
영천	1382년(우왕 8) 왜구의 침입으로 인해 민인들이 강을 건너 서쪽으로 도망감
흥해	왜구의 침탈을 받다가 1380년(우왕 6)에 더욱 더 큰 피해 입음. 민이 사산(四散)하고 읍치는 폐허가 됨
청하	현관이(縣官)이 성을 쌓자……흩어졌던 백성들이 사방에서 모여 듦
영일	1390년(공양왕 2)에 읍성을 쌓으니 전에 떠났던 사람들이 모두 돌아오고 새로 오는 자도 연이음
영해	왜구의 침입으로 민인들이 사산(四散)함
영덕	읍성을 축조하자 유민들이 돌아옴
상주	읍성을 축조하여 유민들을 불러 모음

※이들 사례의 전거는 모두 『신증동국여지승람』이다.

왜구 침입에 대응하여 당시 경상도 지역, 그중에서도 피해가 상대적으로 심한 연해 지역의 민인들이 사방으로 흩어진 현실을 볼 수 있다. 경상도의 이들 지역에서와 같이 왜구 침탈이 심한 지역에서 민인들이 사방으로 뿔뿔이 흩어지는 일은 별스러운 일이 아니었을 것이다.

이전 시기에서는 좀처럼 찾아보기 어려운 이와 같은 현상은 지역공동체의 약화·소멸과 직접적인 관련이 있었을 것이다. 앞서 검토한 바와 같이, 고려말 이전에는 지역사회—일반적으로 지방행정구획을 권역으로 함—가 보유해 온 공동체적 자위력이 국가체제 내로 포섭·활용되었으며, 유사시에는 지역사회 차원의 자위적 움직임이 보다 활성화되고 직접적으로 노출되곤 하였기에,[79] 외적의 침입 시에 민인들이 뿔뿔이 도망치는 현상은 쉽게 확인되는 바가 아니었다. 이에 비해 고려말에는 중앙에서 파견된 장수 내지 관리 휘하

유가 지역 수호에 앞장섰던 것에 관해서는 노명호, 「고려시대 향리집단 속의 호장 이유(李裕)」, 『한국사시민강좌』 39, 2006, 72~73쪽을 참고하기 바란다.

79) 노명호, 앞의 논문, 2004; 최종석, 앞의 논문, 2011b 참조.

에서 지역민들이 방어 역량을 발휘한다든가, 향리가 해당 지역민을 동원하여 성을 바탕으로 외적을 방어한다든가, 대몽전쟁기에 보이는 바와 같이 외적의 예봉을 피해 군현민이 특정 지역으로 집단적으로 피난한다든가 하는 등의 사례는 거의 보이지 않는 대신, '사산' 현상이 대거 등장하고 있었다.

『고려사』 등에는 고려말 홍건적과 왜구의 침입에 관한 수많은 사례들이 기재되어 있다. 그런데 이들 서책에서 지역사회 차원에서 외적에 대응한 기록은 거의 찾아지지 않는다. 반면 외적의 침입 시에 중앙의 장수 내지 군인을 해당 지역으로 급파하는 사례들은 이전 시기에 비해 두드러지게 눈에 띈다. 이러한 현상은 지역사회 차원의 방어력이 실종된 상황에서 외적 방어가 전적으로 중앙정부의 역량에 의존한 데서 비롯되었다고 할 수 있다. 외적이 침입해 왔을 때, 지역의 민인들은 지역방어의 주체로 나서기보다는 자신이 처한 상황에서 각자의 판단에 따라 외적의 침입을 피할 수 있는 곳을 찾아 움직였고,[80] 이러한 개별 선택의 집적은 민인들의 '사산'이라는 현상으로 구현되었을 것이다.[81]

당시 지역(자위)공동체가 해체되고 민인들은 외적의 침입에 '사산'으로 반

80) 가령 영천 지역의 민인들은 1382년(우왕 8)에 강을 건너 서쪽으로 도망갔는데, 영천 사람인 文載道는 그 해 왜구를 피해 산골로 들어가 숨었다(『신증동국여지승람』 25, 경상도 永川郡 孝子 高麗 文載道). 문재도는 자신의 판단으로 산골행을 선택했을 것이다.

81) 한편으로는 기존 지역공동체의 약화·소멸에 대응하여 새로운 공동체적 결속이 이루어지고 있었다. 이 점은 향도조직의 변화와 埋香활동을 통해 엿볼 수 있다. 고려전기와 달리 이 시기에는 자연촌을 기반으로 하여 신앙 활동보다는 會飮儀式과 장례시의 부조, 농경의례 주관 등 공동체 활동이 부각되는 향도가 출현하고 있었다. 또한 왜구 피해를 집중적으로 받고 있던 연해 지역을 중심으로 민인들이 자기 지역에서 인접한 곳에 매향을 하면서 종교적 구원을 찾고 새로운 공동체적 결속을 이루어나갔다. 매향의 주도 계층과 규모가 일률적이지는 않지만, 향리의 존재가 보이지 않고 대신 유향품관·부민 등이 중심이 되거나 里民들의 공동체적 참여가 두드러지고 있었고, 다양한 지역 규모를 바탕으로 매활 활동이 이루어지는 속에서도 전대와 달리 자연촌 규모로 행해지는 경우가 나타나는 등, 새로운 향촌공동체가 출현하고 있었다. 이와 관련하여 채웅석, 「高麗時代 香徒의 社會的 性格과 變化」, 『국사관논총』 2, 1989; 이태진, 「士林派의 留鄕所 復立運動」, 『진단학보』 34·35, 1972·1973; 채웅석, 「여말선초 향촌사회의 변화와 埋香활동」, 『역사학보』 173, 2002 참조.

응하는 것과 맞물려, 중앙정부는 더 이상 지역사회 차원의 방어력을 활용할 수 없었고 그러한 시도조차 하지 않았다. 국가는 과거와는 다른 방식으로 외적에 대처해야 했다. 이러한 사실은 당시 성립·운용된 지역방어체제에서 잘 드러난다.

남도 지역의 지역방어체제를 사례로 하여, 지역사회 차원의 방어력은 더 이상 활용되지 않고 그 대신 국가 주도로 새로운 방어방식이 도모되었음을 간략히 소개해 보도록 하겠다.[82] 1377년(우왕 3)에 축성책이 채택되기 이전까지 이곳의 방어는 연해에 설치된 수소를 통해서만 이루어지고 있었다. 달리 말하면, 방어는 기본적으로 수소에 주둔한 군사가 위주가 되고 있었다. 이들 군사는 그 가운데 해당 수소가 소속된 군현의 사람도 있곤 하였지만 기본적으로 외지인으로 국가에 의해 징발되어 그곳으로 부방(赴防)된 존재였고, 이들 방수군(防戍軍)을 지휘하는 군관은 파견된 중앙 관인이었다.[83] 수소를 근거로 한 지역방어는 철저히 국가 주도의 성격을 지녔던 것이다. 그리고 이러한 국가 주도의 방어와 맞물려 앞서 언급한 청야책이 운영되고 있었다. 곧 왜구가 침략해 오면 고려 국가는 바닷가로부터 일식(一息) 정도의 거리 안에 있는 주민들을 내륙으로 대피시켰다. 이전과 달리 지역민은 지역방어의 측면에서 철저히 배제된 셈인데, 이러한 변화는 지역사회 차원의 자위적 방어 역량이 사실상 소멸된 환경에서 배태된 것이었다. 당시 '군민일치(軍民一致)'[84]가 구현되어 갔다고는 하나, 방어 역량은 국가의 조직화를 통해서만 확보되었기에 군인 자원이라 할지라도 군사로 징발된 상태가 아니라면 피난해야 하는 존재가 되고 있었다.

이렇듯 지역사회 차원의 자위 역량이 부재하게 된 것과 맞물려, 지역방어

82) 이 부분은 최종석, 앞의 논문, 2012a를 토대로 서술하였다.
83) 권영국, 「高麗後期 軍事制度 硏究」, 서울대 박사학위논문, 1995 참조.
84) 당시 군민일치 경향에 대해서는 민현구, 「高麗後期의 軍制」, 『高麗軍制史』, 육군본부, 1983a; 권영국, 위의 논문, 1995 참조.

에서 국가의 역할은 절대적이게 되었고, 이러한 여건에서 국가는 군역 대상자로부터 군인 자원을 징발한 후 조직·가동하여 지역방어를 도모해야 했을 것이다. 당시 국가는 한정된 군인 자원을 가지고 남도 전역을 포괄하는 것이 현실적으로 가능하지 않았기에, 위험도가 높은 지대인 연해 지역을 선택적으로 방어하는 한편으로 군사적으로 조직되지 못한 그 일대의 지역민의 경우 외적 침입 시에 위험도가 낮은 내륙 지역으로 피신하도록 하였을 것이다.[85]

고려 치소성이 폐기·방기된 사회적 배경을 규명하는 차원에서, 고려말에 구래의 지역공동체가 약화·해체되었음을 당시 지역사회 차원의 자위력이 사실상 부재한 현상을 매개로 하여 살펴보았다.

다음으로는 고려 치소성 폐기·방기의 또 다른 배경인, 고려말 국가의 지방지배 방식의 변화에 관해서다. 당시 지역공동체의 약화·소멸과도 맞물려 국가의 군현관(郡縣觀)에도 중대한 변화가 있었다. 전술한 바와 같이, 고려의 지방행정구획은 공동체적 지역사회를 단위로 하였으며, 지방제도 또한 공동체적 지역사회를 단위로 한 지방행정구획을 토대로 하여 운영되었다. 원간섭기 들어 이러한 방식에서 탈피하고자 하는 움직임은 있었으나 시기상조임이 판명되기도 하였다.

하지만 고려말 들어서는 국가의 지방지배 방식에서 기왕과 다른 변화가 있었다. 설장수의 상서문 가운데 일부인 아래의 인용문을 실마리 삼아 이 문제를 살펴보도록 하겠다.

> 신의 미욱한 생각에는 연해 100리 사이에 이미 이주했거나 현재 거주하는 민인들을 추쇄하여 사방 30리 혹은 50리의 범위 안에서 비옥하여 경작할 만한 땅으로 지형이 평탄하고 땔나무와 물이 있는 곳을 선택하여 그 호수의 다

---

85) 동·서북면 지역방어체제는 구체적 양상이 남도와 상이하기는 하나 지역사회의 자위 역량 부재와 맞물린 국가 주도의 방어 방식이란 점에서는 다를 바가 없다. 이에 관한 보다 상세한 설명은 최종석, 앞의 논문, 2012a 참조.

> 과를 감안하여 성보를 쌓되, 200~300가(家)를 기준으로 관수(官守)를 두어 거기에 거주하게 하며 집들은 서로 잇닿아 짓게 하여 그 주민들로만 수용하게 할 것입니다. 가옥 이외에는 곡식을 보관하는 곳만 남기고 그 원포는 모두 성 밖의 땅으로 지급하도록 하십시오.[86]

여기서 주목되는 사실은 그가 연해 지역을 대상으로 한 축성을 제안하면서 그것을 민호에 대한 추쇄와 연계한 점이다. 즉 그는 연해 100리 사이에 이미 이주했거나 현재 거주하는 민인들을 추쇄한 후, 사방 30리 혹은 50리의 범위 안에서 거주하기에 적당한 곳을 선택하여 성보를 축조하고 그 안에 조밀하게 백성들의 가옥을 짓고자 의도하였다. 그의 구상대로라면, 연해의 민인들은 평지에 입지한 성 내에 집거(集居)하고, 그러한 성들은 군데군데 분포하게 될 것이다. 그리고 200~300가를 기준으로 관수(官守)를 두고자 한데서, 몇 개의 성보들을 묶어 하나의 군현을 삼고 이들 성보들 가운데 한 곳에 외관청을 설치하고자 한 의도를 읽을 수 있다.[87]

설장수의 축성론에는 촌락들의 자생적 분포를 긍정적으로 보지 않고 인위적·행정적 차원에서 재편하려는 인식이 깔려 있었다. 즉 그는 사방으로 흩어져 분포해 온 민호들을 추쇄하여 일정 지점에 모아 놓으려 하였고, 일정 가호수를 단위로 하여 군현을 새로이 획정하고자 하는 방식으로 기존의 군현 단위를 재편하고자 했다. 구래의 지방행정구획은 공동체적 지역사회를 단위로 하였기에 강역의 측면에서 대소의 차이가 컸고 이에 부수되어 토지와 인구면에서의 편차도 심하였던 점을 감안할 때, 방안이 실현된다고 하면, 그러한 성격의 지방행정구획을 토대로 해 온 지방지배방식은 큰 폭으로 재편될 수밖에 없을 것이다. 곧 국가적 기획 하에 지방행정구획의 크기, 인구수, 경제 규모 등이 비교적 균일한 방향으로 개편될 것이다.

---

86) 『고려사』 112, 열전25 偰遜 附 偰長壽

87) 한 군현 내의 여러 성보들 가운데 외관청을 설치한 것이 읍성으로 기능할 것이다.

당시 설장수의 주장은 수용되지 않았으며, 왜구 피해를 입은 연해 지역의 방어·재건과 관련하여 제기된 특수성이 고려되어야겠지만, 기왕의 촌락·군현 질서에 얽매이지 않고 행정적으로 '바람직한' 방향으로 이를 재편하고자 한 측면은 분명 새로운 인식이라고 하겠다.

더욱이 당시의 군현제 개편도 같은 맥락에서 이루어지고 있었음을 고려할 필요가 있다. 고려말의 군현제 개편은 공양왕대 '신정감무(新定監務)'의 설치로 대표된다. 1389년(공양왕 1)부터 1391년(공양왕 3)까지 41개 속현에 감무를 설치하였는데, 감무현 신설 시에 이전과 달리 대개 인접 속현의 이속(移屬)을 수반하였다. 이를 통해 기존 대읍의 과다한 읍세를 축소시키고 새로 성립한 감무현의 읍세를 보강하여 궁극적으로는 군현간의 편차를 줄이고자 하였다. 특히 감무현 설치 시 이속된 군현은 조선초기에 대개 주현과 통합되어 하나의 영역을 구성하고 있어,[88] 감무 설치는 군현 병합 및 군현 강역의 균일화의 맥락에서 이루어지고 있었다고 할 수 있다.[89]

고려 치소성이 고려말 이전까지 존립할 수 있던 데에는 지역(자위)공동체의 존속과 국가 차원에서 그것의 활용이 배경으로 작용하였을 것이라는 점에 착안하여, 고려 치소성이 고려말에 더 이상 '치소가 위치한 성'으로 기능하지 못한 궁극적인 배경을 구래의 지역공동체의 약화·소멸 및 국가의 지방지배 방식의 변화에서 찾아보았다.

그런데 이러한 식의 근본적인 배경만으로는, 고려 치소성의 치소 입지의 측면에서 노정한 문제를 구체적으로 파악하기 어렵다. 이하에서는 지역공동

---

88) 윤경진, 「高麗 郡縣制의 構造와 運營」, 서울대 박사학위논문, 2000b, 280~287쪽.

89) 주지하듯, 지방행정구획의 지역공동체적 성격의 해체를 배경으로 하여 국가 차원에서 기존 군현 질서를 재편하고자 한 움직임은 조선초기에 계승되어 본격화되었다. 이와 관련하여 다음 논저가 참고된다. 이수건, 「朝鮮初期 郡縣制整備와 地方統治體制」, 『韓國中世社會史研究』, 일조각, 1984; 김동수, 「朝鮮初期의 군현제 개편작업-군현병합 및 直村化 작업을 중심으로-」, 『全南史學』 4, 1990; 윤경진, 「朝鮮初期 郡縣體制의 개편과 運營體系의 변화」, 『韓國史論』 25, 1991.

체가 해체되어 고려 치소성의 존립 기반이 와해된 조건 속에서, 산성 형태인 고려 치소성은 구체적으로 어떤 점이 문제되어 폐기되었는지를 이해해 보도록 하겠다.

고려말 당시 기왕의 고려 치소성이 입지적 측면에서 어떠한 문제를 노정하고 있었는지를 직접적으로 보여주는 기록은 없다. 따라서 부득이 고려 치소성이었던 성에 대한 입지상의 문제점을 기록한 조선초기의 사례들을 통해 간접적으로나마 고려말에 관한 정보를 얻고자 한다. 아래는 고려 치소성이었던 성과 해당 성의 입지적 문제점을 정리·열거한 것이다.

① 조양성(朝陽城): 성터가 높고 험준하고 평지가 좁아 사람들이 거주할 곳은 매우 좁음, 샘물이 부족할 우려가 있음[90)]

② 면천산성(沔川山城): 평시에는 사용하지 않는데 오르내리면서 출입해야 해서 민인들이 꺼려함[91)]

③ 울진읍성(蔚珍邑城): 왕래하기가 어려움, 풍수(風水)에 구기(拘忌)됨[92)]

④ 서천군고읍성(舒川郡古邑城): 외지고 막힘[93)]

⑤ [탐진(耽津)]고현산성(古縣山城): 협착(狹窄)함[94)]

⑥ 언양현산성(彦陽縣山城): 높고 험함, 성 안에 민이 거주하기에 적합하지 않음[95)]

⑦ 칠원현산성(漆原縣山城): 성터가 높고 험하고 또한 비좁음, 관사(館舍)를

90) 『세종실록』 42, 10년 11월 정묘; 『문종실록』 7, 원년 4월 신미

91) 『세종실록』 82, 20년 9월 신묘. "大抵 山城用於緩急之時 不用於平常之日 故上下出入 民皆厭憚"

92) 『성종실록』 226, 20년 3월 경신. "江原道觀察使李陸 來啓曰 蔚珍縣 本在山城 縣人以來往艱苦 風水拘忌 請移設邑城 於山下 臣觀其城 完固而地廣 移設有弊 仍舊爲便……傳曰 蔚珍邑城往審事 依所啓"

93) 『신증동국여지승람』 19, 충청도 舒川郡 古跡

94) 『문종실록』 10, 원년 11월 신유

95) 『문종실록』 9, 원년 9월 경자. "彦陽縣 在前審定縣北山城基 則非徒高險 力役之難 城內亦不宜民居 故於邑城舊基一千四百二十七尺 今加一千尺"

설치하기에 마땅치 않고 민이 거주하기에도 적합치 않음[96]

⑧ 서산군산성(瑞山郡山城): 성안이 험하고 좁고 수원(水源)은 부족하여 관부(官府)를 설치하기가 어려움[97]

⑨ 부여현산성(扶餘縣山城): 수원이 없음[98]

⑩ 아산현산성(牙山縣山城): 수원 부족[99]

조선초에 보이는 조양성은 고려의 조양진성(朝陽鎭城)에 해당하고,[100] 면천산성은 『신증동국여지승람』에 기록된 몽산성(蒙山城)으로 고려 치소성으로 기능했던 성이었다.[101] 울진현읍성이 고려 치소성이었던 성을 활용한 것이었음은 앞서 살펴본 바 있으며, 서천군고읍성은 영취산정(靈鷲山頂)에 위치한 것으로 고려 치소성이었던 성을 활용하여 세종대까지 읍성의 역할을 하다가[102] 치소가 타처로 이동하면서 폐기되었다. 도강현과 탐진현을 병합하여 강진현을 신설하였을 시에 통합 군현의 치소로 선택된 탐진고현산성(耽津古縣山城)은 탐진현의 고려 치소성이었던 성이었을 것으로 추정된다.[103]

---

96) 『문종실록』 9, 원년 9월 경자. "漆原縣 在前審定城基 則城高險狹隘 非獨不宜設官舍 民居亦且不合 故於城基南洞 新基四千七百尺審定"

97) 『문종실록』 9, 원년 9월 경자. "瑞山郡山城 因所築年久 竝皆頹壞 且城內險隘 水源不足 設官府爲難"

98) 『문종실록』 9, 원년 9월 경자. "扶餘縣山城 因年久頹壞 且無水源 故於山城之南 審定新基 以爲後日尺量改築之資"

99) 『문종실록』 9, 원년 9월 경자. "牙山縣山城 周回一千五百八十尺 亦年久盡頹 但有一井 水源不足 故其城南有水處 幷入審定"

100) 金宗瑞가 언급한 조양성의 위치는 『신증동국여지승람』 54, 평안도 价川郡 古跡 항목에 기재된 조양진성의 위치와 대략 일치하고 있다. 김종서의 언급에 대해서는 『문종실록』 7, 원년 4월 신미 참조.

101) 『輿地圖書』, 충청도 沔川 古蹟. "蒙山城 石築……今廢 沔州時 邑于此"

102) 성 안 건물지로 추정되는 곳에서 삼국 및 고려시대 유물로 보이는 瓦片과 硬質土器片이 수습되고 있어, 이 성이 고려말 이전에 축조되었음은 분명하다. 평지와 연접한 낮은 산에 위치한데다가 조선초기 성황사가 성 내에 위치하고 있어, 고려 치소성이었을 가능성은 매우 높다고 하겠다.

103) 태종대 두 군현을 병합하였을 당시 탐진현의 치소는 고현산성이 아닌 다른 곳에 있었다.

⑥번 이하의 산성들은 공통적으로 『문종실록』 9, 문종 원년 9월 경자 기사에 기재된 것으로 고려 치소성이었던 성으로 판단된다. 이 기사에는 충청전라경상도도체찰사(忠淸全羅慶尙道都體察使) 정분(鄭苯)이 경상도와 충청도의 '각관성자(各官城子)'를 대상으로 '잉구(仍舊)', '퇴축(退築)', '[급기(及期)] 개축(改築)', '수후가축(隨後可築)'으로 분류하여 보고한 사항이 기록되어 있는데, '수후가축(隨後可築)' 항목에는 읍성으로 개편하고자 하는 산성들이 기재되었다. ⑥ 이하의 산성 사례들은 이러한 '수후가축(隨後可築)' 항목에 기재된 성이었다.

여기서 유념해야 할 사실은 읍성으로 개편하고자 한 산성이 대체적으로 고려 치소성이었던 성이었을 것이라는 점이다. 고려 치소성이었던 성은 조선초기에는 더 이상 '치소가 위치한 성'이 아니라 단순히 산성이었고 치소 인근에 위치해 있었으며 산성치고는 접근성이 좋아, 당시 산성들 가운데 읍성으로 개편될 수 있는 것 가운데 이만한 것이 없었다. 실제로 고려 치소성이었던 성이 읍성으로 활용된 경우들 또한 드물게나마 있어,[104] 읍성으로의 개축을 고려한 ⑥ 이하의 산성들이 고려 치소성이었던 성이었을 가능성은 매우 높다고 하겠다. 일례로, 서산군산성(瑞山郡山城)은 현재의 북주산성(北主山城)으로[105] 『신증동국여지승람』의 북산성에 해당하였는데,[106] 북산성 내에는 성황사가 위치하고 있어[107] 북산성인 서산군산성이 고려 치소성이었던 성이었을 것임은 비교적 확실하다.[108]

이는 두 군현의 치소 중간에 고현산성이 위치하였음을 통해 알 수 있다. 고현산성은 탐진현의 고려 치소성으로 기능하다 폐기된 후 다시금 통합 군현[강진현]의 읍성으로 활용되었을 것으로 추정된다.

104) 최종석, 앞의 논문, 2007 참조.

105) 심정보, 앞의 책, 1995, 127쪽.

106) 이와 관련하여 『湖山錄』上, 城郭 北山城 항목 참조.

107) 『신증동국여지승람』 19, 충청도 瑞山郡 祠廟 城隍祠

108) 이 성은 현 서산시 북방에 있는 해발 140m의 富春山에 위치한 테뫼식 산성으로, 조선시대 서산군의 읍치로부터 연접한 산에 위치하였다. 이렇듯 이 성은 고려 치소성의 전형적인 입지조건을 구비하고 있었다. 이와 관련하여 심정보, 앞의 책, 1995, 127~129쪽 참조.

위의 사례들에서 알 수 있는, 읍성으로 활용 혹은 이를 염두에 두었을 때 고려 치소성이었던 성의 입지상의 문제라고 인식되는 점은 높고 험함, 비좁음, 외지고 막힘, 수원 부족, 왕래의 불편함, 민인 거주에의 부적합, 관부 설치에의 어려움 등이다. 이러한 문제점들은 거의가 이들 성이 산지 혹은 구릉에 위치한 입지적 특징에서 비롯된 것이다. 고려말에 기왕의 고려 치소성들 대부분은 더 이상 '치소가 위치한 성'의 역할을 하지 못하였을 것이지만, 존속하였을 일부 성은 이러한 유(類)의 문제를 지닌 것으로 인식되었을 것이다.

그런데 고려 치소성이 제 역할을 온전히 하였을 상당히 오랜 기간 동안, 곧 고려말 이전에 이러한 유(類)의 문제들이 제기된 바는 전혀 없었다. 이 기간 동안에도 '치소가 위치한 성'은 산성 형태로 존재하였음에도 말이다. 산성에서 비롯되는 이들 입지상의 문제점들 자체는 여말선초 시기에 새로이 성립되었다고 보기 어렵다. 고려말 이전에는 '치소가 위치한 성'이 산성 형태로 존립하는 데서 발생할 수 있는 문제점들이 '인식상으로' 문제시되지 않은 채 잠복해 있다가, 고려말 이후로의 변화된 사회 환경 속에서 '인식상으로' 대두하게 되었다고 보는 편이 타당할 듯싶다. 곧 구래의 지역공동체는 약화·소멸되고 고려 치소성이 지역사회의 자위·지배의 거점으로서의 위상을 상실하게 되자, 산성 입지의 '치소가 위치한 성'으로 인해 야기될 수 있는 문제점들은 본격적으로 부상하게 되었다고 할 수 있다.

2. 치소 입지의 선호 조건

산성 입지의 구래의 고려 치소성은 고려말에는 이미 '치소가 위치한 성'으로 적합하지 못하다고 인식되어 폐기·방기되었고, 치소는 타처로 이동해 있었을 것이다. 치소 이동 시에 적합한 입지가 고려·선택되었을 것인데, 그것은 통시대적인 것이라기보다는 당시의 사회 조건 속에서 결정되었을 것이다. 여기서는 당시 선호된 치소 입지를 통해서 치소에 적합한 입지는 어떠한 곳으로 간주되고 있었는지를 살펴보고자 한다. 이를 위해 조선초기에 선호된 치소 입지의 사례들을 정리해 보았으니[109] 아래의 〈표 5-5〉가 그것이다.

〈표 5-5〉 조선초기 선호된 치소 입지

지역	선호된 입지 조건	전거
장단	3읍(임강·장단·임진현)의 중앙에 있는 도원역(桃原驛) 땅으로 [치소를] 옮김	『세종실록』 19, 6년 2월 정묘
거제	고읍(古邑)은 농장이 넓고 기름질 뿐 아니라 왜적이 돌입할 수 없어, 사람들이 모여 사는데 편리하다고 하여 읍성 축조를 청함	『세종실록』 27, 7년 2월 정묘
	사월포(沙月浦)는 민인이 사는 각 마을과 멀지 않고, 유사시 쉽게 모여 입보(入保)할 수 있으며, 민인들이 적선(賊船)의 은밀한 정박처와 멀리 떨어져 있고 농장이 가까워, 읍성을 만들기에 적합하다고 건의	『세종실록』 30, 7년 10월 신사
	거제읍성 터로 고정부곡은 지세가 넓고 평평하며 골짜기가 깊을 뿐만 아니라 우물과 샘까지 있으며 경작하고 거주할 만한 땅이 심히 많아, 읍성을 이곳으로 옮기기를 청함	『문종실록』 4, 즉위년 10월 무술
무장	무송과 장사현 중간에 땅을 선택하여 성을 쌓아 백성을 살게 함	『신증동국여지승람』 36, 전라도 무장현 누정(樓亭)
영광	험준하고 견고하며 넓고 평탄함	『신증동국여지승람』 36, 전라도 영광군 궁실(宮室)
영강	사천(蛇川)은 앞이 환히 트이어 편편하고 산세가 서리고 감돌아서 군병을 움직이면 사방으로 통할 수 있는 땅이고, 성의 남쪽에 긴 내가 끼고 흘러 서문 밖에 이르러서 조수와 합류하며, 또 성안 샘들은 근원이 깊어 읍을 건설할 만하다고 건의함	『세종실록』 36, 9년 4월 병술
비인	죽사동(竹寺洞)의 새 터는 삼면이 험준한 산을 의지한 데다 그 내면도 넓고 샘물도 풍족하여, 읍성을 설치하기에 마땅하다고 건의	『세종실록』 49, 12년 9월 임술

109) 고려말기에 선호된 입지 사례는 사실상 없다시피 하기에, 조선초기의 해당 사례들을 대상으로 하여 고려말기에 선호된 입지까지 파악해 보고자 한다.

강진	두 현(도강·탐진)의 중앙인 탐진의 고현산성을 읍치로 삼음	『세종실록』 10, 원년 11월 신유
	옛 도강현 임내인 송계현 옛 터는 산천에 둘러싸여 읍을 정하기에 적합하다고 건의	『세종실록』 36, 9년 4월 임술
	이전에 국가가 땅의 생김새를 살펴보고 길흉을 판단한 바 있던 탐진은 수초(水草)가 풍족한 땅으로 치소를 옮기기에 적합하다고 판단됨. 또 다른 의견으로 탐진에 성 쌓고 읍을 만드는 것은[築城設邑] 연변(沿邊)에 수소를 두는 뜻에 매우 부합하다는 것을 제기	『문종실록』 10, 원년 11월 신유
삼강	삼등현과 강동현 두 고을을 합한 지역의 중앙에 읍성을 설치할 만한 곳으로서 옛 원(院) 터의 빈 땅은 산수(山水)의 기운이 모였고, 서쪽에는 평양, 동쪽에는 성천(成川), 남쪽에는 상원(祥原), 북쪽에는 자산(慈山)과의 도로의 거리가 균적(均適)하여 영송(迎送)의 폐단이 없고 두 고을 인민의 왕래도 편리함. 또한 개천(价川)·은산(殷山)·자산(慈山)·순천(順天)의 적로(賊路)가 서로 모이는 곳이 되니 관방(關防)을 두는 것이 마땅하다고 건의	『문종실록』 6, 원년 3월 을묘
개천	예전에 성동(城洞)이라 부르던 땅은 성터가 험한 데 웅거하였고, 성안이 평탄하고 넓어서, 만호(萬戶)를 용납할 만함. 샘물도 넉넉하고, 돌도 많으므로 성 쌓는 공력을 줄일 수 있음. 이 성은 적이 쳐들어오는 세 길의 요충이 되므로, 마땅히 거진(巨鎭)을 설치할 것을 건의함	『문종실록』 7, 원년 4월 신미
하동	하동현성(河東縣城)은 지대가 높고 협소하여, 뜻밖의 변이 있으면 많은 거민(居民)이 들어가 지키기 어렵고, 또한 샘이 없는 반면, 전면의 산 형세는 성터가 천연적으로 만들어져 있어, 그곳에 성을 물려 쌓으면 성 안이 광활할 뿐 아니라 샘이 그 가운데에 있으므로, 만세의 이익이 될 것이라 건의	『성종실록』 187, 17년 1월 계해
남해	남해현 읍성은 대단히 협소하고 또한 샘이 없으니, 냇물에 걸쳐 널찍하게 물려 쌓을 것을 건의	『성종실록』 187, 17년 1월 계해
진해	진해현 읍성은 협소하여 겨우 관사와 창고를 용납할 정도이고 땅바닥이 낮고 습기가 많아 관리와 백성이 괴롭게 여기니, 내지(內地) 2·3리 되는 곳에 옮겨서 방어하기 편리하게 할 것을 청함	『성종실록』 187, 17년 1월 계해
철산	읍성 북쪽 6리에 있는 옛 터로 이전하면, 민인은 농사를 짓는 데 편리할 것이고 산성이 멀지 않아서 위급한 일이 있더라도 입보하기가 어렵지 않을 것이라 건의	『세조실록』 10, 3년 12월 기미

경흥	경흥부(慶興府) 관사(官舍)는 지세(地勢)가 경사지고 토지가 척박하며, 성 안에 오직 하나 있는 우물은 가뭄만 만나면 말라 버리므로 항상 강물을 길어서 사용한 반면, 무안보(撫安堡)는 토지가 비옥하고 물도 있으며 또 좋은 전지가 많으니, 경흥부를 무안보로 옮기를 청함	『세조실록』 16, 5년 4월 정축
태인	태산(泰山)과 인의(仁義) 두 고을의 중간 지점인 거산역(居山驛) 옛 관(館)을 현의 객사(客舍)로 삼음	『신증동국여지승람』 34, 충청도 태인현 궁실
종성	수주(愁州)는 강가에 들어가 있어 적이 침략하여 들어오는 길목이므로 군의 치소를 이곳으로 옮김	『신증동국여지승람』 50, 함경도 종성도호부 건치연혁(建置沿革)
고원	보충리(甫沖里)는 통달역과 다만 1리 떨어져 있고, 지세도 평평하고 넓으며, 한 고을의 중앙이 되어서 도로가 적당하게 균평(均平)하니, 백성들이 원하는 바에 따라 치소를 [이곳으로] 이동할 것을 청함	『성종실록』 22, 11년 11월 계해
경원	소다로(所多老)는 토지가 넓고 비옥하며 동서와 북방이 모두 적도(賊徒)의 출입로로 통하는 요해지이므로, 성 터를 심정하여 경원부를 이곳에 옮겨 설치할 것을 청함	『세종실록』 63, 16년 2월 임술
강화	옛 성터는 토지가 평탄하고 광활하여 가히 [읍]성을 쌓을 만하다고 건의함	『세종실록』 28, 7년 4월 을축
보령	고읍 지내리(池內里)의 새 터는 삼면이 험준한 산을 의지한 데다 그 내면도 넓고 샘물도 풍족하여, 읍성을 설치하기에 마땅하다고 건의	『세종실록』 49, 12년 9월 임술
면천	면천산성(沔川山城)은 내부가 험하고 크다는 이유로 읍성으로 개축	『세종실록』 82, 20년 9월 신묘
정녕(定寧)	정녕현을 옮길 곳인 전죽동(箭竹洞)과 방산(方山) 두 곳 중에서, 방산은 토지가 비옥하고 주민들이 번성하며 상하로 통하는 도로의 거리도 적당하여 읍을 설치함에 마땅하다고 건의함	『세종실록』 95, 24년 1월 기묘
공주(孔州)	무안보(撫安堡)는 지세가 널찍하고 샘과 우물이 풍족하여, 읍성을 이곳으로 옮기는 것이 매우 유익하다고 청함	『세종실록』 106, 26년 10월 경신

〈표 5-5〉에 정리된 사례들에 따를 때, 조선초기에 선호된 치소 입지에는 다음과 같은 특징이 있다. 우선 당시에 치소 입지의 선정에 있어 군사적 요인은 이전 시기에 비해 중시되지 않았다. 고려말 이전에는 산성 입지의 고려 치소성을 일반적으로 둔 데서 알 수 있듯이, 치소 입지의 선정에 있어 군사·방어적 요인은 매우 중시되었다. 이와 달리, 조선초기에는 성에 의해 치소가 보

호된 지역이 그렇지 않은 군현에 비해서 적었고, 읍성 설치의 유무와 상관없이 치소는 거의가 평지에 자리하고 있었다. 특히 읍성이 설치되지 않은 군현에서 군사적 요인은 치소 입지의 선정 과정에서 별달리 고려되지 않았을 것이다. 군사·방어적 측면을 감안했다면, 성에 의해 보호도 받지 못한 채 치소가 평지에 자리하지는 않았을 것이다. 유사시에 입보할 성이 치소로부터 멀지 않으면 괜찮은 데서 보듯[철산군 사례], 읍성이 부재한 지역에서 군사적 요인은 치소 입지 선정에 직접적이고 일차적 고려 대상이 아니었다.

읍성이 설치된 지역에서는 그렇지 않은 지역에 비해 치소 입지의 선택 시에 군사적 요인을 상대적으로 보다 중시하거나 직접적인 고려 대상으로 하였을 것이다. 하지만 읍성 설치 지역에서조차 치소 입지의 선정에 있어 군사적 측면에 대한 중시는 고려말 이전에 비해 한참 못 미쳤을 것이다. 위의 사례들에서 볼 수 있듯이, 읍성의 입지와 관련하여 군사적 요소에 대한 언급이 없는 사례들은 다수였고, 언급된 경우라도 그것은 대개 여러 요소들 가운데 하나로 고려될 따름이었다. 당시 읍성들 거의가 평지에 위치한 것도 이와 무관치 않았을 것이다.

이렇듯 조선초기에는 읍성 설치의 유무와 상관없이 고려말 이전과 달리 치소 입지 선정에서 군사적인 측면은 중시되지 않고 있었다.[110)]

군사적 요인과 달리, 사회경제적 측면, 거주상의 편의성, 거주지와의 인접성 등의 조건은 당시 치소 입지의 선택 시에 중시되었다. 〈표 5-5〉에서 볼 수 있듯이, 농사의 편리, 전지(田地)의 비옥과 풍부, 농장과의 근접, 수원의 풍부, 지세의 평탄과 넓음, 주민의 번성, 모여 사는 데 있어서의 편리함, 고

110) 치소 입지 선정에서 군사적 측면을 고려하지 않았다고 해서 국가·사회적으로 그것을 등한시하였다고 할 수 없다. 이전과 달리 방어와 행정이 분리되면서, 방어는 일차적으로 연변 요해처의 방어시설, 이차적으로는 군사 목적의 산성으로 충당되었다. 따라서 치소 입지를 선정할 때 군사적 요인에 대한 고려는 이전에 비해 크게 감소하게 되었다. 여말선초 시기 방어와 행정의 구분에 대해서는 유재춘, 「平地 治所城의 發達過程 比較」, 『近世 韓日城郭의 比較硏究』, 국학자료원, 1999 참조.

을 중앙에 위치하는 데 따른 접근의 용이함 등의 요소 등이 당시 선호된 입지 조건이었다. 민인들이 거주하고 농사짓기에 편리한 곳 내지 그와 밀착되어 있는 곳이 치소의 입지 조건으로 중시되었던 것이다.

조선초기에 치소가 평지에 위치한 것은 바로 이러한 요소들을 중시하면서 이를 토대로 하여 치소 입지를 선정한 데서였을 것이다. 즉 평탄·광활하고 농지가 풍부·비옥하며 민인들이 거주하기 편리한 입지를 우선시하면서 치소의 입지를 선택하였기에, 치소는 평지에 위치하게 되었을 것이다. 더 나아가 이러한 이유에서 당시 치소는 평지 지대들 중에서도 대개 고려 치소성이었던 곳 인근의 평지에 자리하였을 것이다. 왜냐하면 전술하였듯이 그러한 곳에는 오래전부터 민인들이 밀집해 있었고 그들의 농경지가 분포하고 있는 등, 고려 치소성이었던 곳 인근의 평지는 군현 내에서 이들 선호 조건을 충족하기에 가장 적합한 곳에 해당하였을 가능성이 높았기 때문이다.

한편 조선초기 치소들 대부분은 고려말 이래로의 것인데서, 조선초기에 선호된 치소 입지는 고려말과 다를 바 없었을 것이다.

제6부
여말선초 읍성의 증치와 그 귀결 양상

1장 고려말 축성과 소극적 읍성 축조

2장 조선초 읍성 분포의 특징과 그 배경

해미읍성 진남문

1장 고려말 축성과 소극적 읍성 축조

1. 왜구 피해의 증대와 축성책의 도입

1) 해안 지역 소개책(疏開策)의 한계와 연해 읍치의 폐허화

공민왕대와 우왕대 초반에는 고려 치소성을 포함한 성 일반이 폐기·방기되어 있었고, 치소는 대개 고려 치소성이었던 곳을 떠나 그 인근 평지에 자리해 있었을 것이다. 그 당시 치소는 성에 의해 보호받지 못한 채 새로이 옮겨간 평지에 자리하였고, 그 부근에는 취락들이 분포하고 있었을 것이다.

이렇듯 치소가 고려 치소성이었던 곳을 떠나 그 인근 평지에 성에 의해 보호도 받지 못한 채 위치하게 되면서, 외적 침탈에 대한 방어는 이전에 비해 훨씬 취약해져 있었다. 당시에는 지역사회의 방어력이 사실상 소멸·부재하였다 보니, 지역사회는 외적의 침탈에 대한 방어를 전적으로 국가[관(官)]에 의존하고 있었다. 국가가 제대로 외적을 방어하지 못한다면, 지역사회는 속수무책으로 당하게 되는 상황에 놓이게 된 것이다.

이러한 사회 환경 하에서 국가는 계속되는 왜구 침략에 다음과 같은 방식으로 대응하였다. 왜구 피해가 특히 심한 남도 지역을 중심으로 방어 방식을

재차 소개하면 다음과 같다.[1)]

당시 남도 지역의 방어는 연해에 한정하여 설치된 수소를 통해서만 이루어지고 있었다. 수소는 연해 지대 가운데 방어상의 요해처라 할 수 있는 곳에 국가에 의해 설치되었다. 이렇다 보니, 남도 내에서 연해 지역만이 방어권역이 된 반면, 내륙 지역은 사실상 방어상의 공백 지대가 되었다. 그리고 방어는 기본적으로 수소에 주둔한 군사를 위주로 하였다. 이들 군사는 그 가운데 해당 수소가 소속된 군현의 사람도 있곤 하였지만 기본적으로 외지인으로 국가에 의해 징발되어 그곳으로 부방된 존재였다. 왜구 침입 시에는 평상시 수소에 부방된 군인 외에도 주군(州郡)에서 추가 징발된 병사[연호군(煙戶軍)]가 보태지기도 하였다. 그리고 이들 방수군(防戍軍)을 지휘하는 군관은 중앙 관인들 가운데 파견되었다.

연해에만 설치된 수소들을 군사 거점으로 하여 이루어진 방어는 청야책과 연계되어 운영되고 있었다. 왜구가 침략해 오면 고려 국가는 바닷가로부터 일식(一息) 정도의 거리 안에 있는 주민들을 '심원지처(深遠之處)'로 대피시켰다. 연해 지대를 비워 놓으면 왜구들은 약탈할 대상이 없어 스스로 물러갈 것이고, 설사 들어온다고 해도 장거리를 이동해야 하는 불편과 위험이 있어 그 사이에 우리 측 수졸들이 왜적을 발각·격퇴할 수 있으리라는 가정에서, 수소와 연계하여 청야책이 운영되었다. 당시 '군민일치(軍民一致)'가 구현되어 갔다고는 하나, 방어 역량은 국가의 조직화를 통해서만 확보되었기에 군인 자원이라 할지라도 군사로 징발된 상태가 아니라면 지역방어에서 무용지물과 다름이 없었다. 이들은 국가에 의해 군인으로 징발되어 수소로 부방된 후에야 지역방어의 주체로 탈바꿈할 수 있었을 것이다. 국가 역시 군인으로 징발되지 않은 상태의 지역민의 군사·방어적 역량을 기대하지 않았다. 그러하기에 평소의 수졸들만으로는 대적하기 어려운 상황이 닥쳤을 경우에,

---

1) 이 부분은 최종석, 「고려말기 지역방어체제와 그 시대성」, 『역사와 현실』 85, 2012a에 의거하여 작성하였다.

국가는 중앙의 군사들을 급파하거나 수졸의 모집단인 병농일치의 지역민 가운데 추가적인 징집을 하거나 하는 방법으로 문제를 해결하고자 하였다.

그런데 사실상 내륙을 방기하다시피한 채 연해 지역만을 방어하고 국가에 의해 징발·부방된 군인에 의해서만 방어되는 방식은 여러 한계들을 노정하고 있었다. 우선 부방된 수졸은 병농일치적 군인이다 보니 군사적 역량이 부족하였다. 이들은 '오합지중(烏合之衆)'이라 폄하될 정도였고 훈련도 제대로 받지 못하였고 군장비도 부실하였다. 그러한 까닭에 왜구가 오면 제대로 대적하지 못하였다. 여기에 수소의 군관이 수졸을 사적으로 부리는 폐단으로 인해 수졸이 도망하는 문제까지 발생하고 있었다.[2] 또한 연해에 수소를 아무리 증치한다고 하더라도 수소 사이의 통과를 불허할 정도로는 가능하지 않았기에, 이러한 약점을 파고든 왜구의 활동을 제어하지 못하였다. 수소 사이를 통과한 왜구를 방어할 만한 수단, 가령 지역민의 자위적 방어, 내륙 방어처에의 군사 주둔 등이 사실상 마련되지 않은 것은, 수소 사이의 통과를 원천적으로 차단할 수 없는 현실을 매우 쓰디쓴 방어상의 한계로 만들고 있었다. 당시 수소를 통과하여 활보하는 왜구를 제압하는 방법은 왜구의 출몰처에 병사를 파견하여 섬멸하는 것뿐이었으나, 왜구를 추격하게 될 시점에는 그들은 이미 도망쳐 귀선한 상태였다. 수소와 연계하여 운영된 청야책 또한 문제였다. 연해의 비옥한 토지의 상실, 내륙 토착민과 연해에서 이주해 온 사람 사이의 갈등 및 양자 모두의 경제적 궁핍은 물론이요, 이러한 희생이 무색하게도 청야의 군사적 효과는 사실상 없었으며 오히려 왜구를 내륙 깊숙이 끌어들이고 아군에게는 오히려 의지할 곳이 없게 하는 문제를 낳고 있었다.[3]

요컨대, 연해 지역에 편중된, 그중에서도 수소에만 의지한 방어 방식, 그

---

2) 『고려사절요』 27, 공민왕 10년 5월; 『고려사』 112, 열전25 偰遜 附 偰長壽

3) 『동문선』 77, 東萊城記 李詹; 『신증동국여지승람』 22, 慶尙道 蔚山郡 古跡 古邑城條의 李詹 記文. 허술하게 지어진 戍所와 평원에서 적은 수의 군사를 가지고 다수의 적들을 상대하다 매번 패하는 점 등도 문제점으로 추가할 수 있겠다.

리고 군민일치라고는 하지만 군인으로 편성되어야 방어주체가 되었으며 그러한 군인마저도 군사적 역량이 미미한 현실 속에서, 수소 사이를 통과하거나 연해 지대를 돌파한 왜구는 마치 무인지경을 가듯 거침없이 활보하였다.

특히 연해 지역의 비옥한 토지의 상실은 심각한 문제를 야기하였다. 국가 재정과 민인들의 생계에 위협이 가해진 것이다. 설장수는 "청야책의 실시는 그 폐단을 더욱 심화시키는 것입니다. 대저 연해 지역의 토지는 자못 대부분 비옥하고 그 지역민들은 그 땅에 정을 붙이고 있으니 본래 이롭게 해주려는 것이 도리어 해가 됩니다"[4]라고 하여, 청야책으로 인해 연해 지역의 비옥한 땅이 상실되어 여기에 의존하여 살아온 민인들이 큰 피해를 받고 있었음을 지적하였다. 또한 조준은 압록강 이남은 대부분 산이요 비옥한 불역전(不易田)은 바다 가까이에 있는데, 옥야 수천 리의 도전(稻田)이 왜적에게 함몰되어 황폐화된 결과, 국가는 '옥야출곡지부(沃野出穀之府)'를 상실하게 되었다고 하여,[5] 연해 지역의 황폐화에 따른 국가 재정의 손실을 안타까워했다. 조준 외에도 여러 사람들은 연해 지역이 국가 재정에 큰 기여를 해 온 점을 지적한 바 있다.[6]

당시 연해 지역의 상실이 큰 문제를 야기한 것은 여말선초 시기를 거치면서 농경지가 미고지(微高地)에서 저평·저습지로 이동한 현상과도[7] 관련이

---

4) 『고려사』 112, 열전25 偰遜 附 偰長壽

5) 『고려사』 82, 지36 兵2 屯田 우왕 14년 8월. "自鴨綠以南 大抵皆山 肥膏不易之田 在於濱海 沃野數千里之稻田 陷于倭奴 蒹葭際天 倭奴之來 前無橫草 出入山郡 如蹈無人之地 國家既失諸島漁塩畜牧之利 又失沃野出穀之府"

6) 가령 이첨은 "[蔚州는: 필자] 땅이 기름지고 또한 물고기와 소금이 많이 나기 때문에 백성들 가운데 앉아서 부자가 된 자가 여러 집이 있었다. 이로 인해 軍國의 쓰는 비용이 여기서 나는 것이 累千에 이르렀고, 해산물을 바치는 것 또한 적지 않았다"(『신증동국여지승람』 22, 경상도 蔚山郡 古跡 古邑城 조의 李詹 記文)고 언급하였고, 박위는 "동래는 동남에서 으뜸이다. 바다 자원이 많고 토산물이 풍부하여 국가의 수요에 기여함이 적지 않을 뿐 아니라"(『동문선』 77, 東萊城記 李詹) 하였다. 연해 군현인 울주와 동래 지역이 국가 재정에 적지 않은 기여를 해 온 사실을 알려 주는 것이다.

7) 이태진, 『韓國社會史研究』, 지식산업사, 1986; 이태진, 『의술과 인구 그리고 농업기술』, 태학사, 2002.

있었을 것이다. 고려말 이전 시기라면 미고지(微高地)에서의 밭농사의 비중이 큰 데 비해, 연해 지역의 농경지 개발은 활발하지 않았을 것이고, 이로 인해 연해 지역의 상실이 국가 재정에 미치는 영향 또한 크지 않았을 것이다. 그런데 고려말에는 연해 지역의 상실을 '옥야출곡지부(沃野出穀之府)'를 잃은 일이라 할 정도로, 이 지역의 개발이 진전되었고 국가 재정에서 차지하는 비중 또한 높아졌다. 그러하였기에 당시의 방어 방식이 제대로 효력을 발휘하지 못하여 연해 지역을 거의 포기하다시피 하는 문제가 발생하자, 이는 국가 재정에 큰 부담이 되었던 것이다.

국가의 왜구 방어책이 여러 문제점을 노정한 채 효과를 거두지 못한 탓에, 지역사회는 왜구 침탈에 속수무책의 상태에 놓여 있었다.[8] 왜구의 준동은 공민왕 말년부터 심화되었고, 그에 따라 왜구 피해 또한 커져가고 있었다. 1373년(공민왕 22) 5월경 우현보 등이 올린 상서에 따르면, 그 무렵부터 왜구의 침입이 격화되고 연해 지역은 큰 피해를 당하고 있었다고 한다.[9] 공민왕 말년부터 격화된 왜구의 침입은 우왕대 극에 달하였고, 이에 왜구에 의한 피해 또한 전례 없이 극심해져 갔다.[10] 우왕대에는 왜구 피해의 지역 범위도 확대되고 있었다. 이전에는 왜구의 침입이 주로 연해 지역에 한정되고 있어, 1373년까지만 해도 왜구 피해는 연해 지역에 집중되고 있는 것으로 지적되고 있었다.[11] 하지만 우왕대에는 연해 지역은 물론이요 내륙 군현까지도 왜구의 침입으로 고통 받고 있었다.[12] 이처럼 우왕대에는 연해 지역은 말할 것도 없고 내륙 지역까지도 왜구 침구로 인해 큰 피해를 겪고 있었는데,[13] 피해

---

8) 『고려사』 114, 열전27 金湊

9) 『고려사』 115, 열전28 禹玄寶

10) 『고려사』 84, 지38 형법1 公式 職制 우왕 4년 8월; 『고려사절요』 31, 우왕 6년 8월; 『고려사절요』 32, 우왕 9년 8월

11) 『고려사』 115, 열전28 禹玄寶

12) 『고려사』 81, 志35 兵1 兵制 辛禑 3년 7월; 『고려사절요』 31, 우왕 8년 6월

13) 다음 기록은 윤소종 등이 이인임을 논죄하는 상서문에 실려 있는 것으로, 이인임이 집권하던 우왕대의 왜구 피해 실태를 총괄적으로 전해 주고 있다. 『고려사』 126, 열전39 姦臣2 李

범위의 확산에는 왜구가 연해 지대를 돌파할 경우에 속수무책이 될 수밖에 없는 지역방어의 한계도 한몫하고 있었음을 부인하기 어렵다.

그런데 왜구 침탈로 인해 지역사회가 처한 곤경은 인상적이고 피상적인 접근만으로는 그 구체적 실상을 드러내기에는 한계가 있다. 특히 본서의 관심사인 읍치 지역의 상황에 대해서는 여전히 파악되지 않는다. 이에 왜구 피해가 집중되었던 하삼도(下三道),[14] 그중에서도 경상도 지역을 대상으로 하여 군현별 피해 실태 및 군현 내에서의 주요 피해처를 파악해 보고자 한다.[15]

아래의 표는 당시 지식인들의 기문(記文), 『고려사』와 『고려사절요』에서 왜구 피해 상황을 구체적으로 기록한 사례들을 정리해 본 것이다.

〈표 6-1〉 고려말 경상도 지역의 왜구 피해 상황

지명	연해 / 내지	시기	피해 상황	전거
영일	연해	1350년 (충정왕 2) 이래	읍이 폐허가 되어, 전답은 황폐화되고 민인들은 사방으로 흩어짐	『도은집』 4, 영일현신성기(迎日縣新城記)
남해	연해	1358년 (공민왕 7)	고읍을 잃고[失土] 진주(晉州) 임내인 대야천부곡(大也川部曲)에 교우(僑寓)	『고려사』 57, 지리2
		1361년 (공민왕 10)	고읍이 불탐[焚]	『고려사절요』 27
울주	연해	1361년	고읍이 불타고 약탈당함[焚掠]	『고려사절요』 27
		1376년 (우왕 2)	고읍이 불타고 약탈당하여 거의 없어지다시피 함[焚掠殆盡]	『고려사』 133, 열전
			고읍이 도살되고 불탐[屠焚]	『고려사절요』 30
		1377년 (우왕 3)	고읍이 불타고 약탈당하여 거의 없어지다시피 함[焚掠殆盡]	『고려사절요』 30

仁任. “倭奴橫行 前無結草 濱海沃野五六千里 暴骨荒墟 而內地州郡 蕩爲戰場”

14) 下三道 지역이 왜구 피해가 가장 컸음은 다음 기록들을 통해 뒷받침된다. 『고려사절요』 33, 우왕 14년 8월. “大司憲趙浚 陳時務曰……全羅慶尙楊廣三道 貢賦之所出 國家之腹心 今也倭奴橫行 攻陷我州郡 蹂踐我禾稼 殺戮我老弱 奴婢我丁壯 而擁旌節者 嬰城竄伏 莫有鬪志 賊勢日熾 願令大擧 及時掃淸”; 『고려사절요』 30, 우왕 2년 윤9월. “蠲免全羅楊廣慶尙沿海州郡徭賦 或三年 或五年 有差”

15) 단순히 왜구 침략 사실만을 전하는 사례들은 여기에서 제외하였다.

울주	연해	1379년 (우왕 5)	백성이 하나도 남지 않은 상황에 처하게 됨. 외관은 인신(印信)을 가지고 향리 몇 명을 거느린 채 계림성(鷄林城)에 우거(寓居)	『승람』 22, 경상도 울산군 고적 고읍성 조의 이첨 기문
			왜적이 울주에 머무르면서 벼와 기장을 베어 양식을 삼고, 기장 · 언양까지 침노	『고려사절요』 31
동래	연해	1361년	고읍이 불타고 약탈당함[焚掠]	『고려사절요』 27
		1376년	고읍이 불타고 약탈당함[焚掠]	『고려사절요』 30
			고읍이 도살되고 불탐[屠燒]	『고려사절요』 30
		고려말	전야가 황폐화되고 인적이 끊김	『동문선』 77, 동래성기(東萊城記)
악양 (岳陽)	연해?	1362년 (공민왕 11)	고읍이 불탐[焚]	『고려사절요』 27
김해	연해	1375년 (우왕 1)	백성이 죽고 재물이 약탈당하며, 관해(官廨)가 불탐	『고려사절요』 30
		1376년	왜구에 의해 고읍이 함락당함	『포은집』 3, 김해산성기 (金海山城記)
		1380년(우왕 6)	고읍이 불탐[焚]	『고려사절요』 31
진해	연해	1376년	고읍이 도살되고 불탐[屠燒]	『고려사절요』 30
동평 (東平)	연해	1376년	고읍이 도살되고 불탐[屠燒]	『고려사절요』 30
영선 (永善)	연해?	1376년	고읍이 불타고 약탈당함[焚掠]	『고려사절요』 30
회원 (會原)	연해	1376년	고읍이 불타고 약탈당하여 거의 없어지다시피 함[焚掠殆盡]	『고려사절요』 30
			고읍이 도살되고 불탐[屠燒]	『고려사절요』 30
의창 (義昌)	연해	1376년	고읍이 불타고 약탈당하여 거의 없어지다시피 함[焚掠殆盡]	『고려사절요』 30
			고읍이 도살되고 불탐[屠燒]	『고려사절요』 30
고성 (固城)	연해	1376년	고읍이 불타고 약탈당함[焚掠]	『고려사절요』 30
			고읍이 도살되고 불탐[屠燒]	『고려사절요』 30
양주	연해	1376년	고읍이 불타고 약탈당함[焚掠]	『고려사절요』 30
			고읍이 도살되고 불탐[屠燒]	『고려사절요』 30
		1377년	고읍이 불타고 약탈당하여 거의 없어지다시피 함[焚掠殆盡]	『고려사절요』 30

양주	연해	1381년 (우왕 7)	분략(焚掠) 당하여 백성들은 고을을 잃고 속현인 동평현 지역에 수년 동안 옮겨 살기에 이름	『승람』 22, 경상도 양산군 누정 쌍벽루(雙碧樓) 조의 김시용(金時用) 기문
흥해	연해	1380년	고을은 함락되고 불탔으며, 백성들은 학살과 약탈을 당하였고, 살아남은 자들은 사방으로 흩어져 달아남. 그 결과 마을은 텅 비고 외관도 원촌(遠村)에 머물면서 수년 동안 읍내로 들어오지 못함	『양촌집』 11, 흥해군신성문루기 (興海郡新城門樓記)
영해 (寧海)	연해	1381년	성읍(城邑)은 폐허가 되고 마을은 불타버려 관리(官吏)가 다른 고을에서 기우(寄寓)	『양촌집』 11, 영해부서문루기 (寧海府西門樓記)
거제	연해	고려말	고을이 왜구에 함락되어 거창 경내에 교우(僑寓)	『승람』 32, 경상도 거제현 성곽 읍성 조의 이보흠(李甫欽) 기문
영덕	연해	고려말	백성들은 피난가고 마을은 폐허에 이름	『양촌집』 12, 영덕객사기 (盈德客舍記)
사천	연해	고려말	백성들은 피난가고 마을은 폐허에 이름	『승람』 31, 경상도 사천현 궁실 객관 조의 신석조(辛碩祖) 기문
청하	연해	고려말	읍은 폐허가 되고 백성들은 사방으로 흩어짐	『승람』 23, 경상도 청하현 명환 민인(閔寅) 조의 이행(李行) 시문
난포 (蘭浦)	연해	고려말	고을 사람들이 모두 없어짐 [人物俱亡]	『고려사』 57, 지리2
평산 (平山)	연해	고려말	고을 사람들이 모두 없어짐 [人物俱亡]	『고려사』 57, 지리2
반성 (班城)	내지	1376년	고을이 도살되고 불탐[屠燒]	『고려사절요』 30
함안	내지	1376년	고을이 불타고 약탈당함[焚掠]	『고려사절요』 30
			고을이 도살되고 불탐[屠燒]	『고려사절요』 30
언양	내지	1376년	고을이 불타고 약탈당함[焚掠]	『고려사절요』 30
		1379년(우왕 5)	땅을 쓴 듯이 아무 것도 남지 않음 [掃地無遺]	『고려사절요』 31

기장	연해	1376년	고을이 불타고 약탈당함[焚掠]	『고려사절요』 30
			고을이 도살되고 불탐[屠燒]	『고려사절요』 30
		1379년	땅을 쓴 듯이 아무 것도 남지 않음 [掃地無遺]	『고려사절요』 31
밀성	내지	1374년 (우왕 즉위)	왜구가 관해(官廨)를 불태우고 사람들을 잡아감	『고려사절요』 29
		1377년 (우왕 3)	고을이 불타고 약탈당하여 거의 없어지다시피 함[焚掠殆盡]	『고려사절요』 30
상주	내지	1380년 (우왕 6)	관옥(官屋)과 민거(民居)가 모두 불탐	『목은문고』 1, 풍영정기 (風詠亭記)
함양	내지	1380년	해사(廨舍)가 왜구에 의해 소실되어 관아를 다른 곳으로 옮김	『승람』 31, 경상도 함양군 성곽 읍성
선주	내지	1380년	고을이 불탐[焚]	『고려사절요』 31
영주 (永州)	내지	1381년	고을이 불탐[焚]	『고려사절요』 31
		1382년 (우왕 8) 이후	왜구의 침입이 빈발하여 영주 민인들은 모두 강을 건너 서쪽으로 도망해서 겨우 입에 풀칠하고 살아감. 동쪽[고향]으로 돌아올 뜻이 없음	『동문선』 77, 영주성문루기 (永州城門樓記)
영주 (榮州)	내지	1382년	왜적 수천 명이 침략해 와 백성들을 살육하였고, 이 과정에서 살아남은 자들은 산골 등으로 도망침	『승람』 25, 경상도 영천군 인물 효자 문재도(文載道)
진보	내지	고려말	고을의 거주민이 전무하게 됨 [居民一空]	『승람』 25, 경상도 진보현 건치연혁(建置沿革)

※『승람』은 『신증동국여지승람』의 약칭이다.

고려말 군현별 왜구 피해의 상황을 구체적으로 전해주는 위 표에 따르면, 내지(內地)보다는 연해의 군현이 빈번히 왜구 침입의 피해를 입었고, 시기면에서는 우왕대에 왜구 피해가 집중되었다. 곧 우왕대 연해 지역의 피해가 컸다고 할 수 있다.

당시 왜구 피해의 상황은 피해 정도에 따라 크게 다음 세 단계로 구분해 볼 수 있다. 첫째는 왜구에 의해 고을이 불타거나 분략(焚掠)·도분(屠焚)·함락되거나, 관해(官廨)가 불타는 등의 피해를 받은 정도이다. 이러한 피해 정도는 위 표에 실린 거의 모든 지역에서 확인된다고 할 수 있다. 다음은 왜구의 침략으로 인해 읍(邑)이 폐허가 되고 백성들이 사방으로 흩어진 경우이다. 청하, 동래, 영일, 영덕, 사천, 회원, 의창, 기장, 언양, 밀성, 상주, 진보, 영주(永州) 등의 지역에서 이 정도의 피해가 확인된다. 마지막은 왜구의 침략으로 인해 외관(外官)을 비롯한 향리들이 다른 군현에 교우(僑寓)하거나, 외관이 읍치에 들어올 수 없어 원촌(遠村)에 머무를 수밖에 없는 피해를 받은 정도이다. 이러한 식의 피해를 겪은 지역에서도 읍은 폐허가 되고 백성들은 사방으로 흩어지는 식의 사태를 겪었을 것이다. 왜냐하면 타 지역에 외관이 우거(寓居)해야 할 정도의 피해를 받은 군현은 이러한 식의 피해를 기본적으로 당하였을 것이기 때문이다. 남해, 울주, 거제, 흥해, 영해, 양주 등에서 이 정도의 피해가 발생하였다.[16)]

그런데 왜구 피해의 상황을 구체적으로 보여주는 위의 사례들에 의하자면, 군현 내에서도 왜구 피해가 집중된 지역은 읍치였다. 피해 정도의 차이에 상관없이 그러하였다. 우선 타 군현에 교우(僑寓)하거나 외관이 원촌(遠村)에 머문 정도의 피해를 당한 지역에서는, 읍치가 왜구 침입으로 인해 큰 피해를 겪었음은 손쉽게 예상 가능하다. 왜구의 침탈로 읍치가 제 기능을 상실하고 더 나아가 폐허 상태에 이르렀기에, 군현[치소]은 읍치를 떠나 타 군현에 우거하거나, 지방관이 읍치로 진입하지 못하고 외촌(外村)에 머무를 수밖에 없었을 것이기 때문이다.

다음의 흥해 지역의 사례는 이 점을 잘 보여준다.

> 중간에 왜란을 만나 점차로 조락(凋落)하다가, 경신년[1380년(우왕 6): 필자] 여름에 이르러서는 더욱 맹렬한 화를 받아 고을은 함락되고 불탔으며, 백성

16) 양주의 경우 지역민들이 속현인 동평현에 여러 해 옮겨 살았다고 하고 있어, 외관과 향리들이 寓居하였는지 여부는 명확히 알 수 없다. 다만 고을을 상실하여 지역민들이 타 지역으로 옮겨간 상황에서 외관과 향리들이 여전히 그곳에 머물러 있었을 가능성은 낮기에, 이들 또한 동평현 지역에 우거하였을 것으로 판단된다.

> 들은 살해와 약탈을 당하여 거의 없어지고 그 중에서 겨우 벗어난 자는 흩어져 사방으로 달아났다. 마을은 빈 터만 남았고 무성한 나무들만 길을 덮으니 외관(外官)된 자는 원촌(遠村)에 기거하며 머리를 움츠려 감히 읍(邑) 중에 들어오지 못한 지 수년이 되었다.[17)]

여기서 보듯, 왜구 피해를 당한 지역은 흥해 지역 내에서도 읍치였다. 읍치 지역이 크나큰 침탈을 당하자, 읍치민들은 그곳을 벗어나 군현 내 외곽 내지 여타 군현으로 달아났고, 이렇게 되면서 읍치 지역은 폐허가 되고 말았다. 이로 인해 지방관도 그곳 내로 진입하지 못하였다.

왜구 침략으로 읍은 폐허가 되고 백성들은 사방으로 흩어진 군현에서 또한 읍치가 왜구 침탈의 주된 타깃이 되었을 것이다. 이들 군현이 처한 상황은 '고을이 불타고 약탈당하여 거의 없어지다시피 함[焚掠殆盡]', '고을의 거주민이 전무하게 됨[居民一空]', '땅을 쓴 듯이 아무것도 남지 않음[掃地無遺]' 등으로 표현되곤 하였는데, '고을의 거주민이 전무하게 되는' 등의 사태가 발생한 곳은 다름 아닌 읍치 지역이었을 것이다. 이러한 사실은 읍이 폐허가 되고 민인들은 사방으로 흩어지는 상황에 대응하여 읍성이 축조되자 읍은 재건(再建)되고 민인들은 돌아오게 되었다는 사례들이 적지 않게 확인되는 데서 뒷받침된다. 왜구 침탈로 인해 폐허가 되고 민인들이 떠나간 곳은 읍치 지역이었기에, 해당 문제를 해결하는 차원에서 읍치에 입지하게 되는 읍성의 축조가 도모되었을 것이기 때문이다.

가령 "왜구의 침입이 빈발하여 영주 민인들은 모두 강을 건너 서쪽으로 도망쳐서 겨우 입에 풀칠하고 살면서 동쪽으로 돌아올 뜻이 없다"[18)]고 한 구

---

17) 『陽村集』 11, 記類 興海郡新城門樓記. "中罹倭患 漸就凋廢 迄至庚申之夏 受禍尤烈 陷而焚之 民遭殺掠殆盡 其僅脫者 散而走四方 閭井爲墟 荊榛蔽道 爲守宰者 捿于遠村 縮手不敢至邑中者 數年矣"

18) 『동문선』 77, 永州城門樓記 李詹

절에서, 왜구의 침탈로 인해 서쪽으로 도망한 영주 민인들이 원래 거주한 곳은 읍치였다. 이 점은 인용문 바로 뒤에 나오는 "이후(李侯)[=이지중(李止中)]가 이 성[읍성: 필자]을 쌓는다는 말을 듣자 서로 이끌고 와서 역사에 참여하여 얼마 안 되어 성이 이루어졌다"고 한 구절을 통해서 알 수 있다. 왜구 침입으로 인해 서쪽으로 도망간 후 본거지로 돌아오지 못한 민인은 읍치민이었기에, 이들은 읍성 축조 소식을 듣고 이에 참여하여 본거지로 돌아왔을 것이기 때문이다.[19)]

끝으로, 왜구에 의해 고을이 불타거나 함락되거나 관해가 불타는 등의 피해를 받은 지역에서도 읍치가 그 군현 내에서 주로 피해를 받고 있었을 것이다. 특히 관해가 공격 받은 군현들 사례는 읍치 지역이 왜구의 주된 공략 대상이었음을 직접적으로 알려준다. 막연히 군현이 '도소(屠燒)', '분략(焚掠)' 등의 피해를 입었다고 한 기록도 군현 전(全)지역이 아니라 읍치 지역이 그러한 피해를 입었음을 말해준다고 보아야 할 것이다.[20)]

고려말 경상도 군현들을 대상으로 하여 왜구 피해의 구체적 상황을 파악한 결과는 이상과 같다. 왜구 피해는 시기적으로는 우왕대에, 지역적으로는 연해 군현들에서 극심하였으며, 군현 내에서는 읍치 지역이 왜구의 주된 공략 대상이었고 그로 인해 군현 내에서 가장 큰 피해를 겪었다. 경상도 군현들에서 보이는 왜구 피해의 양상은 예외적이었다기보다는 경상도와 함께 주요 피해 지역인 전라·양광도의 군현들에까지 적용될 수 있을 것이며,[21)] 강원도

---

19) 영일 지역의 사례도 참고된다. "[읍성을: 필자] 준공하니 이때부터 읍성에는 전에 떠났던 사람들이 모두 돌아오고, 새로 오는 자도 연이어서 성 주위에 황폐한 전답이 없어졌다"(『陶隱集』 4, 記 迎日縣新城記)고 한 구절에서 알 수 있듯이, 읍성이 축조되기 이전에 읍치 지역은 왜구의 피해로 황폐화된 상태였다.

20) 앞서 검토한 바와 같이, '군현'은 군현의 全영역이 아니라 그 가운데 치소 공간을 한정하여 지칭한 경우가 드물지 않았다.

21) 이와 관련된 사례들 중 하나로 전라도 錦山郡의 다음 기록을 들 수 있다. 『敬齋遺稿』 1, 記 錦山映碧樓記. "洪武庚申[1360년(우왕 6): 필자] 燬于倭寇 城邑丘墟 越十年己巳 太守偰侯眉壽 築州城"

연해 지역에서도 이와 유사한 피해 양상이 나타났을 것이다.[22]

왜구 피해의 구체적 상황에 대한 이해를 토대로 하여 왜구 피해를 단편적이고 포괄적으로 언급한 기록들을 다음과 같이 읽어 볼 수 있다. 즉 주군이 '텅 비어버린[蕭然一空]' 상태에 처해지고 군현이 공격받아 함락되고[攻陷] 쇠락되는 등의 피해를 입었다고 하는 식으로 언급한 기록들은, 군현의 전(全)지역이 아니라 읍치 지역의 상황을 전해주는 것으로 간주해 볼 수 있다.

이렇다고 한다면, 왜구 피해가 격화된 공민왕 말기와 우왕대에 광범위한 영역에 걸쳐 읍치 지역은 왜구 침탈로 큰 위기에 직면해 있었다고 할 수 있다.[23]

2) 우왕 3년 이후 축성책의 추진

공민왕 말년 이래로 왜구의 침구로 인한 피해는 강도가 심화되고 범위가 확산되어 가는 추세였기에, 이를 제어하기 위한 방책이 요구되고 있었다. 당시 강구된 조치들은, 연해 수소 중심의 방어, 군민일치의 지향 속에서 일반 농민들 가운데서 징발한 군인을 토대로 한 방어, 지역사회 차원의 자위적 역량의 부재 속에서 국가에 의해 전담되는 방어라는, 고려말 지역방어의 기본 골간을 유지하면서도 그 허점을 보완하고자 한 것이었다. 이들 조치는 크게 보아 두 가지로, 하나는 선군의 재건·강화요, 다른 하나는 축성이었다.

전자는, 상륙한 왜구를 연해 수소를 통해 효과적으로 제어하지 못하는 문

---

22) 울진 지역은 고려말에 읍성이 왜구에 의해 焚蕩된 바 있으며, 『신증동국여지승람』에 따르면, 강원도 영서 지역에는 읍성이 전혀 존재하지 않은 반면 영동 지역에는 빠짐없이 읍성이 설치되어 있어, 고려말 강원도 연해 지역의 상황은 삼남 연해 군현과 그리 다르지 않았을 것이다.

23) 당시 읍치 지역이 집중적으로 피해를 입었던 까닭은 군현의 중심지로 인구가 밀집해 있고 물산이 상대적으로 풍부하여 왜구의 집중 공략 대상이었기 때문이었다. 더구나 치소와 취락은 의지할 방어처 없이 평지에 위치하였고 지역 단위의 방어력이 부재한 채 국가에 안위를 맡긴 상황에서, 국가 주도의 왜구 방어책이 실패를 거듭하자 읍치 지역은 큰 위기에 빠져들고 있었다. 이와 같은 읍치의 상황은 왜구 침탈을 허용하고 왜구가 무인지경에 들어서는 것 같이 횡행할 수 있도록 조장하였을 것이다.

제점을 개선하기 위해, 선군을 재건·강화하여 바다에서 왜구를 제압하여 상륙을 억제하고자 한 시도였다. 강화된 선군이 해상에서 어느 정도 왜구를 통제할 수 있게 되면, 왜구 상륙의 횟수와 규모는 줄어들게 될 것이다. 또한 선군 강화책은 왜구가 제해권 장악을 바탕으로 하여 해상에서 빠르게 기동하면서 육지를 침탈하고 귀선하여 온 방식을 제약할 수 있게 될 것이다. 이렇게 되었을 때 해안 지역의 방어 역량 또한 상대적으로 강화될 것임은 물론이다.

선군의 재건·강화가 왜구를 해상에서 억제하여 그간 노정해 온 연해 수소의 방어상의 취약점을 선제적으로 해결하고자 한 조치라고 한다면, 축성은 수소를 통과한 왜구에 대한 대응력을 고양하는 차원에서 이루어진 것이었다. 축성은 앞서 본 바와 같이 한동안 간과되어 온 것이었다. 성과 연계되지 않은 청야책이 위정자 전반에 폭넓게 공감되어 왔기 때문이었다. 선군의 재건이 시도되는 1373년(공민왕 22)에 설장수는 청야책을 비판하고 축성을 건의하였지만, 그것은 공감을 자아내지 못하였다.[24] 축성 조치는 선군의 재건·강화보다도 뒤늦게 시행되었다.[25]

공민왕대와 우왕대 초반 지역방어방식의 한계를 보완하고자 한 위의 정책들 가운데, 고려말 이래로의 새로운 읍치 공간의 성립 문제와 직결되는 후자에 한정하여 해당 사안을 집중적으로 살펴보고자 한다.

우왕대 들어서 왜구 피해가 보다 심각해지자 청야책에 대한 비판 여론은 고조되었고, 보완책으로 축성이 제기되었다.[26] 그리하여 1377년(우왕 3)에 축성책이 채택되었다. 즉 그해 2월에 연해 주군의 산성을 수축하도록 하였고,[27]

---

24) 『고려사』 112, 열전25 偰遜 附 偰長壽

25) 이상은 최종석, 앞의 논문, 2012a, 320~324쪽 참조.

26) 『고려사』 112, 열전25 偰遜 附 偰長壽; 『동문선』 77, 東萊城記 李詹; 『신증동국여지승람』 22, 慶尙道 蔚山郡 古跡 古邑城條의 李詹 記文; 『圃隱集』 3, 雜著 金海山城記; 『고려사』 114, 열전27 金湊

27) 『고려사』 133, 열전46 우왕 3년 2월

7월에는 여러 도에 사신을 보내 산성을 수축토록 조치하였다.[28]

그런데 축성책이 수용되는 과정은 그다지 명확하지 않다. 『고려사』는 1377년의 축성 사실만을 간단하게 전할 뿐이어서, 이를 통해 축성책의 수용 과정을 이해할 수는 없다. 다행히도 다음 기록을 통해 그 과정을 엿볼 수 있다.

> 이번에 원수(元帥) 박공(朴公)[박위: 필자]이 일찍이 김해(金海)에서 부사로 있을 때에 처음으로 망산성(望山城)을 수축하였는데, 그 수비하는 제구와 방법이 이미 완전히 갖추어졌으므로 사졸들이 익히고는 한 번 시험해 보았으면 하던 차에 마침 왜적이 개미떼처럼 몰려 왔는데, 공이 군사들에게 명령하여 들어가 지키게 하니, 화살이며 돌이 일제히 내리치자 쥐새끼같은 것들이 죽기도 하고 도망치기도 하였으며, 우뚝한 외로운 성엔 전혀 침범할 수가 없었다. 조정에 왜적의 수급을 바치니, 임금이 재상에게 이르기를, "성과 보루의 설치는 약한 세력으로 강한 세력을 제어할 수 있고, 적은 숫자로 많은 무리를 대적할 수 있으며, 편안한 군사로 피로한 군사를 상대할 수 있는 것이다. 지금 이 계획을 시행하게 된다면 이것은 나라와 백성의 복이다" 하고 드디어 여러 도의 연해 지방 군현에 명하여 각각 성과 요새를 설치하여 지켜서 적으로 하여금 앞뒤를 걱정하며 그 흉악한 짓을 마음대로 못하게 하였다. 그 후부터 변방의 경보가 차츰 없어지고 태평하여 오늘에 이르렀으니, 이는 전적으로 공(公)의 은혜라고 할 수 있다.[29]

위의 기록에 따르면, 김해부사 박위의 주도로 수축된 망산성(望山城)이 왜적 방어에 큰 효력을 발휘하자, 국왕은 성의 효용성을 새롭게 인식하게 되었고, 이를 계기로 여러 도의 연해 군현에 명령을 내려 성과 요새를 설치하도록

---

28) 『고려사절요』 30, 우왕 3년 7월

29) 『동문선』 77, 「東萊城記」 李詹

하였다고 한다. 또 다른 기록을 참고하자면, 망산성이 수축되기 얼마 전에, 김해 지역은 왜적에 함락되는 피해를 당한 바 있다.[30] 이렇다고 할 때, 왜구에 의한 김해 지역의 큰 타격, 망산성의 수축과 그것의 성공적 결실, 전국적인 성보 수축령이라는 일련의 과정을 상정할 수 있다.

그런데 위 기록에서 주목해야 할 점은 망산성의 수축을 계기로 한 전국적인 성보 수축의 조치가, 『고려사』에 기재된 1377년(우왕 3)의 축성 조처와 동일한 것일 가능성이 크다는 사실이다.

김해부사 박위가 망산성을 수축한 시기는 분명치 않다. 하지만 정몽주의 「김해산성기(金海山城記)」에 따르면, 1376년(우왕 2) 겨울 무렵 그는 김해부에 부임하였고,[31] 이로부터 얼마 뒤 '고산성(古山城)' 즉 망산성을 수축하였다.[32] 이로 보아 망산성은 1377년 무렵에 축조되었을 것인 바, 국가의 성보 수축 명령도 이로부터 얼마 뒤에 나왔을 것이다. 망산성 수축을 계기로 한 국가 차원의 축성 명령이 1377년(우왕 3) 무렵에 내려진 점에서, 그것은 『고려사』에 기재된 1377년의 축성 조치와는 별개가 아니었을 것이다.[33]

이상의 검토를 통해 볼 때, 한동안 성이 활용되어 오지 않은 문제를 타개하는 차원에서 시행된 1377년의 축성책은 다음과 같은 과정을 거쳐 나왔다고 할 수 있다. 즉 왜구에 의해 김해부는 함락되었고, 이에 대응하여 지방관 차원에서 산성이 수축되었다. 해당 산성의 수축이 긍정적인 효과를 발휘하자, 국가는 이 방안을 수용하여 1377년에 산성 수축의 명령을 전국에 하

30) 『圃隱集』 3, 雜著 金海山城記

31) 정몽주의 記文은 1376년(우왕 2) 겨울 김해부가 왜적에 함락되었고 이로부터 얼마 지나지 않아 박위가 김해부사로 임명되었음을 전한다. 그런데 그의 정확한 부임 시기에 대해서는 언급이 없다. 다만 1377년 4월 이전에 부임한 것만은 분명하다. 그해 4월에 김해부사 박위는 왜적을 黃山江 어귀에서 무찌르고 있었기 때문이다. 『고려사절요』 30, 우왕 3년 4월 참조.

32) 『圃隱集』 3, 雜著 金海山城記

33) 다만 「金海山城記」에 보이는 성보 수축 명령이 1377년(우왕 3) 2월과 7월의 축성 조처 가운데 어느 것에 해당하는지는 분명치 않다. 전반적인 상황을 고려할 때 후자를 지칭하였다고 판단된다.

달하였다. 외관이 스스로의 판단으로 축성을 단행하고 중앙정부는 이 아이디어를 수용하여 전국에 확대 적용한 셈이다.[34)]

한편 1377년의 축성 명령은 실행되어져, 아래 기록에서 보이듯, 전국 각지에 산성이 축조되었다.

> 사헌부가 상소하기를……여러 도 주군(州郡)의 산성에 국가가 왕왕 사신을 보내 수축토록 하면서, 군정(軍丁)을 많이 징발해서 며칠이 못 되어 공사를 마치나 곧바로 다시 무너져 그 폐해가 매우 큽니다. 청컨대, 이제부터는 다시 사신을 보내지 말고, 수령으로 하여금 인근 군현의 군정을 징발하여 농한기를 이용해서 수축하고, 만일 끝마치지 못하면, 정지하여 내년을 기다리는 것을 해마다 행하는 예식(例式)으로 삼으소서.[35)]

위의 인용문은 1378년(우왕 4) 사헌부 상소 가운데 일부이다. 당시 국가가 사신을 보내 군정을 한꺼번에 동원하여 단기간에 산성 수축을 마무리하려 했던 데서 알 수 있듯이, 1377년 이래로 축성은 실현되고 있었다. 이후로도 국가의 축성 의지는 변함없어 단속적으로 축성 조치가 단행되거나 논의되었다.[36)]

1377년 이래로의 축성은 방어상의 그동안의 문제점을 개선하는데 실효가 있었다. 축성의 효과는 아래의 공양왕대 상서문에서 잘 보인다.

> [김주는: 필자] 공양왕 초기에 문하평리 겸 대사헌으로 승진하였다. 동료

---

34) 대몽전쟁기 외관이 해도입보를 자체적으로 시행하였고, 이를 국가가 수용하여 산성해도입보책을 전국을 대상으로 시행한 점과 매우 유사하다.

35) 『고려사절요』 30, 우왕 4년 12월. "憲府上疏曰……諸道州郡山城 國家往往遣使修築 多發軍丁 不日畢功 旋致崩毁 其弊甚巨 請自今勿復遣使 令守令徵發傍郡軍丁 農隙修葺 若未畢 則停待明年 以爲年例"

36) 『고려사』 134, 열전47 우왕 8년 7월; 『고려사절요』 33, 우왕 14년 2월; 『고려사』 45, 세가45 공양왕 2년 6월

> 들과 더불어 상서하기를…무릇 저들이 많고 우리가 적을 때 평원광야(平原曠野)에서 싸우면 즉 승패와 존망이 호흡 간에 있지만, 만약 성벽을 견고히 하여 굳게 지키면 즉 비록 사면으로 포위당하더라도 오랫동안 버티어 함락당하지 않을 것입니다. 경인년 이후로 왜노(倭奴)가 횡행하여 고을을 침탈하고 민인을 노략해갔지만, 군현에 성보(城堡)가 없어 고수하기가 어려워 적이 온다는 기미만 있어도 무너져 달아나니, 적이 마치 무인지경에 들어오는 것 같이 하여 40년 동안 백성들의 근심거리가 되었습니다. 성보를 수축한 후로는 왜구가 능히 침탈하지 못하고 백성들이 포로가 되는 것을 면하게 되니 이것은 눈앞의 명확한 효과입니다.[37)]

상서문 작성자들은 적을 방어하는데 있어 수성전의 장점을 제기하면서, 성보 수축 이후 왜구의 침탈이 억제되고 민인들이 안업(安業)하게 되었음을 강조하였다. 다른 기록 또한 성보가 민인에게 의지할 곳이 되어 그들의 유이(流移)를 방지하는데 효과가 있었고[38)] 아군에게는 효율적인 방어처로 작용할 수 있었다고 하였다.[39)]

축성의 효과들로 인해 왜구는 기동성이 저하되고 역습의 위험도가 증대되는 곤란을 겪게 되었다.[40)] 왜구의 공취가 제약된 것이다. 결국 축성은 수소를 통과한 왜구의 침공에 대응하여 민인의 보호처와 군사의 방어처로 기능하는데 그치는 것이 아니라, 왜구의 기동의 범위와 속도를 제약하여 인근 수소로부터 출동한 군사들의 추격과 역습을 도와주는 효과 또한 있었다.

---

37) 『고려사』 114, 열전27 金湊
38) 『고려사』 115, 열전28 李崇仁
39) 『동문선』 77, 東萊城記 李詹
40) 『고려사』 112, 열전25 偰遜 附 偰長壽

2. 산성 위주 축성과 소극적 읍성 축조

1) 산성 수축 위주의 축성과 그 원인

1377년(우왕 3) 이래로 축성이 이루어졌고, 이것은 방어상에 있어 온 그동안의 문제점을 개선하는데 실효가 있었다고 하였는데, 당시 축성은 산성 수축 위주로 이루어지고 있었다.

1377년 이래 고려 정부가 축성 가운데 산성 수축에 주력하였음은 구체적인 기록들을 통해 확인된다. 우선 1377년 2월에는 연해 주군의 산성을 수축하도록 하였고, 5개월 뒤에는 여러 도에 사신을 보내 산성을 수리하도록 하였다.[41] 다음해 12월 사헌부의 상소는 당시 주군의 산성이 수축되고 있었고 이 과정에서 여러 폐해가 발생하였던 사실을 전한다.[42] 그 후 1382년(우왕 8) 7월에 장하(張夏)가 '각도산성순심사(各道山城巡審使)'로 임명된 사실이 확인된다.[43] 산성순심사는 산성의 현황을 살피고 수축이 필요한 곳을 국가에 보고하는 일을 담당했을 것이기에, 그 무렵 전국적으로 산성이 수축되고 있었을 것임을 추정해 볼 수 있다. 마지막으로, 1390년(공양왕 2) 양광도관찰사(楊廣道觀察使)가 왜적의 침입을 알리자 산성 수축이 논의되었다.[44]

이렇듯 축성책이 채택된 1377년 이래 산성 수축 내지 그에 관한 논의는 비교적 꾸준히 있어 왔고, 1382년(우왕 8) 7월에는 '각도산성순심사'를 파견하여 산성의 현황 및 수축이 필요한 곳을 체계적으로 파악하고 이를 토대로 산성 수축을 추진하였을 것이다. 축성책의 도입 계기가 김해 지역에서 산성 수축의 효과에 자극받은 것인 데서도 엿볼 수 있듯이, 애초부터 축성의 방향은 산성 수축을 위주로 한 것이었다. 한편 당시 축성이 이러한 방향으로 구현되

41) 『고려사』 133, 열전46 우왕 3년 2월; 『고려사절요』 30, 우왕 3년 7월
42) 『고려사절요』 30, 우왕 4년 12월
43) 『고려사』 134, 열전47 우왕 8년 7월. "以張夏 爲各道山城巡審使"
44) 『고려사』 45, 세가45 공양왕 2년 6월. "楊廣道觀察使報倭賊入寇 議修山城"

면서, '치소가 위치한 성', 곧 읍성에 대한 축조가 매우 제한적으로 이루어졌을 것임은 어렵지 않게 예상해 볼 수 있다.

당시 축성이 산성 수축 위주로 진행된 이유는 그것을 직접적으로 알려주는 기록이 남아 있지 않아 분명치 않다. 하지만 관련 기록들을 통해 그 이유를 다음과 같이 추정해 볼 수 있다.

산성은 수축(修築)해야 한 반면 읍성은 신축(新築)해야 했기에, 산성의 축조가 보다 수월하였을 것이다. 축성책이 채택된 1377년 무렵에는 방기된 산성이 곳곳에 분포하고 있었다. 고려 치소성은 산성 형태였기에, 성 내에 치소가 자리하지 않게 되면 더 이상 주성(州城), 현성(縣城) 식의 '읍호+성'으로 불리지 않고 대개 산성으로 칭해지게 된다. 그런데 성 일반이 폐기된 공민왕대와 우왕 초반의 성곽의 실태에서 유추할 수 있듯이, 이전의 '치소가 위치한 성'은 더 이상 치소 역할을 하는 성으로 존속하지 못하고 폐기·방기되어 있었다. 치소는 성곽 시설을 갖추지 못한 채 대개 이러한 성 인근의 평지에 이동해 있었다. 이렇다고 할 때 당시에는 강화천도 이후 대두한 입보용 산성뿐만 아니라 '치소가 위치한 성'이었던 것 등 무수한 산성들이 여기저기에 분포한 셈이 된다. 이러한 여건이었기에 성곽 축조 시 이들을 손쉽게 활용할 수 있었다. 물론 이들 성은 허물어진 채 방기되고 있었기에, 수축은 필요하였다.

반면 읍성은 대개 신축되어야 했다. 간혹 폐기된 산성을 활용하여 읍성으로 삼는 경우가 있었지만, 대개 읍성은 이미 평지로 옮겨진 치소를 보호할 목적으로 평지에 신축되었다. 평지 읍성에 대한 지표·발굴 보고서에서 축성 시기가 고려말 이전으로 거슬러 올라가지 않는 것은 바로 이러한 이유에서였다.

이렇듯 수축되어야 할 산성은 신축이 요구된 읍성에 비해 인력과 물력 동원의 측면 등에서 수월했을 것이다.

그리고 같은 이유에서 산성 수축은 읍성 신축에 비해 공기(工期)도 상대적으로 짧았을 것이다. 당시 국가의 재정 상태는 매우 열악하여 축성을 위한 재원 마련이 쉽지 않았다. 군제와 요역 체계의 문란으로 인해 축성을 위한 대규모 인력의 확보 또한 여의치 않았다. 또한 왜구에 의한 피해가 전례 없이 극심해지고 피해 지역도 확대되고 있어, 성의 활용은 시급히 요구되고 있었다. 이러한 배경에서 공기가 상대적으로 짧은 산성 수축은 선호될 수밖에 없었을 것이다.

이외에 방어 측면에서 (평지)읍성에 대한 의구심이 적지 않은 분위기도 산성 수축에 주력하는 요인으로 작용하였을 것이다. 이와 관련하여 1377년(우왕 3) 개성부(開城府) 장계(狀啓)의 일부 구절이 참고된다.

> 셋째 외방산성(外方山城)을 수축하는 일인 즉, 당감(唐鑑)에는 고려에서는 산을 이용하여 성을 쌓는 것을 상책이라고 하였으니, 산성은 서로 가까운 곳에 편의에 따라 수즙하고 봉수로 서로를 바라보게 하여 전쟁 시에 서로 구하게 하는 것이 좋을 것입니다. 넷째, 목부군현(牧府郡縣)의 성을 쌓는 일인 즉, 군사와 백성을 휴식시키는 것은 나라에서 가장 힘써야 할 것입니다. 근래 왜구의 침략이 계속되어 백성들이 편안한 생활을 할 수 없고 또한 이전에 쌓은 사방 주위의 장성과 계축년에 동강·서강 등에 쌓은 성은 헛되이 백성을 괴롭히고 재물을 허비할 뿐입니다. 그러니 외방 평지에 성을 쌓는 것[其外方平地築城]을 중지케 하소서.[45)]

위의 기록은 『당감(唐鑑)』을 인용하여 산성의 수축을 상책으로 평가한 반면, '휴병식민(休兵息民)'의 논리 및 장성(長城)과 동강성(東江城)·서강성(西江城) 등의 축조로 인한 민인들의 피폐를 들어 '목부군현의 성'을 정파(停罷)해야 한다는 개성부 건의의 일부이다. 외방산성(外方山城)과 대비된 평지성

45) 『고려사』 82, 지36 兵2 城堡 우왕 3년. "其三 外方山城修補事 則曰唐鑑 以高麗因山爲城爲上策也 山城相近之地 隨宜修葺 使之烽燧相望 攻戰相救可也 其四 牧府郡縣築城事 則曰休兵息民 有國之先務也 比來倭患相仍 民不聊生 且曾築四方周回長城與癸丑年所築東西江等城 徒勞民費財而已 其外方平地築城宜令停罷"

인 '목부군현의 성'이 '치소가 위치한 성'이었을 것임을 감안할 때, 해당 장계의 작성자가 읍성에 비해 산성을 훨씬 선호하였음은 분명하다.

그런데 아쉽게도 위의 인용문에는 산성에 대한 선호 이유가 적시되어 있진 않다. 다만 해당 장계와 거의 흡사한 논리를 개진한 성석린의 논변을 통해서, 방어 측면에서 우월하다는 판단에 기초하여 산성을 선호하였을 것임을 짐작해 볼 수 있다. 성석린의 해당 언설은 아래와 같다.

> 영의정부사(領議政府事) 성석린(成石璘)이 상서하여 시무 20조를 진달하니, 명하여 의정부에 하달하여 의논하게 하였다. 상서에 이르기를……하나, 갑병(甲兵)이 견리(堅利)하고 행진(行陣)이 정제(整齊)하고 분수(分數)가 밝고 호령(號令)이 엄하고 상벌이 적당하고 군량이 족하고 모책을 좋아하여 반간(反間)을 사용하고 시일을 오래 끌며 여러 길로 병진하여 승리하는 것은 화인(華人)의 장기이다. 말이 튼튼하고 활이 강하고 양식을 가볍게 싸 시일을 단축하고 천시(天時)와 지리(地利)를 활용하여 치돌(馳突)하여 힘껏 싸워 승리하는 것은 호인(胡人)의 장기이다. 험고함에 의지하고 병법에 의하지 않고 깊고 험한 곳을 택해 산성을 쌓아 노인과 어린이를 안치하고 콩과 조를 거두어들이고 봉화를 들어 서로 응하며 사잇길로 몰래 통하여 불시에 출격하여 승리하는 것은 동인(東人)의 장기입니다. 평지의 성[平地之城]은 없을 수 없지만 예로부터 동인 가운데 잘 지키는 자가 드무니 오로지 읍성만 의지할 수 없습니다.[46)]

위 기록은 1407년(태종 7) 영의정부사 성석린이 올린 시무 20조 가운데 한

46) 『태종실록』 13, 7년 1월 갑술. "領議政府事成石璘上書 陳時務二十條 命下議政府 議得 書曰……一甲兵堅利 行陣整齊 分數明 號令嚴 賞罰當 糧餉足 好謀用間 曠日持久 諸道並進 以取勝者 華人之長技也 馬健弓勁 輕齎併日 乘天時 度地利 馳突力戰 以取勝者 胡人之長技也 負固恃險 不依兵法 擇深阻築山城 安置老少 收納菽粟 擧烽相應 間道潛通 出其不意以取勝者 東人之長技也 平地之城 固不可無 然自古東人之善守者鮮 不可專恃邑城"

조항으로, 앞서의 개성부 장계보다 30여 년 이후의 것이다. 성석린의 논변은 산성과 평지성인 읍성을 대비시키면서 산성을 선호한 데서 개성부의 장계와 거의 일치한다. 성석린이 산성에 의거한 방어는 동인의 장기인 데 비해 평지성인 읍성은 방어 면에서 전적인 신뢰를 주기 어렵다고 한 데서 미루어 볼 때, 개성부 장계에서 산성을 중시한 이유 역시 그것이 방어 측면에서 읍성에 비해 뛰어나다고 본 데서였을 것이다.

이렇듯 1377년(우왕 3)을 분기점으로 축성이 이루어졌지만, 그것은 산성을 위주로 한 것이었다. 그러했던 까닭은 산성이 (평지)읍성과 달리 수축만 하면 되서 재정과 인력 동원 면에서 부담이 적었고 공기(工期) 또한 짧아 바로 활용할 수 있었기 때문에서였을 것이다. 아울러 산성이 방어 면에서 읍성에 비해 뛰어나다고 인식된 것도 그 이유들 가운데 하나로 작용하였을 것이다.

2) 읍성 신축과 외관 주도의 읍치 재건

1377년(우왕 3) 이후 기존 산성의 수축 위주로 축성이 이루어지면서, 읍성의 축조는 매우 제한적으로 진행되었다. 당시 읍성 축조가 부진한 상황을 이해하는데 있어 아래의 인용문은 도움이 된다.

> 개성부(開城府)에서 장(狀)을 올려 말하기를, “첫째 외성(外城)을 보수하는 일인 즉, 나라를 정하고 도읍을 세우는 자는 반드시 먼저 성을 높이 쌓고 못을 깊이 파는 것이 고금의 통제(通制)입니다. 우리 국가는 태조께서 창업하심이 원대하였으나 성곽을 쌓지 못하고 현종조에 이르러 비로소 외성을 쌓고 성 위에 나곽(羅閣)을 두어 굳게 지켰습니다. 세월이 오래되니 성은 퇴락하였고 또한 옛 성터의 주위가 넓고 멀어 1·2년간 비록 백성들이 힘을 다하여도 능히 중수하지 못할 것 같사오니 마땅히 군사를 조련하고 백성을 쉬게 하여 사변을 기다리게 하소서. 둘째 내성(內城)을 신축하는 일인 즉, 모든 일에는 반드시 준비가 있어야 하고 준비가 있으면 걱정이 없습니다. 지금은 왜구

> 가 횡행하고 해독을 끼치니 경내의 백성들이 만일 위급한 일이 있을 경우 의지할 곳이 없으니 진실로 두렵습니다. 원컨대 내성을 견고히 쌓도록 하소서. 셋째 외방산성(外方山城)을 수축하는 일인 즉, 당감(唐鑑)에는 고려에서는 산을 이용하여 성을 쌓는 것을 상책이라고 하였으니, 산성은 서로 가까운 곳에 편의에 따라 수즙하고 봉수로 서로를 바라보게 하여 전쟁 시에 서로 구하게 하는 것이 좋을 것입니다. 넷째, 목부군현(牧府郡縣)의 성을 쌓는 일인 즉, 군사와 백성을 휴식시키는 것은 나라에서 가장 힘써야 할 것입니다. 근래 왜구의 침략이 계속되어 백성들이 편안한 생활을 할 수 없고 또한 이전에 쌓은 사방 주위의 장성과 계축년에 동강·서강 등에 쌓은 성은 헛되이 백성을 괴롭히고 재물을 허비할 뿐입니다. 그러니 외방 평지에 성을 쌓는 것[其外方平地築城]을 중지케 하소서."[47)]

위의 기록은 1377년에 개성부에서 올린 장계로 그 일부가 앞서 소개된 바 있다. 여기서 당시 성은 개경과 외방의 성으로 대별된다. 그리고 각각은 다시 양분되어, 개경의 성은 외성과 내성으로, 외방의 성은 외방산성(外方山城)과 목부군현(牧府郡縣)의 성으로 나뉜다.

외방의 성 가운데 외방산성과 구분된 '목부군현의 성'은 (평지)읍성이었을 것이기에, (평지)읍성은 1377년에 이미 축조되고 있었다고 하겠다. 앞서 1377년에 산성을 수축하는 식으로 축성이 재개되었다고 하였는데, 위의 개성부 장계에 따르면, 일부 지역에서는 (평지)읍성의 축조가 동반되고 있었던

---

47) 『고려사』 82, 지36 兵2 城堡 우왕 3년. "開城府狀曰 其一外城修葺事 則曰定國立都者必先高城深池 此古今之通制也 我國家太祖創業宏遠而城郭不修 至於顯廟 始築外城 置城上羅閣 以固守 世遠城頹 且古基周回廣遠 一二年間 雖竭民力 似未能重修也 宜鍊兵息民以待其變 其二內城新築事 則曰惟事事乃必有備 有備則無患矣 今也倭寇橫行肆毒 京內之民 如有急難 無所依據 誠可畏也 願令堅築內城 其三 外方山城修補事 則曰唐鑑 以高麗因山爲城 爲上策也 山城相近之地 隨宜修葺 使之烽燧相望 攻戰相救可也 其四 牧府郡縣築城事 則曰休兵息民 有國之先務也 比來倭患相仍 民不聊生 且曾築四方周回長城與癸丑年所築東西江等城 徒勞民費財而已 其外方平地築城宜令停罷"

것이다.

이는 다음의 기록을 통해서도 뒷받침된다. 『고려사절요』는 1377년 7월의 축성 조치가 산성의 수축이었음을 전하지만,[48] 「촉석성문기(矗石城門記)」는 해당 조치를 "정사년[1377년: 필자] 가을에 조정 논의는 변방의 방비를 중히 여겨 여러 도에 사신을 보내 주현(州縣)의 성을 쌓도록 한"[49] 것으로 기록하였다. 당시 축성은 산성의 축조로 한정되지 않은 것이다.

(평지)읍성은 1377년에 이미 산성과 마찬가지로 축조되고 있었지만, 그러면서도 그 해 개성부가 (평지)읍성 축조의 중단을 건의한 데서 보듯, (평지)읍성의 축조는 여의치 않았다. 『고려사』에서 고려말에 이루어진 '치소가 위치한 성'[읍성] 축조의 기사를 거의 찾아볼 수 없는 것은[50] 이와 무관하지 않을 것이다.

그런데 조선시대 지리지류를 참고하면, 『고려사』에서 볼 수 없는 읍성 축조 사례들을 추가적으로 확인할 수 있다. 고려말에 축조된 것이 분명한 읍성 사례를 정리한 것이 〈표 6-2〉이다.

〈표 6-2〉 고려말 읍성 축조 사례

읍성	지역(도)	축성 시기	비고	전거
경주읍성	경상도	1378년(우왕 4)		『속찬』
진주읍성	경상도	1379년(우왕 5)	고려시대 '치소가 위치한 성'을 읍성으로 활용. 조선초기에 읍성 역할 상실	『승람』
성주읍성	경상도	1380년(우왕 6)		『속찬』
안동읍성	경상도	1380년		『속찬』

48) 『고려사절요』 30, 우왕 3년 7월. "遣使諸道 修築山城"

49) 『浩亭集』 2, 記 矗石城門記

50) 유일한 것이 다음 기록이다. 『고려사』 권82, 지36, 병2, 성보, 공양왕 3년 3월. "城機張郡及海州甕津". '성+읍호'가 '치소가 위치한 성'의 축조였음을 고려할 때, 이 기록은 기장, 해주, 옹진 지역에서의 읍성 축조를 의미할 것이다. 공양왕대에는 치소가 평지에 위치하였을 터이므로, 당시 '치소가 위치한 성'의 축조는 해당 군현의 읍성 축조를 뜻하였을 것이다. 이는 기장군의 읍성이 1391년(공양왕 3)에 축조되었다는 『大東地志』의 기록과도 부합한다.

영천(永川)읍성	경상도	1382년(우왕 8)		『대동지지』
영해읍성	경상도	1384년(우왕 10)		『대동지지』
양주(襄州)읍성	강원도	1385년(우왕 11)		『세종실록』
울산읍성	경상도	1385년	조선초에 고읍성(古邑城)으로 바뀜	『승람』
선산읍성	경상도	1385년		『속찬』
상주읍성	경상도	1385년	『승람』에는 1381년(우왕 7)에 축성되었다고 함	『속찬』
삼척읍성	강원도	1386년(우왕 12)		『척주집』, 척주선생안
동래읍성	경상도	1387년(우왕 13)		『승람』
전주읍성	전라도	1388년(우왕 14)		『여지도서』
금산(錦山)읍성	충청도	1389년(공양왕 1)		『승람』
영덕읍성	경상도	1389년		『속찬』
흥해읍성	경상도	1389년		『승람』
황간읍성	충청도	1390년(공양왕 2)	고려시대 '치소가 위치한 성'을 읍성으로 활용	『대동지지』
영일읍성	경상도	1390년	1389년(공양왕 1)에 흙으로 읍성을 쌓았으나 곧 무너져 다음해에 석성으로 개축	『승람』
언양읍성	경상도	1390년	1380년(우왕 6) 무렵에 고읍성(古邑城) 축조	『속찬』
함양읍성	경상도	1390년		『속찬』
울진읍성	강원도	1391년(공양왕 3)	태조대에 고읍성으로 변모	『대동지지』
기장읍성	경상도	1391년		『대동지지』, 『고려사』
해주읍성	황해도	1391년		『고려사』
옹진읍성	황해도	1391년		『고려사』
평해읍성	강원도	고려말		『대동지지』

※『승람』과『속찬』은 각각『신증동국여지승람』과『경상도속찬지리지』의 약칭이다.

위 사례들이 고려말에 축조된 읍성의 전부는 아닐 것이나, 여기에서 크게 늘어날 것으로 생각되지 않는다. 방어 측면에서 신뢰를 얻고 있지 못한 점과 신축에 따른 재정 및 인력 동원 면에서의 부담 등으로 인해, 읍성 축조는 매우 제한적으로 이루어졌을 것이기 때문이다.

많은 수는 아니라 할지라도, 읍성은 1378년(우왕 4) 이래로 꾸준히 축조되고 있었다. 그런데 대부분의 읍성은 연해 지역에 위치해 있었으며, 경상도 지역에 상대적으로 집중되어 있었다. 이것은, 산성 수축이 전국적으로 그리고 적극적으로 이루어지는 것과 달리, 읍성 축조가 왜구 방어와 관련하여 매우 제한된 지역에서 행해지고 있었음을 의미한다.

이렇다고 할 때, 읍성은, 산성 수축 위주의 축성이 이루어지는 가운데, 왜구 침략이 빈번하여 꼭 필요한 지역에 한해 축조되었다고 볼 수 있다.

이와 관련하여 당시 읍성 축조는 해당 군현을 재건하려는 목적에서 이루어진 점이 주목된다. 이는 고려말 읍성 축조에 관한 다음 기록들에서 확인 가능한데, 이들을 제시하자면 다음과 같다.

① 울산: 1379년(우왕 5) 왜구 침입으로 읍치가 폐허가 됨. 외관과 향리들은 계림성에 우거. 염문사(廉問使) 이문화(李文和)가 읍성 축조를 주도하였고, 원수(元帥) 겸 도순문사(都巡問使)인 박위(朴葳)와 외관인 김급(金及)이 가담하여 읍성 축조. 흩어진 민인들이 다시 돌아오고 옛 토지가 개간됨[51)]

② 영천: 1382년(우왕 8) 왜구의 침입으로 민인들이 강을 건너 서쪽으로 도망. 외관인 이지중(李止中)이 읍성을 축조한 후 민인들이 다시 돌아옴[52)]

③ 흥해: 1380년(우왕 6)에 왜구의 침탈로 민이 사방으로 흩어지고 읍치가 폐허가 됨. 외관은 원촌(遠村)에 머뭄. 1387년(우왕 13) 이후 고을로 돌아온 이들은 성에 의한 보호가 없어 굴을 만들어 지내며 나와서 농사를 지음. 1389년(공양왕 1) 읍성 축조. 이로 말미암아 민이 모여 살 수 있게 되었고, 가옥을 지을 수 있으며, 유우자(流寓者)가 날로 옴[53)]

④ 동래: 왜구의 침탈로 인해 읍[치]이 황폐화됨. 1387년(우왕 13)에 읍성 축

51) 『신증동국여지승람』 22, 경상도 蔚山郡 古跡 古邑城 조의 李詹 記文

52) 『동문선』 77, 永州城門樓記 李詹

53) 『陽村集』 11, 記類 興海郡新城門樓記

조. 그 결과 읍치가 예전처럼 복구됨[54)]

⑤ 영일: 고려말에 왜구 침탈로 읍이 황폐화됨. 1390년(공양왕 2)에 읍성이 축조되자 이전에 떠났던 사람들이 모두 돌아오고 새로 오는 자도 연이어서, 성 둘레에 황폐한 전답이 없어짐[55)]

⑥ 영해: 왜구의 침략으로 인해 읍은 거의 붕괴되고 민들은 사방으로 흩어짐. 관리는 다른 군현에 우거. 읍성의 축조로 인해 '읍이 재건됨[一邑再造]'[56)]

⑦ 영덕: 고려말 왜구의 침탈로 인해 여러 해 동안 마을은 폐허가 됨. 읍성이 축조되자 유민들이 돌아옴[57)]

⑧ 상주: 1380년(우왕 6)에 왜구가 침범하여 관옥(官屋)과 민의 가옥을 모두 불태움. 1381년에 읍성을 축조하여 유민(遺民)을 불러 모음[58)]

위의 사례들에 의하면, 고려말 왜구의 침탈로 읍은 폐허로 변하고 민인들이 사방으로 흩어지는[四散] 상황에서, 읍성의 축조는 읍치의 복구 및 흩어진 민인들의 복귀에 있어 전기로 작용하였다. 권근(權近)의 표현을 빌리자면, 읍성의 축조는 '일읍재조(一邑再造)'를 위한 발판이었다.[59)] 읍성이 축조되자, 민인들은 생활 터전에서 농사를 지으면서 유사시 읍성으로 입보할 수 있었고, 이 때문에 폐업은 사라지게 되었다.[60)] 또한 영일의 사례[⑤]에서 볼 수 있듯이, 읍성 건설로 새로운 인구들을 흡수할 수 있어, 읍치 내 황폐된 농토가 회복되기도 하였다.

---

54) 『동문선』 77, 東萊城記 李詹
55) 『陶隱集』 4, 記 迎日縣新城記
56) 『陽村集』 11, 記類 寧海府西門樓記
57) 『陽村集』 12, 記類 盈德客舍記
58) 『牧隱文藁』 1, 記 風詠亭記
59) 『동문선』 77, 記 合浦營城記
60) 『동문선』 77, 記 合浦營城記

요컨대, 당시 읍성 축조는 왜구의 피해가 극심하여 읍치의 복구를 위해서는 해당 조치가 필요한 지역에서 해당 고을을 재건하는[일읍재조] 차원에서 이루어졌다.

이러한 이유에서 읍성은 대개 일부 연해 지역에 한해 축조되었다. 연해 지역은 왜구에 의한 피해가 극심하여 읍치가 폐허로 변한 곳이 적지 않았다. 축성책이 도입된 후 고려정부는 산성 수축을 통해 연해 수소 위주의 방어를 보조하고자 했다고 하였는데, (평지)읍성의 축조는 이를 통해서도 채워지지 않은 틈을 메우는 조치라고 할 수 있다.[61] 연해 지역은 왜구의 잦은 출몰로 인해 극심한 피해를 겪고 있었고, 이곳 읍치들 가운데 폐허가 된 곳도 적지 않았다. 연해 지역의 폐허가 된 읍치를 복구하기 위해서는 평지에 위치한 치소 및 읍치민을 상시적으로 보호해 줄 수 있는 성이 요구되고 있었다. (평지)읍성의 축조는 바로 이러한 기대, 곧 읍치를 복구하고 떠나간 민인들을 불러들이고자 한 데에서 기본적으로 출발하고 있었다.

이러하다 보니 고려말의 읍성 축조는 조선초기와 달리 국가 정책의 차원에서 대대적으로가 아니라 외관, 도순문사 등의 의지로 산발적으로 이루어지고 있었다.[62] 곧 읍성이 군현을 재건하려는 차원에서 축조되었다고 하더라도, 국가가 축조를 체계적으로 주도한 경우는 드물었다.[63] 이보다는 해당 지역 사정을 잘 아는 외관 등과 같은 중앙 관원이 읍성 축조를 주도하였고, 경우에 따라 국가가 이를 보조해주곤 하였다. 대개 읍성의 필요를 절감한 해당 군현의 외관이 군현민을 동원하거나 외부에 인력을 요청하는 방식으로 읍성 축조는 이루어지고 있었다. 영천, 흥해, 청하, 영일, 상주, 진주, 금산 지역

61) 최종석, 앞의 논문, 2012a 참조.

62) 도순문사에 주도되는 읍성 축조에 관해서는 오종록, 「高麗末의 都巡問使」, 『진단학보』 62, 1986, 28~29쪽 참고.

63) 1391년(공양왕 3) 기장, 해주, 옹진 지역에서의 읍성 축조는 국가가 주도하였을 것으로 생각된다. 해당 축성 기록은 『고려사』 성보 조에 기재되어 있는데, 여기에 실린 기록은 앞서 언급한 바와 같이 국가 주도의 축성 사실에 해당한다.

등에서의 읍성 축조는 이러한 방식으로 이루어졌다. 경우에 따라서는 동래읍성과 영해읍성의 축조 사례에서 볼 수 있듯이, 원수(元帥)가 읍성의 필요성을 절감하고 축조를 주도하기도 하였고, 울산읍성의 경우처럼 염문사(廉問使)가 읍성 축조를 주도하기도 하였다.

외관 등의 중앙 관원이 국가의 명령이 아니라 자체적인 판단에 따라 읍성의 축조를 주도하다 보니, 고려말의 읍성은 석성에 비해 공력이 적게 들고 공기도 짧은 토성의 형태로 축조되는 것이 일반적이었다.[64] 또한 '일읍재조'의 차원에서 읍성 축조가 요구되는 지역이라 할지라도 일률적으로 읍성이 축조되는 것은 아니었다.[65] 해당 군현의 외관 등이 읍성 축조에 적극적인 자세를 취하지 않으면, 그 사업은 실현될 수 없었다.[66]

축조의 목적과 주도층에서 볼 수 있듯이, 읍성 축조는 외관(관) 주도의 지방지배질서의 구축 차원에서 이루어진 측면이 있었다. 지역공동체가 약화·소멸된 상황에서, 왜구의 침입은 향촌사회의 위기를 촉발하고 있었다. 이러한 위기는 기본적으로 외관과 중앙정부 주도로 극복되어 갔는데, 이 과정에서 외관과 중앙정부 주도 지방지배질서로의 재편 작업은 보다 탄력을 받으면서 진행되어 갔다.[67] 읍성의 축조 또한 이 일환으로 이루어진 것이었다.[68]

이외에도 고려말 읍성은 '치소가 위치한 성'에 대한 변화된 사회적인 요구 및 치소의 평지 입지 경향에 부응하는 것이기도 하였다. 이 점을 앞서 언급한 바 있는 설장수의 축성론을 중심으로 검토해 보고자 한다.[69]

---

64) 『세종실록』 64, 16년 5월 을사

65) 가령 固城 지역의 경우 왜구의 빈번한 침략으로 큰 피해를 입고 있었지만, 고려말에 읍성은 축조되지 않았다.

66) 외관[관] 주도의 읍성 축조에 유향품관이 협조한 사례도 확인된다. 이에 비해 향리층이 읍성 축조에 가담한 사실은 거의 보이지 않고 있다.

67) 당시 지방지배 질서의 변화에 관해서는 채웅석, 「고려말 조선초기 향촌사회의 변화와 지배질서의 재편」, 『중세사회의 변화와 조선 건국』, 혜안, 2005 참고.

68) 향촌사회의 동향과 관련하여 고려말 읍성 축조의 문제를 검토한 연구로는 구산우, 「고려말 성곽 축조와 향촌사회의 동향」, 『역사와 경계』 75, 2010 참조.

69) 설장수의 축성론은 당시 수용되지 못했지만, 읍성 축조가 지닌 시대적 의미를 내포하고 있

신의 미욱한 생각에는 연해 100리 사이에 이미 이주했거나 현재 거주하는 민인들을 추쇄하여 사방 30리 혹은 50리의 범위 안에서 비옥하여 경작할 만한 땅으로 지형이 평탄하고 땔나무와 물이 있는 곳을 선택하여 그 호수의 다과를 감안하여 성보를 쌓되, 200~300가(家)를 기준으로 관수(官守)를 두어 거기에 거주하게 하며 집들은 서로 잇닿아 짓게 하여 그 주민들로만 수용하게 할 것입니다. 가옥 이외에는 곡식을 보관하는 곳만 남기고 그 원포는 모두 성 밖의 땅으로 지급하도록 하십시오.[70]

우선적으로, 축성과 연계된 점들을 주목할 필요가 있다. 즉 축성에 선행하여, 비옥한 경작지를 확보하고 있으며 평지이면서 용수 등의 생활 여건이 좋은 곳에 추쇄한 민인들을 집주(集住)시키려 하였다. 또한 집주한 호들 수의 다과에 맞춰 축성을 하고, 성 밖에는 경작지를 두고자 하였다. 이렇듯 설장수가 구상한 읍성을 포함한 평지성은[71] 국가의 주도 하에 기존의 향촌질서를 재편하고자 하는 차원에서 축조되는 것으로, 민인들이 거주하고 농사짓는 곳과 분리되지 않는다. 이와 맞물려 읍성의 입지 조건으로 경제적·생활 환경적 측면이 중시된다.

또한 그의 축성론은 치소가 평지에 위치한 당시 사회변화를 수용한 측면이 있었을 것이다. 앞서 본 바와 같이, 고려말에는 치소가 대개 평지에 위치하였지만 성에 의해 보호되지 못했다. 따라서 평지 읍성의 축조는 평지에 치소가 위치한 현실을 수용하면서 치소가 성에 의해 보호받지 못한 문제점을 개선하기 위해 이루어졌다고 할 수 있다.

설장수의 주장은 당시 수용되지 못하였다. 따라서 그의 축성론이 당대에

었다.

70) 『고려사』 112, 열전25 偰遜 附 偰長壽

71) 앞서 언급한 바와 같이, 한 군현 내에 여러 성보들[평지성]이 축조되고, 이 가운데 하나가 읍성으로 기능하게 된다.

공감되었다고는 할 수 없다. 또한 그의 견해 가운데 개인 소견이 짙은 부분은 당시의 일반적 흐름을 제대로 반영하지 못했을 수도 있다. 그럼에도 불구하고, 그의 논의에서 보이는, 기존 향촌사회질서에 대한 재편, 평지 읍성의 축조, 읍성의 입지 조건으로 경제적·생활 환경적 측면의 중시 등은 여말선초 시기 뚜렷하게 대두하는 경향이어서, 그의 축성론을 통해서 고려말 읍성 축조의 시대적 의미를 읽고자 한 시도는 대과가 없으리라 판단된다.

이렇듯 고려말에 기존 산성의 수축 위주로 축성이 진행된 상황에서 제한적으로나마 이루어진 읍성 축조는 지역공동체를 근간으로 한 군현 질서의 변화 및 국가 주도의 향촌질서의 재편과 맞물려 있었다. 읍성은 고려 치소성과 달리 거주·농경지와 보다 밀착된 성이었으며, '치소가 위치한 성'의 조건으로 경제적·생활 환경적 측면 등을 중시하는 변화된 사회 조건 및 치소의 평지 입지의 추세를 수용하면서 새롭게 등장한 성이었다.[72)]

---

72) 향리층의 거점이기도 한 산성 형태의 고려 치소성을 대체하여 인근 평지에 읍성을 축조한 점은 재지세력의 주축이 향리층에서 유향품관으로 바뀌어간 사실과도 관련된다고 할 수 있다. 유향품관은 향리층과 공간적으로 분리되는 성향이 강해 읍치를 벗어나 저평지로 이주하곤 하였으며, 외관 주도의 지방지배질서의 개편 작업에 비교적 호의적이었다. 이러한 배경에서 향리층과 달리 유향품관들은 읍성 축조에 협력하였을 것이다. 여말선초 시기 유향품관층의 거주 경향과 관련해서는 이태진, 「14~16세기 저평지 水田 개발-善山 지방의 경우」, 『의술과 인구 그리고 농업기술』, 태학사, 2002, 347~362쪽; 박현순, 「16~17세기 禮安縣 士族社會 硏究」, 서울대 박사학위논문, 2006, 10~28쪽 참조.

2장
조선초 읍성 분포의 특징과 그 배경

1. 조선초기 읍성 분포 현황

고려 치소성을 토대로 한 '치소가 위치한 성'의 고려시대적인 분포 양상은 고려말에는 이미 와해되어, 공민왕대와 우왕대 초기에는 '치소가 위치한 성' 자체가 사실상 거의 존재하지 않다시피 하였음은 앞서 검토한 대로이다. 용도 폐기된 고려 치소성을 대신하여 새로운 '치소가 위치한 성'이라 할 수 있는 읍성이 고려말에 극히 일부 지역들에 한해 축조되었다. 그러다 후술하듯 읍성은 조선초기에 활발히 증치되어 갔다.

여기서는 『세종실록』 지리지와 『동국여지승람』을 활용하여 특정 시점에서 읍성 분포의 전국적 양상을 살펴보고자 한다. 그런 이후 읍성 축조의 추이를 검토하여 해당 양상이 어떠한 과정을 통해 성립되었는지를 규명해 보도록 하겠다.

특정 시점에서 읍성 분포의 전국적 양상을 확인할 수 있는 최초의 자료는 『세종실록』 지리지이다. 『세종실록』 지리지에는 편찬 당시에 존재한 읍성이 기록되어 있다. 그 당시 읍성 분포의 전국적 양상을 파악하기 위해 『세종실록』 지리지에 기재된 읍성들을 아래에 보는 바와 같이 표로 정리해 보았다.

〈표 6-3〉 『세종실록』 지리지의 읍성 현황

지역	군현수	읍성수		읍성수/군현수(%)	기타
		주현	속현		
경기도	42	2		5	
충청도	55	15		27	
경상도	66	27	1	41	동평현성(東平縣城) [동래군의 속현인 동평현]
전라도	56	23		41	
황해도	24	5		21	
강원도	24	7	1	29	우계읍성(羽溪邑城) [강릉대도호부의 속현인 우계현]
평안도	47	17		36	
함길도	21	12	1	57	진명현읍성(鎭溟縣邑城) [의천군의 속현인 진명현]
총 계	335	108	3	32	

1. 군현수는 주현의 수치이다.
2. 개성은 경기도에 포함시켰다.
3. 읍성수/군현수 항목에서 읍성수는 주현의 읍성 수치이다.

〈표 6-3〉에 의하면, 1454년(단종 2)에 편찬된 『세종실록』 지리지에는 108개 주현과 3개 속현에 읍성이 설치되어 있었다. 전국적으로 111개의 읍성을 둔 것이다. 읍성은 전체 주현들 가운데 대략 32%의 군현에 국한하여 존재하였으며, 당시 군현으로 간주되지 않던 속현에는 읍성이 거의 설치되어 있지 않았다.

당시의 읍성들은 고려말부터 축조되어 온 것들의 축적물일 것이다. 당시는 고려말에 읍성이 축조되기 시작한 후 대략 78년이 지난 때로, 전국적으로 111개의 읍성이 분포해 있었을 정도로, 이 기간 동안 읍성들은 활발히 축조되었다.[73]

73) 111개 읍성 모두가 신축된 것은 아니었고, 이들 가운데 일부는 고려 치소성이었던 성이 활용된 것이었다. 최종석, 「조선초기 '邑城' 용어 출현의 배경과 읍성의 유형」, 『동방학지』

『세종실록』 지리지 단계 이후로도 읍성은 증치되고 있었다. 1481년(성종 12)에 편찬된 『동국여지승람』은 그 이후로의 증치 양상을 명확히 보여준다.

〈표 6-4〉 『동국여지승람』의 읍성 현황

지역	군현수	읍성수	읍성수/군현수(%)
경기도	38	2	5.3
충청도	54	16	29.6
경상도	66	30	45.5
전라도	57	30	52.6
황해도	24	5	20.8
강원도	26	9	34.6
평안도	42	16	38.1
함경도	22	13	59.1
총 계	329	121	36.8

1. 군현수는 주현의 군현 수치이다.
2. 읍성수는 모두 주현 군현의 읍성 수치이다.

『동국여지승람』의 읍성 수는 121개로, 『세종실록』 지리지 단계의 111개에 비해 10개가 증가하였다. 그런데 이 기간 동안 단지 10개의 읍성이 축조된 것은 아니었다. 왜냐하면, 해당 시기 동안 고려 치소성이었던 성을 활용한 읍성들이 폐치되거나, 고려말 이래 신축된 읍성이 폐기되거나 하여, 실제로는 약 31개의 읍성이 축조되었기 때문이다.[74)]

이 기간 동안에도 읍성이 설치된 군현의 수는 증가되고 있었지만, 고려말부터 『세종실록』 지리지 단계까지의 증치 양상에 비해, 그 증가 추세는 현저히 둔화되고 있었다. 이 현상에다가 『동국여지승람』 단계 이후로의 읍성 증가의 추세를 감안할 때, 이 무렵에 읍성 증치의 흐름은 사실상 꺾였다고 볼 수 있다. 왜냐하면 이 이후로도 읍성의 증치는 있었기는 하나, 다음 표에서

138, 2007 참고.

74) 심정보, 『韓國 邑城의 硏究』, 학연문화사, 1995; 유재춘, 『韓國 中世築城史 硏究』, 2003, 경인문화사; 최종석, 위의 논문, 2007 참조.

볼 수 있듯이 그 폭이 매우 미미하였기 때문이다.

〈표 6-5〉『동국여지지』의 읍성 분포

지역	읍성수/군현수	비율(%)
경기도	3/38	7.9
충청도	17/54	31.5
전라도	30/56	53.6
경상도	**18/31**	**58.1**
황해도	7/24	29.2
강원도	9/26	34.6
함경도	16/22	72.7
평안도	17/42	40.5
총계	117/293	39.8

※경상좌도 35개 읍이 누락되어 있음.

〈표 6-6〉『증보문헌비고』의 읍성 분포

지역	읍성수/군현수	비율(%)
경기도	4/38	10.5
충청도	20/54	37.0
전라도	30/60	50.0
경상도	39/72	54.2
황해도	8/23	34.8
강원도	9/27	33.3
함경도	19/25	76.0
평안도	18/44	40.9
총계	147/343	42.9

17세기에 작성되었다고 여겨지는 『동국여지지(東國輿地志)』와 조선말기에 편찬된 『증보문헌비고(增補文獻備考)』에서 확인되는 읍성 분포의 상황에[75] 따르자면, 『동국여지승람』 단계 이후로도 읍성은 증치되었다. 그런데 위 두 서책들에 반영된 읍성 분포의 양상은 『동국여지승람』 단계와 대동소이하였다.[76] 『동국여지지』 가운데 권4 상(上)은 결본이어서 그 단계에 있어 읍성의 총수가 명확치는 않으나, 누락된 경상좌도 35개 군현을 제외한 채 전체 군현들 가운데 읍성이 설치된 곳의 비율은 39.8%로 『동국여지승람』 단계보다 약간 증가한 따름이다. 그 사이에 새로이 읍성이 설치된 지역은 드물었던 것이다. 더욱이 조선말기에 간행된 『증보문헌비고』에서조차 읍성은 147개 군현에 두어지고 있어, 『동국여지승람』 단계로부터 몇 백 년 뒤인 때인 지라도,

75) 〈표 6-6〉은 권내현, 「朝鮮後期 邑治와 그 居住民 構成에 관한 一考察」, 『한국사학보』 3·4, 1998, 350쪽에서 전재하였다.

76) 『신증동국여지승람』은 『동국여지승람』을 중종대 증수하여 간행한 것으로 추가된 내용은 '신증'으로 표기되었는데, 『신증동국여지승람』에 기재된 읍성들 가운데 '신증'으로 표기된 것은 극히 소수에 불과하였다.

읍성 수는 별달리 증가하지 않았다고 할 수 있다.(121→147)

이렇듯 고려말 이래 진행되어 온 읍성의 증치는 『동국여지승람』 단계 무렵에 실질적으로 그 흐름이 종료되었다. 그 당시 읍성 분포의 양상은 이후로도 큰 변화 없이 지속되어, 15세기 말의 『동국여지승람』과 조선말의 『증보문헌비고』 단계 사이라는 꽤 오랜 기간 사이에 전국적인 읍성 수는 별로 늘지 않았다.

『동국여지승람』 단계 무렵에는 읍성 증치가 실질적으로 종료된 것 외에도, 고려말 이래 신축된 읍성으로 수렴되어 간 현상이 있었다. 조선초기의 읍성은 고려말 이래 신축된 읍성[평지성 형태]과 고려 치소성이었던 성을 활용한 읍성[산성 형태]으로 양분할 수 있는데, 『동국여지승람』 단계로 올수록 고려 치소성이었던 성을 활용한 읍성은 꾸준히 감소되었다. 그 결과 이 무렵에 읍성들 가운데 후자에 해당하는 것은 극히 드물게 존재하였을 따름이었다.[77)]

이러한 이유에서 『동국여지승람』 단계에 이르러 '치소가 위치한 성'의 조선시대적인 분포 양상이 성립되었다고 할 수 있다.[78)] 읍성을 기반으로 한 '치소가 위치한 성'의 조선시대적인 분포 양상은 고려 치소성을 토대로 한 '치소가 위치한 성'의 고려시대적인 분포 양상을 대체하였다. 물론 전자가 붕괴된 이후 후자가 성립되기까지 상당한 시간이 소요되었음을 간과해서는 안된다.

읍성을 기반으로 한 '치소가 위치한 성'의 조선시대적인 분포 양상은 고려 치소성을 토대로 한 '치소가 위치한 성'의 고려시대적인 것과 여러모로 현저히 달랐다.

첫째, 그것은 읍성이 일부 군현에 한해 설치된 특징을 노정하였다. 조선초기에 읍성은 고려 치소성과 달리 군현마다 설치되는 경향이 보이지 않는다.

---

77) 최종석, 앞의 논문, 2007.

78) 읍성이 군현마다 설치되지 않은 점을 감안할 때, '조선적' 읍성 분포를 보다 큰 틀에서 보면, 『동국여지승람』 단계 무렵에 '조선적' 읍치 분포가 성립되었다고 할 수 있다.

〈표 6-3〉에서 보듯, 『세종실록』 지리지 단계에는 전체 주현 가운데 대략 32%에만 읍성이 존재하였다. '치소가 위치한 성'의 조선시대적인 분포 양상이 성립되었다고 할 수 있는 『동국여지승람』 단계에는 읍성의 분포 범위가 확대되었기는 하나, 읍성은 여전히 제한적으로 설치되어 있었다. 즉 전체 주현들 가운데 대략 37%에만 읍성이 두어졌다. 조선후기에 읍성의 분포 범위는 다소 확대되었지만, 『증보문헌비고』에서 볼 수 있듯이, 여전히 50%에도 미치지 못하였다(약 43%). 이렇듯 '치소가 위치한 성'의 조선시대적인 분포 양상은 읍성 설치 군현이 전체의 절반에도 못 미치는 특징을 지니고 있었다.

또한 '치소가 위치한 성'의 조선시대적인 분포 양상에서 읍성은 주현에만 분포하고 있었다. 『동국여지승람』은 이 점을 명확히 보여주고 있다. 『세종실록』 지리지 단계까지만 해도 전대의 유제(遺制)로 세 곳의 속현에 읍성이 잔존하였으나, 그 이후로 이것들은 사라졌다. 읍성이 주현에만 설치된 것은 너무도 당연한 사실일 수 있다. 왜냐하면 지방지배질서의 전환과 맞물려 속현은 군현으로 인정되지 않고[79] 주현의 한 영역으로 간주되었기에, 주현의 직촌(直村)이 되지 않고 여전히 속현으로 남게 된다고 할지라도 고려시대에서와는 달리 더 이상 치소가 존재하지 않았기 때문이다. '치소가 위치한 성'으로서의 읍성은 치소가 존재한 주현에 국한하여 설치된 것이다.

다음으로, '치소가 위치한 성'의 조선시대적인 분포 양상은 읍성이 특정 지대에 편중된 특징을 보인다. 우선 도별 읍성 분포에서 이 점은 잘 드러난다. 가령 『세종실록』 지리지를 보면, 경기도에는 읍성이 2곳에만 있은 반면, 경상도에는 28개의 읍성들이 존재했다. 『세종실록』 지리지에 따르면, 읍성은 주로 삼남(三南) 지역과 평안·함길도 지역에 집중 분포하고 있었다. 특히 삼남 지역의 읍성 수는 총 66개로 전체 읍성들의 59%를 점할 정도였다. 평안·함길도 지역에도 전체 읍성의 27%가 몰려 있었다. 삼남 지역과 평안·

79) 윤경진, 「高麗 郡縣制의 構造와 運營」, 서울대 박사학위논문, 2000b 참조.

함길도 지역의 읍성을 모두 합하면 총 96개로, 이들 지역의 읍성은 전체 읍성 가운데 86%를 차지할 정도로 압도적 비중을 차지하였다. 읍성 대부분이 이들 지역에 집중되어 있었다고 해도 무리가 아닌 것이다.

읍성의 편중적 분포는 『동국여지승람』 단계에도 전혀 달라지지 않았다. 전체 읍성들 가운데 63%가(76개) 삼남 지역에 몰려 있었고, 평안·함경도 지역에도 전체의 24%(29개)에 해당하는 읍성들이 존재하였다. 이전 시기와 거의 비슷하게 전체 읍성의 약 87%(105개)가 삼남 지역과 평안·함경도 지역에 분포하였다.

읍성이 특정 지대에 편중된 현상을 좀 더 자세히 들여다보면, 그것은 연해 지역 및 북쪽 국경 지대에 편중 분포하고 있었다. 평안·함경도 지역을 제외한다면, 읍성은 내륙 지역에는 드물게 분포한 반면 연해 지역에는 집중적으로 두어지고 있었다. 강원도 지역의 사례는 이 점을 극명하게 보여준다. 『신증동국여지승람』에 따르면, 영동 지역에는 군현마다 읍성이 존재한 데 비해,[80] 영서 지역에는 단 한 군현에도 읍성이 설치되어 있지 않았다. 앞서 읍성은 주로 삼남 지역에 집중되어 있었다고 하였는데, 정확히는 삼남의 연해 군현에 읍성이 몰려 있었다. 황해도의 경우에도 읍성들은 연해 군현에 편중 분포되고 있었다.

평안도 지역에서는 압록강에 연한 국경 지대에 읍성이 집중 분포하고 있었다. 함경도 지역의 경우 연해 군현들 가운데 드물지 않은 지역에 읍성이 설치되어 있었고, 특히 6진 지역을 비롯한 국경지대에 읍성이 주로 분포하였다.

마지막으로 '치소가 위치한 성'의 조선시대적인 분포 양상은 읍성이 주로 평지에 자리한 특징을 노정한다. 조선초기에 읍성은 고려말 이래 새로이 축조한 것과 고려 치소성이었던 성을 활용한 유형으로 구분된다고 하였는데,

80) 영동 지역에 위치한 강릉대도호부, 삼척도호부, 양양도호부, 평해군, 간성군, 고성군, 통천군, 울진현, 흡곡현 모두에 읍성이 설치되어 있었다.

이 가운데 대개 평지를 토대로 축조된 읍성인 전자가 압도적 다수를 차지하고 있었다. 산성 내지 산성에 가까운 평산성인 후자는 소수에 불과하였다. 조선초기 내에서도 시간이 경과할수록 전자는 증가되어간 반면 후자인 읍성은 감소·소멸되어 갔다. 그 결과 『동국여지승람』 단계에 읍성은 사실상 평지에 자리한 것으로 수렴되었다.[81]

2. 읍성의 확산과 그 귀결

지금까지 『동국여지승람』 단계에 성립된 '조선적' 읍성 분포와 그 특징을 검토하였다. 이하에서는 그러한 읍성 분포가 어떠한 과정을 통해 성립되었는지를 조선초기 읍성 축조 양상을 중심으로 규명해 보도록 하겠다.

1) 세종 11년 이전 소극적 읍성 축조

(1) 태조·정종대

태조대에는 한양천도와 이에 따른 대규모 토목공사로 인해 축성 사업 자체가 전반적으로 부진하였다. 당시에는 종묘, 궁궐, 도성·궁성 등의 축조가 주로 행해지고 있었다.[82] 또한 왜구의 침입도 이전에 비해 잠잠해져,[83] 읍성 축조가 시급히 요구되는 상황도 아니었다.

전반적으로 축성이 부진하였다고 할 수 있지만 그나마 축조된 성은 서강(西江)에 축조하려다 중단된 성[84]을 제외하고는 모두 읍성이었다. 그리고 이

---

81) 최종석, 앞의 논문, 2007 참고.

82) 『태조실록』 8, 태조 4년 10월 을미

83) 『태조실록』 2, 태조 원년 12월 임술. "革私田積年之弊 拯生靈於湯火之中 足兵食於艱難之際 以之造樓船 以之築城堡 武衛以奮 漕路以通 三韓四十年 倭奴之患 一朝而息矣"

84) 『태조실록』 4, 태조 2년 7월 병진. "命城西江 發役徒 於京畿左右道"; 『태조실록』 4, 태조 2년 7월 신미. "罷西江築城之役"

는 공통적으로 양계 지역에 위치하였다. 1393년(태조 2) 1월 도평의사사 주도로 평양성을 축조한 것을 시작으로,[85] 동년 8월에 동북면도안무사(東北面都按撫使) 이지란(李之蘭)으로 하여금 갑주성(甲州城)과 공주성(孔州城)을 쌓도록 하였고,[86] 1394년(태조 3) 8월에는 안주성(安州城)을 축조하였으며,[87] 1396년(태조 5) 8월에는 서북면도순문사(西北面都巡問使)의 건의로 영삭진성(寧朔鎭城)을,[88] 1398년(태조 7) 1월에는 서북면도순문찰리사(西北面都巡問察理使) 최영지(崔永沚) 주도로 선주성(宣州城)과 평양성을 축조하였다.[89] 마지막으로 동북면도선무사(東北面都宣撫使) 정도전(鄭道傳) 주도로 경원부성(慶源府城)을 쌓았다.[90]

공주, 갑주, 경원부는 동계의 최북단에 위치한 군현들로, 이곳들에는 외침의 위협이 상존하였다. 이들 지역의 읍성은 외적으로부터 치소와 민거(民居)를 보호하고 해당 지역을 포함하여 부근 군현민들의 입보처로 사용할 목적으로 축조되었을 것이다.

이와 달리 평양성, 안주성, 선주성, 영삭진성은 북계 지역에 위치한 읍성으로, 의주 옆의 정녕현(定寧縣)[91]에서 선주, 안주, 평양을 잇는 선을 따라 분포하고 있었다. 이는 중국과의 접경 지역에서 한양으로 이르는 교통로의 요충지에 읍성을 축조하였음을[92] 의미할 것이다.[93]

---

85) 『태조실록』 3, 태조 2년 1월 임자. "命都評議使司 城平壤"

86) 『태조실록』 4, 태조 2년 8월 을유. "遣東北面都按撫使李之蘭 城甲州孔州"

87) 『태조실록』 6, 태조 3년 8월 을해. "城安州"

88) 『태조실록』 10, 태조 5년 8월 갑인. "是月 西北面都巡問使 請城寧朔鎭 從之"

89) 『태조실록』 13, 태조 7년 1월 임신. "命西北面都巡問察理使崔永沚 城宣州平壤"

90) 『태조실록』 13, 태조 7년 2월 계사. "東北面都宣撫使鄭道傳 城慶源府"

91) 태조 5년 7월에 定戎, 寧德, 寧朔 지역을 합해 定寧縣을 두었다. 이에 관하여 『태조실록』 10, 태조 5년 7월 임오 기사 참조.

92) 오종록, 「朝鮮初期의 國防論」, 『진단학보』 86, 1998, 147~148쪽.

93) 서북면 지역의 읍성들 중 평양성과 안주성은 界首官 지역에 쌓아진 읍성으로, 행정적·군사적 목적에서 축조되었을 것이다. 또한 이 성들은 고려시대의 주진성을 활용한 것으로 추정된다.

이렇듯 태조대의 축성은 양계 지역 읍성의 축조를 위주로 하여 이루어지고 있었다. 동북면 지역에서는 극변 지역을 중심으로, 서북면 지역에서는 중국과의 접경 지역에서 국도로 향하는 교통로 선상에 읍성을 축조하고 있어, 당시 읍성은 대륙 방면으로부터의 외침에 대비하여 그것이 절실히 요구된 지역에 한해서 축조되었다고 할 수 있다.[94)]

한편 축성 사례들은 태조대의 축성이 양계 지역 읍성의 축조에 집중되었음을 말하기는 하나, 실제 양상이 그러하였다고 보기는 어려울 듯싶다. 수령과 감사 차원에서 기존의 성보(城堡)를 수선하도록 한 명령이 있었던 사실에서,[95)] 사례 상으로 드러나지는 않지만 이곳저곳에서 기존 성의 수축은 분명히 이루어졌을 것이다. 수축된 성은 읍성보다는 산성에 해당하였을 가능성이 매우 높기에, 당시 기존 성의 수축은 고려말에서와 같이 산성의 수축이었을 것이다.

요컨대, 태조대의 축성은 읍성이 절실히 요구되는 양계의 일부 지역에서는 국가 차원의 읍성 축조가 이루어지고 있었고, 한편으로는 수령과 감사 주도로 기존 산성의 수축이 진행되었다고 할 수 있다.

다음으로는 정종대에 관해서다. 정종대에는 왜구 침략이 잠잠하였고,[96)] 민인들을 동원하는 토목사업을 중단하려는 정종의 의지가 강해, 축성 사업을 포함한 일체의 토목 사업이 전혀 이루어지지 않았다. 정종대에 축성 관련 기록이 전무한 것도 이와 무관치 않을 것이다.

---

94) 왕조가 교체되어서인지 태조대의 읍성 축조 양상은 경상도 연해 지역 위주로 한 고려말의 그것과는 뚜렷이 구분되고 있다.

95) 『태조실록』 7, 태조 4년 5월 계사. "憲司上言 選將帥 修器械 完城堡 畜資糧 明賞罰 寬征賦 凡六條 命都評議使司 擬議施行"; 『태조실록』 8, 태조 4년 11월 경오. "憲司上疏言 考察監司守令得失之目 興學 撫民 恤刑 治兵 備鹽鐵 繕城堡 畜資糧 省征斂 禁田獵 懲鄕愿 納租自量 種桑麻 藝莞楮之令"

96) 『정종실록』 2, 정종 원년 11월 정묘. "初司憲府上疏 請罷家甲曰 兵者 聖人之所不得已 不戢有自焚之災 今國家幸賴殿下之德 內無奸黨倡亂之釁 外無邊寇侵陵之患 而典兵者衆巷陌之間 干戈交橫 常若有變者 豈不爲聖朝守文之累乎"

(2) 태종·세종 초기

태종대의 읍성 축조 양상과 그 특징을 살피기 위해, 당시 축조된 읍성을 도별로 정리해 보았다.

〈표 6-7〉 태종대 도별 읍성 축조 양상

도	읍성	『태종실록』 기사 전거	비고
평안도	평양성	2년 6월 계축; 9년 2월 을유; 10년 10월 무신; 13년 2월 을축	
	안주성	2년 6월 계축; 6년 9월 임술; 13년 8월 계해	태종 13년의 축성은 광축(廣築)임이 분명
	의주성	2년 6월 계축; 9년 2월 을유	
	이성성(泥城城)	2년 6월 계축; 2년 9월 신묘	
	강계[부]성	2년 6월 계축; 2년 9월 신묘; 10년 3월 병신	태종 10년의 축성은 수축임이 분명
	[대]삭주성	10년 1월 병술; 10년 3월 병신	태종 10년 3월의 축성은 수축임이 분명
	양덕현성	10년 3월 병신	수축임이 분명
	곽산성	14년 8월 을묘	
	용강읍성	17년 2월 무오	
함길도	경원[부]성	1년 8월 계유; 1년 10월 병자; 18년 1월 갑자	태종 18년의 축성은 이치(移置)된 치소에 축조된 것
	경성성(鏡城城)	3년 7월 경자; 3년 10월 기유	
	갑주성	3년 7월 경자	
함길도	청주성(靑州城)	7년 9월 임자	
	함주성	14년 8월 을묘	
	영흥성	15년 12월 신미	
	길주성	15년 12월 신미	
	정평성	18년 1월 갑자	
전라도	나주성	4년 10월 기사	
	보성성	4년 10월 기사	
	제주성	11년 1월 갑자	수축임이 분명
	장사[읍]성	17년 2월 무오; 17년 4월 갑신	
충청도	태안읍성	16년 12월 기미	
경상도	울산군성	16년 10월 무진	
황해도	해주성	9년 9월 정축	

태종대에는 대략 24개 군현에서 읍성이 신축 혹은 [증]수축되고 있었다. 〈표 6-7〉에서 보이듯, 태조대와 마찬가지로 주로 평안도와 함길도에서 읍성이 축조되었다. 두 도를 제외하고는 전라도에서 비교적 활발히 읍성 축조가 진행되었다. 이처럼 읍성 축조 지역의 측면에서 태종대는 태조대의 연장선상에 있었다.

태종대의 읍성 축조는 초반에는 평안도의 군익도(軍翼道) 중심지와 함경도의 국경지대에서 이루어졌다. 1402년(태종 2)에 축조된 평안도의 평양성, 안주성, 의주성, 이성성, 강계부성은 군익도 중심지의 읍성이었고, 이들 가운데 의주성, 이성성, 강계부성은 압록강에 연한 국경지대에 위치한 것이기도 하였다.[97] 함경도의 경원부성, 경성성, 갑주성, 청주성 등은 극변 지역에 축조된 읍성이었다. 태종 초반 이러한 양상의 읍성 축조는 국내외의 불안정한 환경에서 기인하고 있었다. 1502년(태종 2) 국내에서는 안변부사 조사의(趙思義)의 반란이, 명에서는 연왕(燕王)의 반란이 있었고, 이후 1505년(태종 5)에는 명이 건주위를 설치하는 등의 이유로, 양계의 국방 강화의 필요성은 더욱 커지고 있었다.[98]

1410년(태종 10) 이후로 양계 지역에서 읍성 축조가 비교적 활발히 진행되었는데, 이것은 이 해에 몽골족과 명의 충돌이 있었고 조선이 처음으로 여진족을 정벌하여 대륙 방면으로부터의 침략을 경계해야 한 사실과 무관하지 않았다.[99] 당시에는 주로 양계 내륙 지역에서 고려 치소성이었던 성을 활용하여 읍성을 축조하는 특징이 보인다.[100]

97) 평양성과 안주성의 축조는 태조대 축조된 기존 읍성을 (增)修築한 것으로 추정되고, 의주성 축조는 고려 치소성이었던 것을 활용한 것으로 판단된다.

98) 오종록, 앞의 논문, 1998, 149쪽.

99) 오종록, 위의 논문, 1998, 148쪽.

100) 양덕현성, 곽산성, 용강읍성, 영흥성과 정주성 등은 고려 치소성이었던 성을 활용한 읍성이었다. 이들 가운데 정주성을 제외하고는 얼마 후 읍성의 위상을 상실하였다. 최종석, 앞의 논문, 2007 참조.

평안·함길도 이외 지역에서는 태종대 내내 읍성 축조가 부진하였고, 연해 군현들 가운데 극히 일부에 한해 읍성이 축조되었다.

정리하자면, 태종대에는 태조대와 마찬가지로 읍성이 주로 양계 지역에 한해서 축조되었다. 대륙 방면의 정세 변동으로 인해 혹시나 발생할 수 있는 외침에 대응하고자 하는 차원에서 읍성은 축조되었다. 그 결과 양계의 군익도 중심 지역과 극변 지역이 읍성 축조의 중심 지대가 되었다. 양계의 이들 이외 지역에서도 읍성 축조는 있었지만, 대개는 내륙의 몇몇 군현에서 고려 치소성이었던 성을 읍성으로 활용하는 식이었다. 그리고 양계 이외 지역에서는 연해 지역을 중심으로 매우 소극적으로 읍성이 축조되었다.

태종대의 읍성 축조는 방어 측면에서 읍성에 대한 부정적 인식 및 읍성의 필요성에 대한 소극적인 자세 속에서 이루어졌음을 주목할 필요가 있다. 다음은 이에 관한 기록이다.

> 영의정부사(領議政府事) 성석린(成石璘)이 상서하여 시무 20조를 진달하니, 명하여 의정부에 하달하여 의논하게 하였다. 상서에 이르기를……험고함에 의지하고 병법에 의하지 않고 깊고 험한 곳을 택해 산성을 쌓아 노인과 어린이를 안치하고 콩과 조를 거두어 들이고 봉화를 들어 서로 응하며 사잇길로 몰래 통하여 불시에 출격하여 승리하는 것은 동인(東人)의 장기입니다. 평지의 성[平地之城]은 없을 수 없지만 예로부터 동인 가운데 잘 지키는 자가 드무니 오로지 읍성만 의지할 수 없습니다.[101]

위 기록은 1407년(태종 7) 영의정부사 성석린이 올린 시무 20조 가운데 한 조항으로 앞서 소개한 바 있다. 성석린은 읍성을 평지성으로 인식하였으며, 읍성을 필요하다고 보면서도 우리나라 사람들 가운데 이것을 잘 지킬 수 있는 자가 드물다고 하여 읍성에 전적으로 의지하면 안 된다고 하였다. 그는

---

101) 『태종실록』 13, 7년 1월 갑술

[평지]읍성의 필요성을 소극적으로 인정하였고, 산성에 의거한 방어가 동인의 장기임을 강조하면서 산성에 의지한 외적 방어를 주장하였다.

그의 의견이 수용된 점에서, 읍성과 산성에 대한 그의 인식은 당시에 국왕을 포함한 유자 관료들에게 공감되고 있었다고 하겠다. 하륜 또한 방어 면에서의 취약함으로 인해 읍성의 필요성을 적극적으로 받아들이지 않았고, 태종은 하륜의 견해에 찬동하였다.[102]

이렇듯 읍성의 필요성에 대한 소극적 인식 하에서 읍성은 그것이 절실히 요구되는 지역 위주로 축조되었고,[103] 그렇지 않은 지역에서는 읍성보다는 산성이 선호되었다. 그리하여 다음의 사례들에서 보듯 내륙 지역을 중심으로 산성이 비교적 활발히 축조되었다. 곧 태종대 축조된 산성으로 구체적으로 확인되는 사례들은 경상도와 전라도의 화왕산성(火王山城), 오혜산성(烏惠山城), 황석산성(黃石山城), 금오산성(金烏山城), 염산성(廉山城), 부산성(夫山城), 교룡산성(蛟龍山城), 금산성(金山城), 입암산성(笠巖山城), 이흘음산성(伊訖音山城), 수인산성(修因山城), 금성산성(錦城山城)[104]과 평안도의 흘골산성(屹骨山城), 자주산성(慈州山城), 금성(金城), 백벽산성(白壁山城), 향산성(香山城),[105] 약산성(藥山城),[106] 능화성(能化城), 청산성(青山城),[107]

---

102) 『태종실록』 28, 태종 14년 11월 무신. "遣吏曹左叅議許稠 于平安道 審察山城 上命之曰 河崙嘗言 本國之人 不能守城 如有緩急 苟入平地之城 則火熥火藥 易以攻破 不若因山之險 築城堡 予重用民力 不卽從之 反復深思 此誠保國之長策 然築城 於無用之處 則謾勞民力而已 爾其精察以來"

103) 1410년(태종 10) 1월에 諸道의 築城役을 중지하면서도 각 道의 沿海城 축성만은 왜구 침략의 위험을 이유로 중단하지 않은 점(『태종실록』 19, 태종 10년 1월 병술)은 당시 평지 읍성 축조의 불가피성을 받아들이고 있던 현실을 잘 보여주고 있다.

104) 『태종실록』 19, 태종 10년 2월 병인. "修築慶尙全羅諸州山城 昌寧縣火王山 淸道郡烏惠山 感陰縣黃石山 善州金烏山 昌原府廉山 雞林府夫山 南原府蛟龍 潭陽府金山 井邑縣笠巖山 高山縣伊訖音山 道康縣修因山 羅州錦城山城也"

105) 『태종실록』 19, 태종 10년 3월 병신. "築西北面諸州城 都巡問使朴訔啓 今春新築成州屹骨山城 修築慈州山城 德州金城 朔州城 陽德縣城 江界府城 古雲州白壁山城 古隨州香山城 又仍前歲之役 作義州城三門及置弓家短墻 功已訖"

106) 『태종실록』 26, 태종 13년 8월 계해; 『태종실록』 29, 태종 15년 2월 무술

107) 『태종실록』 28, 태종 14년 8월 을묘. "命平安永吉道修築城子 下旨 平安道郭山城 能化城

가산성(架山城)[108] 등으로 내륙에 위치하였다.

당시 산성 축조는 이들 사례에 국한되지 않았다. 1407년(태종 7) 1월에는 관찰사 주도로 농한기마다 산성을 수축하도록 하였고,[109] 1413년(태종 13) 7월에는 각도의 군현마다 3·4식(息) 정도 내에 입보처로서 산성을 두되, 옛터가 있는 곳은 중수(重修)하고 없는 곳은 축조할 곳을 선택하여 신축하도록 하였다.[110] 이 조치는 경차관(敬差官)의 봉행사목(奉行事目) 중의 '각관산성구기수치처신기조축처순심(各官山城舊基修治處新基造築處巡審)' 조항[111]을 통해서 체계적으로 뒷받침되었다. 산성은 전국에 걸쳐 적극적으로 축조되었고, 심지어는 각 군현마다 산성을 입보처로 두고자 할 정도였다. 이렇다고 한다면, 태종대의 축성은 수축 위주의 산성 축조가 대세를 이루는 속에서 제한적으로 읍성이 축조되었으며, 구체적인 양상은 다소 다를지언정 고려말과 궤를 같이한다고 볼 수 있다.

세종 초반[1429년(세종 11) 이전]에는 태종대에 이어 산성 축조를 여전히 강조하기는 하였지만 읍성 축조가 이전에 비해서는 활발해지고 있었다.

산성으로 강화의 교동산성(喬桐山城)과 광주(廣州)의 일장성(日長城) 등이 수축되었고,[112] 1420년(세종 2) 예조는 농한기마다 산성을 수축하라고 한『원속육전(元續六典)』의 판지(判旨)가 제대로 시행되지 않고 있는 점을 지적하면서 이후 보다 명확히 거행할 것을 계문하였고, 국왕은 이를 받아들였다.[113] 이렇듯 당시에도 산성 수축은 여전히 강조되고 있었다.

古隨州青山城 依在先移文造築 永吉道咸州城 依癸巳十月都體察使李天祐審定 吾邑甫基 用本州人力 自今年造築移入 又以金承霔之言 命築平安道撫山之藥山城 附近州郡軍資米豆 悉皆輸入 以備糧餉"

108)『태종실록』33, 태종 17년 2월 무오

109)『태종실록』13, 태종 7년 1월 갑술

110)『태종실록』26, 태종 13년 7월 무술

111)『태종실록』26, 태종 13년 8월 무오

112)『세종실록』1, 세종 즉위년 10월 계묘

113)『세종실록』10, 세종 2년 11월 신미

읍성은 이전 시기에 비해서는 보다 활발히 축조되었다. 이는 왜구의 위협이 점증하면서 읍성의 필요성이 보다 절실해졌기 때문에서였을 것이다.[114] 당시 축조된 읍성을 시기 순으로 열거해 보자면, 박천성(博川城),[115] 옹진진성(瓮津鎭城),[116] 길주읍성(吉州邑城),[117] 곤남성(昆南城),[118] 영광[읍]성(靈光[邑]城),[119] 기장현성(機長縣城),[120] 장흥[부]성(長興[府]城),[121] 옥구현성(沃溝縣城),[122] 정의성(旌義城),[123] 낙안군[토]성(樂安郡[土]城),[124] 보성군성(寶城郡城),[125] 거제현읍성(巨濟縣邑城),[126] 영덕[현]성(盈德[縣]城),[127] 당진성(唐津城)[128] 등이었다.

비교적 짧은 기간에 많은 읍성들이 축조되었고, 읍성 축조는 하삼도 지역들 위주로 이루어졌다. 하삼도 지역 내에서도 읍성 축조는 연해 군현에 집중되었는데, 흥미롭게도 이들 읍성은 그것이 설치되지 않아 온 지역에 신축된 것이 아니라 이축(移築) 내지 수·개축된 것이 대종을 이루었다.[129] 고려말 이래로 읍성 축조가 소극적으로 이루어졌다고는 하나, 읍성이 절실하게 요구

114) 『세종실록』 3, 세종 1년 1월 갑인; 『세종실록』 25, 세종 6년 9월 병자; 『세종실록』 37, 세종 9년 7월 임인; 『세종실록』 43, 세종 11년 1월 임신
115) 『세종실록』 1, 세종 즉위년 8월 갑오
116) 『세종실록』 1, 세종 즉위년 8월 갑오
117) 『세종실록』 2, 세종 즉위년 11월 을축
118) 『세종실록』 12, 세종 3년 7월 정해
119) 『세종실록』 13, 세종 3년 8월 무신; 『세종실록』 19, 세종 5년 2월 정축
120) 『세종실록』 13, 세종 3년 9월 병자
121) 『세종실록』 13, 세종 3년 10월 기해; 『세종실록』 18, 세종 4년 10월 계축
122) 『세종실록』 18, 세종 4년 10월 계축
123) 『세종실록』 18, 세종 4년 12월 을사
124) 『세종실록』 25, 세종 6년 9월 병자; 『세종실록』 26, 세종 6년 10월 임인
125) 『세종실록』 26, 세종 6년 10월 임인
126) 『세종실록』 30, 세종 7년 10월 신사
127) 『세종실록』 37, 세종 9년 9월 병오; 『세종실록』 38, 세종 9년 10월 임술
128) 『세종실록』 38, 세종 9년 12월 정묘
129) 박주성, 옹진진성, 길주읍성, 기장현성, 장흥부성, 정의성, 거제읍성은 이축되었고, 낙안군성은 개축되었으며, 보성군성은 수축되었다.

되었던 하삼도의 연해 군현들 중에서 읍성이 설치된 곳들은 드물지 않은 점을 고려할 때, 왜구의 위협이 증대되어 시급히 이에 대응해야 하는 과정에서 당시 조선 정부는 읍성이 이미 설치된 지역, 달리 말해, 왜구 방어에서 가장 긴요하다 할 수 있는 군현들을 대상으로 하여 기존의 읍성을 이축·수축하는 방식으로 읍성 축조의 방향을 잡았다고 볼 수 있다. 세종대 초반에는 이전과 달리 하삼도 지역에서 읍성 축조가 비교적 활발히 행해졌지만, 아직은 읍성이 부재한 지역들을 대상으로 한 움직임은 아니었다.

2) 세종 11년~성종대 읍성 위주의 축성과 연변 군현마다의 읍성 구비

(1) 세종 11년 축성책의 변화와 그 의미

1429년(세종 11)은 고려말 이래로의 축성 정책의 흐름에서 분기점으로 작용하였다. 이와 관련하여 다음 기록을 보도록 하겠다.

> 병조판서 최윤덕(崔閏德)은 각 고을의 성을 축조할 조건[各官城子造築條件]을 계문하기를, "하나. 하삼도 각 고을의 성 중에서는, 방어상 가장 긴요한 연변(沿邊) 군현에서는 산성을 없애고 모두 읍성을 쌓을 것이며, 가용할 읍성이 없는 것은 이전대로 산성을 수축하게 할 것이며, 하나. 각 고을에서 성을 쌓을 때에는 각기 그 부근의 육지 주현(州縣)으로 3, 4읍 혹은 5, 6읍을 적당히 아울러 정하여 차차 축조하게 할 것이며, 하나. 빈호의 수효가 적고 또한 축조할 만한 성이 없는 각 고을은 이웃 고을의 성에 옮겨 함께 들어가게 할 것이며, 하나. 각 고을에 쓸 만한 옛 성이 있으면 그대로 수축하고, 쓸 만한 옛 성이 없으면 가까운 곳에 새로운 터를 선택하여 성을 쌓도록 할 것이며, 하나. 각 고을에 부실한 성이 있으면 각기 호수의 다소를 참작하여 물리거나 줄여서 적당하게 개축하게 할 것이며, 하나. 각 고을의 성을 일시에 완축(完築)할 수 없으니 각각 성의 대소를 보아서 적당히 연한을 정하여 견실하게 축조하

도록 하소서" 하니, [이 건의를] 공조에 내리라고 명하였다.[130]

각 고을의 성을 축조할 조건[各官城子造築條件]인 6개 조항 모두 주목되지만, 이 가운데 첫째 조항이 축성 정책의 변화와 관련하여 특히 중요하다. 이것은 하삼도 군현들 가운데 방어상 가장 긴요한 연변 군현에는 산성을 없애고 읍성을 축조하도록 한 건의로, 이대로만 된다면 하삼도의 연해 군현들에는 읍성이 빠짐없이 설치될 것이다. 이 조항 내 나머지 내용인 "가용할 읍성이 없는 것은 이전대로 산성을 수축하게 할 것[其無可用邑城者 仍修山城]"이라는 구절은 그 의미가 분명치 않으나, '가용할 읍성이 없는 것'을 방어상 가장 긴요한 연변 군현 이외의 하삼도 군현 정도로 볼 수 있다면,[131] 하삼도의 내륙 군현에는 산성 수축 위주의 축성을 제안하였다고 할 수 있다.

이들 조건은 국가에 수용되어 축성 정책에 반영되었다. 위의 인용문에는 이들 조건을 공조에 하달하라는 명령만이 보일 뿐 채택 여부는 기록되지 않았다. 하지만 '각관성자조축조건(各官城子造築條件)'이 건의된 지 얼마 지나지 않은 때에 최윤덕에게 하삼도 연해에 성보를 축조할 만한 곳을 순찰토록 하라는 명령이 내려진 점[132]으로 보아, 최윤덕의 건의는 수용되었으리라 판단된다.[133] 그리고 무엇보다 세종의 다음과 같은 언설들은 이 조항들이 축성 정책에 반영된 점을 명확히 해 주고 있다.

---

130) 『세종실록』 43, 세종 11년 2월 병술

131) 하삼도의 연해 군현들 가운데 산성을 없애고 읍성을 축조하는 것이 어려운 지역에 한해 기존 산성을 수축하도록 한 건의라고 볼 수도 있다. 기존 연구에서는 이렇게 보는 것이 일반적이다. 그런데 그렇게 되면 하삼도 각 고을의 성이라는 조항 내 冒頭 내용이 무색하게 이 조항은 오직 연해 군현만을 대상으로 하는 것이 되는 문제를 노정한다.

132) 『세종실록』 43, 세종 11월 2월 기축. "左司諫柳孟聞等上疏曰 臣等伏聞 命兵曹判書崔閏德 巡察忠淸全羅慶尙沿海城堡可築之處 是誠聖上安不忘危 用戒不虞之深慮也"

133) 이해 12월에는 최윤덕을 忠淸全羅慶尙三道都巡問使로 임명하고 있어, 그로 하여금 건의 내용을 직접 집행케 하고 있음을 알 수 있다. 『세종실록』 46, 세종 11년 12월 신묘. "受常參 以兵曹判書崔閏德 爲忠淸全羅慶尙三道都巡問使 僉摠制朴坤副之 巡審沿邊城基"

(1) 판부사(判府事) 최윤덕을 불러 이르기를, "전라·충청·경상 삼도의 각 고을의 성으로 옛 터에 수축할 만한 곳과 새로이 성을 쌓을 만한 곳을 마련하여 아뢰라"고 하고, 인하여 명하기를, "삼도의 성보를 수축하는 방략을 경에게 일임하니, 경은 마음과 힘을 다하여 불완전한 점이 없도록 하라"고 하였다.[134]

(2) 임금이 말하기를, "……축성의 일은 이미 최윤덕에게 위임하였는바, 최윤덕이 진달하는 것은 내 반드시 이를 따를 것이다……"고 하였다.[135]

1430년(세종 12)의 두 기록에서 볼 수 있듯이, 국왕은 하삼도 축성의 일을 최윤덕에게 일임하였다. 이는 전년에 최윤덕이 건의한 '각관성자조축조건'이 국가의 축성 정책으로 수용되었음을 뜻할 것이다.

'각관성자조축조건'의 실행이 갖는 의미로 대략 몇 가지를 생각해 볼 수 있다. 첫째, 해당 조치는 왜구 침략에 일차적으로 노출된 하삼도의 연해 군현에서는 방어·입보처로 산성보다 읍성을 선호하게 되었음을 의미한다. 여기서 한 가지 부연하자면, 당시의 변화가 읍성을 방어처 삼아 왜구 침략에 대응하게 되었다는 것으로 확대해석해서는 곤란하다. 조선초기의 왜구 방어는 고려말기의 지역방어체제를 계승·강화하여 기선군(騎船軍)과 영진군(營鎭軍)을 위주로 하고 있었다. 즉 기선군의 주둔지인 포(浦) 등은 연해 지역에 촘촘히 분포하였고, 기선군은 이곳을 거점 삼아 왜구 방어를 위한 해상 활동을 전개하였다. 영진군은 고려말 수소(戍所)를 계승하여 연해 군현의 요해처에 설치된 영·진성을 방어 거점으로 하여 왜구 침입에 대응하였다.[136] 당시의 방어 방식에서는 산성이든 읍성이든 구분 없이 왜구 방어의 핵심이 아니었고, 어디까지나 포[기선군]와 영·진성[영진군]을 보조하는 위상이었다.

134) 『세종실록』 48, 세종 12년 5월 경술
135) 『세종실록』 49, 세종 12년 9월 기해
136) 민현구, 『朝鮮初期의 軍事制度와 政治』, 한국연구원, 1983b 참조.

둘째, '각관성자조축조건'의 실행은 읍성관의 변화를 시사한다. 고려말부터 세종 초반까지 읍성은 산성에 비해 방어 측면에서 취약하다고 공감되었고, 이에 그것은 불가피하게 필요한 지역에 한해서 축조되어야 한다고 인식되어 왔다. 그러다 왜구 침입 시 위험도가 가장 높은 하삼도 연해 군현에 산성을 없애고 읍성을 설치하고 더욱이 이들 군현에 읍성을 빠짐없이 두고자 하는 식으로 읍성 인식이 변화한 것이다.

읍성에 대한 그간의 소극적 인식이 탈각되었음은, 1429년(세종 11) 이후로 읍성 축조에 대한 비판 논지의 변화에서도 감지된다. 그 이전에는 방어 측면의 약점을 지목하면서 읍성 축조를 비판 혹은 제약하는 주장이 제기되곤 하였지만, 1429년 이후 그러한 주장은 종적을 감추었다. 유일하게 1429년 이전에 주장되곤 한 논리를 갖고 읍성 축조를 반대하는 의견이 있었지만, 이전 시기와 달리 받아들여지지 않았다.[137] 그 대신에 읍성 축조에 공감하면서도 자연 재해 등으로 백성들이 어려운 처지에 놓인 사실을 이유로 읍성 축조를 연기해 달라는 식의 견해가 열거하기 어려울 정도로 많아졌다. 읍성 축조를 둘러싼 비판 논지의 변화는 읍성관의 변화와 밀접히 관련되었을 것이다.

셋째, '각관성자조축조건'은 읍성이 구비되어야 할 곳을 사실상 하삼도의 연해 지역에 한정하고 있어, 하삼도의 내륙 지역과 같이 왜구 침략의 가능성이 낮은 곳을 대상으로 해서는 여전히 읍성 축조에 극히 소극적인 자세가 지속되었음을 엿볼 수 있다. 이들 조건대로 축성을 진행한다면, 내륙에는 읍성이 거의 설치되지 않게 될 것이다.

---

137) 『세종실록』 51, 세종 13년 1월 신사. "前判羅州牧使鄭守弘上書曰……且謂天數難測 治亂相尋 脫有隋唐侵討之患 我國人民 皆竄山谷 而平地所築 星分碁布 悉爲敵資 儻値此日 雖萬萬悔恨 噬臍何及 然則今日長遠之計 反爲後日之悔 是亦不可不慮也 以臣管見 唯山上古城 可避大患之處 及此昇平之日 不限年月 堅修牢築 以備不虞 庶乎合於長遠之計矣……不允". 前判羅州牧使 鄭守弘은 '平地所築'(평지성)의 효용성을 비판하면서 '山上古城'의 수축을 주장하였다. 그는 방어와 관련하여 평지성과 산성을 대비시키면서 산성의 우월성을 주장하고 있어, 그의 견해는 성석린, 하륜과 다를 바 없었다. 여기서의 평지성은 읍성이었을 것이다.

(2) 왕대별 읍성 축조 추이

'각관성자조축조건'을 토대로 하여 축성이 이루어지게 된다고 할 때, 읍성 축조의 양상에 변화가 있었을 것임은 손쉽게 예견되는 바이다. 이하에서는 왕대별로 그 구체적인 모습을 검토해 보도록 하겠다.

1429년(세종 11) 이후 세종대의 양상은 '각관성자조축조건'에 따라 하삼도 연해 지역을 중심으로 읍성이 매우 활발히 축조된 것으로 정리해 볼 수 있다. 이러한 점은 1431년(세종 13) 10월에 도(道)마다 연해 지역에서 두세 읍성이 한꺼번에 축조되어 민인들이 큰 고통을 받고 있다고 한 비판에서[138] 잘 드러난다. 활발한 축성의 부작용으로 인해 민인들의 고통이 가중되자 한 도에 한 성만을 축조하게 하는 등의 조치가 시행되기도 하였지만,[139] 하삼도 연해 지역을 중심으로 읍성은 적극적으로 축조되었고, 이 일대 읍성의 완축(完築)이 시도되고 있었다.[140] 그 결과 1446년(세종 28) 무렵에는 하삼도 연해 지역의 경우 군현마다 읍성은 거의 쌓아졌고,[141] 나아가 내지(內地) 지역에까지 읍성

138) 『세종실록』 54, 세종 13년 10월 갑진. "左司諫金中坤等上疏曰……然各道沿海之城 一年之間 竝築二三 則惟恐郡邑守令 爭以先畢爲務 捲土役民 不勝其苦". '沿海之城'은 읍성을 지칭하였을 것이다. 이와 같은 맥락의 기록으로는 다음의 것들을 들 수 있다. 『세종실록』 50, 세종 12년 10월 무인. "司諫院啓 今年禾穀不稔 而都巡問使崔潤德 每道數處 一時築城 民力罷弊 請停今年築城 其不得已沿邊可築處 待豐年 一道不過一處 令其道監司監築 忠淸道量田敬差官 亦勿發遣 不允"; 『세종실록』 100, 세종 25년 5월 경오. "司諫院上疏曰……一 築城 國家重事 固不可廢也 是以忠淸全羅慶尙各官城子 沿邊爲先每年營築 然於一道之內 或二或三 一時竝築 無有休息"

139) 『세종실록』 54, 세종 13년 10월 갑진

140) 『세종실록』 97, 세종 24년 7월 무인. "召領議政黃喜右議政申概左贊成河演右贊成崔士康左參贊皇甫仁右參贊李叔畤兵曹判書鄭淵參判辛引孫等 議備邊之策 僉議云……慶尙道泗川固城寧海 最爲近海 防禦緊急 邑城未築 宜急築之 下三道及黃海道沿邊散居人民 彼賊可畏 宜令移入陸地 以避賊變 又各官城及甕城敵臺池濠 一時竝作爲難 宜當漸次築之 且**下三道沿邊各官築城畢役後 內地各官邑城 以次築之爲便** 從之"; 『세종실록』 105, 세종 26년 7월 병진. "傳旨兵曹 下三道 非如東西兩界防戍之緊 而沿邊城子 已曾造築 但內地各官城子 時未畢築 然下三道連歲旱荒 民食不敷 姑停築城之役 以寬民力"

141) 『세종실록』 112, 세종 28년 4월 정묘. "領議政黃喜右議政河演右贊成金宗瑞右參贊鄭甲孫議曰……**下三道之城 沿邊庶幾已築** 腹裏諸城 亦依已定人夫尺數之式 道內各官分定出軍 一年不過築一城 使之更休 其年役限 如未告成 次年畢築 下三年勿役"

축조를 확대하려는 움직임이 있었을 정도였다.[142)]

읍성 축조가 구체적으로 확인되는 사례를 지역별로 정리하여 이 시기 축성 양상을 좀 더 심도 있게 살펴보겠다.

〈표 6-8〉 세종대(11년 이후) 도별 읍성 축조 양상

도	읍성	『세종실록』 기사 전거	비고
평안도	안주성	11년 9월 갑진	
	의주[읍]성	17년 6월 무오; 30년 1월 을묘; 32년 1월 갑오	17년의 축성은 퇴락처(頹落處)와 저미처(低微處) 수축. 30년의 축성은 기존 성의 증광(增廣)
	여연[군]성	12년 7월 무진; 13년 11월 정해; 17년 6월 무오	17년의 축성은 퇴락처와 저미처 수축
	자성성(慈城城)	17년 6월 무오	퇴락처와 저미처 수축
	이산성(理山城)	17년 6월 무오	퇴락처와 저미처 수축
	창성성(昌城城)	17년 6월 무오	퇴락처와 저미처 수축
	강계성	17년 6월 무오	
	벽동성(碧潼城)	17년 6월 무오	
	철산읍성	17년 8월 갑진	가산성(架山城)을 읍성으로 개편
	위원읍성	26년 4월 계사	
함길도	경원성	19년 10월 병자	
	회령부성	18년 9월 무오	
	갑산성	16년 7월 기묘; 19년 3월 기미	
함길도	경흥성	19년 10월 병자	
전라도	임피성	12년 12월 을미	
	무안성	12년 12월 을미	
	순천성	12년 12월 을미	
	고흥현성	21년 12월 신축	이축(移築)
충청도	비인읍성	12년 9월 임술	이축
	보령읍성	12년 9월 임술	이축
	면천성	17년 8월 을묘; 21년 윤2월 을유; 21년 11월 갑인	
	남포성	27년 8월 경신	

142) 『세종실록』 97, 세종 24년 7월 무인; 『세종실록』 105, 세종 26년 7월 병진

경상도	연일성	12년 12월 을미; 16년 7월 임인; 21년 1월 정미; 21년 11월 갑자	
	곤남성	12년 12월 을미; 16년 7월 임인	
	김해[읍]성	16년 8월 을사; 21년 1월 정미; 21년 11월 갑자	
경상도	장기성	21년 11월 갑자	
	남해성	21년 11월 갑자	
	동래현성	28년 10월 을미	
	사천읍성	24년 7월 무인	
	고성읍성	24년 7월 무인	
	영해읍성	24년 7월 무인	
강원도	평해군성	21년 10월 을미	

〈표 6-8〉에서 볼 수 있듯이, 당시 읍성 축조는 평안·함길도와 하삼도 지역에 집중되고 있었다. 평안·함길도에서 읍성 축조가 활발히 행해진 것은 주목할 만한 현상이 아닌데 비해, 이전 시기와 달리 하삼도 연해 지역에서 읍성들이 대거 축조된 점은 확실히 눈에 띈다. 더욱이 하삼도 연해 지역에서의 읍성 축조는 그간 읍성이 설치된 적 없는 연해 군현을 위주로 이루어졌다. 물론 기존 읍성을 수리하거나 입지가 좋은 곳으로 옮기는 경우도 있기는 했다. 그런데 표를 보면 하삼도 내륙 군현의 읍성은 없다. 세종 종반에 하삼도의 내륙 군현에까지 읍성을 확대하려는 시도가 있기는 했지만, 실행에 옮겨지지는 못한 것이다.[143]

하삼도 지역의 읍성 축조가 '각관성자조축조건'을 토대로 이루어졌을 것과 달리, 평안·함길도에서의 읍성 축조는 이와 다른 맥락에서 진행되었다. 이곳의 읍성 축조는 1432년(세종 14) 이래 대륙 방면에서의 침입을 국경 지역을 중심으로 방어하고자 하는 속에서 이루어졌다.

143) 이외 강원도 연해 군현인 평해군에 읍성이 축조되고 있었다.

국경 중심의 방어 추진은 적극적인 영토 확장의 추진 및 이와 연관하여 압록강과 두만강이 국경선이자 국방선으로 자리 잡게 된 점, 그리고 여진족의 국경 지대 약탈 등을 배경으로 하고 있었다. 특히 1432년 파저강 유역에 자리 잡고 있던 건주위 본위(本衛) 소속 이만주 휘하의 오랑캐 여진족이 여연 지역을 침공한 사건을 계기로 하여, 국경 지역에 변진(邊鎭)과 구자(口子)를 본격적으로 증설하는 등 국경 지역에 길게 방어망을 치는 정책을 추진하였다. 도내 중심지에 있던 병영을 국경지역으로 전진 배치하거나, 행성을 축조한 것 역시 같은 맥락에서 시행된 것이었다.[144)]

읍성 축조 또한 이러한 흐름에서 예외가 아니어서, 국경 지대를 중심으로 한 방어 속에서 이루어졌다. 그리하여 읍성은 연변(沿邊) 지역을 비롯한 국경 지대에 주로 축조되었고, 그 외 지역에서는 퇴락·저미한 곳을 수축하거나 산성을 읍성으로 개축하는 정도에서 간헐적으로 읍성을 축조하였다.

다음은 문종대 읍성 축조 양상에 관해서다. 당시 하삼도 지역의 읍성 축조는 1429년(세종 11) 이후로의 읍성 축조 흐름을 계승하여 연해 군현들 가운데 아직 읍성이 설치되지 않은 곳을 대상으로 축성을 추진하고, 기존 읍성들 가운데 입지와 규식(規式) 등이 적합하지 않은 것들을 정비하고자 한 것으로 요약할 수 있다.

1450년(문종 즉위) 9월 우찬성(右贊成) 정분(鄭苯)을 충청전라경상도도체찰사(忠淸全羅慶尙道都體察使)로, 성균사예(成均司藝) 김순(金淳)과 이조정랑(吏曹正郞) 신영손(辛永孫)을 종사관(從事官)으로 삼아 연변 주현의 성터를 심정토록 했다. 즉 문종은 남방 해변(海邊)의 성보가 완전하지 못하다 하여 정분에게 명하여 다시 살피게 하고, 이미 쌓은 것이라도 지리가 혹시 적합하지 않으면 옮기고, 쌓지 않은 것은 이를 쌓도록 하였으며, 종사관에게 명하

144) 오종록, 「朝鮮初期 兩界의 軍事制度와 國防體制」, 고려대학교 사학과 박사학위논문, 1992, 157~168쪽.

여 도(道)를 나누어 축성 일을 감독하게 하였다.[145] 이에 정분은 충청전라경상도도체찰사로 임명된 이후 하삼도의 읍성을 직접 조사하였고, 다음 해 8월과 9월에는 심사 결과를 토대로 하여 축조 당시 법대로 하지 않아 규식에 맞지 않은 것들을 보고하였다. 전라도의 읍성은 '잉구(仍舊)', '퇴축(退築)', '개축(改築)' 항목으로 나누어 조사 결과를 계문하였고, 경상도의 읍성은 '잉구', '급기개축(及期改築)', '수후가축(隨後可築)' 조항으로, 충청도 읍성은 '잉구', '퇴축', '수후가축' 항목으로 각각 구분하여 보고하였다.[146] 하삼도의 읍성 실태에 관한 종합적이고 상세한 조사·보고는 그동안 축조되어 온 읍성들을 대상으로 하여 향후 대대적인 정비 작업을 단행할 것임을 예고한다.

이렇듯 문종대 정부는 세종대의 정책을 계승하여 하삼도의 연해 군현마다 읍성을 구비하고자 했고, 아울러 기존의 읍성들 가운데 성벽이 낮고 무너진 것은 수축하고 입지 등이 부적절한 것은 이축하려 했다.

이러한 정책 의지는 실제 축성 사업에 어느 정도 반영되었다. 즉 결성현성과 서산읍성을 신축하였고,[147] 기왕의 거제현성은 저미(低微)하고 좁다는 이유로 고정부곡이 있던 곳에 읍성을 새로이 축조하였다.[148] 이외에도 하삼도

---

145) 『문종실록』 3, 문종 즉위년 9월 경신. "以右贊成鄭苯 爲忠淸全羅慶尙道都體察使 成均司藝金淳吏曹正郎辛永孫爲從事官 審定沿邊州縣城基 初左承旨鄭而漢啓曰……臣謂治亂安危 相爲倚伏 今國家昇平日久 邊境無虞 下三道狃於安寧 沿邊城堡 或低微圮毁 或有不築之處 且戰艦不修 海路防禦緩弛 依世宗朝舊例 特命知大體大臣 專掌下三道備邊之事 以責其成 雖曰大臣 然非識事體善措置者 徒費民力耳 臣觀兩界古築邑城 今爲無用之器 虛棄者頗多 太宗朝星山府院君李稷 號爲名相 爲咸吉道都體察使 築吉州邑城 及端川北靑甲山山城 今皆棄之 須擇大臣之賢者 以掌下三道之事 以備邊圉 萬世幸甚 上然之 未幾有是命 世宗累遣大臣 巡視諸郡城基 令其道守令監築 築之幾盡 上以南方濱海城堡未完 命苯更審之 雖已築者 地理或未得其宜 則移之 其所不築者築之 仍令從事官 分道監築 苯多所更改 而董役就辦於旬月 督之甚急 民多怨之"

146) 『문종실록』 9, 문종 1년 8월 병술; 『문종실록』 9, 문종 1년 9월 경자

147) 『문종실록』 10, 문종 1년 10월 갑오. "築忠淸道結城縣城"; 『문종실록』 12, 문종 2년 2월 병자. "三道都體察使鄭苯 請築忠淸道瑞山邑城 及慶尙道蔚山柳等浦石堡泗川鎭城 從之"

148) 『문종실록』 4, 문종 즉위년 10월 무술; 『문종실록』 10, 문종 1년 11월 갑자. "是月 築慶尙道巨濟縣城"

연해 군현은 아니지만 이에 준하는 지역이라 할 수 있는 동해 연안 일대의 읍성들을 수축하였다.[149)]

그런데 당시 실제 축조된 읍성 사례들로 볼 때, 세종대 종반 하삼도 내지에까지 읍성을 축조하려고 한 계획은 문종대까지도 실행되지 못했음을 알 수 있다. 다만 1451년(문종 1) 9월 정분이 올린 경상도와 충청도 읍성에 대한 조사·보고를 참고할 때, 이들 도내의 일부 내지 군현들에 읍성을 추후에 축조할 수도 있었을 것이다. 즉 그의 보고에는 경상도의 진주, 밀양, 함안, 양산, 언양, 칠원 지역과 충청도의 서산, 부여, 아산 지역을 추후에 읍성 축조가 가능한 곳이라 하였는데, 이들 군현 가운데 적지 않는 곳이 내륙에 위치하였다.[150)]

문종대에도 평안·함길도 지역에서는 하삼도와 다른 배경에서 읍성이 축조되었다. 이 무렵 몽골은 세력이 강화되어 명과 군사적 대결까지 벌이곤 하였고, 여진족을 통제 하에 두었다. 중국 변경과 만주 일대에서의 심상치 않은 움직임은 대륙 방면으로부터 많은 무리의 적들이 침공해 올 수 있는 우려를 낳고 있었다.[151)] 문종대 평안·함길도의 읍성 축조는 이를 대비한 방어체계의

---

149) 『문종실록』 10, 문종 1년 11월 임술. "江原道監司啓 前此兵曹移關 各官邑城 依正統四年受敎 視年豐歉 一時俱作造築事 已曾行移 今年農稍稔 故通川邑城 周回三千七百四十五尺 役本郡及鐵原金化平康金城狼川軍人 一千九百八十二名 歙谷邑城 周回三千三百三十尺 役本縣及淮陽安峽伊川軍人 一千六百二十九名 襄陽邑城 周回二千七百二十四尺 役本府及原州軍人 一千四百七十五名 江陵邑城 周回三千七百二十尺 役本府及平昌寧越旌善軍人 一千五百五十六名 平海邑城 周回二千二百二十九尺 役本郡及蔚珍三陟軍人 八百九十九名 杆城邑城 周回二千七百九尺 役本郡及洪川橫城軍人 一千十四名 高城邑城 周回二千二百十三尺 役本郡及春川楊口麟蹄軍人 一千五百九十一名 竝限二十日築之 高或十餘尺 或七八尺 或五六尺"

150) 만약 추진하고자 했었을 지라도, 문종의 재위 기간이 워낙 단기간에 그쳐 문종대에 이 계획이 현실화되기는 어려웠을 것이다.

151) 『문종실록』 1, 문종 즉위년 4월 계사. "金宗瑞上書 論邊事 下議政府議之 時韃靼脫脫王屯兵廣寧遼東近地 也先屯大同城外 李滿住等諸種野人 皆投于彼 聲言將擊遼東 以及我國 時平安道 困於築城 仍之饑饉疾疫 死亡流移者過半 民生殘弊 兵馬疲弱 人言 滿住有憾於我 若引賊長驅 則無如之何 群情恟恟 宗瑞前在平安 目擊其弊 請罷築城休民力 修州郡城堡 以備要害 政府沮之 至是 宗瑞復上書言之 領議政河演 廢書不觀 左議

구축 혹은 재편의 일환에서 이루어졌다.

1450년(문종 즉위) 7월에는 위협의 대비 차원에서 감사(監司)와 도절제사(都節制使)가 평안도 지역에서 보충하고 수리해야 할 성을 함께 조사하였다. 그리고 읍인들을 동원하여 성곽을 수리하고 성문에는 얇은 철판을 붙여 성문을 견고하게 하였다.[152] 또한 다수 적들의 침입 시 방어와 입보의 방법으로 읍성과 산성의 축조가 논의되었다. 즉 많은 무리의 적들이 침입해 왔을 때, 연변 군현의 협력만으로는 방어가 불가능하고 내지에는 방어처가 제대로 마련되지 않은 점이 공감되어, 적의 침입로 가운데 요충 지역을 선택하고 그곳에 축성을 하여 외적을 막고자 하였다.[153]

이렇듯 당시에는 대군의 침략에 대비하여 국경 지대를 중심으로 한 방어의 한계를 보완하고자 했고,[154] 평안·함길도의 읍성 축조 또한 이러한 틀 속에서 이루어지고 있었다. 그리하여 평안도의 경우 관문 격인 의주에서 꾸준히 벌어진 읍성 축조 사업을 제외하면, 읍성 축조는 내륙의 요충 지역을 위주로 하고 있었다.[155] 즉 삭주읍성과 용천읍성을 수축하였고, 요충 지역에 축성을 한 후 희천(熙川) 지역[치소]을 이곳으로 옮기고자 하였다.[156] 함길도에서는 종성읍성을 수축하였고, 온성읍성의 수축을 계획하였다.[157]

政皇甫仁曰 我國山川險固 也先志在中原 安能遽至我境 宗瑞曰 一朝賊騎至鴨綠 然後始爲之謀乎 凡論國事 三人持議 本自不同 今議邊事 同異若此". 유재춘, 앞의 책, 2003, 131쪽.

152) 『문종실록』 2, 문종 즉위년 7월 신유

153) 『문종실록』 3, 문종 즉위년 8월 을해; 『문종실록』 5, 문종 1년 1월 무신; 『문종실록』 5, 문종 1년 1월 기유; 『문종실록』 5, 문종 1년 1월 계해; 『문종실록』 7, 문종 1년 4월 신미; 『문종실록』 7, 문종 1년 5월 임인

154) 평안도 내 일부 구자의 폐지, 겨울철마다 압록강 연변의 진과 구자에 입보토록 한 조치의 해제, 황주에의 극성진 설치, 절령에의 관방 설치 등의 조치가 취해지고 있었다. 이에 관하여 오종록, 앞의 논문, 1998, 151쪽 참조.

155) 이밖에 우예읍성이 1450년(문종 즉위) 3월에 축조된 바 있는데, 이 성은 서북 방면의 위협이 제기되기 이전에 축조되었다.

156) 『문종실록』 7, 문종 1년 4월 신미; 『문종실록』 7, 문종 1년 4월 경진

157) 『문종실록』 5, 문종 1년 1월 무신; 『문종실록』 10, 문종 1년 10월 을유. "平安咸吉道都體察

단종대의 읍성 축조는 문종대의 연장선상에 있었다. 문종대 축조되기 시작한 읍성 축조가 이 시기까지 지속되거나, 계획되었던 것이 집행되거나, 하삼도의 읍성 문제를 지적한 정분의 보고를 반영하여 읍성이 축조되었다. 서산성과 거제성의 축조 그리고 강원도의 읍성 축조는 첫 번째 경우에 해당하고,[158] 함흥부성의 퇴축(退築), 온성부성의 석성으로의 개축, 의주읍성의 축성 등은 두 번째에 부합하는 사례들이다.[159] 정분이 문종대의 조사 내용을 토대로 하여 경상도의 곤양·기장·동래·고성·거제읍성의 해자(海子)와 진해·하동읍성의 적대(敵臺)와 전라도의 흥양·순천·광양읍성의 옹성(擁城)의 축조를 건의하여 승인받은 것, 그리고 만경현 옹성의 축조 등은 마지막 경우에 해당할 것이다.[160] 이외에도 개성부성 및 영광성과 사천성이 수축되었고,[161] 웅천현 읍성의 증축이 계획되었다.[162]

이렇듯 단종대의 읍성 축조는 하삼도 지역을 위주로 하면서 문종대의 연장선상에 있었다.

다음으로는 세조대의 읍성 축조 양상에 관해서다.

안주성의 저미(低微)한 곳의 개축, 나주읍성의 광축(廣築) 추진, 의주·삭주읍성의 저미한 곳의 가축(加築), 종성부성의 퇴축(退築), 부안읍성의 광축 등[163]에서 알 수 있듯이, 기존 읍성의 수축·보완 작업이 눈에 띈다.

입지 조건이 부적합한 읍성을 방기하고 치소를 다른 곳으로 옮긴 후 그곳

使從事官金吉通啓 鍾城府邑城 一萬二百七十六尺 已畢築"

158) 『단종실록』 2, 단종 즉위년 8월 신유; 『단종실록』 7, 단종 1년 8월 경술; 『단종실록』 7, 단종 1년 8월 임자. "議政府據兵曹呈啓 江原道年歉 救荒之備 不可不預 請諸邑築城 習陣 焰焇煮取等事 限來秋停罷 銃筒箭則依忠淸慶尙道例 爲半造作 從之"

159) 『단종실록』 1, 단종 즉위년 6월 무인

160) 『단종실록』 2, 단종 즉위년 8월 신유; 『단종실록』 7, 단종 1년 8월 정미

161) 『단종실록』 1, 단종 즉위년 6월 기축; 『단종실록』 3 단종 즉위년 9월 신해; 『단종실록』 3, 단종 즉위년 9월 계축

162) 『단종실록』 5, 단종 1년 1월 을축

163) 『세조실록』 2, 세조 1년 11월 신사; 『세조실록』 6, 세조 3년 1월 갑오; 『세조실록』 13, 세조 4년 8월 정축; 『세조실록』 16, 세조 5년 4월 무인; 『세조실록』 42, 세조 13년 6월 갑진

에 읍성을 축조하곤 한 사례가 드물지 않게 확인된다. 부령(富寧) 지역은 농사에 부적합한 곳이다고 하여 관아를 옛 부거성보(富居城堡)로 이동시켰고, 웅천읍성은 성이 좁아 서쪽으로 이설하려 했고, 부안읍성은 산성 형태로 성내가 협소하다고 하여 옛 객사(客舍)가 있던 곳으로 옮기려 했다. 철산군의 치소는 산성 안에 위치한 터라 여러모로 불편하다고 하여 인근 평지로 이동하였고, 경흥부는 치소가 위치한 곳이 경사지고 경작지와 용수가 만족스럽지 못한 이유로 무안보(撫安堡)로 옮겼다. 또한 고원군성을 이축하려 하였고, 삭주 치소를 소삭주로, 정주를 술천성으로 이동하는 것을 승인하였다.[164)]

이외에 이전 시기부터 있어 온 읍성 축조가 이 때까지 지속되거나,[165)] 강진, 강화, 교동 지역과 같이 연해 군현들 가운데 읍성이 없는 곳에 읍성 축조가 계획되기도 하였다.[166)]

세조대에는 필요하다고 생각되는 곳들에 어느 정도 읍성이 설치되어서인지, 연해 군현들 가운데 읍성이 없는 곳에 읍성 축조를 계획하기도 하였지만, 기본적으로 읍성 설치 지역을 확대하기보다는 기존 읍성들을 수축·보완하고 적합하지 못한 기왕의 읍성을 정리하는 수준에서 읍성 관련한 움직임이 있었다.

마지막으로 성종대의 읍성 축조 양상을 살펴보도록 하겠다.

우선적으로, 하삼도와 강원도의 연해 군현마다 읍성을 설치하게 된 점을 지적할 수 있다.

1473년(성종 4) 11월 당시에는 세 네 군현을 제외하고 연변 지역마다 읍성

---

164) 『세조실록』 2, 세조 1년 11월 갑오; 『세조실록』 6, 세조 3년 1월 갑오; 『세조실록』 10, 세조 3년 12월 기미; 『세조실록』 16, 세조 5년 4월 정축; 『세조실록』 36, 세조 11년 7월 정묘; 『세조실록』 38, 세조 12년 2월 을해

165) 『세조실록』 1, 세조 1년 7월 갑술; 『세조실록』 15, 세조 5년 1월 계묘; 『세조실록』 39, 세조 12년 5월 경진

166) 『세조실록』 6, 세조 3년 1월 갑오; 『세조실록』 37, 세조 11년 11월 정미

을 구비하고 있었다.[167] 이후 창원, 밀양, 양산 등의 연해 군현에 읍성을 축조해야 한다는 건의가 있었고,[168] 각도의 관찰사로 하여금 연변읍성의 유무를 살피고 축성이 필요한 곳의 완급과 선후를 보고하도록 하는 유시가 있었다.[169] 그 뒤 이를 반영한 읍성 축조가 이루어졌다. 즉 세조대에 축성하려고 했던 강진읍성의 축조가 실행되었고,[170] 1476년(성종 7) 5월에 울산·창원·용안읍성이 축조되기 시작하였다.[171] 아울러 강원도 연해 군현인 흡곡현에서 읍성 축조를 도모하였다.[172]

울산과 창원 지역은 해당 치소가 병마절도사영성(兵馬節度使營城)과 멀지 않아 읍성을 구비하지 않았는데, 이곳에까지 읍성을 축조한 사실은 거의 모든 하삼도 연해군현에 읍성을 축조하였음을 상징적으로 보여준다. 그리고 흡곡현은 강원도 연해 군현들 가운데 최북단에 위치하고 있어 상대적으로 왜구의 위협이 적었을 터이지만, 이곳에까지 읍성을 축조한 결과, 강원도 연해 군현마다 읍성을 구비하게 되었다. 결국, 성종대에는 하삼도와 강원도의 연해 군현에 빠짐없이 읍성이 설치되었다.

두 번째 특징은 내지에까지 읍성을 축조한 점이다. 물론 내지 군현마다 그렇게 했다는 것은 아니다.

1477년(성종 8) 윤2월 조석문(曺錫文)은 연해군현에는 읍성이 갖추어져 있는 반면 내지는 그렇지 못해, 왜구가 읍성이 없는 길을 따라 내륙의 군현에까지 침범해 올 수 있다고 걱정하면서, 내지에도 읍성을 축조할 것을 건의하

167) 『성종실록』 36, 성종 4년 11월 기유
168) 『성종실록』 48, 성종 5년 10월 무술
169) 『성종실록』 48, 성종 5년 10월 경자
170) 『성종실록』 60, 성종 6년 10월 을사
171) 『성종실록』 67, 성종 7년 5월 을축. 울산과 창원읍성은 1477년(성종 8) 10월에 완축되었고(『성종실록』 85, 성종 8년 10월 계해), 용안읍성의 축조는 1492년(성종 23) 10월에 마무리되었다.(『성종실록』 270, 성종 23년 10월 정묘)
172) 『성종실록』 269, 성종 23년 9월 기축. "右承旨曺偉啓曰……臣聞江原道今年將築歙谷城 以軍卒皆役於取材 不果築 今年如是 明年又如是 民生其有少蘇乎 臣曾爲翰林修撰 久侍經幄 見殿下從諫不怠 以今觀之 漸不如初"

였다.[173] 다음날 국왕은 여러 신료들을 한자리에 불러놓고 '연변의 성보는 진실로 빨리 쌓아야 하고 내지 성보 또한 축조되어야 하며, 그중에서도 왜인이 경유하는 낙동강변의 읍성은 더욱 급히 축조되어야만 할 것이다' 하고는 이 문제를 논의하도록 하였다. 다양한 의견들이 나왔고, 전반적으로 내지 읍성의 필요성은 논의자들 사이에 공감되었다. 논의 결과는 관찰사가 심정하여 보고한 후 내년 가을에 축조를 시작하는 것으로 모아졌다.[174] 이에 따라 1479년(성종 10) 윤10월에 밀양읍성을 축조하였고,[175] 1492년(성종 23) 11월에 양산읍성과 칠원읍성을 쌓았다.[176] 이외에 낙동강변은 아니지만 내륙에 위치한 남원지역에 읍성을 축조하였고,[177] 개성부성[178]과 청주성(淸州城)[179]을 수축하였다.

이처럼 낙동강변의 내륙 군현들 가운데 몇몇에 읍성을 축조하였지만, 그것은 결코 만족할만한 수준이 아니었다. 논의 당시에 읍성 축조가 필요한 곳으로 양산, 밀양, 진주, 함안, 칠원, 영산, 의령, 언양, 단성, 영천, 대구, 청도, 경산, 초계, 창령, 현풍, 성주, 선산, 인동, 군위 등이 거론되었지만, 실제 읍성 축조가 이루어진 곳은 이들 가운데 극히 일부에 지나지 않았기 때문이다. 내지읍성의 필요성은 공감되었지만 시급히 축조되어야 할 것으로는 인식되지 않은 것이다. 이로 인해 경제 사정, 민인들을 사역하는 데 따른 부담 등을 이유로 내지 읍성의 축조는 소극적으로 이루어지고 있었다.

마지막은 기존 읍성의 정비에 해당하는 움직임이다.

---

173) 『성종실록』 77, 성종 8년 윤2월 무신

174) 『성종실록』 77, 성종 8년 윤2월 기유

175) 『성종실록』 110, 성종 10년 윤10월 신사. "是月 築慶尙道密陽邑城 高九尺 周四千六百七十尺"

176) 『성종실록』 271, 성종 23년 11월 병신. "是月 築慶尙道梁山邑城 高十一尺 周三千七百十尺 漆原邑城 高十一尺 周一千六百六十尺"

177) 『성종실록』 106, 성종 10년 7월 기미

178) 『성종실록』 206, 성종 18년 8월 임신; 『성종실록』 225, 성종 20년 2월 병진

179) 『성종실록』 200, 성종 18년 2월 기해

성종대에는 기존 읍성이 허물어졌다는 언급[180] 및 읍성이 협소하여 많은 민인들을 수용할 수 없다는 지적[181]이 이전 시기에 비해 부쩍 많이 제기되었다. 읍성이 무너진 채로 있다는 언급은 축조된 지 오래되었으나 그간 수축이 제대로 이루어지지 못한 데서 비롯되었을 터이면서도, 읍성 현황을 적극적으로 파악하고자 한 당시의 분위기와도 무관하지 않았다. 읍성이 전반적으로 협소하다는 문제제기 또한 실제로 그러한 측면과 더불어 읍성에 대한 달라진 잣대와도 관련된 듯하다.

기존 읍성들이 문제가 있다고 생각되어서인지 당시에는 그것들을 여러 방식으로 정비하고 있었다. 즉 허물어지거나 저미(低微)한 기존 읍성을 수축하거나, 입지 등이 적절하지 않은 읍성을 퇴축(退築)·이축(移築)하는 사례들이 적지 않았다. 이 외에도 연해읍성의 유무 및 일찍이 축성되었으나 무너져 오랫동안 수축되지 못한 것 등을 조사하여 보고하라는 유시가 있었고,[182] 팔도수성사(八道修城使)를 신설하여 전국 성곽에 관한 사무를 총괄하고자 했다가 여의치 않아 축성사(築城司)를 설치하였으며,[183] 연해읍성에 적대(敵臺)가 없다고 하면서 해당 읍이 이를 축조토록 하자는 건의도 있었다.[184] 이들 사실은 기존 읍성을 체계적이고 적극적으로 정비하려 했던 당시의 분위기를 잘 보여준다.

성종대 읍성 축조의 양상과 관련하여 한 가지 사실을 부연할 것이 있다. 즉 당시 신축과 수축 등의 여러 방식으로 읍성 축조가 활발히 이루어지는 속에서, 흥미롭게도 평안·함경도 지역의 읍성 축조는 거의 보이지 않고 있다.

이는 세조 중엽 이래로 국경 지역 중심의 방어가 다시금 강조된 것과 관련 있었다. 1460년(세조 6) 모련위의 여진족 1,500여 명이 회령에 침입하자, 이

180) 『성종실록』 48, 성종 5년 10월 경술; 『성종실록』 76, 성종 8년 2월 계유
181) 『성종실록』 101, 성종 10년 2월 정유; 『성종실록』 187, 성종 17년 1월 계해
182) 『성종실록』 48, 성종 5년 10월 경자
183) 『성종실록』 106, 성종 10년 7월 을축; 『성종실록』 288, 성종 25년 3월 경인
184) 『성종실록』 47, 성종 5년 9월 계해

를 정벌한 것을 계기로 하여 국경 지역의 방어를 강화하였다. 당시 국경 지역에는 읍성이 이미 갖추어진 상황이었기에, 국경지대의 강화는 폐지된 진과 구자를 복구하고, 첨사진(僉使鎭)과 만호구자(萬戶口子)를 증설하고, 종래에 없던 권관(權管) 파견의 구자를 다수 신설하고, 장성을 쌓고, 양계 남부 지역 군인의 부방(赴防) 및 국경 지역 주민의 입보를 재개하는 등의 방식으로 진행되었다.[185] 그로 인해 당시에는 평안·함경도 지역에서 읍성의 축조가 부진할 수밖에 없었을 것이다.

지금까지 조선초기 읍성 축조의 양상을 검토하였다. 이를 통해서『동국여지승람』단계에 성립된 '치소가 위치한 성'의 조선시대적인 분포 양상이 어떠한 과정을 경과하면서 그와 같은 모습으로 구현되었는지를 파악해 보고자 했다. 즉 하삼도와 강원도의 연해 군현에 읍성을 빠짐없이 설치한 점, 하삼도의 내륙 군현에조차 읍성을 거의 설치하지 않은 상황 속에서도 내륙의 낙동강변의 일부 군현에 읍성을 설치한 양상, 평안도와 함경도 국경지대의 군현마다 읍성을 구비한 사실, 평안도와 함경도 내륙의 교통로상의 요충 군현들에 읍성을 설치한 점 등을 시기별 축성 양상을 고찰하여 보다 심도 깊게 탐색해 볼 수 있었다.

3. 연변 군현 위주의 읍성 분포의 배경

여기서는 '치소가 위치한 성'의 조선시대적인 분포 양상의 성립 배경을 검토해 보도록 하겠다. 이는 읍성 축조가 어떠한 사회 조건 속에서 이루어졌는지를 규명하는 작업이다.

먼저, 조선초기에 읍성을 군현마다 축조하지 않은 이유부터 짚고 넘어가

185) 오종록, 앞의 논문, 1992, 182~188쪽.

보자. 전술하였듯이, 고려말 이전에는 '치소가 위치한 성'이 군현들 대부분에 설치되어 있었다. 고려 치소성의 이러한 분포 양상은 나말려초 시기의 역사 경험과 이와 맞물린 지역(자위)공동체의 존속, 그리고 지역공동체를 포용·활용한 국가의 향촌지배방식 등이 복합적으로 작용한 데서 비롯되었을 것이다. 또한 고려 치소성이 군현마다 분포하는 경향의 사회 분위기 하에서, 군현에는 '치소가 위치한 성'을 구비하고 있어야 한다는 통념이 형성되어 있었을 것이고, 이러한 인식으로 인해 역으로 고려 치소성이 군현마다 분포하는 경향의 양상은 존속할 수 있었을 것이다. 신개척 지역에 주진을 신설할 시에 고려 치소성의 축조가 동반된 사실을 비롯하여 기존 영역의 경우에도 군현의 신설 혹은 이설 시에 '치소가 위치한 성'을 축조한 점[186] 등은, 군현마다 '치소가 위치한 성'을 구비하고 있어야 한다는 인식이 존재하였음을 말해주는 일례라고 할 수 있다.

그런데 여말선초 시기에는, 읍성 설치 지역이 가장 광범위했을 때조차도 전체 군현의 절반에도 못 미쳤을 정도로, 일부 군현들에 한해서 '치소가 위치한 성'이 설치되었다. 군현마다 읍성이 구비되는 것을 지향했지만 여력이 없어서라기보다는, 아예 군현마다 읍성이 필요하다거나 축조되어야 한다고 생각하지도 않은 듯하다. 당시 읍성 축조를 가장 적극적으로 주장한 인물들조차 읍성을 군현마다 설치해야 한다고 주장하지 않았다.

이 점은 공민왕대의 설장수와 세종대의 유정현의 읍성 축조 주장에서 잘 드러난다. 설장수는 축성 자체가 공감을 얻지 못한 공민왕대에 읍성[정확히는 읍성을 포함한 평지성] 축조의 필요성을 선도적으로 제기한 인물이었다. 그는 일정 거리마다 읍성을 포함한 평지성의 축조를 제안하였고, 이러한 성이 평지에 위치하게 되는 데서 비롯되는 방어상의 문제를 해결하기 위한 여

186) 인조대 신설된 6개 현에 고려 치소성이 구비된 점 및 문종대에 속현인 豢猳縣의 치소를 옮기면서 고려 치소성을 함께 축조한 점 등은 그 사례에 해당한다.

러 방안들까지 구체적이고도 체계적으로 제시하였다.[187] 그런데 그의 축성론은 연해 지역만을 대상으로 하였다. 유정현은 1425년(세종 7)에 30~40호나 20~30호를 한 둔(屯)으로 삼고는 중앙에 마땅한 곳을 택해 둔성(屯城)을 쌓을 것을 주장하였다.[188] 그의 방안대로라면, 한 군현에는 다수의 둔성들이 설치되었을 것이고, 이들 가운데 치소가 자리한 둔성은 읍성으로 기능하게 되었을 것이다.[189] 하지만 그 역시도 해변(海邊) 지역만을 시책의 대상으로 삼았다.

이처럼 읍성의 필요성을 적극적으로 주장한 인물들조차 그것이 군현마다 구비되어야 한다고 보고 있지 않았다. 읍성을 군현마다 둘 필요가 있다고 공감되지 않은 상황에서, 그것이 군현마다 설치되어 있지 않은 것은 너무나 자연스러운 일이었다.[190]

그렇다면 왜 조선초기에는 읍성을 군현마다 축조하지도, 그러해야 한다고 생각하지도 않았을까?

그 이유는 읍성을 군현마다 설치할만한 사회적 조건이 갖추어져 있지 못했기 때문이다. '치소가 위치한 성'으로서의 읍성은 행정적 역할과 군사·방어의 기능을 함께 수행해야 하는 성임에서, 읍성을 군현마다 구비하기 위해서는 전국의 군현마다 행정과 군사·방어의 거점으로 기능할 성을 필요로 하는 사회적 환경이 갖추어져 있어야 했을 것이다.

그런데 조선초기에는, 정확히는 고려말 이래로는 연해 지역과 국경 지대에 국한하여 상시적인 방어가 이루어졌고, 그렇지 않은 지역, 곧 소위 내륙

187) 『고려사』 112, 열전25 偰遜 附 偰長壽

188) 『세종실록』 4, 1년 7월 신미

189) 이는 중국의 경우 현 내에 다수의 鄕城이 존재하였고, 그 가운데 치소가 위치한 향성이 (州)縣城이 된 것과 유사하다고 하겠다.

190) 앞서 시기별 축성 양상을 검토한 데서도 볼 수 있듯이, 하삼도와 강원도의 沿海 군현들과 평안도와 함경도의 沿邊 군현들에 국한하여 읍성을 구비해야 한다는 인식이 있었다

지역은 사실상 방어상의 공백지대라 할 수 있으며,[191] 내륙 지역의 경우 비상한 상황에 대비해서는 다수 군현들로 구성된 광역 범위를 단위로 하여 그 안에서 적절하다고 판단되는 방어처를 마련하였고, 이러한 방어·입보처는 거의가 산성이었다.[192]

이러한 이유에서 적어도 내륙 지역에서는 읍성을 군현마다 설치할 수도, 그러해야 할 필요도 없었을 것이다. 보다 정확히는 읍성의 설치가 이례적이었다고까지 할 수 있다.

다음으로는, 읍성이 하삼도와 강원도의 연해 군현, 그리고 양계의 국경 지대 및 한양 방면의 교통로의 요충지 등에 국한하여 집중적으로 축조되었고, 그러한 읍성은 대개 평지에 위치한 이유를 규명해 보도록 하겠다. 이 문제는 산지 읍성을 축조하지 않은 까닭을 실마리 삼아 접근해 볼 것이다.

당시 지역민들은 산지 읍성을 선호하지 않았다. 이 점은 치소가 산성 내에 위치하거나 산성을 읍성으로 개편하는 시도가 있을 경우 지역민들이 반발한 데서 잘 드러난다. 울진현(蔚珍縣) 민인들은 왕래에 어려움이 있다 하여 산성 형태인 울진현읍성을 산 밑 평지로 옮겨줄 것을 국가에 요청한 바 있다.[193] 세종대에 철산군의 치소가 산성 내로 옮겨진[194] 이후로, 철산군의 읍인(邑人)들은 읍성이 높고 험한 곳에 위치한다 하여 꺼려하였고, 결국에는 치소가 평

---

191) 최종석, 앞의 논문, 2012a 참조.

192) 『신증동국여지승람』 29, 경상도 善山都護府 古跡. "金烏山城……高麗末 本府及仁同開寧星州之民 避倭入居者甚多 簽兵戍之 本朝初 亦有軍倉 今廢"; 『신증동국여지승람』 37, 전라도 康津縣 古跡. "修因山城 石築……高麗末 道康耽津寶城長興靈巖之民 皆避倭寇于此"

193) 『성종실록』 226, 20년 3월 경신. "江原道觀察使李陸 來啓曰 蔚珍縣 本在山城 縣人以來往艱苦 風水拘忌 請移設邑城 於山下 臣觀其城 完固而地廣 移設有弊 仍舊爲便……傳曰 蔚珍邑城往審事 依所啓"

194) 『세종실록』 69, 17년 8월 갑진. "移鐵山邑城 於架山". 이 기록은 架山城을 철산읍성으로 삼고 있음을 뜻하는데, 가산성은 태종 17년 2월에 축조되었다.(『태종실록』 33, 17년 2월 무오)

지로 이동하게 되었다.[195] 또한 세종대에 면천산성(沔川山城)을 면천읍성으로 개축하고자 하는 시도가 있자,[196] 면천군의 민인들은 평상시에는 이용하지 않을 성을 오르내리면서 출입해야 한다고 하여 이를 꺼려하였다.[197] 이외에 고려 치소성이었던 성을 활용한 읍성이 시간이 경과할수록 감소되어간 사실 또한 지역민들이 산지 읍성을 꺼려했던 당시 정서와 무관하지 않았을 것이다.

이렇듯 산지 읍성을 축조하지 않은 까닭은 민인들이 그것을 기피하였기 때문일 것이다. 그러면 왜 산지 읍성은 선호되지 않았을까? '치소가 위치한 성'이 산성 형태인 것을 시대를 불문하고 기피하지는 않았기에, 산지 읍성에 대한 불호를 역사적 현상으로 보고 그 이유를 해명할 필요가 있다.

산성 형태의 '치소가 위치한 성'은 나름의 장점이 있었으니, 무엇보다 방어 측면에서 상대적으로 우월한 특성을 보유하였다. 여말선초 시기에 일부 지역에서이기는 하나 산성 형태의 읍성이 여전히 존재한 까닭은, 그것이 방어 면에서 평지 읍성에 비해 뛰어났기 때문이었다. 울진현의 사례가 대표적이다. 울진현에는 고려말에 평지 읍성이 축조되었지만, 그것은 왜구의 침략으로 분탕(焚蕩)되었다. 이를 계기로 하여 조선 태조대에 읍(邑)을 산성 내로 옮기는 조치가 있었다.[198] 울진 지역에서 산성을 읍성으로 개편한 까닭은, 평지 읍성의 방어상의 한계를 경험하게 되면서 산지 읍성에 의거하여 외적의 침탈에 효과적으로 대비하고자 한 데서였을 것이다. 철산군에서 가산성(架山城)을 읍성으로 삼았고 면천군에서 면천산성을 읍성으로 개편하고자

195) 『신증동국여지승람』 53, 평안도 鐵山郡 城郭. "鐵山城 石築 在郡南九里 架山上……本朝 太宗朝 築爲郡城 世祖朝 以邑人憚其高險 移于平地"

196) 『세종실록』 82, 20년 9월 신묘. "領中樞院事崔閏德上言曰 今以沔川山城內險而大 改築邑城"

197) 『세종실록』 82, 20년 9월 신묘. "大抵 山城用於緩急之時 不用於平常之日 故上下出入 民皆厭憚"

198) 이렇게 되면 해당 산성은 읍성이 된다.

한 조치 또한 산성이 지닌 방어상의 장점을 활용하기 위한 것이었음이 분명하다.

산지 읍성은 이처럼 방어 면에서 평지 읍성에 비해 뛰어났지만 그럼에도 극히 일부 지역에 한해서만 설치되었다. 그 이유를 결론부터 말하자면, 내륙 지역에서는 대개 산성을 선호하여 산지 읍성을 축조하지 않았고, 연해 지역[국경 지대 포함]에서는 대개 산지 읍성보다는 평지 읍성을 설치하였기 때문에서이다. 내륙과 연해 지역 모두에서 산지 읍성은 외면 받은 것이다.

내륙 지역에서 산지 읍성을 축조하지 않은 까닭은 산발적으로 요구되는 방어의 필요성을 산지 읍성이 아닌 산성으로 충족하고자 한 때문에서일 것이다. 산성과 산지 읍성은 모두 산지에 위치한 성으로, 방어 측면에서 양자 사이의 우열의 차는 없다. 양자는 치소의 존재 여부에서 갈릴 뿐이었다. 앞서 언급하였듯이, 내륙 지역에서는 간헐적으로 발생할 수 있는 비상한 상황에 대비한 방어·입보처를 필요로 했는데, 당시의 사회적 조건에서 산지 읍성이 그러한 방어·입보처로 선택되기에는 쉽지 않았다. 당시에는 치소의 입지 조건으로 민인들이 거주할 공간과 농경에의 편리성 등을 중시하였고, 이와 맞물려 고려말 이래 치소는 대개 평지에 위치하는 경향이 강하였다. 이러한 사회 분위기 하에서는 간헐적으로 발생할 수 있는 비상한 상황에 대비한 방어·입보처로 산지 읍성을 선택하는 것은 부적절하였을 것이다. 반면, 다수 군현들로 구성된 광역 범위를 포괄하기에 적절한 산성을 그러한 방어·입보처로 삼으면, 당시 요구된 바가 별다른 부작용 없이 충족될 수 있었을 것이다.

산성 내에 치소가 있다가 평지로 이동하게 된 평안도 철산군의 사례에서 그 일단이 보인다.

> 공조에서 평안도 관찰사의 계본(啓本)에 의거하여 아뢰기를 "철산군은 본시 높고 험한 산봉우리에 위치한 산성에 있어, 민인들이 출입하기 어려울 뿐 아니라 지세가 좁고 막혀 있어 인민이 거주할 만한 곳이 없습니다. 만약 성

북쪽 6리에 있는 옛터로 군 치소를 이전하면, 민인들은 농사를 짓는 데 편리할 것이고 산성이 멀지 않아서 만약 위급한 일이 있어도 입보(入保)하기가 어렵지 않을 것입니다. 또한 금년에 벼농사가 약간 풍등(豐登)하였으니, 청컨대 내년 봄에 본군을 편의한대로 옛터로 이전하게 하고 성안의 창고와 공해(公廨)는 헐지 말고 수령이 항상 봄·가을로 내왕하면서 미곡을 염산(斂散)하도록 하소서" 하니, 이를 수용하였다.[199)]

인용문에서 볼 수 있듯이, 출입의 어려움과 거주할 공간의 부족으로 말미암아 산지 읍성은 포기되고, 그 대신 치소는 농사짓기에 편리한 인근 평지로 이동하였다. 물론 새로운 치소는 성에 의해 보호되지 않았다. 치소가 떠나간 성은 더 이상 읍성이 아닌 산성이 되었고, 유사시 입보처로 활용되었다. 이 성은 읍성으로 기능할 시에는 문제의 대상이 되었지만, 유사시에 입보·방어처로 기능하는데 있어서는 아무 문제가 없었다.

참고적으로, 마찬가지 이유에서 내륙 지역에는 평지 읍성도 설치되기 어려웠을 것이다. 곧 기본적으로 성 자체가 별달리 필요하지 않았고, 필요한 경우에는 산성이 선택지였을 것이다.

이러하였기에 내륙 지역에는 치소가 성에 의해 보호되지 않은 채, 곧 읍성이 설치되지 않은 채 평지에 존재하였고, 다수 군현들로 구성된 광역 범위를 단위로 하여 산성들이 분포하였을 것이다.[200)]

내륙 지역에서와는 달리, 왜구 침략의 위협이 큰 연해 지역은 평지 읍성을 필요로 하였다. 앞서 본 바와 같이, 하삼도와 강원도의 연해 군현에는 거의

---

199) 『세조실록』 10, 3년 12월 기미. "工曹據平安道觀察使啓本啓 鐵山郡 曾在山城高險峯頭 非但人民出入爲難 地勢狹隘 民無可居之處 若移置城北六里舊基 則人民便於農業 山城不遠 儻有緩急 入保不難 且今年禾穀稍登 請於來春 令本郡隨宜 移設舊基 勿毁城內 倉庫公廨 守令常於春秋 來往斂散米穀 從之"

200) 연해 지역이라 할지라도 외적의 침입 위협이 적은 군현은 내륙지역과 마찬가지 이유에서 읍성을 설치하지 않고 치소가 평지에 위치하고 있었다.

군현마다 평지 읍성이 설치되어 있었다. 그 이유는 다음과 같다.

왜구의 침입이 빈번한 연해 군현에서 내륙 지역처럼 산성을 입보처로 활용하면서 치소가 성에 의해 보호되지 않는 채 평지에 위치하였다면, 이 일대 지역민들은 치소, 거주지, 농토 등을 버려두고 빈번히 그리고 오랫동안 산성에 입보해야 할 경험을 치룰 확률이 낮지 않았을 것이다. 이러한 일에는 다음과 같은 문제가 수반되었을 것이다.

첫째, 많은 민인들을 수용할 공간이 부족했을 뿐만 아니라, 용수 또한 충분하지 않았을 것이다. 당시 산성의 문제점과 관련하여 '성내험애(城內險隘)', '수원부족(水源不足)' 등이 적지 않게 언급된 점을 감안할 때, 외적의 침입이 드문 지역에서와는 달리, 외침이 빈발한 데다 인구까지 적지 않았던 연해 지역에서는 산성입보가 그다지 효과적인 방안이 될 수 없었을 것이다.

둘째, 입보한 산성과 농토와의 거리가 멀어, 왕래에 불편함이 있었을 뿐만 아니라 경작지가 황폐해지기도 쉬웠을 것이다. 산성과 경작지 간의 거리는 일반적으로 가깝지 않았고, 산성이기에 왕래에 불편함 또한 적지 않았을 것이다. 그로 인해 농경지 관리가 용이하지 않아 농토는 황폐화되곤 하였을 것이다. 따라서 외적의 침입이 빈발하여 자주 그리고 장기간 입보해야 하는 지역에 있어서는, 산성에의 입보가 좋은 선택이 될 수 없었을 것이다.

셋째, 치소와 농경지 그리고 거주지가 왜구에 의해 유린되기 쉬웠다. 곧 왜구에게 무인지경과 같은 환경을 제공하게 되면서, 피해가 보다 막대해지는 문제가 있었다. 입보처로 무사히 피신했다 할지라도, 본거지로 돌아왔을 때 생활을 영위하는데 큰 어려움이 있었을 것임은 어렵지 않게 예상할 수 있다.

이렇듯 왜구 침입이 잦은 연해 지역에서는 내륙 지역에서의 방식을 적용하기 여의치 않았고, 치소와 민인들을 상시적으로 보호해 줄 성이 필요하였을 것이다. 산지 읍성이 그 역할을 할 수도 있었으나, 당시에는 대개 그러한 일이 일어나지 않았다.

산지 읍성은 방어 측면에서 평지 읍성에 비해 뛰어났지만, 여러 단점들이 있었다.[201] 첫째, 오르내리며 출입해야 하는 데서 민인들이 불편해 했다.[202] 둘째, 성안이 험하고 좁았다.[203] 셋째, 용수가 부족하였다.[204] 넷째, 민거(民居)에 적합하지 않았다.[205] 다섯째, 관부(官府)를 설치하기에 부적절하였다.[206] 산지 읍성은 방어에는 장점이 있었을지라도, 치소와 민거가 들어서기에 적절치 않았다고 인식되었다. 게다가 고려말 이래 치소는 평지에 위치하고 있어, 산지 읍성을 축조할 시에 치소를 재차 산성 내로 옮겨야 하는 현실적 곤란도 있었다.

여말선초 시기에는 고려말 이전과는 달리 '치소가 위치한 성'의 입지 조건으로 용수, 경작지, 민거와 치소 시설 설치에의 적합성 등의 요소를 중시하고 있었다.[207] 방어 측면은 여러 요소들 가운데 하나일 뿐이었다. 특히 우왕 말년 이래로 왜구 침입은 점차 쇠퇴해 갔고, 조선에 들어서는 더욱 그러하게 되었으며, 1419년(세종 1) 대마도 정벌 이후로는 왜구가 거의 종식되기에 이르

201) 이하는 산성인 고려 치소성을 활용하여 읍성으로 삼았거나, 개편하려 한 사례들에서 산지 읍성의 단점들을 정리한 것이다.

202) 『세종실록』 82, 20년 9월 신묘; 『성종실록』 226, 성종 20년 3월 경신

203) 『문종실록』 9, 원년 9월 경자. "瑞山郡山城 因所築年久 竝皆頹壞 且城內險隘 水源不足 設官府爲難"; "漆原縣 在前審定城基 則城高險狹隘 非獨不宜設官舍 民居亦且不合 故於城基南洞 新基四千七百尺審定"

204) 『문종실록』 9, 원년 9월 경자. "瑞山郡山城 因所築年久 竝皆頹壞 且城內險隘 水源不足 設官府爲難"; "扶餘縣山城 因年久頹壞 且無水源 故於山城之南 審定新基 以爲後日尺量改築之資"; "牙山縣山城 周回一千五百八十尺 亦年久盡頹 但有一井 水源不足 故其城南有水處 幷入審定"

205) 『세조실록』 10, 3년 12월 기미; 『문종실록』 9, 원년 9월 경자. "彦陽縣 在前審定縣北山城基 則非徒高險 力役之難 城內亦不宜民居 故於邑城舊基一千四百二十七尺 今加一千尺"; "漆原縣 在前審定城基 則城高險狹隘 非獨不宜設官舍 民居亦且不合 故於城基南洞 新基四千七百尺審定"

206) 『문종실록』 9, 원년 9월 경자. "瑞山郡山城 因所築年久 竝皆頹壞 且城內險隘 水源不足 設官府爲難"; "漆原縣 在前審定城基 則城高險狹隘 非獨不宜設官舍 民居亦且不合 故於城基南洞 新基四千七百尺審定"

207) 심정보, 앞의 책, 1995, 350~359쪽; 유재춘, 앞의 책, 2003, 352~368쪽.

렀다.[208] 이와 맞물려 산지 읍성이 지닌 방어상 장점은 당시 '치소가 위치한 성'의 입지 조건의 주요 요인으로 고려되지 못하였고, 오히려 산지 읍성의 여러 단점들이 부각되었을 것이다. 더욱이 치소는 이미 평지에 자리 잡고 있었기에, 산지 읍성이 평지 읍성에 비해 압도적인 메리트를 지녔다고 인식되지 않는 한, 치소의 이동을 수반한 산지 읍성의 축조는 어려울 수밖에 없었을 것이다. 한편 평지 읍성이 지닌 방어상의 약점은 해자(海子), 옹성(擁城), 적대(敵臺) 등의 시설 등을 통해 보완할 수 있었다.[209]

정리를 해보자면, 왜구 침입이 잦은 연해 지역에서는 치소와 민인들을 상시적으로 보호해 줄 성이 필요하였으면서도, 그러한 성은 방어적 역할에 초점을 맞춘 것이라기보다는, 오히려 입지 조건으로 경제적, 생활 환경적 요소 등을 중시한 성이었다. 달리 말해, 연해 지역에서는 방어 측면과 용수·경작지·민거에의 적합성 등을 복합적으로 고려한 평지 읍성이 필요하였던 것이다.[210] 이 일대의 군현마다 평지 읍성을 구비한 것은 이러한 이유에서였을 것이다.

연해 군현에 평지 읍성의 축조와 관련하여 간과해서 안 되는 점은 이 일대의 방어상의 주요 거점은 읍성이 아니었던 사실이다. 고려말의 수소(戍所)를 잇는 영성(營城)·진성(鎭城)이 핵심 거점이자 상시적인 방어처였고, 읍성은 방어면에서 부차적이었다. 게다가 연해 지역에도 유사시 입보·방어처로 기능한 산성이 설치되어 있었다. '치소가 위치한 성'의 입지 조건으로 방어적인

---

208) 왜구 침입 양상의 추이에 관해서는 국방군사연구소, 『倭寇討伐史』, 1993의 2장과 3장을 참조하기 바란다.

209) 공민왕대 읍성 축조를 주장한 설장수는 평지성의 약점을 보완하기 위해 성벽, 참호, 망루, 釣橋, 품자형의 작은 구덩이, 녹각책 등에 이르기까지 평지성의 방어를 위한 갖가지 방책들을 제안한 바 있다. 설장수가 제기한 여러 방책들은 당시 시행되지 못하였지만, 이후에 女墻, 敵臺, 擁城, 海子 등은 가능한 한 설치하려 했다.

210) "사변이 있으면 (邑城)문을 굳게 닫고 방어하며, 사변이 없으면 모두 田野에 나가게 하는 것이 정치하는 요긴한 일입니다"(『세종실록』 54, 13년 11월 기사)라는 구절에서 이러한 면모가 잘 보인다.

측면이 이전 시기에 비해 경시된다고까지 생각될 정도로 취급된 데에는 이러한 방어체제적 요인도 한몫하였을 것이다.

하삼도·강원도의 연해 지역에서와 마찬가지의 이유에서, 외침의 위협 정도가 높은 양계의 국경 지대 및 한양 방면 교통로의 요충지에는 평지 읍성이 집중적으로 축조되었을 것이다. 즉 외침의 위협에 노출되어 있던 이곳에서는 유사시 혹은 이에 준하는 상황에서 입보용 산성에 전적으로 의존하는 방어 방식이 적절하지 못하였을 것이다. 읍성을 필요로 했을 것인데, 이 지역에서도 방어 측면 외에 비옥한 토지,[211] 거주 내지 장기 입보를 위한 충분한 공간,[212] 용수[213] 등을 읍성의 입지 조건으로 비중 있게 고려하였다. 그로 인해 읍성은 대개 평지에 축조되었다.

읍성은 하삼도와 강원도의 연해 군현, 그리고 양계의 국경 지대 및 한양 방면 교통로의 요충지 등에 국한하여 집중적으로 축조되었고 그러한 읍성이 대개 평지에 위치한 이유는 지금까지 살펴본 바와 같다.

'치소가 위치한 성'의 조선시대적인 분포 양상의 성립 배경으로 마지막으로 꼽을 수 있는 점은 조선초기에는 국가 주도로 왜구 침입이 잦거나 예상되는 지역에 읍성 축조를 적극적으로 도모한 사실이다.

고려말에 읍성 축조는 왜구의 침입으로 읍치가 폐허가 되고 민인들이 뿔뿔이 흩어진 상황 하에서 '일읍재조(一邑再造)'의 목적으로 이루어졌고 대개 해당 지방관의 판단에 의해 결정되었다고 한 바 있다. 그러하다 보니 읍성이 꼭 필요한 군현이라 할지라도 읍성 축조가 실현되지 않곤 하였다. 그래서인지 연해 군현들 가운데 극히 일부 지역에 한해서 읍성이 축조되었다.

---

211) 『세종실록』 63, 16년 2월 임술; 『세종실록』 55, 14년 3월 을축; 『세종실록』 95, 24년 1월 기묘

212) 『세종실록』 21, 5년 8월 경술; 『세종실록』 69, 17년 9월 계미; 『세종실록』 93, 23년 8월 병인; 『문종실록』 7, 원년 4월 신미

213) 『세종실록』 48, 12년 4월 무인; 『세종실록』 51, 13년 3월 갑술; 『세종실록』 56, 14년 4월 경자; 『문종실록』 7, 원년 4월 신미

이와 달리 조선초기에는 국가 주도로 읍성이 축조되었고,[214] 외침의 위협이 있는 곳을 중심으로 이전에 비해 보다 적극적으로 읍성 축조가 이루어졌다. 특히 1429년(세종 11) 이후로는 외적의 침입 위협에 노출되어 온 하삼도와 강원도의 연해 군현을 대상으로 군현마다 읍성을 구비하는 것을 도모하였고, 그러한 목표 하에서 행한 읍성 축조의 결과, 성종대에는 하삼도·강원도의 연해 군현마다 읍성을 갖출 수 있었다.[215] 평안·함경도에서 또한 국가 주도로 국경지역 및 내륙의 교통·군사 요충지에 읍성을 적극적으로 축조하였다.[216]

당시 국가가 이러한 방향에서 읍성을 축조하고자 한 것은, 고려말에서와 같이 폐허가 된 읍치를 복구하는 차원에서가 아니라, 왜구의 침략을 대비한 읍치 강화의 목적에서였다. 성종대 하삼도와 강원도의 연해 군현을 대상으로 한 읍성 축조가 대략 마무리되자 왜구 침략의 우려를 이유로 낙동강 연안 군현에까지 읍성 축조를 확대한 사실은[217] 이러한 점을 잘 보여준다. 이러하다 보니 기능을 상실한 읍치를 복구하기 위해 읍성을 축조한 고려말에서와 달리, 읍성이 축조되는 지역 범위는 확대되었을 뿐만 아니라, 필요하다고 판단되는 군현에는 읍성을 빠짐없이 설치하는 경향이 있었다. 하삼도와 강원도의 연해 군현에서처럼 말이다.

---

214) 태조대 읍성 축조는 都評議使司, 東北面都按撫使, 西北面都巡問使, 西北面都巡問察理使, 東北面都宣撫使 등이 주도하였다. 그 이후에도 都巡問使, 都體察使, 都巡撫使 등을 중심으로 읍성의 축조가 국가 차원에서 단행되었다. 이와 관련하여 심정보, 앞의 책, 1995, 48~93쪽 참조.

215) 『성종실록』 77, 8년 윤2월 무신

216) 이와 관련하여 오종록, 앞의 논문, 1992, 127~204쪽 참조.

217) 『성종실록』 77, 8년 윤2월 기유

결론

고창읍성 옹성

본서에서는 타 시대와 구분되는 고려시대[엄밀히는 고려말 이전 시기] '치소가 위치한 성', 곧 고려 치소성의 존재를 부각하고 그것의 분포 양상, 입지적 특징, 기능, 성립 과정 등을 규명해 보고자 했다. 아울러 대몽전쟁기와 원간섭기를 경과하면서 고려 치소성의 위상이 저하되어간 양상과 배경을 살펴보았으며, 이어서는 고려말기에 이미 고려 치소성이 폐기·방기되어 있던 현실을 드러내고자 했다.

읍성은 이러한 여건에서 등장한 새로운 '치소가 위치한 성'으로, 기능·위상과 입지적 특징 등 여러 면에서 고려 치소성과 이질적이었음을 분명히 하고자 했고, '치소가 위치한 성'의 조선시대적인 분포 양상의 성립 관점에서 여말선초 시기 읍성 축조의 양상을 새롭게 들여다보고자 했으며, 마지막으로는 '치소가 위치한 성'의 조선시대적인 분포 양상의 특징과 성립 배경을 탐색해 보았다.

이상의 검토 내용을 부별로 간략히 요약해 보도록 하겠다.

먼저 1부에서는 고려 치소성의 개념과 분포 양상을 검토하였다.

주현과 속현의 구분 없이 향리 관청인 읍사가 해당 군현의 운영을 담당하고 주현에 파견된 외관은 주현과 예하 속현들로 구성된 권역의 운영을 담당하는 상급체계로 기능한 고려의 지방지배 질서와 맞물려, 고려시대의 치소와 '치소가 위치한 성'의 개념은 뚜렷한 시대적 특질을 노정하였다. 치소의 사전적 정의는 지방관의 관서(官署)이고 '치소가 위치한 성'은 통상적으로 외관의 관서가 자리한 성이 되나, 고려시대의 그것들은 이에 부합하지 않았다.

지방관제 성립 이전에 이미 호족의 통치기구로 국가에 의해 공인된 것이 치소로 간주되었다. 지방관제 성립 이후로도 호족의 통치기구를 이은 향리 관청인 읍사가 여전히 치소로 간주되었다. 곧 속현의 치소는 향리 관청인 읍사를 의미하였고, 주현의 치소도 해당 군현의 읍사를 뜻하기도 하였다. 다만 주현에 설치된 외관청 또한 치소였기에, 주현의 치소가 무엇을 가리키는 지는 분명치 않아 그것은 읍사를, 혹은 외관청을, 혹은 양자 모두를 지칭할 수 있었다. 주현과 속현을 포괄하여 지칭할 시의 치소는 읍사에 해당하기에, 당시의 '치소가 위치한 성', 곧 고려 치소성은 주현과 속현의 구분 없이 '읍사가 자리한 성'이었다고 할 수 있다. 다만 주현의 고려 치소성에는 읍사 외에도 외관청이 설치되어 있어, 그것은 외관청이 자리한 성이기도 하였을 것이다.

고려 치소성의 개념을 정의한 데 이어 그것의 분포 양상을 검토해 보았다. 그런데 고려 치소성의 분포 양상을 직접적으로 알려주는 기록이 없어, 고려 치소성 사례들을 찾아낸 후 이들 사례를 분석·종합하여 고려 치소성의 분포 양상을 재구성해야 했다.

우선 고려 치소성 사례는 그것을 지칭한 용어를 통해서 찾을 수 있었다. 이외에 축성 기록들 속에서 고려 치소성의 축조 사례를 발견할 수 있었으며, 단지 '성(城)'으로 기록되었으나 그것은 불특정한 것이 아니라 '치소가 위치한 성'을 특칭(特稱)하는 사례들을 검출할 수 있었다.

몇 가지 방법들을 구사하여 검출한 고려 치소성 사례들을 가지고 고려 치소성의 분포 양상을 추적해 보았다. 이들 사례는 고려 치소성의 실제 분포를 여과 없이 반영하지는 못한 데서, 특히 사례의 노출 계기를 염두에 두면서 고려 치소성의 실제 분포 양상을 파악하고자 했다.

우선 북계 지역의 경우 고려 치소성이 주(州)·진(鎭)·현(縣)마다 설치되었음은 고려 치소성 사례들을 통해 직접적으로 뒷받침된다. 동계 지역에서는 신개척 지역의 주진마다 고려 치소성을 구비하였음이 고려 치소성 사례들을 통해 확인된다.

동계 내의 기존 영역에서는 일부 군현의 고려 치소성 사례만을 확인할 수 있지만, 이 일대 고려 치소성 분포의 실제 양상은 고려 치소성이 군현마다 설치된 것이었다고 판단된다. 우선, 확인된 고려 치소성 사례들의 분포 경향을 볼 때 그러하다. 즉 주현 치소성의 사례들을 주로 확인하기는 하나, 사례들 자체에서 어떠한 공통점을 도출할 수는 없다. 오히려 사례들은 주현과 속현의 구분 없이 군현마다 설치된 고려 치소성들 가운데 우발적으로 검출되는 것이라는 인상이 짙다. 예하 속현의 고려 치소성 사례는 확인되나 정작 주현의 그것이 보이지 않는 점이라든지, 속현 치소성의 사례들이 드물지 않음에도 몇몇 주현에서 고려 치소성 사례가 확인되지 않은 점이라든지, 고려 치소성 사례들이 확인되지 않은 군현들에서 확인된 군현과 달리 고려 치소성을 불필요로 하는 사정을 찾을 수 없는 점이라든지 하는 것 등이 그러하다. 이외에, 조선시대 지리서류 등으로 활용 자료를 확대하였을 때, 고려 치소성 사례들을 추가로 확인한 데서도, 동계의 기존 영역에서도 고려 치소성을 신개척 지역에서와 마찬가지로 군현마다 설치하고 있었고, 이들 가운데 일부 사례가 여러 계기를 통해 기록으로 드러났을 것임을 읽을 수 있다.

남도 지역 고려 치소성의 분포 양상은 동계 기존 영역에서와 다를 바가 없었다.

우선, 남도 내 서해도 지역의 경우, 검출된 고려 치소성 사례들에 의할 때, 고려 치소성이 군현마다 설치되어 있었을 것임은 비교적 분명하다. 그런데 서해도의 고려 치소성 관련 기록들은 우발적 계기에 의해서 드러난 만큼, 고려 치소성이 군현마다 설치된 현상이 남도 내에서 유독 서해도에 한정된 것이라고는 볼 수 없다. 이러한 현상이 남도 내 서해도 지역에 한정되어 발생하는 특별한 요인이 찾아지지 않는 점에서, 오히려 남도의 여타 지역에서도 서해도에서와 같은 고려 치소성의 분포 양상이 전개되었을 가능성은 높다고 하겠다.

남도 지역 고려 치소성 사례들의 지역적 분포로 볼 때, 그것들이 특정 지역에 한정된 양상은 보이지 않는다. 만약에 고려시대 남도 지역의 고려 치소성 분포가 특정 지역에 한정·집중되었다면, 검출된 고려 치소성 사례들은 전체 양상을 다소간 왜곡할 수는 있어도 실제에서 비롯되는 특정한 양상을 반영하였을 것이다. 그런데 남도 지역의 고려 치소성 사례들은 연해와 내륙 지역의 구분 없이 분포하는 경향이 있으며, 이들 중에는 속현 지역의 고려 치소성 또한 드물지 않았다. 이외에도 고려 치소성 사례가 검출된 군현들 대부분에는 조선시대 '치소가 위치한 성'[읍성]이 설치되어 있지 않았다. 사례들에서 보이는 경향은 고려 치소성을 군현마다 둔 분포 양상을 모집단으로 하여 고려 치소성 사례들이 무작위적으로 검출된 것일 가능성을 시사한다.

경상도와 충청도 지역을 표본으로 해서 이러하였을 사실을 확인해 보고자 했다. 조선시대 지리서류 등으로 활용 자료를 확대하는 한편으로 몇 가지 새로운 검출 방법을 구사하였을 때, 고려 치소성 사례들은 추가적으로 꽤나 확인되었다. 기왕의 것에다가 추가적으로 발견된 이들 사례들을 보태어 판단할 때, 검출된 고려 치소성 사례들에서 보이는 경향은, 주현과 속현의 구분 없이 군현마다 설치된 고려 치소성들을 모집단으로 하여 그 중 일부가 기록화의 계기, 자료, 검출 방법에 따라 노출되었을 것임을 말해준다.

그럼에도 불구하고, 자료상의 제약으로 말미암아, 남도 지역 고려 치소성의 분포 양상에 있어서는 양계 지역에서와 같이 고려 치소성이 군현마다 설치되어 있었다고 단정할 수는 없다. 다만 확인된 사례들을 통해 볼 때, 고려 치소성은 연해와 내륙 지역의 구분 없이, 주현과 속현의 구별 없이 설치된 경향을 노정하였다고 하는 정도까지는 말할 수 있을 것이다.

고려 치소성의 이러한 분포는 조선시대 읍성이 주현에만 존재하였고 주현들 가운데 절반에도 못 미치는 지역에 설치되었으며 북쪽 국경지대 및 하삼도·강원도의 연해 지역에 편중 분포한 양상과는 현저하게 달랐다. 삼국·통일신라시대에 '치소가 위치한 성'은 군현마다 설치되었던 점에서, '치소가 위치한 성'의 분포 면에서 고려시대는 삼국·통일신라시대와 유사한 반면 조선시대와는 이질적이었다고 할 수 있다.

2부에서는 고려 치소성의 공간적 특징과 역할을 검토하였다.

고려 치소성은 산성이라는 공간적 특징을 지녔다. 양계 신개척 지역의 고려 치소성들 가운데 소수만이 평산성이었을 뿐, 주현과 속현, 양계와 남도 지역의 구분 없이, 고려 치소성은 산성이었다. 평산성인 것조차 성벽의 일부가 평지에 축조되었고 성내 공간의 거의 대부분은 산지에 자리하여 포곡식 산성과 사실상 다른 바가 없었다.

고려 치소성은 평지와 연접한 높지 않은 산 내지 구릉에 입지하였다. 그러한 까닭에 산성치고는 접근이 용이한 편이었다. 또한 평지와 접해 있는 산에 자리한 까닭에 주변 평지에 비해 상대적으로 꽤 높은 곳에 위치하는 시각적 효과를 지녔다. 이러한 입지 조건으로 인해 해당 군현의 중심촌이 위치하였을 고려 치소성 인근 지역을 포함한 주변 통치 지역은 성 안에서 한 눈에 조망될 수 있었고, 경우에 따라서는 꽤나 먼 곳까지 관찰이 가능하곤 하였다. 고려 치소성 주변 지역을 기준으로 하자면, 어느 곳에서나 고려 치소성을 볼 수 있었다. 고려 치소성 입지가 지니는 중심 취락과의 인접성, 용이한 접근성, 뛰어난 조망성 등의 요소들은 고려 치소성이 행정적, 군사적 거점으로 기능하는데 유리한 조건으로 작용하였을 것이다.

이러한 고려 치소성은 성 내 민인들의 상주(常住) 여부에 따라 크게 두 유형으로 구분된다. 양계 신개척 지역 및 통일신라시대 신개척 지역이었던 곳의 고려 치소성은 대개 민인들의 거주 시설[민거(民居)]을 구비한 반면, 여타 지역에 위치한 고려 치소성에는 민인들이 상주하지 않았다. 거주 시설의 유무에 따른 고려 치소성 간의 구분은 성의 규모에도 반영되어, 민인들이 거주하는 성은 대체로 규모가 큰 데 비해, 그렇지 않은 성은 소규모였다. 그런데 거주성으로 기능한 성일지라도, 성의 규모가 중국의 주현성에 비해 꽤나 작은데다가 산성이어서 거주할 수 있는 공간 또한 넉넉하지 못하기까지 하여, 중국과 달리 많은 인호들이 거주할 수는 없었을 것이다.

고려 치소성은 타 시대의 '치소가 위치한 성'과 같이 지방지배의 거점으로 기능하였다. 그러면서도 지방지배의 거점 면에서 타 시대의 '치소가 위치한 성'과 구분되었다. 즉 속현 지역의 고려 치소성은 '읍사가 위치한 성'으로 향리층이 해당 속현을 독자적으로 지배하는 거점으로 기능하였으며, 읍사 외에도 외관청이 설치된 주현 지역의 고려 치소성은 주현 향리층이 해당 지역 단위를 지배하는 거점으로 작용하면서 동시에 외관이 주현 및 예하 속현들을 포괄한 지역 범위를 상급에서 통할하는 근거지로서 기능하였다. 주현 치소성은 향리층과 중앙정부 양측의 지방지배의 거점으로 작용한 것이다.

지방군제 성립 이후로의 지역방어는 기본적으로 지역사회의 자위적 역량을 포섭·활용한 지방군에 의해 이루어졌고, 양계와 남도 지역의 구별 없이, 주현과 속현의 구분 없이 개별 군현이 방어 단위로 작용하였다. 고려 치소성은 지방군을 군사력으로 한 개별 군현 단위의 지역방어에서 군사·방어의 거점으로 기능하였다.

고려 치소성은 지방군의 방어 거점으로 기능하였고 지방군은 국가 제도의 차원에서 조직된 것이기에, 고려 치소성은 중앙정부의 지방방어의 거점으로 작용하였다고 할 수 있다. 특히 양계 주진의 경우 중앙에서 파견된 군사와 장교가 존재하였고 이들 역시도 고려 지소성인 주진성(州鎭城)을 군사 거점으로 삼아 활동한 데서 더더욱 그러하다.

그런데 지역방어의 방식 및 지방군제 면에서 전래 지역사회의 자위적 역량을 포섭·활용한 데서, 고려 치소성은 지역사회의 자위적 거점이기도 하였다. 평상시 지역방어는 기본적으로 지방군에 의해 이루어졌기에, 지역사회 전래의 자위적 방어력은 국가에 의해 성립·조직된 지방군이 해당 지역을 방어하는 체계 속에 흡수·잠복된 채 발휘되고 있었을 것이다. 그러하기에 고려 치소성이 지역사회의 자위적 거점으로 기능하기도 한 점은 평시에는 눈에 띄는 바가 아니다. 하지만 지역사회 차원의 반란 내지 외침에의 대응 시에 지역사회의 자위적 역량은 활성화·노출되었고, 이와 맞물려 고려 치소성이 지역사회의 자위적 거점으로 기능한 면모 또한 수면 위로 부상하였다. 고려 치소성을 방어 거점으로 한 지역사회의 자위적 움직임을 노정한 사례들이 드물지 않게 발견된 것은 이러한 맥락에서였을 것이다.

이외에도 고려 치소성은 성황사가 위치한 곳으로서 해당 지역사회의 정신적이고 문화적인 통합·결속을 이끌어내는 상징적 공간으로 기능하기도 하였을 것이다. 고려시대에 성황사를 매개로 한 성황제의는 향리층 주도로 거군현적으로 설행되었고, 무격의 주재 하에 축제 형태로 거행되었다. 성황사를 매개로 한 성황제의를 통해 지역공동체 구성원 간의 신분·계급 갈등은 약화·해소되고 공동체적 결속은 유지·강화되어갔을 것이기에, 성황사가 위치한 곳으로서의 고려 치소성은 지역사회의 정신적이고 문화적인 통합·결속을 이끌어내는 상징적 공간으로 기능하기도 하였을 것이다.

이와 아울러 성황신에 대한 지역사회인들의 일차적인 인식은 성황신이 지역사회를 자연 재해로부터 보살펴주고 외적으로부터 보호해주는 존재, 즉 지역사회의 수호신이었을 것이라는 데서, 고려 치소성은 해당 지역의 수호신이 거처하는 곳으로도 받아들여지고 있었을 것이다.

3부에서는 고려 치소성의 형성을 신개척 지역과 기존 영역을 구분하여 검토하였다.

신개척 지역에서 고려 치소성이 형성되는 방식은 '치읍축성(置邑築城)'이었다. 신개척 지역에서는 새로이 확보된 영역에 주진(州鎭)을 설치하고['치읍'], 이와 동반하여 주성(州城), 진성(鎭城) 등의 해당 주진의 고려 치소성을 축조하였다['축성']. '치읍축성'은 신개척 지역에서 주진[성]이 설치되는 방식이었기에, 고려 치소성의 형성 시점은 '치읍'이 단행되고 이와 동반하여 고려 치소성이 신축되는 시점이라 할 수 있다.

양계 신개척 지역에서와 달리, 기존 영역에서 고려 치소성의 성립은 나말려초 시기 동안 호족 주도의 자치와 자위의 거점으로 기능해 온 성을 고려 치소성으로 공인·통제하는 방식을 통해서였다.

통일신라시대의 지방지배질서가 붕괴된 나말려초 시기에 자위와 자치의 지역사회는 도처에서 출현하였다. 이들 지역사회 중에서 기존 군현의 틀을 계승하는 곳도 많았지만, 과거에 군현 영내의 일개 영역이었던 곳이 독자적 지역 단위로 대두한 경우들은 그것을 상회하였다.

이와 맞물려 이들 지역사회가 거점으로 하는 성 또한 대거 등장하였다. 자위·자치의 지역사회가 거점으로 한 성은, 지역사회가 기존 군현의 틀을 계승한 곳에서는 대개 통일신라시대의 '치소가 위치한 성'을 활용한 데 비해, 과거에 군현 영내의 일개 영역이었던 곳이 발돋움하여 성립된 자위·자치의 지역사회에서는 통일신라시대의 '치소가 위치한 성'과 별 계통의 성을 거점으로 하였을 것이다.

고려 국가는 나말려초 시기에 대두한 이들 자위·자치의 지역사회를 그대로 지방행정구획으로 삼아 국가 차원의 지방행정 단위로 설정하는 방식으로 국가체제 내로 흡수하였고, 전래의 호족 통치기구를 수용·공인하면서 통제하여 지방행정구획의 치소로 삼았다. 이들 조치와 맞물려 지역사회의 자치[·자위]의 거점으로 기능해 온 성 또한 국가에 의해 공인·통제되어 국가 지방행정구획의 '치소가 위치한 성'으로 그 성격이 변화하였을 것이다. 고려 국가가 지방사회의 자위와 자치의 질서를 국가체제 내로 편제한 '특유의' 방식을 감안할 때, 나말려초 시기 동안 지역사회의 자위·자치의 거점으로 활용되어 온 성은 고려 국가에 의해 선택적으로가 아니라 거의 그대로 고려 치소성으로 활용·공인되어졌을 것이다. 고려 치소성의 분포 양상에서 보이는, 고려 치소성이 기존 영역에서조차 주현과 속현 지역의 구별 없이 군현마다 설치된 경향을 노정한 양상은, 자위·자치의 지역사회에서 거점 역할을 해 온 성을 고려 국가가 일괄적으로 고려 치소성으로 활용·공인한 데서 비롯되었을 것이다.

기존 영역에서 고려 치소성의 형성 방식이 이러하다 보니, 그것의 성립 시점은 나말려초 시기에 지역사회의 자위·자치의 거점으로 활용되어 온 성이 고려 국가에 의해 고려 치소성으로 활용·공인된 때가 될 터이고, 정확히는 해당 지방행정구획에서 '치읍(置邑)' 조치가 단행된 시점이었다.

고려초기에는 기존 영역에 자리한 지방행정구획에서조차 그것의 신설과 무관한 '치읍' 조치가 시행되었는데, 기존 영역에서의 '치읍'은 나말려초 시기에 재편·성립된 공동체적 지역사회를 고려 국가의 지배 질서 속에 정식으로 편입하는 조치였을 것으로 이해되고 있다. 지역사회의 자위·자치의 거점으로 활용되어 온 성은 '치읍' 시에 고려 국가에 의해 고려 치소성으로 공인되었을 것이다.

그런데 기존 영역에서의 '치읍'은 전국적으로 일시에 시행되지 않고 지역마다 시차를 달리하면서 진행되었다. 그 시점은 『고려사』 지리지에 등장하는 '고려초(高麗初)'—포괄적 의미를 지닌 용어로 지역마다 가리키는 시점이 상이—로 이해되고 있다. 곧 고려 치소성의 성립 시점은 '치읍'이 단행된 '고려초'라 할 수 있고, 그 구체적인 시점은 지역에 따라 상이하였을 것이다.

이렇다고 한다면, 고려 치소성은 신개척 지역과 기존 영역의 구분 없이 '치읍' 시에 형성된 셈이 된다. 곧 신개척 지역에서는 주진을 신설하였을['치읍'] 때에 그에 수반하여 주진성을 축조하면서 고려 치소성은 성립되었고, 기존 영역에서는 자치와 자위의 지역사회를 국가의 지방행정구획으로 공인하였을['치읍'] 때에 해당 지역사회의 자치와 자위의 거점 역할을 해 온 성이 고려 치소성으로 공인되었을 것이다.

4부에서는 대몽전쟁기·원간섭기 지역방어 방식의 변화와 이에 따른 고려 치소성의 위상 저하를 검토해 보았다.

고려전기에 평상시는 물론이요 유사시의 방어 거점으로 기능해 온 고려 치소성은, 1231년(고종 18) 몽골의 1차 침략 시 한계를 드러내고 무력화되었다. 몽골의 1차 침입에 맞서 그동안 해오던 방식대로 고려 치소성을 군사 거점으로 하여 방어에 나섰지만, 그것을 거점으로 하여 방어가 제대로 이루어지는 곳은 소수에 불과하였고, 많은 지역에서는 별다른 저항 없이 성을 들어 항복하거나, 수성전을 벌이다 함락되곤 하였다. 1차 침입 시에 몽골군의 공격을 받은 지역들은 주로 북계를 중심으로 한 개경 북쪽에 위치한 곳들이었지만, 직접적인 피해를 당하지 않은 지역에서조차 고려 치소성으로 몽골군을 방어하기에는 역부족이라는 사실을 절감하였던 듯하다.

이러한 이유 때문에서인지 1232년(고종 19)의 강화천도 이후로는 전국을 대상으로 하여 국가 주도의 산성해도입보책(山城海島入保策)이 실시되었다. 이것은 고려 치소성을 군사 거점으로 한 지역방어가 제 역할을 못하는 상황에서, 몇몇 지역에서 자구 차원에서 시행된 해도입보(海島入保)가 국가에 의해 수용되어 전국적으로 확대 적용된 방책이라고 할 수 있다. 당시 입보처로 해도 이외에 산성을 추가하였는데, 이것은 전국적 시행을 고려한 '해도입보'의 보완 조치였을 것이다. 해도입보는 모든 지역을 대상으로 적용될 수 있는 것이 아니었기에, 그것이 용이하지 않거나 불가능한 지역에서는 산성을 입보처로 선택하였을 것이다.

원간섭기에 들어서도 대몽전쟁기 동안 시행된 산성해도입보책은 여전히 활용되고 있었다. 충렬왕대 카단[哈丹] 침입에서 보듯, 강화천도 이래 시행되어 온 산성해도입보책은 여전히 활용되고 있었다. 대몽전쟁기에 출현한 방어 방식은 별다른 변화 없이 당시까지도 지속된 셈인데, 다만 이전과 달라졌다고 할 수 있는 것은 몽골(원)의 정치·군사적 간섭으로 인해 고려 자체의 방어력이 약화된 반면 몽골(원)의 군사적 원조가 외적 격퇴의 주요한 요인으로 작용한 점이라고 할 수 있다.

그런데 산성해도입보책은 외적 침입이라는 유사시의 방책이었던 까닭에,

충렬왕대 카단의 침입 이후로 별다른 외침이 없던 상황에서는 그것의 존속 여부조차 파악하기 어렵다. 다만 산성해도입보책은 원간섭기 후반으로 갈수록 점차 유명무실화되어 갔다고 판단된다. 입보처인 산성이 수축되지 못한 데다가 수축할 기회와 이유가 없어진 상황에서, 산성해도입보책을 시행할 수 있는 토대는 크게 약화되어 갔을 것이기 때문이다. 공민왕대와 우왕대 초반 왜구의 침입에 대응하여 성 일반을 전혀 활용하지 않았던 점은, 원간섭기 후반으로 갈수록 입보용 산성조차 방기되어 간 상황을 짐작케 한다.

산성해도입보책이 유명무실화되는 것과 다른 궤도에서 지역방어와 관련하여 새로운 조치가 등장하였다. 즉 제2차 일본원정 이후 대(對)일본 방비를 위해 연해 요해처에 한정해서 상시적 방어가 이루어졌다. 당시 출현한 연해 요해처 위주의 방어는 원간섭기에 한정되는 것이 아니라 기본적인 시스템에 있어서는 별다른 변화 없이 원간섭기 이후 시기까지 지속되었다.

한편 강화천도 이후 대두한 입보 산성은 고려 치소성과 이질적이었다. 이 점은 입지 면에서 잘 보인다. 강화천도 이후 출현한 입보 산성은 일반적으로 당시 치소로부터 멀리 떨어진 곳, 매우 험준하고 산속 깊숙한 곳, 비고(比高)가 높은 곳에 위치하였다. 또한 고려 치소성과 비교할 때 대개 규모가 컸다. (입보)산성의 이러한 특징은 이것의 용도가 유사시 외적의 침입을 효과적으로 방어하는 것임을 웅변한다.

입보 산성의 대두는 몇 가지 의미를 지니고 있다. 우선적으로 꼽을 수 있는 의미는 방어처가 고려 치소성에서 입보 산성으로 변화한 점이다. 또한 방어처가 지니는 의미 내지 방어처를 선택하는 사회적 기준이 변화한 점 또한 그 의미로 지적할 수 있다. 고려 치소성을 방어처로 선택한 것은 군사·방어적 장점 외에도 지역사회의 자위 거점이며 향리층의 지방지배의 거점이기도 한 요인을 복합적으로 고려한 결과인데 반해, 입보 산성의 선택은 외적의 침입을 효과적으로 피하고 막아낼 수 있는 곳에 초점을 맞춘 결과였다. 이외에, 개별 군현 단위의 방어 거점으로 작용한 고려 치소성과 달리, 입보 산성은 복수의 군현을 포괄하는 광역을 대상으로 한 방어·입보처로 기능한 데서, 입보 산성의 출현은 다수 군현들로 구성된 광역 범위를 단위로 하여 그 안에서 적절한 방어 거점을 토대로 하는 체계가 개별 군현을 방어의 단위로 한 방식을 대체하였음을 의미할 것이다. 마지막으로, 입보 산성의 대두는 방어처의 선택이 국가 주도로 이루어졌음을 의미한다. 고려 치소성의 경우, 국가가 지역사회의 자위와 지배의 거점으로 기능해 온 성을 방어처로 삼았기에, 방어처의 선택에 있어 국가 주도의 측면은 매우 약하였다. 이와 달리 입보 산성(해도)의 선택은 국가 주도로 이루어지고 있었고, 입보책의 시행 또한 국가에 의해 추진되었다. 이 과정에서 입보를 주저하는 지역사회와 입보책을 강행하는 중앙 관원 사이에 갈등이 빚어지기도 하였다.

이렇듯 강화천도 이후로 입보·방어처로서 산성(해도)을 본격적으로 활용한 현상은 단순히 방어처의 변화에 그치는 것이 아니라, 방어처 선택의 사회적 기준 변경 및 방어처 선택의 주체 변화 등을 내포하는 획기적인 움직임이었다.

중앙정부의 지방방어의 거점이면서 지역사회의 자위적 거점이기도 해 온 고려 치소성은 몽골의 침입을 계기로 하여 종래의 군사적 위상을 상실하게 되었고, 그로 인해 그것의 존립 기반은 위약하게 되었다. 더구나 몽골과의 전쟁을 수행하는 과정에서 중앙정부의 역할은 과거에 비해 강화된 반면 지역사회는 장기간의 전쟁으로 인해 피폐해져 갔고, 전쟁 종식 이후로도 이러한 흐름은 기본적으로 변함없었다. 원간섭기에는 국왕을 정점으로 중앙세력들이 몽골(원)의 후원을 등에 업은 결과, 고려 국내에 한정해서 보자면, 지방에 비해 중앙의 힘은 비약적으로 강화되었다. 이러한 여건에서 지역사회의 자위력은 약화·소진되어 갔고 고려 치소성은 이전과 같은 위상을 확보하기 어려웠을 것이다.

그런데 '치소가 위치한 성'으로서의 역할까지 상실하는 데에는 이르진 않아, 고려 치소성 대부분은 몽골과의 전쟁이 종결된 이후에도 존속하였다. 적어도 충렬왕대까지는 이러한 상태가 지속되고 있었다. 고려 치소성은 '치소가 위치한 성'으로 존속하였다고는 하나, 존립 기반은 몽골 침략 이전과 달리 매우 약화된 상태여서 유명무실한 채로 살아남았다.

충렬왕대 이후의 상황은 관련 자료가 없어 불명확하기는 하나, 충렬왕대 카단 침입 이후로 별다른 외침이 없었던 데다가 몽골(원)에 대한 고려의 군사적 의존 또한 지속·심화되고 있었기에, 고려 치소성의 위상은 저하되어갔을 것이다. 고려 치소성 위상의 저하는 그것의 존속 기반을 약화시키는 것이어서, 고려 치소성이 존치한 군현들은 감소되어져 갔을 것으로 추정된다.

고려 치소성은 유명무실한 채나마 적어도 충렬왕대까지는 존속하였다고 보이는데, 그러할 수 있었던 배경은 다음과 같다. 대몽전쟁기와 원간섭기 동안 지역공동체는 이전 시기에 비해 약화되고, 시기가 경과할수록 이러한 현상은 심화되어 갔으며, 이와 맞물려 지역공동체를 포용·활용하면서 지방지배와 지역방어를 도모해 온 국가의 방식에도 변화가 있었다. 그렇기는 하나 적어도 충렬왕대까지는 지역공동체가 해체·소멸된 상태에까지 이르렀다고 보기 어렵다. 당시까지 그것은 약화된 채나마 여전히 존속하고 있었던 것이 사실에 가까울 것이다. 그러하였기에 지역공동체를 포용·활용하면서 지방지배와 지역방어를 도모해 온 방식에서 제대로 벗어나지 못하였고, 이러한 질서를 도외시한 정책은 안착되지 못하였다. 이러한 지역공동체의 현실은 고려 치소성이 이전의 위상을 상실하기는 하나 '치소가 위치한 성'으로 유명무실한 채나마 존속하였을 배경이 되었을 것이다.

5부에서는 여말선초 시기 치소 이동의 양상과 그 배경을 살펴보았다.

공민왕대와 우왕대 초반에 고려 치소성을 비롯한 성 일반은 방기된 채 심각하게 퇴락되어, '성이 없다'고 하는 인식이 폭넓게 통용되었을 정도로 성은 사람들의 뇌리 속에서 지워져 있었다. 이러한 환경 하에서 왜구 방어 시에 청야책을 운영하면서도 성을 전혀 활용하지 못하였다. 고려 치소성이나 입보용 산성을 불문하고 당시 성 일반은 폐기·방기된 데서, 당시 고려 치소성은 더 이상 '치소가 위치한 성'으로 기능하지 못하였다고 손쉽게 예상할 수 있다.

고려말에 고려 치소성이 더 이상 '치소가 위치한 성'으로 기능하지 못한 것과 맞물려, 대다수 지역의 치소는 이미 고려 치소성이었던 곳 인근의 평지로 이동해 있었고, 옮겨왔을 당시 성에 의해 보호받지 못하고 있었다. 그 이후로 대부분 지역에서 치소는 다시금 이동하지 않았으며, 이 중 일부 군현에 읍성이 축조되었다. 이와는 달리, 치소가 재차 이동하는 지역 사례들도 일부 있었다. 곧 치소가 고려 치소성이었던 산성으로 되돌아가거나, 다른 평지 지점으로 옮겨갔다. 『동국여지승람』에 반영된 조선초기 당시의 치소 양상은 고려말 이래로의 이와 같은 치소 이동의 산물이었다.

고려말에 고려 치소성의 폐기·방기와 평지로의 치소 이동의 배경에는 구래 지역공동체의 해체 및 국가의 지방지배 방식의 변화가 자리하였다.

고려말에 구래의 지역공동체가 약화·해체되었음은 당시 지역사회 차원의 방어 역량이 부재한 데서 읽을 수 있는 바로, 당시에는 이전 시기와 달리 외적 침입 시에 지역사회의 자위력은 거의 발휘되지 않았다. 왜구 침입 시에 군현민이 사방으로 흩어진[사산(四散)] 현상은 이를 단적으로 말해준다.

외적의 침입으로 인해 민인들이 사산(四散)하는 현상과 맞물려, 향리가 해당 지역민을 동원하여 성을 바탕으로 외적을 방어한다거나, 외적의 예봉을 피해 향리층의 영도 하에 군현민이 특정 지역으로 집단적으로 피난한다거나 하는 사례도 이 시기에 거의 보이지 않았다. 대신 이전 시기와 비교할 때, 외적의 침입으로 인해 중앙의 장수 내지 군인을 급파한 기록들이 두드러지게 눈에 띈다. 이러한 현상은 지역사회 차원의 자위력이 실종된 상황에서 중앙정부에 의존하여 외적을 방어하고자 한 데서 비롯된 것이었다.

당시 지역공동체의 약화·소멸과 맞물려 국가의 군현관에도 중대한 변화가 있었다. 고려의 지방행정구획은 공동체적 지역사회를 단위로 하였고 지방제도 또한 공동체적 지역사회를 단위로 한 지방행정구획을 토대로 하여 운영되어 왔지만, 당시 국가는 기왕의 관행에서 탈피하여 군현을 인식하고자 했다. 즉 촌락들의 자생적 분포를 긍정적으로 보지 않고 이를 인위적·행정적 차원에서 개편하고, 기존의 군현을 일정 가호 수를 단위로 하여 새로이 획정하고자 하는 주장이 제기되기도 하였으며, 군현 병합 및 군현 강역의 균일화의 맥락에서 군현제 개편이 단행되었다.

지역공동체는 약화·소멸되고 국가가 이를 근간으로 한 지방지배를 도모하지 않게 되자, 산성 형태의 고려 치소성은 더 이상 존속할 수 있는 토대를 상실하게 되었고, 산성 입지에서 야기되는 각종 한계들이 부상하게 되었다. 그러한 한계로는 높고 험함, 비좁음, 외지고 막힘, 수원 부족, 왕래의 불편함, 민인의 거주에의 부적합, 관부 설치에의 어려움 등이 꼽힐 수 있다. 고려 치소성이 제 역할을 온전히 하였을 상당히 긴 기간 동안, 곧 고려말 이전에 이러한 유(類)의 문제들은 '인식상으로' 문제시되지 않았지만, 고려말 이후로의 변화된 사회 환경 속에서 산성 입지의 '치소가 위치한 성'으로 인해 야기될 수 있는 문제점들이 본격적으로 부상하게 된 것이다. 산성 형태의 '치소가 위치한 성'은 더 이상 치소가 위치할 곳으로서의 사회적 의미를 유지할 수 없게 된 것이다.

산성 입지의 구래의 고려 치소성이 폐기·방기된 후 치소가 대개 고려 치소성이었던 곳 인근의 평지로 이동한 까닭은 당시 선호된 치소 입지를 통해 어느 정도 파악 가능하다.

여말선초 시기 치소 입지 선정에 있어 군사적 요인은 그리 중시되지 않았다. 군사적 요인과 달리, 사회경제적 측면, 거주상의 편의성, 거주지와의 인접성 등의 조건은 당시 치소 입지의 선택 시에 중시되었다. 당시 치소가 평지에 위치한 것은 이들 요소를 중시하여 치소 입지를 선정한 데서였을 것이다. 즉 평탄·광활하고 농지가 풍부·비옥하며 민인들이 거주하기 편리한 입지를 우선시하면서 치소의 입지를 선택하였기에, 치소는 평지에 위치하게 된 것이다. 더 나아가 이러한 이유에서 당시 치소는 평지 지대들 중에서도 대개 고려 치소성이었던 곳 인근의 평지에 자리하였을 것이다. 왜냐하면 그러한 곳에는 오래전부터 민인들이 밀집해 있었고 그들의 농경지가 분포하고 있는 등, 고려 치소성이었던 곳 인근의 평지는 군현 내에서 이들 선호 조건을 충족하기에 가장 적합한 곳에 해당하였을 가능성이 높았기 때문이다.

6부에서는 새로운 성격의 '치소가 위치한 성'인 읍성 출현의 과정과 맥락을[고려말기], 그리고 '치소가 위치한 성'의 조선시대적인 분포의 특징과 성립과정 등을[조선초기] 검토해 보았다.

우선적으로, 고려말기에 고려 치소성과 이질적인 새로운 성격의 '치소가 위치한 성'이 어떤 과정과 맥락에서 출현하였는지를 정리해 보자면 이러하다.

왜구 피해가 특히 심한 남도 지역에서는, 연해에 한정하여 설치된 수소들을 군사 거점으로 하여 방어가 이루어졌다. 이러하다 보니 남도 내에서 연해 지역만이 방어권역이 된 반면, 내륙 지역은 사실상 방기되다시피 하였다. 방어 인력은 국가에 의해 수소로 징발·부방된 군사가 위주가 되고 있었다.

이러한 방어방식은 청야책과 연계하여 운영되고 있었다. 왜구가 침략해 오면 고려 국가는 바닷가로부터 일식(一息) 정도의 거리 안에 있는 주민들을 '심원지처(深遠之處)'로 대피시켰다. 연해지대를 비워 놓으면 왜구들은 약탈할 대상이 없어 스스로 물러갈 것이고, 설사 들어온다고 해도 장거리를 이동해야 하는 불편과 위험이 있어 그 사이에 우리 측 수졸들이 왜적을 발각·격퇴할 수 있으리라는 가정에서, 수소와 연계하여 청야책을 운영한 것이다.

하지만 당시의 방어 방식은 왜구 제어에 효과가 없어, 수소 사이를 통과하거나 연해지대를 돌파한 왜구는 마치 무인지경을 가듯 거침없이 활보하였다. 특히 연해 지역의 비옥한 토지를 상실하면서, 국가 재정의 타격과 민인들의 생계 위협이라는 문제가 발생하였다. 왜구 방어가 제대로 이루어지지 못하면서 연해 군현을 중심으로 왜구에 의한 피해는 극심해져갔고, 심지어 내지(內地) 군현에까지도 왜구의 침입이 횡행하였다.

당시 군현 내에서도 읍치 지역은 왜구의 주된 공략 대상이었다. 내지에 비해 연해 군현의 피해가 훨씬 심각한 점을 감안할 때, 연해 군현의 읍치 지역에 피해가 집중되고 있었다고 할 수 있다. 그로 인해 심각한 피해를 입어 읍치가 폐허가 된 연해 군현은 드물지 않았다. 연해의 읍치 지역을 중심으로 한 막대한 피해는 일차적으로 왜구의 준동 및 왜구 방어책의 한계·실패의 결과였을 뿐만 아니라, 그 이면에는 구래 고려 치소성의 폐기·방기 및 치소가 성에 의해 보호받지 못한 채 평지에 위치한 점, 그리고 지역사회 차원의 자위력 부재 등이 복합적으로 작용하였을 것이다.

우왕대 들어서 왜구 피해가 보다 심각해지자 성을 활용하지 않은 청야책에 대한 비판 여론은 고조되었고, 보완책으로 축성이 제기되었다. 그리하여 1377년(우왕 3)에 축성책이 채택되었다. 축성책 시행의 구체적인 계기는 이러했다. 즉 왜구에 의한 김해부 함락에 대응하여 지방관 차원에서 산성을 수축하였고, 해당 산성의 수축이 긍정적인 효과를 발휘하자, 국가는 이 방안을 수용하여 1377년에 산성 수축의 명령을 전국에 하달하였다.

1377년 이래로 축성은 지속적으로 이루어졌는데, 그것은 산성을 위주로 한 것이었다. 그러했던 까닭은 산성은 (평지)읍성과 달리 수축만 하면 되서 재정과 인력 동원 면에서 부담이 적었고 공기(工期) 또한 짧아 바로 활용할 수 있었기 때문에서였을 것이다. 아울러 산성이 방어 면에서 읍성에 비해 뛰어나다고 인식된 것도 그 이유들 가운데 하나로 작용하였을 것이다.

1377년 이후 기존 산성의 수축 위주로 축성이 이루어지면서, 읍성의 축조는 매우 제한적으로 진행되었다. 당시 읍성 축조는 왜구의 피해가 극심하여 읍치의 복구를 위해서는 해당 조치가 필요한 지역에서 해당 고을을 재건하는 [일읍재조(一邑再造)] 차원에서 이루어졌다. 그러한 이유에서 읍성은 대개 일부 연해 지역에 한해 축조되었다. 연해 지역은 왜구의 잦은 출몰로 인해 극심한 피해를 겪고 있었고, 이곳 읍치들 가운데 폐허가 된 곳도 적지 않았다. 연해 지역의 폐허가 된 읍치를 복구하기 위해서는 평지에 위치한 치소 및 읍치민을 상시적으로 보호해 줄 수 있는 성이 필요하였다. (평지)읍성의 축조는 바로 이러한 기대, 곧 읍치를 복구하고 떠나간 민인들을 불러들이고자 한 데에서 출발하고 있었다.

고려말의 읍성 축조는 조선초기와 달리 국가 정책의 차원에서 대대적으로가 아니라 외관, 도순문사 등의 의지로 산발적으로 이루어지고 있었다. 곧 군현을 재건하려는 차원에서 읍성을 축조하였다고 하더라도, 국가가 이를 체계적으로 주도한 경우는 드물었다. 이보다는 해당 지역 사정을 잘 아는 외관 등과 같은 중앙 관원이 읍성 축조를 주도하였고, 경우에 따라 국가가 이를 보조해주곤 하였다.

고려말 기존 산성의 수축 위주로 축성이 진행된 상황에서 제한적으로나마 이루어진 읍성 축조는 관(외관) 주도의 지방지배질서의 구축 차원에서 이루어진 측면이 있었다. 지역공동체가 약화·소멸된 상황에서, 왜구의 침입은 향촌사회의 위기를 촉발하고 있었다. 이러한 위기는 기본적으로 외관과 중앙정부 주도로 극복되어 갔는데, 이 과정에서 외관과 중앙정부 주도의 지방지배질서로의 재편 작업은 보다 탄력을 받으면서 진행되어 갔고, 읍성의 축조 또한 이 일환으로 이루어졌다.

한편 당시 읍성은 고려 치소성과 달리 거주·농경지와 보다 밀착된 성이었으며, '치소가 위치한 성'의 조건으로 경제적, 생활 환경적 측면 등을 중시하는 변화된 사회 조건 및 치소의 평지 입지의 추세를 수용하면서 새롭게 등장한 성이었다.

다음으로는, 『동국여지승람』 단계에 성립된 '치소가 위치한 성'의 조선시대적인 분포 양상을 둘러싼 제 문제를 검토한 결과를 정리해 보도록 하겠다.

고려말 이래로 읍성이 축조되기 시작하여 1454년(단종 2)에 편찬된 『세종실록』 지리지 단계에는 108개 주현[전체 주현 가운데 대략 32%에 해당]과 3개 속현에 읍성이 설치되어 있었다. 『세종실록』 지리지 단계 이후로도 읍성은 증치되어, 1481년(성종 12)에 편찬된 『동국여지승람』에 기재된 읍성 수는 121개로, 『세종실록』 지리지 단계에 비해 10개가 증가하였다. 그런데 이 기간 동안 단지 10개의 읍성이 축조된 것은 아니었다. 해당 시기 동안 고려 치소성이었던 성을 활용한 읍성들이 폐치되거나, 고려말 이래 신축된 읍성이 폐기되거나 하여, 실제로는 약 31개의 읍성이 축조되었다.

고려말 이래 진행되어 온 읍성의 증치는 『동국여지승람』 단계 무렵에 실질적으로 그 흐름이 종료되었다. 그 당시 읍성 분포의 양상은 이후로도 큰 변화 없이 지속되었다. 그리고 『동국여지승람』 단계 무렵에는 읍성이 고려말 이래 신축된 것으로 수렴되었다. 조선초기의 읍성은 고려말 이래 신축된 읍성[평지성 형태]과 고려 치소성이었던 성을 활용한 읍성[산성 형태]으로 양분될 수 있는데, 고려 치소성이었던 성을 활용한 읍성은 꾸준히 감소되어, 『동국여지승람』 단계 무렵에는 후자에 해당하는 것이 극히 드물게 되었다.

이들 이유에서 『동국여지승람』 단계에 이르러 '치소가 위치한 성'의 조선시대적인 분포 양상이 성립되었다고 할 수 있다. 읍성을 기반으로 한 '치소가 위치한 성'의 조선시대적인 분포 양상은 고려 치소성을 토대로 한 '치소가 위치한 성'의 고려시대적인 분포 양상을 대체한 것이다. 물론 전자가 붕괴된 이후 후자가 성립되기까지는 상당한 시간이 소요되었다.

읍성을 기반으로 한 '치소가 위치한 성'의 조선시대적인 분포 양상은 고려 치소성을 토대로 한 '치소가 위치한 성'의 고려시대적인 것과 여러모로 현저히 달랐다.

첫째, 그것은 읍성이 일부 군현에 한해 설치된 특징을 노정한다. 조선초기에 읍성은 고려 치소성과 달리 군현마다 설치되는 경향이 보이지 않는다. 『동국여지승람』 단계에는 전체 주현들 가운데 대략 37%에만 읍성이 두어졌고, 조선후기에 읍성의 분포 범위가 다소 확대되었지만 여전히 50%에도 미치지 못하였다.

둘째, '치소가 위치한 성'의 조선시대적인 분포 양상에서 읍성은 주현에만 분포하고 있었다. 지방지배 질서의 전환과 맞물려 속현은 군현으로 인정되지 않고 주현의 한 영역으로 간주되었기에, 주현의 직촌(直村)이 되지 않고 여전히 속현으로 남게 된다고 할지라도 고려시대에서와는 달리 더 이상 치소가 존재하지 않았다. 그로 인해 '치소가 위치한 성'으로서의 읍성은 치소가 존재한 주현에 국한하여 설치되어 있었다.

셋째, '치소가 위치한 성'의 조선시대적인 분포 양상은 읍성이 특정 지대에 편중된 특징을 보인다. 읍성은 연해 지역 및 북쪽 국경 지대에 편중 분포하고 있었다. 평안·함경도 지역을 제외한다면, 읍성은 내륙 지역에는 드물게 분포한 반면 연해 지역에는 집중적으로 두어지고 있었다.

마지막으로, '치소가 위치한 성'의 조선시대적인 분포 양상은 읍성이 주로 평지에 자리한 특징을 노정한다. 앞서 언급한 바와 같이, 조선초기에 읍성은 고려말 이래 새로이 축조된 것과 고려 치소성이었던 성을 활용한 유형으로 구분되는데, 『동국여지승람』 단계에 읍성은 사실상 평지에 자리한 것으로 수렴되었다.

『동국여지승람』 단계의 '치소가 위치한 성'의 조선시대적인 분포 양상은 다음과 같은 읍성 축조의 과정을 통해 성립되었다.

1429년(세종 11) 이전까지 읍성 축조는 읍성이 꼭 필요한 곳을 중심으로 소극적으로 이루어졌다. 읍성은 방어 면에서 취약하다고 인식되어, 고려말 이래로의 산성 위주의 축성이 계속되고 있었다. 그 결과 읍성은 하삼도 연해 군현들 가운데 일부 및 양계의 극변(極邊) 지역 그리고 중국과의 접경 지역에서 한양으로 향하는 교통로 선상의 주요 지역을 중심으로 제한적으로 축조되었다.

그러다 1429년을 분기점으로 하여 읍성 축조의 양상이 큰 폭으로 변화하였다. 하삼도 지역의 경우 '각관성자조축조건(各官城子造築條件)'을 토대로 하여 연해 군현마다의 읍성 구비를 목표로 한 축성이 시도되어 성종대에 결실이 맺어졌다. 더 나아가 성종대에는 강원도에서 또한 연해 군현마다 읍성을 설치하기에 이르렀다. 또한 성종대에는 낙동강 연안 지역을 중심으로 일부 내지(內地) 지역으로까지 읍성 축조 지역이 확대되었다.

하삼도·강원도 지역과 달리 평안·함길도 지역에서는 영토 확장 및 대륙 방면의 국제 정세의 변화 등에 따라 한양으로 향하는 기축 교통로 중심의 방어와 국경 지대 중심의 방어로 변동하는 과정을 거치면서, 읍성은 주로 국경 지대 및 중국과의 접경 지역에서 한양으로 향하는 교통로 선상의 내지(內地) 군현에 축조되었다.

『동국여지승람』 단계의 읍성 분포는 이러한 읍성 축조의 과정을 통해 성립된 것이다.

마지막으로, '치소가 위치한 성'의 조선시대적인 분포 양상의 성립 배경에 관해서다.

치소의 입지 조건으로 민인들이 거주할 공간과 농경에의 편리성 등을 중시하고 이와 맞물려 고려말 이래 치소가 대개 평지에 위치한 사회 환경 속에서, 내륙 지역에서는 다수 군현들로 구성된 광역 범위를 포괄하기에 적절한 산성으로 산발적으로 요구되는 방어상의 필요성을 충족하려 했다. 그 결과 내륙 지역에서 치소는 대개 성의 보호를 받지 않은 채 평지에 위치하였다.

이와 달리, 외적의 침입이 잦은 연해 지역 및 북쪽 국경 지대에서는, 내륙 지역에서와 같은 방식을 활용한다면, 입보 산성 내에 많은 민인들을 수용할 공간이 부족했을 뿐만 아니라 용수 또한 충분하지 않거나, 입보한 산성과 농토와의 거리가 멀어 왕래에 불편함이 있었을 뿐만 아니라 경작지가 황폐해지기 쉬웠거나, 치소와 농경지 그리고 거주지가 왜구에 의해 유린되기 십상이거나 하는 등의 문제가 발생할 수 있어, 치소와 민인들을 상시적으로 보호해 줄 성이 필요하였다. 그러면서도 그러한 성은 방어적 역할에 초점을 맞춘 것이라기보다는, 오히려 입지 조건으로 경제적, 생활 환경적 요소 등을 중시한 성이었다. 즉 연해 지역 및 북쪽 국경지대에서는 방어 측면과 용수·경작지·민거에의 적합성 등을 복합적으로 충족해 줄 수 있는 평지 읍성을 필요로 한 것이다. 이러한 배경에서 읍성 축조가 이루어진 결과, 하삼도·강원도 연해와 북쪽 국경 지대에서는 군현마다 읍성을 구비하였다고 할 수 있다.

참고문헌

충주 남산성 배수구

1. 자료

1) 연대기

『삼국사기』, 『삼국유사』, 『고려사』, 『고려사절요』, 『조선왕조실록』, 『明太祖實錄』, 『周書』, 『北史』, 『舊唐書』, 『新唐書』, 『元史』

2) 문집

『均如傳』, 『破閑集』, 『東國李相國集』, 『動安居士集』, 『圃隱集』, 『陶隱集』, 『牧隱文藁』, 『陽村集』, 『동문선』, 『浩亭集』, 『虛白堂集』, 『濡溪集』, 『敬齋遺稿』, 『南冥先生文集』, 『鳴皐先生文集』, 『南溪集』, 『記言』

3) 지리지 및 지도

『경상도지리지』, 『경상도속찬지리지』, 『신증동국여지승람』, 『東國輿地志』, 『輿地圖書』, 『대동지지』, 『元和郡縣志』, 『太平寰宇記』, 『元豐九域志』, 『輿地廣記』, 『方輿勝覽』, 『大元混一方輿勝覽』, 『大明一統志』, 『大淸一統志』, 『廣輿圖』, 『海東地圖』, 『大東輿地圖』, 『增修臨瀛誌』, 『峴山誌』, 『咸州志』, 『永嘉誌』, 『湖山錄』

4) 금석문

韓國古代社會硏究會 編, 『譯註韓國古代金石文』 Ⅲ, 駕洛國史蹟開發硏究院, 1992.

金龍善 編, 『改訂版 高麗墓誌銘集成』, 翰林大學校 아시아文化硏究所, 1997.

5) 기타

『經國大典』, 『增補文獻備考』, 『高麗圖經』, 『唐律疏議』, 『翰苑』, 『通典』, 『文獻通考』, 『元高麗紀事』, 『漢語大詞典』(羅竹風 編), 『조선유적유물도감』(조선유적유물도감편)

노명호 외, 『한국고대중세고문서연구(上)』, 서울대학교출판부, 2000.

2. 조사 보고서

江陵大學敎 博物館 · 江原道 襄陽郡, 『襄陽郡의 歷史와 文化遺蹟』, 1994.
慶北文化財硏究院 · 星州郡, 『星州邑城地表調査報告書』, 2002.
慶州文化財硏究所, 『南彌秩夫城地表調査報告書』, 1993.
관동대학교 박물관, 『溟州郡의 歷史와 文化遺蹟』, 1994.
관동대학교 박물관 · 한국도로공사, 『영동고속도로(횡계-강릉간) 건설 예정지역 문화유적 지표조사 보고서』, 1996.
關東大學校 博物館 · 江原道 三陟市, 『三陟의 歷史와 文化遺蹟』, 1995.
나동욱 · 최정혜, 『堂甘洞城址 Ⅰ』, 釜山廣域市立博物館, 1996.
단국대학교 매장문화재연구소 · 안성시, 『안성 죽주산성 지표 및 발굴조사보고서』, 2002.
단국대학교 매장문화재연구소 · 평택시, 『평택서부 관방산성 시 · 발굴조사보고서』, 2004.
東亞大學校 博物館 · 金海市, 『文化遺蹟分布地圖-金海市-』, 1998.
박경식 · 서영일 · 김호준 · 방유리 · 田福凉, 『포천 반월산성-종합보고서-(Ⅰ)』, 포천시 · 단국대학교 매장문화재연구소, 2004.
百濟文化開發硏究院, 『忠南地域의 文化遺蹟』(第9輯, 禮山郡篇), 1995.
釜山廣域市立 博物館, 『金海 東上洞 소방도로 개설 구간내 金海邑城址 試掘調査』, 1999.
세종대학교 박물관 · 여주군, 『여주군의 역사와 문화유적 Ⅱ』, 2004.
양평군 · 수원대학교 박물관, 『양평 함왕성지-지표 및 시굴조사보고서-』, 1999.
영남대학교 박물관, 『영남대학교 박물관 도록』, 1982.
陸軍士官學校 陸軍博物館, 『京畿道 抱川郡 軍事遺蹟 地表調査 報告書』, 1997.
陸軍士官學校 陸軍博物館, 『江原道 華川郡 · 春川市 軍事遺蹟 地表調査 報告書』, 2001.
陸軍士官學校 陸軍博物館, 『江原道 楊口郡 · 麟蹄郡 軍事遺蹟 地表調査 報告書』, 2002.

陸軍士官學校 陸軍博物館,『江原道 高城郡 軍事遺蹟 地表調査 報告書』, 2003.

李玟洙 · 許昌一 · 李熙敦,『蔚珍郡 城址遺蹟 地表調査報告書』, 慶尙北道 蔚珍郡 · 大邱大學校 博物館, 1998.

中原文化財硏究院 · 堤川市,『堤川 德周山城-北門址 東側 城壁 基底部 發掘調査 報告書-』, 2003.

차용걸 · 강민식 · 한병길 · 조순흠 · 윤대식,『처인성(處仁城), 노고성(老姑城), 보개산성(寶蓋山城) 지표조사보고서』, 충북대학교 중원문화연구소, 1999.

車勇杰 · 趙順欽 · 趙錄柱 · 崔寬鎬,『永同黃澗邑城-地表調査 報告書-』, 永同郡 · 中原文化硏究院, 2006.

昌原大學校 博物館 · 昌原文化財硏究所,『大伽耶文化圈 遺蹟 精密地表調査報告(居昌郡의 文化遺蹟)』, 1996.

淸道郡 · 慶尙北道文化財硏究院,『文化遺蹟分布地圖-淸道郡-』, 2003.

淸州大學校 博物館,『槐山郡 文化遺蹟』, 1994.

忠南大學校 博物館 · 洪州鄕土文化硏究會,『洪城郡 結城地域 地表調査 報告』(Ⅰ), 1987.

忠北大學校 中原文化硏究所,『永同邑城 地表調査 報告書』, 1997.

忠北大學校 中原文化硏究所,『原州鴒原山城 · 海美山城 地表調査 報告書』, 1998.

忠州産業大學校 博物館 編,『忠州山城 2次 發掘調査 報告書』, 1995.

禮山郡 · 忠南發展硏究院,『禮山 任存城』, 2000.

翰林大學校 博物館 · 江原道 高城郡,『高城郡의 歷史와 文化遺蹟』, 1995.

翰林大學校 博物館 · 江原道 春川市,『春川의 歷史와 文化遺蹟』, 1997.

3. 연구논저

1) 저서

강은경,『高麗時代 戶長層 연구』, 혜안, 2002.

구산우,『高麗前期 鄕村支配體制硏究』, 혜안, 2003.

국방군사연구소, 『倭寇討伐史』, 1993.

김남규, 『高麗兩界地方史硏究』, 새문사, 1989.

김현숙, 『고구려의 영역지배방식연구』, 모시는사람들, 2005.

노명호, 『고려국가와 집단의식』, 서울대출판문화원, 2009.

노태돈, 『고구려사 연구』, 사계절, 1999.

민현구, 『朝鮮初期의 軍事制度와 政治』, 한국연구원, 1983.

유재춘, 『韓國 中世築城史 硏究』, 경인문화사, 2003.

박원호, 『明初朝鮮關係史硏究』, 일조각, 2002.

박은경, 『高麗時代鄕村社會硏究』, 일조각, 1996.

박종기, 『高麗時代部曲制硏究』, 서울대학교출판부, 1990.

_____, 『고려의 지방사회-지배와 자율의 공간-』, 푸른역사, 2002.

방동인, 『韓國의 國境劃定硏究』, 일조각, 1997.

변태섭, 『高麗政治制度史硏究』, 일조각, 1977.

서울특별시사편찬위원회, 『서울의 성곽』, 2004.

서정석, 『百濟의 城郭』, 학연문화사, 2002.

심봉근, 『韓國南海沿岸城址의 考古學的 硏究』, 학연문화사, 1995.

심정보, 『韓國 邑城의 硏究』, 학연문화사, 1995.

오일순, 『高麗時代 役制와 身分制 變動』, 혜안, 2000.

윤용혁, 『高麗對蒙抗爭史硏究』, 일지사, 1991.

윤은숙, 『몽골제국의 만주 지배사』, 소나무, 2010.

윤훈표, 『麗末鮮初 軍制改革硏究』, 혜안, 2000.

이경식, 『朝鮮前期土地制度硏究』, 일조각, 1986.

이기백, 『高麗兵制史硏究』, 일조각, 1968.

이태진, 『韓國社會史硏究』, 지식산업사, 1986.

_____, 『의술과 인구 그리고 농업기술』, 태학사, 2002.

전덕재, 『한국고대사회의 왕경인과 지방민』, 태학사, 2002.

정구복 외, 『三國史記의 原典 檢討』, 한국정신문화연구원, 1995.

주보돈, 『新羅地方統治體制의 整備過程과 村落』, 신서원, 1998.

채웅석,『高麗時代의 國家와 地方社會-'本貫制'의 施行과 地方支配秩序-』, 서울대학교출판부, 2000.

홍원기,『高麗前期軍制硏究』, 혜안, 2001.

旗田巍,『朝鮮中世社會史の硏究』, 法政大學出版局, 1971.

井上秀雄,『古代東アシアの文化交流』, 溪水社, 1993.

愛宕元,『中國の城郭都市』, 中公新書, 1991.

彭世乾 著 · 金舜圭 編譯,『몽골軍의 戰略 · 戰術』, 國防軍史硏究所, 1997.

寧越敏 · 張務棟 · 錢今昔,『中國城市發展史』, 安徽科學技術出版社, 1994.

LEO DE HATOG, *Genghis Khan CONQUEROR OF THE WORLD*, I.B.Tauris Publishers, 1989.

2) 연구 논문

강봉룡,「新羅地方統治體制 硏究」, 서울대 박사학위논문, 1994.

______,「新羅下代 浿江鎭의 設置와 運營-州郡縣體制의 확대와 관련하여-」,『韓國古代社會의 地方支配』, 신서원, 1997.

강은경,「고려시대의 국가, 지역 차원 祭儀와 개인적 신앙」,『동방학지』129, 2005.

강재광,「對蒙戰爭期 崔氏政權의 海島入保策과 戰略海島」,『군사』66, 2008.

강진철,「高麗의 農莊에 대한 一硏究」,『史叢』24, 1980.

강현,「邑城의 空間構造 및 建築物 變遷에 關한 硏究: 朝鮮中期 社會變動에 따른 都市化 過程을 中心으로」, 서울대 석사학위논문, 1995.

고석규,「조선 초기 서남해안 지방 읍성의 축조와 도시화 요소」,『전남사학』25, 2005.

권영국,「원간섭기 고려 군제의 변화」,『14세기 고려의 정치와 사회』, 민음사, 1994.

______,「高麗後期 軍事制度 硏究」, 서울대 박사학위논문, 1995.

권오영,「三韓의「國」에 대한 硏究」, 서울대 박사학위논문, 1996.

김갑동,「高麗時代의 城隍信仰과 地方統治」,『한국사연구』74, 1991.

______,「고려시대의 都領」,『한국중세사연구』3, 1996.

김경추,「강릉읍성의 입지와 공간구성에 관한 연구」,『한국도시지리학회지』7-2, 2004.

______,「삼척읍성에 관한 연구-입지와 공간구성을 중심으로-」,『地理學硏究』40-3,

2006.

김광수, 「羅末麗初의 豪族과 官班」, 『한국사연구』 23, 1979.

김기혁 · 김성희, 「조선-일제강점기 동래읍성 경관변화 연구」, 『대한지리학회지』 37-4, 2002.

김당택, 「高麗 初期 地方軍의 形成과 構造-州縣軍의 性格-」, 『高麗軍制史』, 육군본부, 1983.

김동수, 「朝鮮初期의 군현제 개편작업-군현병합 및 直村化 작업을 중심으로-」, 『전남사학』 4, 1990.

______, 「조선초기 郡縣治所의 移設」, 『전남사학』 6, 1992.

김선범, 「地方都市의 傳統空間保全을 위한 基礎研究 -蔚山邑城과 彦陽邑城을 중심으로-」, 『國土計劃』 24-2, 1989.

______, 「城郭의 都市原形的 解釋: 조선시대 邑城을 중심으로」, 『한국도시지리학회지』 2-2, 1999.

김성진, 「부산 동래읍성」, 『한국성곽학보』 7, 2005.

김영심, 「百濟地方統治體制 研究-5~7세기를 중심으로-」, 서울대 박사학위논문, 1997.

김인걸, 「조선 건국과 지방지배구조의 개편」, 『조선은 지방을 어떻게 지배했는가』, 아카넷, 2000.

김진수, 「13세기 말 哈丹軍의 침공에 대한 고려의 대응」, 『군사』 77, 2010.

김태중, 「慶州邑城」, 『경주사학』 11, 1992.

김훈식, 「군현제와 면리제」, 『한국역사입문②』, 풀빛, 1999.

김흥술, 「江陵地域 城郭研究」, 『영동문화』 8, 2001.

______, 「江陵邑城의 都市史的 檢討」, 『도시역사문화』 3, 2005.

나종우, 「홍건적과 왜구」, 『한국사』 20(고려 후기의 사회와 대외관계) 국사편찬위원회, 1994.

노명호, 「羅末麗初 豪族勢力의 경제적 기반과 田柴科體制의 성립」, 『진단학보』 74, 1992.

______, 「가족제도」, 『한국사』 15(고려 전기의 사회와 대외관계), 국사편찬위원회, 1995.

______, 「고려시대 지역자위공동체」, 『韓國古代中世 地方制度의 諸問題』, 집문당,

2004.

______, 「고려시대 향리집단 속의 호장 이유李裕」, 『한국사시민강좌』 39, 2006.

노영구, 「朝鮮初期 水軍과 海領職의 변화」, 『한국사론』 33, 서울대 국사학과, 1995.

노태돈, 「羅代의 門客」, 『한국사연구』 21 · 22, 1978.

______, 「5~7세기 고구려의 지방제도」, 『한국고대사논총』 8, 1996.

노중국, 「統一期 新羅의 百濟故地支配-≪三國史記≫ 職官志 · 祭祀志 · 지리지의 百濟關係記事」, 『한국고대사연구』 1, 1998.

민현구, 「高麗後期의 軍制」, 『高麗軍制史』, 육군본부, 1983.

박경안, 「高麗後期 農場研究의 動向」, 『典農史論』 1, 1995.

박상일, 「小白山脈地域의 交通路와 遺蹟」, 『국사관논총』 16, 1990.

박성현, 「6~8세기 新羅 漢州 「郡縣城」과 그 성격」, 『한국사론』 47, 서울대 국사학과, 2002.

박종기, 「高麗時代 外官 屬官制 研究」, 『진단학보』 74, 1992.

______, 「京畿 北部地域 中世 郡縣 治所와 特殊村落 變化研究」, 『북악사론』 8, 2001.

박종진, 「강화천도 시기 고려국가의 지방지배」, 『한국중세사연구』 13, 2002.

박현순, 「16~17세기 禮安縣 士族社會 研究」, 서울대 박사학위논문, 2006.

백종오, 「京畿地域 高麗城郭 研究」, 『史學志』 35, 2002.

서영대, 「城隍信仰史에서 본 순창 「城隍大神事跡」」, 『성황당과 성황제』(한국종교사연구회 편), 민속원, 1998.

______, 「韓國과 中國의 城隍神仰 比較」, 『中國史研究』 12, 2001.

서일범, 「徐熙가 築城한 城郭과 淸川江 以北 防禦體系」, 『徐熙와 高麗의 高句麗 繼承意識』, 학연문화사, 1999.

송용덕, 「高麗前期 國境地域의 州鎭城編制」, 『한국사론』 51, 서울대 국사학과, 2005.

신상화, 「朝鮮時代 地方都市의 空間構成原理에 關한 研究(1)-大丘府城의 風水, 教育 및 祭祀空間을 중심으로-」, 『國土計劃』 33-6, 1998.

신상화 · 예명해, 「慶州의 都市空間構成原理에 관한 研究-高麗時代 이후 慶州邑城의 築城과 都市展開를 중심으로-」, 『國土計劃』 35-6, 2000.

심광주, 「이성산성의 축성기법에 관대한 고찰」, 『二聖山城-7次發掘調査報告書-』,

2000.

심정보, 「朝鮮時代 湖西地域 沿海邑城의 機能에 대한 考察」, 『湖西文化研究』 14, 1996.

양보경, 「磻溪 柳馨遠의 地理思想-東國輿地志와 郡縣制의 내용을 중심으로-」, 『문화역사지리』 4, 1992.

양보경 · 민경이, 「경상북도 永川邑城의 空間構造와 그 變化」, 『문화역사지리』 16-3, 2004.

예명해, 「朝鮮時代 大丘邑城에 關한 基礎研究(2)」, 『國土計劃』 26-4, 1991.

예명해 · 이재환, 「조선시대 읍치(邑治)의 공간구성에 관한 연구」, 『국토계획』 37-2, 2002.

예명해 · 이재환 · 신상화 · 이용대, 「조선시대 읍치(邑治)의 공간구성에 관한 연구-조선시대 칠곡도호부를 중심으로-」, 『國土計劃』 37-3, 2002.

오영선, 「최씨집권기 정권의 기반과 정치운영」, 『역사와 현실』 17, 1995.

오종록, 「朝鮮初期 兩界의 軍事制度와 國防體制」, 고려대 박사학위논문, 1992.

______, 「朝鮮初期의 國防論」, 『진단학보』 86, 1998.

우태련, 「高麗初 地名別號의 制定과 그 運用」(上 · 中 · 下), 『慶北史學』 10 · 11 · 12, 1987 · 1988 · 1989.

유응교 · 박창선, 「南原邑城의 空間構造特性에 관한 기초적 연구(1)-公共施設物과 空間構造를 中心으로-」, 『國土計劃』 32-5, 1997.

유재춘, 「麗末鮮初 東界地域의 變化와 治所城의 移轉 改築에 대하여-강원도 영동지방을 중심으로-」, 『조선시대사학보』 15, 2001.

윤경진, 「朝鮮初期 郡縣體制의 개편과 運營體系의 변화」, 『한국사론』 25, 서울대 국사학과, 1991.

______, 「고려전기 戶長의 기능과 外官의 성격-지방행정체계상의 상관성을 중심으로-」, 『국사관논총』 89, 1999.

______, 「古文書 자료를 통해 본 高麗의 地方行政體系」, 『한국문화』 25, 2000.

______, 「高麗 郡縣制의 構造와 運營」, 서울대 박사학위논문, 2000.

______, 「고려시기 所의 존재양태에 대한 試論-군현제와 생산방식의 측면을 중심으

로-」,『한국중세사연구』13, 2002.

윤무병,「高麗北界地理考(上)」,『역사학보』4, 1953.

윤용진,「韓國初期鐵器文化에 관한 硏究-大邱 地方에서의 初期鐵器文化」,『한국사학』11, 1990.

윤용혁,「몽고 침입에 대한 항쟁」,『한국사』20(고려 후기의 사회와 대외관계), 국사편찬위원회, 1994.

윤훈표,「高麗末 偰長壽의 築城論」,『한국사상사학』9, 1997.

______,「高麗時代軍制史硏究의 現況과 課題」,『군사』34, 1997.

이강국 · 김찬영,「星州邑城의 空間構成에 關한 硏究」,『한국주거학회논문집』15-3, 2004.

이경식,「高麗末期의 私田問題」,『동방학지』40, 1983.

이남석,「禮山 鳳首山城(任存城)의 現況과 特徵」,『백제문화』28, 1999.

이수건,「朝鮮初期 郡縣制整備와 地方統治體制」,『韓國中世社會史硏究』, 일조각, 1984.

______,「高麗時代「邑司」硏究」,『국사관논총』3, 1989.

이수훈,「新羅 中古期 村落支配 硏究」, 부산대 박사학위논문, 1988.

이순근,「高麗時代 事審官의 機能과 性格」,『高麗史의 諸問題』, 삼영사, 1986.

이익주,「高麗 · 元關係의 構造에 대한 硏究-소위 '世祖舊制'의 분석을 중심으로-」,『한국사론』36, 서울대 국사학과, 1996.

이태진,「醴川開心寺의 石塔記의 分析-高麗前期 香徒의 一例-」,『역사학보』53 · 54, 1972.

______,「士林派의 留鄕所 復立運動」,『진단학보』34 · 35, 1972 · 1973.

______,「高麗末 · 朝鮮初의 社會變化」,『진단학보』55, 1983.

______,「15 · 16세기의 低平 · 低濕地 開墾 동향」,『국사관논총』2, 1989.

______,「조선초기의 火耕금지」,『이재룡 회갑기념 한국사학논총』, 한울, 1990.

______,「社會史的으로 본 韓國中世의 시작」,『韓國史의 時代區分-古代와 中世-』, 신서원, 1995.

임승우,「朝鮮時代 安東邑城 硏究」,『안동사학』5, 2000.

전종한, 「내포지역 읍성 원형과 읍치경관의 근대적 변형-읍성취락의 사회공간적 재편과 근대화-」, 『대한지리학회지』 39-3, 2004.

정요근, 「고려전기의 驛屬層과 지방 행정단위로서의 驛」, 『진단학보』 101, 2006.

조인성, 「高麗 兩界의 州鎭의 防戍軍과 州鎭軍」, 『高麗光宗硏究』, 일조각, 1981.

______, 「高麗 兩界의 國防體制」, 『高麗軍制史』(陸軍本部 篇), 1993.

주웅영, 「麗末鮮初의 社會構造와 儒敎의 社會的 機能」, 경북대 박사학위논문, 1993.

차용걸, 「世宗朝 下三道 沿海邑城 築造에 對하여」, 『사학연구』 27, 1977.

______, 「朝鮮成宗代朝 海防築造 論議와 그 樣相」, 『백산학보』 23, 1977.

______, 「朝鮮前期 關防施設의 成立過程」, 『韓國史論』 7, 국사편찬위원회, 1980.

______, 「高麗末 倭寇防守策으로서의 鎭戍와 築城」, 『사학연구』 38, 1984.

______, 「高麗末 · 朝鮮前期 對倭 關防史 硏究」, 충남대 박사학위논문, 1988.

______, 「처인성터의 구조와 성격」, 『고려시대의 용인』, 학연문화사, 1988.

채웅석, 「高麗時代 香徒의 社會的 性格과 變化」, 『국사관논총』 2, 1989.

______, 「군현제와 향촌사회」, 『한국역사입문②』, 풀빛, 1999.

______, 「여말선초 향촌사회의 변화와 埋香활동」, 『역사학보』 173, 2002.

______, 「고려말 조선초기 향촌사회의 변화와 지배질서의 재편」, 『중세사회의 변화와 조선건국』, 혜안, 2005.

최병헌, 「新羅下代 禪宗九山派의 成立」, 『한국사연구』 7, 1974.

______, 「羅末麗初 禪宗의 社會的 性格」, 『사학연구』 25, 1975.

______, 「新羅末 金海地方의 豪族勢力과 禪宗」, 『한국사론』 4, 서울대 국사학과, 1978.

최선혜, 「朝鮮初期 留鄕品官 硏究」, 서강대 박사학위논문, 1998.

최원석, 「경상도 邑治 경관의 역사지리학적 복원에 관한 연구: 南海邑을 사례로」, 『문화역사지리』 16-3, 2004.

______, 「地籍原圖를 활용한 邑城空間의 역사지리적 복원: 경상도 읍성을 사례로」, 『문화역사지리』 17-2, 2005.

최인선, 「興陽邑城과 高興의 4개 鎭城에 대한 고찰」, 『南道文化硏究』 8, 2002.

______, 「寶城邑城에 대한 硏究」, 『문화사학』 24, 2005.

최종석, 「羅末麗初 城主 · 將軍의 정치적 위상과 城」, 『한국사론』 50, 서울대 국사학과, 2004.
______, 「조선 초기 城隍祠의 立地와 治所」, 『동방학지』 131, 2005.
______, 「고려시기 治所城의 분포와 공간적 특징」, 『역사교육』 95, 2005.
______, 「고려전기 築城의 특징과 治所城의 형성」, 『진단학보』 102, 2006.
______, 「조선초기 '邑城' 용어 출현의 배경과 읍성의 유형」, 『동방학지』 138, 2007.
______, 「여말선초 명(明)의 예제와 지방 성황제(城隍祭) 재편」, 『역사와 현실』 72, 2009.
______, 「조선전기 淫祀的 城隍祭의 양상과 그 성격-중화 보편 수용의 일양상-」, 『역사학보』 204, 2009.
______, 「고려전기 保勝 · 精勇軍의 성격과 地方軍 구성에 대한 재검토」, 『역사와 담론』 58, 2011.
______, 「고려전기 지역방어체계의 특징」, 『사림』 40, 2011.
______, 「대전 상대동 고려 유적지의 성격에 대한 시론적 탐색-院村에서 邑治로-」, 『한국중세사연구』 31, 2011.
______, 「고려말기 지역방어체제와 그 시대성」, 『역사와 현실』 85, 2012.
______, 「고려시대 지역방어체제의 변화 양상과 그 성격」, 『한국사상과 문화』 64, 2012
______, 「조선초기 越境地의 인식과 발생에 관한 재검토」, 『조선시대사학보』 62, 2012.
최종택, 「麗末鮮初 地方品官의 成長 過程」, 『학림』 15, 1993.
추명엽, 「高麗前期 關 · 津 · 渡의 기능과 商稅」, 『국사관논총』 104, 2004.
한기문, 「朝鮮時期 尙州邑城의 沿革과 規模」, 『역사교육논집』 28, 2002.
허인욱, 「忠州邑城의 變貌考」, 『蘂城文化』 16 · 17, 1996.
황정덕, 「熊川縣邑城에 關한 硏究」, 『慶南鄕土史論叢』 5, 1996.

末松保和, 「「高麗式目形止案」について」, 『朝鮮學報』 25, 1962.
小島毅, 「城隍廟制度の確立」, 『思想』 6月號, 1990.
井上秀雄, 「『慶尙道續撰地理誌』の城郭觀」, 『朝鮮學報』 99 · 100, 1981.
浜中昇, 「高麗前期の量田制について」, 『朝鮮學報』 109, 1983.
David Johnson, "The City-God Cults of T'ang and Sung China", Harvard Journal of Asiatic Studies Vol. 45. No. 2, 1985.

부록

장기읍성

〈부표 1〉 고려시대 축성 사례

축성 사례	시기	지역	축성 사례	시기	지역
청주(靑州)에 행차하였다……친히 가서 위무하고는 성을 쌓고 돌아왔다.(절)	태조 2년	남	용강현에 성을 쌓았다(城龍岡縣).(성)	태조 2년	북
평양에 성을 쌓았다(城平壤).(성)	태조 2년	북	함종성(咸從城)과 안북성(安北城)을 쌓았다.(절)	태조 3년	북·북
골암진(鶻巖鎭) 동산(東山)에 대성(大城) 하나를 축조하였다.(진)	태조 3년	북	운남현에 성을 쌓았다(城雲南縣).(성)	태조 4년	북
처음으로 서경(西京) 재성(在城)을 쌓았다.(성)	태조 5년	북	성주에 성을 쌓았다(城成州).(성)	태조 8년	북
배산성(拜山城)을 수축하였다.(진)	태조 10년	남	안북부에 성을 쌓았다(城安北府).(진)	태조 11년	북
운주 옥산에 성을 쌓았다(城運州玉山).(진)	태조 11년	남	탕정군에 성을 쌓았다(城湯井郡).(절)	태조 11년	남
진국성(鎭國城)을 옮겨 쌓았다.(진)	태조 11년	북	안정진에 성을 쌓았다(城安定鎭).(진)	태조 12년	북
영청진에 성을 쌓았다(城永淸鎭).(성)	태조 12년	북	안수진에 성을 쌓았다(城安水鎭).(진)	태조 12년	북
흥덕진에 성을 쌓았다(城興德鎭).(진)	태조 12년	북	그 성[순주성(順州城)]을 수축하였다.(세)	태조 13년	남
닐어진에 성을 쌓았다(城昵於鎭).(진)	태조 13년	남	마산에 성을 쌓았다(城馬山).(진)	태조 13년	북
안북부에 성을 쌓았다(城安北府).(성)	태조 13년	북	청주(靑州)에 행차하여 나성(羅城)을 쌓았다.(절)	태조 13년	남
연주에 성을 쌓았다(城連州).(절)	태조 13년	북	통해진에 성을 쌓았다(城通海鎭).(진)	태조 17년	북
이물, 숙주에 성을 쌓았다(城伊勿及肅州).(성)	태조 18년	남·북	순주에 성을 쌓았다(城順州).(성)	태조 20년	북
영청현에 성을 쌓았다(城永淸縣).(성)	태조 21년	북	양암진에 성을 쌓았다(城陽嵒鎭).(성)	태조 21년	북
서경 나성(羅城)을 쌓았다.(성)	태조 21년	북	용강, 평원에 성을 쌓았다(城龍岡·平原).(성)	태조 21년	북·북
숙주에 성을 쌓았다(城肅州).(성)	태조 22년	북	대안주에 성을 쌓았다(城大安州).(성)	태조 22년	북

은주성(殷州城)을 쌓았다.(성)	태조 23년	북	덕창진에 성을 쌓았다(城德昌鎭).(성)	정종 2년	북
서경 왕성(王城), 철옹성(鐵甕城), 삼척성(三陟城), 통덕성(通德城) 등을 쌓았다.(성)	정종 2년	북·북·동(기)·북	덕성진에 성을 쌓았다(城德成鎭).(성)	정종 2년	북?
장청진, 위화진에 성을 쌓았다(城長青鎭·威化鎭).(성)	광종 원년	북·북	무주에 성을 쌓았다(城撫州).(성)	광종 2년	북
안삭진에 성을 쌓았다(城安朔鎭).(성)	광종 3년	북	습홀(濕忽)에 성을 쌓고 가주(嘉州)를 삼았으며, 송성(松城)에 성을 쌓고 척주(拓州)를 삼았다.(절)	광종 11년	북·북
낙릉군에 성을 쌓았다(城樂陵郡).(성)	광종 18년	북	위화진에 성을 쌓았다(城威化鎭).(성)	광종 19년	북
장평진에 성을 쌓았다(城長平鎭).(성)	광종 20년	동	영삭진에 성을 쌓았다(城寧朔鎭).(성)	광종 20년	북
안삭진에 성을 쌓았다(城安朔鎭).(성)	광종 21년	북	운주에 성을 쌓았다(城雲州).(성)	광종 23년	북
고주에 성을 쌓았다(城高州).(성)	광종 24년	동	장평진에 성을 쌓았다(城長平鎭).(성)	광종 24년	동
박평진에 성을 쌓았다(城博平鎭).(성)	광종 24년	동	신도성(信都城)을 수축하였다.(절)	광종 24년	북
안융진에 성을 쌓았다(城安戎鎭).(성)	광종 24년	북	청색진에 성을 쌓았다(城淸塞鎭)(성)	경종 4년	북
수덕진에 성을 쌓았다(城樹德鎭).(성)	성종 2년	북	[애수진(隘守鎭)]성을 쌓았다.(지)	성종 2년	동
문주에 성을 쌓았다(城文州).(성)	성종 3년	동	장흥진, 귀화진, 곽주, 귀주에 성을 쌓았다(城長興·歸化二鎭及郭·龜二州).(성)	성종 13년	북·북·북·북
안의진, 흥화진에 성을 쌓았다(城安義·興化二鎭).(성)	성종 14년	북·북	맹주에 성을 쌓았다(城猛州).(성)	성종 14년	북
선주에 성을 쌓았다(城宣州).(성)	성종 15년	북	덕주에 성을 쌓았다(城德州).(성)	목종 3년	북
영풍진, 평로진에 성을 쌓았다(城永豐·平虜二鎭.(성)	목종 4년	동·북	덕주성(德州城), 가주성(嘉州城), 위화성(威化城), 광화성(光化城)을 수축하였다.(성)	목종 6년	북·북·북·북
진명현에 성을 쌓았다(城鎭溟縣).(성)	목종 8년	동	금양현에 성을 쌓았다(城金壤縣).(성)	목종 8년	동(기)
곽주에 성을 쌓았다(城郭州).(성)	목종 8년	북	용진진에 성을 쌓았다(城龍津鎭).(성)	목종 9년	동

귀주에 성을 쌓았다(城龜州).(성)	목종 9년	북	흥화진, 울진에 성을 쌓았다(城興化鎭·蔚珍).(성)	목종 10년	북·동(기)
등주에 성을 쌓았다(城登州).(절)	목종 9년	동(기)	익령현에 성을 쌓았다(城翼嶺縣).(성)	목종 10년	동(기)
통주에 성을 쌓았다(城通州).(성)	목종 11년	북	등주에 성을 쌓았다(城登州)(성)	목종 11년	동(기)
덕주에 성을 쌓았다(城德州).(성)	현종 1년	북	송악성(松岳城)을 증수하였다.(성)	현종 2년	남
서경 황성(皇城)을 쌓았다.(성)	현종 2년	북	청하, 흥해, 영일, 울주, 장기에 성을 쌓았다(城淸河·興海·迎日·蔚州·長鬐).(성)	현종 2년	남·남·남·남·남
경주, 장주, 금양에 성을 쌓았다(城慶州·長州·金壤).(성)	현종 3년	남·동·동(기)	궁올산에 성을 쌓았다(城弓兀山).(성)	현종 3년	미상
[요덕진(耀德鎭)] 성보(城堡)를 처음으로 쌓았다.(지)	현종 3년	동	용주에 성을 쌓았다(城龍州).(성)	현종 5년	북
운림진에 성을 쌓았다(城雲林鎭).(성)	현종 6년	동	의주에 성을 쌓았다(城宜州).(성)	현종 7년	동
철주성(鐵州城)(성)	현종 7년	북	안의진에 성을 쌓았다(城安義鎭).(성)	현종 8년	북
영평진에 성을 쌓았다(城永平鎭).(성)	현종 10년	북	동래군성(東萊郡城)을 수축하였다.(성)	현종 11년	남
요덕진에 성을 쌓았다(城耀德鎭).(성)	현종 14년	동	상음현에 성을 쌓았다(城霜陰縣).(성)	현종 16년	동(기)
순덕에 성을 쌓았다(城順德).(성)	현종 17년	미상	동북계의 현덕진에 성을 쌓았다(城東北界顯德鎭).(성)	현종 18년	동
청색진에 성을 쌓았다(城淸塞鎭).(성)	현종 18년	북	용진진성(龍津鎭城)을 수축하였다.(성)	현종 19년	동
봉화산 남쪽에 성을 쌓고 고주를 옮겼다(城鳳化山南以徙高州).(성)	현종 19년	동	개경의 나성(羅城)을 쌓았다. (절)	현종 20년	남
옛 석성을 수축하고 위원진(威遠鎭)을 두었다.(성)	현종 20년	북	정융진에 성을 쌓았다(城定戎鎭).(성)	현종 20년	북
인주에 성을 쌓았다(城麟州).(성)	현종 21년	북	영덕에 성을 쌓았다(城寧德).(성)	현종 21년	북
삭주, 영인진, 파천 등의 현에 성을 쌓았다(城朔州·寧仁鎭·派川等縣).(절)	덕종 원년	북·동·동(기)	북쪽 경계에 관방(關防)을 새로 두었다.(성)	덕종2년	기타
안융진, 간성현에 성을 쌓았다(城安戎鎭·杆城縣).(성)	덕종 2년	북·동(기)	정주진에 성을 쌓았다(城靜州鎭).(성)	덕종 2년	북

명주성(溟州城)을 수축하였다.(성)	덕종 3년	동(기)	서북로(西北路)의 송령(松嶺) 이동에 장성(長城)을 쌓았다.(성)	정종 1년	기타
재전에 성을 쌓고(城梓田) 사민(徙民)하고는 창주(昌州)라 이름하였다.(성)	정종 1년	북	정변진(靜邊鎭)에 성을 쌓았다.(성)	정종 5년	동
숙주에 성을 쌓았다(城肅州).(성)	정종 5년	북	김해부에 성을 쌓았다(城金海府).(성)	정종 6년	남
영원진, 평로진에 성을 쌓았다(城寧遠·平虜二鎭).(성)	정종 7년	북·북	동로의 환가현에 성을 쌓았다(城東路豢猳縣).(성)	정종 7년	동(기)
영삭진, 수덕진에 성을 쌓았다(城寧朔·樹德二鎭).(성)	정종 9년	북·북	장주, 정주, 원흥진에 성을 쌓았다(城長州·定州及元興鎭).(성)	정종 10년	동·동·동
선덕진에 성을 쌓았다(城宣德鎭).(성)	정종 10년	동	영흥진에 성을 쌓았다(城永興鎭).(성)	정종 12년	동
연변(沿邊)의 성보(城堡) 농장을 쌓았다.(성)	문종 즉위년	기타	위주성(渭州城)을 수축하였다.(성)	문종 4년	북
안의진 진자농장에 성을 쌓았다(城安義鎭榛子農場).(성)	문종 4년	북	영흥진(永興鎭)의 성보를 처음으로 쌓았다.(지)	문종 15년	동
덕주에 성을 쌓았다(城德州).(성)	문종 21년	북	흥왕사에 성을 쌓았다(城興王寺).(세)	문종 24년	남
원흥진성(元興鎭城), 용주성(龍州城), 위주성(渭州城)을 수축하였다.(성)	문종 28년	동·북·북	그[팔조음부곡(八助音部曲)] 성을 옮기기를 청하여 허락 받음.(세)	문종 32년	미상
상음현(霜陰縣)에 성을 쌓았다.(성)	선종 8년	동(기)	성랑(城廊) 950간(間)을 축조하고 영주(英州)라 이름하였다.(성)	예종 2년	동
성랑(城廊) 992간을 축조하고 웅주(雄州)라 이름하였다.(성)	예종 2년	동	성랑(城廊) 770간을 축조하고 복주(福州)라 이름하였다.(성)	예종 2년	동
성랑(城廊) 670간을 축조하고 길주(吉州)라 이름하였다.(성)	예종 2년	동	함주, 공험진에 성을 쌓았다(城咸州及公險鎭).(성)	예종 3년	동·동
의주성(宜州城), 통태성(通泰城), 평융성(平戎城)을 쌓았다.(절)	예종 3년	동·동·동	[공험진(公險鎭)] 산성을 쌓았다.(지)	예종 6년	동
다시 영청현에 성을 쌓았다(復城永淸縣).(성)	예종 10년	북	동계의 예주에 성을 쌓았다(城東界豫州).(성)	예종 10년	동
의주에 성을 쌓았다(城義州).(성)	예종 12년	북	장성(長城)을 증축하였다.(성)	예종 14년	기타
다시 안융진에 성을 쌓았다(復城安戎鎭).(성)	인종 15년	북	다시 가주에 성을 쌓았다(復城嘉州).(성)	의종 3년	북
연주에 성을 쌓았다(城延州).(성)	의종 4년	북	연주성(延州城)을 가축(加築)하였다.(묘)	의종 6년	북

의주, 화주, 철관에 성을 쌓았다(城宜州·和州·鐵關).(성)	고종 9년	동·동·동	최우는 나성의 황참(隍塹)을 수리하였다.(절)	고종 10년	남
강화 외성(外城)을 축조하였다.(성)	고종 20년	남	강도(江都)의 중성(中城)을 처음으로 쌓았다.(성)	고종 37년	남
금주에 성을 쌓았다(城金州).(성)	고종 38년	남	승천부성랑(昇天府城廊)을 처음으로 만들었다.(성)	고종 39년	남
경상도 연해 군현에 명하여 성을 쌓고 곡식을 쌓아 두도록 했다.(세)	원종 10년	남	경도(京都)의 외성(外城)을 수축하도록 명하였다.(세)	공민왕 7년	남
서강에 성을 쌓았다(城西江).(절)	공민왕 7년	남	강양백(江陽伯) 이승로(李承老)를 수안(遂安), 곡주(谷州) 등지의 축성감독사(築城監督使)로 삼았다.(세)	공민왕 9년	남·남
전(前)한양윤(漢陽尹) 이안(李安)을 보내 남경(南京) 성궐(城闕)을 수리하도록 했다.(세)	공민왕 9년	남	가주에 성을 쌓았다(城嘉州).(성)	공민왕 18년	북
연해 주군의 산성을 수축하였다.(열)	우왕 3년	기타	제도(諸道)에 사신을 보내 산성을 수축하였다.(절)	우왕 3년	기타
경성(京城)을 수축하도록 명하였다.(절)	우왕 3년	남	한양(漢陽) 중흥성(重興城)을 수축하였다.(절)	우왕 14년	남
오도(五道)의 성을 수축하도록 명하였다.(절)	우왕 14년	기타	기장군, 해주, 옹진에 성을 쌓았다(城機張郡及海州·甕津).(성)	공양왕 3년	남·남·남

1. 지역 항목의 북, 동, 동(기), 남은 각각 북계, 동계의 신개척 지역, 동계의 기존 영역, 남도의 약칭이다. 또한 미상은 축성 지역이 불명한 경우를, 기타는 여러 지역에 걸쳐 축성된 경우를 의미한다.
2. (성), (진), (지), (세), (열), (절), (묘)는 각각 『고려사』 병지 성보(城堡), 『고려사』 병지 진수(鎭戍), 『고려사』 지리지, 『고려사』 세가, 『고려사』 열전, 『고려사절요』, 『고려묘지명집성』(김용선 편)을 약칭한 것이다.

〈부표 2〉 고려시대 군현들을 총칭한 '諸城' 사례

시기	사례	지칭 군현	전거
예종 2년 3월 기해	遣戶部侍郞柳台樹 于西北道 右副承宣林彦 于東北道 巡視諸城	동·서북도의 주진	『고려사』, 세가
인종 7년 10월 임오	分遣使 於東北兩界 宣諭諸城官吏 問民疾苦 點檢兵仗	동북양계의 주진	『고려사』, 세가
인종 13년 1월?	漣州戶長康安世中郞將金仁鑑 捕僞兵馬副使李子奇將軍李英等軍卒六百餘人 下敎奬諭 賜錦彩帛 諸城聞之 擒殺西賊一千二百餘人	북계의 주진	『고려사절요』
인종 13년 1월	王聞 西賊矯制 徵兵兩界 急遣陳淑李周衍陳景甫王洙 分將右軍卒二千人 往諭東路諸城 捕賊使者 命金富儀 率左軍 先趣西京	동로(東路)의 주진	『고려사절요』
인종 13년 1월 을축	中軍引兵 由平州 趣管山驛 左右軍 皆相次而行 中軍由射嵓驛新城部曲 徑到成州 休兵一日 馳檄諸城 喩以奉辭討賊之意	북계의 주진	『고려사절요』
인종 14년 2월	趙匡崔永等七人 及鄭璇金信信弟致鄭知常李子奇白壽翰趙簡妙淸柳昆昆子浩鄭德桓等妻子 竝沒爲東北諸城奴婢	동북의 주진	『고려사절요』
인종 23년	判 西北面諸城州鎭官 馬齒老及物故者 以官馬寶 及他諸寶 公須屯田 科空亡 雜位所收買賣充立 勿使徵斂 貧乏百姓	서북면의 주진	『고려사』, 병지
명종 4년 8월 기유	西京留守趙位寵起兵 謀討鄭仲夫李義方 檄召東北兩界諸城	동북양계의 주진	『고려사』, 세가
명종 8년 11월 무자	御便殿 引見東西兩界諸城上長都領	동서양계의 주진	『고려사』, 세가
명종 9년 4월 경술	[西北面知兵馬事李富: 필자]仍密誘諸城曰 若賊來 入城 宜閉門 悉誅之……兵馬使奏 發諸城兵擊之 官軍失利 安北都護判官咸壽山戰死	서북면의 주진	『고려사』, 세가
명종 18년 8월	制曰 近聞 東北面兵馬使所奏 關東諸城 多遭水灾 禾穀損傷 人民漂溺 僅存遺氓 並被饑饉 朕甚憫焉 宜遵京內東西大悲院例 設食接濟活人多少 以爲褒貶 又令移粟 於朔方諸城 仍遣使發倉賑民	관동(關東)의 군현; 삭방도의 군현	『고려사』, 식화지
명종 24년 10월 정유	南路兵馬使收賊妻孥三百五十餘人黥配西海道充諸城奴婢	서해도의 군현	『고려사』, 세가
고종 3년	[西北面兵馬使 文: 필자]漢卿 會諸城兵戰于渭州城外 斬五百七十餘級 我軍死者 三十餘人 改中軍兵馬使	서북면의 주진	『고려사』, 열전

고종 4년 6월	崔光秀 據城作亂 自稱句高麗興復兵馬使金吾衛攝上將軍 署置僚佐 召募精銳 傳檄北界諸城 將擧大事 禱諸神祠	북계의 주진	『고려사절요』
고종 6년 7월	遣戶部侍郎崔正芬等八人 分巡北界興化道諸城 檢閱兵器 儲偫軍資 幷諸小城 入保大城	북계 흥화도의 주진	『고려사』, 세가
고종 6년 10월 신사	以北界諸城 多爲義州賊 所陷 唯安北都護府與龜州延州成州 堅壁固守 賜州吏叅職 有差	북계의 주진	『고려사』, 세가
고종 18년 11월	蒙古 驅北界諸城兵 攻龜州	북계의 주진	『고려사절요』
고종 19년 7월	遣內侍尹復昌 往北界諸城 奪達魯花赤弓矢 復昌到宣州 達魯花赤 射殺之	북계의 주진	『고려사』, 세가
고종 34년 8월	是月 遣起居舍人金守精 犒阿毋侃 去年冬 蒙古四百人 入北塞諸城 至于遂安縣	북새(北塞)의 주진	『고려사』, 세가
고종 35년 3월	命北界兵馬使盧演 盡徙北界諸城民 入保海島	북계의 주진	『고려사』, 세가
고종 45년 6월	賜北界諸城戶長郎將 各白銀一斤皀羅二匹	북계의 주진	『고려사』, 세가
고종 45년 12월	龍津縣人趙暉 定州人卓靑等 與朔方道登文州諸城人合謀 引蒙兵 乘虛殺[愼: 필자]執平 登州副使朴仁起 和州副使金宣甫 及京別抄等 遂攻高城 焚燒廬舍 殺掠人民 遂以和州迤北 附于蒙古	삭방도의 등주·문주 등	『고려사절요』
고종대	高宗時 定平以南諸城 被蒙兵侵擾 移寓江陵道襄州 再移杆城 幾四十年	정평 이남의 군현	『고려사』, 지리지
원종대	[金: 필자]方慶嘗爲西北面兵馬使 有遺愛至是 西北諸城 上書 請復來鎭 時方慶 赴南京 纔三日 命復鎭之	서북면의 주진	『고려사』, 열전
원종 10년 2월 갑오	北界諸城 遣人 賀誅金俊	북계의 주진	『고려사』, 세가
원종 10년 10월	崔坦殺西京留守及龍靈鐵宣慈五州守 西北諸城官吏 皆歿於賊 坦詭言 於蒙古使脫朶兒曰 高麗卷土 將欲深入海島 故殺諸城守 欲入告 于上國耳	서북면의 주진	『고려사』, 세가
원종 11년 2월 경진	王上表 請西京復屬 其略曰…伏望許還諸城 俾屬本國	동녕부의 군현	『고려사』, 세가
충렬왕 6년 11월 기유	遣右承旨趙仁規大將軍印侯 如元 上中書省書曰……有東寧府所管諸城及東京路沿海州縣	동녕부 소관의 군현	『고려사』, 세가
충렬왕 16년 3월	帝詔罷東寧府 復歸我西北諸城	서북의 주진	『고려사』, 세가
충렬왕 16년 5월 병오	王置酒 以西北諸城人 還付本國者 悉許侍宴	서북의 주진	『고려사』, 세가

충렬왕 16년 7월 임인	復置西北諸城守令 以將軍鄭復均 爲西京留守	서북의 주진	『고려사』, 세가
충렬왕 17년 2월 정해	世子令將軍吳仁永 奏帝曰 哈丹陷北界諸城	북계의 주진	『고려사』, 세가
공민왕 5년 7월	遣樞密院副使柳仁雨 攻破雙城 於是 按地圖 收復和登定長預高文宜州及宣德元興寧仁耀德靜邊等鎭諸城	쌍성총관부 소속 군현	『고려사』, 지리지

※내용이 중복되는 일부 '제성(諸城)' 용례는 생략하였다.

〈부표 3〉 경상도 지역 고려 치소성의 조선초기 치소로부터의 거리

지역	조선초기 치소로부터의 거리	지역	조선초기 치소로부터의 거리
청도	동 7리	대구	서 2리
예천	서 1리	榮川	서남 1리
예안	북쪽 인근	진주	남 1리
현풍	서 4리	울산	동 5리
永川	동남 5리	흥해	남 2리
밀양	동 5리	창녕	동 4리
지례	남 2리	김해	북 3리
사천	남쪽 5리	안동	동 6리
함안	북 5리	개령	북 2리
영일	동 15리	양산	동북 5리
고성	서 2리	비안	북 1리
고령	서 2리	초계	서 5리
안의	서 3리	의흥	동 2리
청하	남 10리	단성	북 7리
경산	서 9리	남해	북 17리

1. 본 표는 『세종실록』 지리지, 『경상도속찬지리지』, 『신증동국여지승람』, 『대동지지』 등의 읍지와 최종석(「조선 초기 城隍祠의 立地와 治所」, 『동방학지』 131, 2005)의 논문, 그리고 본서에서 논증한 바를 바탕으로 작성하였다.
2. 조선초기 치소로부터의 거리를 확인할 수 있는 것에 한해 표를 작성하였다.

〈부표 4〉 고려시대 산성 사례

산성	시기	기록
오산성(烏山城)	919년(태조 2) 8월	改烏山城 爲禮山縣 遣大相哀宣洪儒 安集流民五百餘戶(절)
배산성(拜山城)	927년(태조 10) 8월	修拜山城 命正朝涕宣 領兵二隊 戍之(절)
삼년산성(三年山城)	928년(태조 11) 7월	自將擊三年山城 不克 遂幸靑州(세)
일모산성(一牟山城)	932년(태조 15) 7월	王南征一牟山城(절)
일모산성(一牟山城)	932년	復攻一牟山城 破之(세)
혜산성(榿山城)	933년(태조 16) 5월	王遣使謂曰……今聞百濟 劫掠榿山城 阿弗鎭等處 如或侵及新羅國都 卿宜往救(절)
(공험진)산성[(公嶮鎭)山城]	1111년(예종 6)	公嶮鎭 睿宗三年築城置鎭 爲防禦使 六年築山城(지)
산성(山城)	1232년(고종 19) 6월	分遣使于諸道 徙民山城海島(절)
산성	1236년(고종 23) 6월	分遣諸道山城防護別監(절)
산성	1243년(고종 30) 2월	又遣各道山城兼勸農別監 凡三十七人 名爲勸農 實乃備禦也(절)
산성	1252년(고종 39) 7월	分遣諸山城防護別監(절)
산성	1253년(고종 40) 7월	北界兵馬使報 蒙兵渡鴨綠江 卽移牒五道按察及三道巡問使 督領居民入保山城海島(세)
양산성(椋山城)	1253년 8월	蒙古兵陷西海道椋山城 是城四面壁立 唯一徑僅通人馬 防護別監權世侯 恃險縱酒 不爲備且有慢語(절)
동주산성(東州山城)	1253년 8월	蒙兵陷東州山城(절)
천룡산성(天龍山城)	1253년 10월	李峴與蒙兵攻天龍山城 黃驪縣令鄭臣旦 防護別監趙邦彦 出降(절)
충주산성(忠州山城)	1254년(고종 41) 2월	以忠州山城別監郞將金允侯 爲監門衛攝上將軍 (절)
산성	1254년 2월	遣使諸道 審山城海島避難之處 量給土田(절)
충주산성(忠州山城)	1254년 9월	車羅大攻忠州山城 風雨暴作 城中人抽精銳奮擊之 車羅大解圍 遂南下(절)
상주산성(尙州山城)	1254년 10월	車羅大攻尙州山城 黃嶺寺僧洪之 射殺一官人士卒死者過半 遂解圍而退(절)
산성 · 공산성(公山城)	1255년(고종 42) 3월	諸道郡縣 入保山城海島者 悉令出陸 時公山城入保民 飢死者甚衆 老弱塡壑 至有繫兒於樹而去者(절)
입암산성(笠巖山城)	1256년(고종 43) 3월	李廣 宋君斐 趣靈光 約分道擊之 蒙兵知而有備 廣還入島 君斐保笠巖山城 城中强壯 悉投於敵 唯老幼在 一日君斐 佯出羸弱數人於城外 以示之 蒙兵以爲糧盡 引兵至城下 君斐率精銳 奮擊敗之 殺傷甚多(절)

(충주)산성[(忠州)山城]	1256년 4월	蒙兵 屠忠州城 又攻山城 官吏老弱 恐不能拒 登月嶽神祠 忽雲霧 風雨雷雹俱作 蒙兵以爲神助 不攻而退(절)
광복산성(廣福山城)	1258년(고종 45) 9월	廣福山城避難吏民 殺防護別監柳邦才 降於蒙兵(절)
삼척산성(三陟山城)	고종대	蒙兵之侵 沆以三陟山城未固 欲徙之 郡人以銀甁三十遺璥 請不徙 璥却不受 乃遺千遇 千遇受之 言於沆 得不徙 璥謂沆曰 三陟山城徙關利害尤重 邑人安土重遷 嘗餽我銀幣 我不敢受 今而不徙 何也 沆以千遇賣己 追所賂 流之海島(절)
산성	고종대	後爲安東都護副使 時巡問使宋國瞻 移牒於碩 令修山城 又牒與判官申著同議(열)
산성	1270년(원종 11) 5월	惟茂 憤怒 莫知所爲 分遣諸道水路防護使 及山城別監 聚保人民 將以拒命(절)
산성	1271년(원종 12) 4월	三別抄 寇金州 防護將軍朴保 奔入山城 賊縱火摽掠(절)
산성	1290년(충렬왕 16) 10월	徙婦人老弱 于江華 令州郡 入保山城海島(세)
원주산성(原州山城)	1291년(충렬왕 17) 4월	原州山城防護別監 卜奎 獻俘五十八人(절)
충주산성(忠州山城)	1291년 4월	谷州別將康平起等 獻所獲賊馬鞍等物 忠州山城別監 遣人報破賊 且獻馘四十級(절)
교주산성(交州山城)	1291년 5월	交州山城別監報 哈丹賊後至者三千騎 遇鐵嶺屯于交州(세)
청주산성(淸州山城)	1292년(충렬왕 18) 4월	下旨 慶尙道管城安邑利山等縣 頃因避賊 于淸州山城 民失農業 宜與中道 並蠲貢賦(지)
(광주)산성[(廣州)山城]	1361년(공민왕 10) 11월	駕次廣州 吏民皆登山城 惟州官在(세)
산성	1377년(우왕 3) 2월	以知密直司事趙希古 爲全羅道都兵馬使 與衣馬 各道要衝 皆置防護 以遏流民 修築沿海州郡山城(열)
산성	1377년 7월	遣使諸道 修築山城(절)
산성	1377년 7월	開城府狀曰……其四定遼軍馬對敵事則曰 嚴器械 謹烽燧 馬兵步卒各持所能軍器 養兵靜守 如有彼敵 兩班百姓公私賤隷僧俗勿論 悉皆調發力戰 勢如難濟 各入山城 堅壁固守 乘間伺隙 四出攻之(지)
외방산성(外方山城)	1377년	開城府狀曰……其三 外方山城修補事則曰 唐鑑 以高麗因山爲城 爲上策也 山城相近之地隨宜修葺 使之烽燧相望 攻戰相救可也(지)
산성	1378년(우왕 4) 12월	憲府上疏曰……諸道州郡山城 國家往往遣使修築 多發軍丁 不日畢功 旋致崩毁 其弊甚巨 請自今勿復遣使 令守令徵發傍郡軍丁 農隙修葺 若未畢 則停待明年 以爲年例(절)
남원산성(南原山城)	1380년(우왕 6) 9월	倭攻南原山城 不克(절)

(김해부)산성[(金海府)山城]	1381년(우왕 7) 6월	倭船五十艘寇金海府 圍山城 元帥南秩擊却之(절)
산성	1382년(우왕 8) 7월	以張夏 爲各道山城巡審使(열)
합주산성(陜州山城)	1383년(우왕 9) 4월	陜州山城火 延燒軍粮一千三百碩(지)
한양산성(漢陽山城)	1388년(우왕 14) 3월	禑有境內 遂如西海道 寧妃與崔瑩 從之 徙世子及諸妃于漢陽山城 命贊成事禹玄寶 留守京城 名爲西臘海州白沙亭 實欲攻遼也(절)
산성	1390년(공양왕 2)	楊廣道觀察使報 倭賊入寇 議修山城(세)

※ (세), (열), (지), (절)은 각각 『고려사』 세가, 『고려사』 열전, 『고려사』 지리지, 『고려사절요』를 약칭한 것이다.

찾아보기

홍주읍성 조양문

ㄱ

ㅇ

ㅈ

ㅊ

ㅋ

ㅌ

ㅍ

ㅎ

역사문화연구총서 17

한국 중세의 읍치와 성

초판 1쇄 발행 2014년 12월 10일

지은이 최종석
펴낸이 김정일
펴낸곳 신구문화사
디자인 은디자인

등록 1968. 6. 10. 제1-205호
주소 경기도 성남시 중원구 광명로 395번길 1
전화 031-741-3055~6
팩스 031-741-3054
이메일 shingupub@naver.com
홈페이지 www.shingubook.com

ISBN 978-89-7668-207-9 93910
값 25,000원